Unternehmensübergreifende Prozesse und ganzheitliche Kompetenzentwicklung

Hartmut Neuendorff/Bernd Ott (Hrsg.)

Unternehmensübergreifende Prozesse und ganzheitliche Kompetenzentwicklung

Neue Forschungsergebnisse
und visionäre Instrumente zur Unterstützung
virtueller Zusammenarbeit

PETER LANG
Frankfurt am Main · Berlin · Bern · Bruxelles · New York · Oxford · Wien

Bibliografische Information Der Deutschen Bibliothek
Die Deutsche Bibliothek verzeichnet diese Publikation in der Deutschen Nationalbibliografie; detaillierte bibliografische Daten sind im Internet über <http://dnb.ddb.de> abrufbar.

GEFÖRDERT VOM
Bundesministerium für Bildung und Forschung

innovative arbeitsgestaltung

Redaktion: Rüdiger Klatt, Martina Kunzendorf,
Peter M. Steiner, Sigita Urdze

Lektorat und Satz: Sigita Urdze

ISBN 3-631-54170-8

www.peterlang.de

Inhaltsverzeichnis

Grußwort

Uta Quasthoff

Liebe Kollegen Neuendorff und Ott, sehr geehrte Referentinnen und Referenten, sehr geehrte Damen und Herren,

Ich freue mich, Sie heute anlässlich der zweitägigen Fachtagung „*Unternehmensübergreifende Prozesse und ganzheitliche Kompetenzentwicklung*" an der Universität Dortmund begrüßen zu dürfen und Ihnen die herzlichen Grüße des Rektorats zu übermitteln.

Es freut mich, dass die Universität Dortmund Austragungsort einer mit in der Szene bekannten Referentinnen und Referenten aus ganz Deutschland besetzten Fachtagung ist, die einen wesentlichen Aspekt moderner Wirtschaftsunternehmen thematisiert, nämlich die unternehmensübergreifenden virtuellen Prozesse. Im heutigen Globalisierungszeitalter gewinnt die Zusammenarbeit zwischen Unternehmen an Bedeutung, wobei das Internet, Unternehmensportale sowie weitere Informations- und Telekommunikationssysteme das Rückgrat virtueller Unternehmen darstellen. In den kommenden Tagen werden die Organisation und Struktur virtueller Unternehmen thematisiert. Zudem werden die erforderlichen Kompetenzen der beteiligten Akteure angesprochen, die Unterstützungsinstrumente sowie Personal- und Organisationsentwicklungstools für die erfolgreiche Arbeit in virtuellen Unternehmen.

Die heutige Tagung ist ein Stück gelebter Interdisziplinarität unserer Hochschule. Die Universität Dortmund hat sich in den kürzlich mit dem Land Nordrhein-Westfalen abgeschlossenen Zielvereinbarungen zur Bildung interdisziplinärer Netzwerke bekannt. Dass die Fakultät Maschinenbau und die Fakultät für Wirtschafts- und Sozialwissenschaften eng zusammenarbeiten, freut das Rektorat aus dieser Perspektive umso mehr.

Die Lehrstühle der Organisatoren dieser zweitägigen Fachtagung, der Lehrstuhl für Technikdidaktik und der Lehrstuhl für Arbeitssoziologie, kooperieren seit einem Jahr eng im Rahmen der Forschungsprojekte „*VICO*" und „*NErVUM*". Diese beiden Projekte werden ermöglicht durch die Förderung durch das Bundesministerium für Bildung und Forschung im Rahmen des Förderprogramms „*Innovative Arbeitsgestaltung – Zukunft der Arbeit*". Innerhalb dieses Förderprogramms sind die beiden Projekte verankert im Themenschwerpunkt „*Gestaltung der Arbeit in virtuellen Unternehmen*". Es freut mich, heute auch Vertreter des Projektträgers, des Deutschen Zentrums für Luft- und Raumfahrt e. V., bei der Fachtagung begrüßen zu dürfen.

Es freut mich außerdem, dass die zweitägige Tagung derart großes Interesse bei Teilnehmerinnen und Teilnehmern aus Wissenschaft, virtuellen Unternehmen und Netzwerken sowie aus kleinen und mittelständischen Unternehmen gefunden hat wie auch bei Freelancern sowie Organisations- und Personalentwicklern größerer Unternehmen.

Zum Selbstverständnis unserer Universität gehört die Zielsetzung, die auch die Organisatoren mit der Fachtagung verfolgen. Die Zielsetzung ist nämlich, der Praxis neue Erkenntnisse der Wissenschaft zugute kommen zu lassen. Die Anwendungsorientierung fern des Elfenbeinturms Wissenschaft ist ein zentraler Bestandteil des Selbstverständnisses unserer Universität. Die Öffnung zur Praxis besitzt aus zwei Perspektiven Vorteile: Zum einen kann die Praxis von neuen Forschungsergebnissen lernen, indem sie den Stand der Wissenschaft erfährt. Zum anderen kann die Wissenschaft von der Praxis lernen. Sie, meine sehr geehrten Teilnehmerinnen und Teilnehmer, sind an den nächsten beiden Tagen dazu aufgerufen, von ihren Erfahrungen aus der Praxis und von ihren Sichtweisen zu berichten sowie die Ausführungen der Referentinnen und Referenten kritisch auf den Prüfstein zu stellen.

Liebe Teilnehmerinnen und Teilnehmer, ich wünsche Ihnen zwei erkenntnisreiche und interessante Tage an der Universität Dortmund und der Tagung einen guten Verlauf.

Herzlichen Dank für Ihre Aufmerksamkeit.

Vorwort

Globalisierung und flächendeckende Einführung von Informationstechnologien fördern die Virtualisierung der Ökonomie. Unterstützt von internetbasierten Interaktionsprozessen entstehen in und zwischen (weiterhin selbstständigen) Unternehmen virtuelle Kooperationen, die häufig Projektcharakter haben bzw. zeitlich befristet sind. Diese Kooperationsformen bieten kleinen und mittleren Unternehmen die Chance, ihre spezifischen Kompetenzen und Ressourcen zu bündeln und damit größenbedingte Nachteile auszugleichen. Mit diesen Entwicklungen verbundene Herausforderungen werden die Unternehmen allerdings nur meistern können, wenn sie die Veränderungsprozesse, die Arbeitsorganisation, die Personalentwicklung, die Technik und die vertraglichen Bedingungen so gestalten, dass alle Beteiligten ihre Kompetenz in die Kooperationsprozesse einbringen und erweitern können und auch die Vorteile der Kooperation erkennen können.

Aus diesem Grund hat das Bundesministerium für Bildung und Forschung in seinem Rahmenkonzept „Innovative Arbeitsgestaltung – Zukunft der Arbeit" den Förderschwerpunkt „Gestaltung der Arbeit in virtuellen Unternehmen" aufgenommen und im Jahre 2001 als Bekanntmachung veröffentlicht. Hierauf haben insgesamt 130 Interessenten eigene Projektideen eingereicht. Das Bundesministerium für Bildung und Forschung hat, unter Einbeziehung eines Gutachtergremiums, 15 Forschungs- und Entwicklungsprojekte ausgewählt, die mit insgesamt 15 Millionen Euro gefördert werden. Die ersten Verbundprojekte, die im Dezember 2002 bewilligt wurden, konnten bereits im Februar 2005 abgeschlossen werden.

Nachdem bereits Ende 2002 die Arbeitstagung „Virtuelle Unternehmen zwischen Anspruch und Wirklichkeit" im Rahmen von „Innovativen Dienstleistungen" in der Deutschen Arbeitsschutzausstellung Dortmund durchgeführt wurde, haben sich nahezu alle geförderten Projekte und zahlreiche externe Fachleute aus der Wissenschaft und Praxis an dem Workshop beteiligt, der am 3. und 4. März 2005 in der Universität Dortmund durchgeführt wurde. Unter dem Titel „Unternehmensübergreifende Prozesse und ganzheitliche Kompetenzentwicklung – Neue Forschungsergebnisse und visionäre Instrumente zur Unterstützung virtueller Zusammenarbeit" wurden Projektergebnisse präsentiert, diskutiert und in dem vorliegenden Tagungsband dokumentiert.

Dieser Workshop zeichnete sich durch einen intensiven und fruchtbaren interdisziplinären Diskurs zwischen Wissenschaft und Unternehmenspraxis aus. Die positiven Stellungnahmen, aber auch die vorgetragenen Anregungen, Bedenken und Erwartungen externer Teilnehmer aus der Wissenschaft, Praxis und Forschungsförderung geben den Akteuren in den laufenden Projekten wichtige Impulse für die weiteren Forschungs- und Entwicklungsarbeiten.

Wir verdanken insbesondere den Organisatoren der Verbundprojekte NErVUM und VICO, die von der Universität Dortmund koordiniert werden, dass dieser Workshop möglich gemacht und erfolgreich gestaltet wurde. Hierfür und für die Übernahme der vom Bundesministerium für Bildung und Forschung gestellten Aufgabe zum Thema „Virtuelle Unternehmen und berufliche Erstausbildung" gebührt den Teams von Herrn Prof. Neuendorff und Herrn Prof. Ott der herzliche Dank des Projektträgers.

Dr. Volker Schütte, Klaus Wegner
Bonn, im April 2005

Einleitung der Herausgeber

Die Virtualisierung von Arbeitsstrukturen und -prozessen führt zu gravierenden Veränderungen der Arbeitsanforderungen und damit auch zu neuen Kompetenzanforderungen an die Akteure in virtuellen Unternehmen. Die beiden vom Bundesministerium für Bildung und Forschung geförderten Projekte „NErVUM" und „VICO" untersuchen vor dem Hintergrund der Virtualisierung der Arbeitswelt spezifische Fragestellungen. Ziel des Projekts NErVUM („Neue Erwerbsbiografien in virtuellen Unternehmen der Medienindustrie") ist es, Personalentwicklungsmaßnahmen zu definieren und zu erproben, die unter Nutzung der Freiheitsgrade virtueller Unternehmensstrukturen zu einer Verstetigung von zunehmend nichtlinearen Karrieren und Kompetenzakkumulationsprozessen beitragen. Im Projekt VICO (Kompetenzentwicklung für die Arbeit in virtuellen Unternehmen – der virtuelle Qualifizierungscoach) werden mit der Entwicklung des webbasierten Qualifizierungscoachs neue, bedarfs- und nutzerorientierte Formen zur Unterstützung selbstgesteuerter Kompetenzerweiterung erschlossen. Den Projekten gemeinsam ist die Frage nach den Kompetenzen von Mitarbeitern/Akteuren in virtuellen Arbeitskontexten.

In der seit über einem Jahr bestehenden Kooperation zwischen unseren Projekten wurden viele Diskussionen geführt, die unsere Blicke für Neues öffneten und so zu konstruktiven Anregungen führten. Diese erfolgreiche Zusammenarbeit ermutigte uns, den Austausch mit weiteren Projekten im Themenschwerpunkt „Gestaltung der Arbeit in virtuellen Unternehmen" anzustreben. Deshalb veranstalteten wir am 3. und 4. März 2005 an der Universität Dortmund den Workshop „Unternehmensübergreifende Prozesse und ganzheitliche Kompetenzentwicklung: Neue Forschungsergebnisse und visionäre Instrumente zur Unterstützung virtueller Zusammenarbeit". Der Workshop richtete sich sowohl an Wissenschaftler als auch an virtuelle Unternehmen und Netzwerke, Freelancer, kleine und mittelständische Unternehmen sowie Organisations- und Personalentwickler größerer verteilt arbeitender Unternehmen. Ziel war es, die Forschungsergebnisse der Projekte auszutauschen, einer möglichst breiten Fachöffentlichkeit aus Wissenschaft und Wirtschaft vorzustellen und mit den Teilnehmern unter drei Aspekten zu diskutieren:

1. Organisation und Struktur virtueller Unternehmen;
2. erforderliche Kompetenzen für die Akteure in virtuellen Unternehmen;
3. Unterstützungsinstrumente, Personal- und Organisationsentwicklungstools für die erfolgreiche Arbeit in virtuellen Unternehmen.

Vorträge von John Erpenbeck, Michael Reiss und Gerhard Zimmer führten in die Themenschwerpunkte ein und lieferten wertvolle Impulse für die anschließenden Diskussionsfelder.

Dieser Tagungsband dokumentiert die auf dem Workshop vorgestellten Ergebnisse und Lösungsansätze und trägt hoffentlich zu weiteren Synergieeffekten zwischen den verschiedenen Forschungsprojekten bei.

Hartmut Neuendorff, Bernd Ott

Wozu muss eine Organisation die Kompetenzen ihrer Mitarbeiter kennen?

John Erpenbeck

1 Virtuell, reell, real?

Was ist der Gegensatz zu „virtuell“: „reell“? Oder „real“? Ein solches Fragen vom Gegensatz her macht die Problematik des Virtuellen vielleicht deutlicher, als wenn man versucht, viele Definitionen des Begriffs „Virtuelles Unternehmen“ aneinander zu reihen, von denen es – wie wir alle wissen – genügend gibt, um damit umfangreiche wissenschaftliche Werke zu füllen. Geht man hingegen vom Gegensatz zum Virtuellen aus, wird die dahinter stehende Problematik viel offensichtlicher.

„Reell“ hat, neben der Gleichbedeutung zu „real“, Nebenbedeutungen wie „anständig“, „ehrlich“, „ordentlich“, „redlich“. Niemand, der von einem Virtuellen Unternehmen spricht, wird damit behaupten wollen, dieses sei unanständig, unehrlich, unordentlich, unredlich. Also bleibt nur der Gegensatz „virtuell“ – „real“, oder „Virtualität“ – „Realität“ diskutierenswert.

Aber sind Virtuelle Unternehmen tatsächlich irreal? Ist deren Virtualität tatsächlich ein Gegensatz zur Realität? Man muss sicher auf philosophische Begriffsbestimmungen zurückgreifen, um dem dahinter liegenden Problem gerecht zu werden. So heißt es in der „Enzyklopädie Philosophie und Wissenschaftstheorie“ deutlich: „Realität [...] in alltagssprachlicher und bildungssprachlicher Verwendung [ist eine, J. E.] Bezeichnung für die Welt der Gegenstände, Zustände und Ereignisse, auch der durch den Menschen hergestellten Dinge und in Gang gesetzten Entwicklungen, im Unterschied zu den ‚im Denken' oder ‚in der Einbildung' vorgestellten (‚virtuellen') Gegenständen, Zuständen und Ereignissen. Als Realität gilt, was unabhängig von Vorstellungen und Wünschen bzw. den Bedingungen der Wahrnehmung, der Erfahrung und des Denkens besteht bzw. wirklich ist.“ (Mittelstraß 1995, 508)

2 Die Realität Virtueller Unternehmen

Danach ist natürlich der ganze Begriff, die ganze Begrifflichkeit mehr als fragwürdig. Das ist im Grunde schon aus den verschiedenen Definitionen des „Virtuellen Unternehmens“ abzulesen.

Greifen wir eine der meistzitierten von Byrne u. a. heraus, die Virtuelle Unternehmen definieren als „...a temporary network of companies that come together quickly to exploit fast-changing opportunities. In a virtual corporation, companies can share costs, skills and access to global markets, with each partner contributing it's best at

(Byrne u. a. 1993, 36-40)." Hier ist von sehr realen Netzwerken die Rede und von den sehr realen Vorteilen, die sich aus der Netzwerkstruktur ergeben.

Eine andere vielzitierte Definition, von Arnold und Härtling, versteht unter einem Virtuellen Unternehmen „eine Kooperationsform rechtlich unabhängiger Unternehmen, Institutionen und/oder Einzelpersonen, die eine Leistung auf Basis eines gemeinsamen Geschäftsverständnisses erbringen. Die kooperierenden Einheiten beteiligen sich an der horizontalen und vertikalen Zusammenarbeit vorrangig mit ihren Kernkompetenzen und wirken bei der Leistungserstellung gegenüber Dritten wie ein einheitliches Unternehmen." (Arnold, Härtling 1995, 9) Wiederum sehr reale vernetzte Kooperationsformen, mit innerer – horizontaler und vertikaler – Struktur und einer Orientierung auf Kernkompetenzen, die uns gleich beschäftigen soll.

Statt weitere Definitionen zu zitieren, greife ich auf eine Arbeit von Garrecht zurück, der den nutzbringenden Versuch unternimmt, aus zahlreichen bis ca. 2002 kursierenden Definitionen von Virtuellen Unternehmen so etwas wie ein kleinstes gemeinschaftliches Vielfaches, eine Arbeitsdefinition, zu extrahieren; sie lautet: „Ein Virtuelles Unternehmen ist eine auf die Erzielung von Wettbewerbsvorteilen gerichtete Organisationsform, in der Unternehmen, Teile von Unternehmen oder einzelne Spezialisten, hauptsächlich verbunden durch IKT, kooperieren, um ein gemeinsames, spezifisches Ziel zu erreichen." (Garrecht 2002, 56) Ergänzt wird diese Definition durch das „Idealbild" eines Virtuellen Unternehmens, das gesehen wird als „ein globales Dynamisches Netzwerk, verbunden durch IKT, das sich für eine spezifische Gelegenheit zusammenfindet und auf einer Vertrauensbasis ohne ausformulierte Verträge kooperiert (Garrecht 2002, 57)."

Genaueres erfasst der Versuch, Kriterien zur Beurteilung des „Virtualitätsgrades" von Unternehmen zu finden, die nichts anderes sind als Kriterien für die spezifische – durchaus reale – Dauerhaftigkeit der Vernetzung von Unternehmen, Teilen von Unternehmen oder einzelnen Spezialisten.

Nachdem Mertens u. a., ausgehend von einem gestuften Entwicklungsmodell von Unternehmensnetzwerken, besonders auf den Aspekt der Kernkompetenzen und ihres Verstehens hinweisen (vgl. Mertens u. a. 1998, 4), stellen sie solche Kriterien zusammen, die umgeordnet lauten:

1. minimale Zentralisation; flache Hierarchien; Vertrauen (mehr Vertrauen – weniger Verträge);
2. Netzwerk rechtlich selbständiger Akteure; agile Unternehmenskultur; Konzentration auf das Makromanagement (nur Rahmenbedingungen, im übrigen Selbstorganisation); Virtuelle Büros (hot desking);
3. Konzentration auf die Kernkompetenzen; optimierte Wertschöpfungskette (betriebsübergreifende Abstimmung der Geschäftsprozesse);

4.a temporärer Kooperationscharakter; Integration von Partnern, Kunden und Lieferanten; Produktindividualisierung (Mass Customization); unternehmensinterne Arbeitsteams (ad-hoc-Teams aus Mitarbeitern verschiedener Unternehmenseinheiten); unternehmensübergreifende Arbeitsteams;

4.b Virtuelle Leistungserstellung (über elektronische Netze); elektronische Netzwerkintegration (Kopplung der Informations- und Kommunikationssysteme der Partner); elektronische Betriebsintegration (innerbetriebliche IV-Integration als Voraussetzung der zwischenbetrieblichen Interpretation) (vgl. Mertens u. a. 1998, 9 f.).

Abbildung 1: Darstellung der Virtualität nach dem Grad der Erfüllung von Kriterien (vgl. Mertens u. a. 1998)

3 Kompetenzen auf der Ebene Virtueller Unternehmen

Die gegebene Anordnung zielt natürlich auf die hier im Mittelpunkt stehende Kompetenzproblematik.

3.1 Virtuelle Unternehmen als Netzwerke von Unternehmen, Unternehmensteilen und Spezialisten

Erstens handelt es sich bei Virtuellen Unternehmen stets um Unternehmens- und Teilunternehmens*netzwerke*; das Besondere mag sein, dass eigentümliche, durch den Begriff der Coopetition erfasste Kooperations-Konkurrenzverhältnisse wirksam werden und dass, vor allem, Kooperation und Kommunikation über die Grenzen der Teilunternehmen und Unternehmensteile hinaus durch die vielen neuen Möglichkeiten der IKT wirken können. Virtualität heißt damit vor allem: elektronisch statt physisch vermittelte Kommunikation. Unternehmensnetzwerke sind und bleiben die Basis Virtueller Unternehmungen (vgl. Sydow, Winand 1998, 13 f.). Damit ist alles, was inzwischen zu Kompetenznetzwerken, zu Kompetenzen in und für Netzwerke erarbeitet wurde, auch im Fall der Virtuellen Unternehmen gültig (vgl. Sydow u. a. 2003).

3.2 Kernkompetenzen als fachlich methodische (wissens-, erfahrungs-, wertbasierte) Unternehmenskompetenzen

Zweitens sind mit „Kernkompetenz" und „Vertrauen" bereits zwei zentrale Kompetenzbegriffe gefallen. Mit ihnen wird aber auch das eigentliche Problem offenbar, das hinter der gewählten Ausgangsfrage steht.

Offenbar handelt es sich bei den *Kernkompetenzen* um Kompetenzen der dem Netzwerk Virtuelles Unternehmen angehörigen Einzelunternehmen, Teilunternehmen oder Spezialisten. Andererseits gibt es sicher Kernkompetenzen eines Netzwerks als Ganzem. Schließlich bringt jeder gut im Netzwerk arbeitende Mitarbeiter fundamentale individuelle Kompetenzen ein, die „irgendwie" in jene Kernkompetenzen einfließen (vgl. Prahalad, Hamel 1990, 79-93).

Das Thema „Kernkompetenzen" („core competences") ist heute ein Schwerpunkt in der Managementtheorie (vgl. Campbell, Sommers Luchs 1997; Drejer 2002; Mills 2002) oder in der evolutorischen Ökonomik. „Für Virtuelle Unternehmen ist die Konzentration auf Kernkompetenzen das wichtigste Charakteristikum [...]." (Gertz 2004) „Kernkompetenzen stellen ganz pragmatisch betrachtet das unternehmensspezifische Wissen, die speziellen Fertigkeiten und die beherrschenden Technologien eines Unternehmens dar, mit denen es sich am Markt von anderen positiv unterscheidet. Es handelt sich also [...] um das Wissen, das es ihnen voraushat." (Kemmner, Gillessen 2000, 26) Die damit umrissenen wesentlichen technischen, technologischen, vertrieblichen und organisatorischen Fähigkeiten eines Unternehmens sind jedoch keine mechanischen, leicht imitierbaren Fähigkeiten, sondern solche unternehmensspezifischen Selbstorganisationsfähigkeiten unter komplexen, unstrukturierten, dynamischen Bedingungen, die sich in einem Prozess permanenter Verbesserung und Anreicherung aufgebaut haben und meist über Jahre und Jahrzehnte stabil bleiben. Es sind *fachlich-methodische Kompetenzen* eines Unternehmens. Sie schließen Mitarbeiter aller Bereiche und Ebenen ein, nutzen sich im Gebrauch nicht ab, sondern reichern sich sogar an, wenn sie eingesetzt, mit anderen geteilt und fortwährend weiterentwickelt werden.

Kernkompetenzen bestehen vor allem aus Wissen, Erfahrungen, Werten im Unternehmen, die im selbstorganisatorischen Handeln unter komplexen, dynamischen, offenen Marktbedingungen eingesetzt werden und so dauerhaft seinen Erfolg sichern. Das Kernkompetenzenkonzept besagt, Unternehmen sollen sich auf diese grundlegenden Selbstorganisationsfähigkeiten besinnen und sie so ausschöpfen, dass Qualität, Zeit und Kosten optimal ausgestaltet werden. Zu den wichtigsten Zugängen zu den Kernkompetenzen gehören deshalb die Selbstorganisationsfähigkeiten der Schlüsselpersonen und -bereiche. Um die Kernkompetenzen zu erhalten, müssen kompetente Mitarbeiter kontinuierlich weiterentwickelt und auch in andere Geschäftsbereiche umgesetzt werden, das regelmäßige Zusammentreffen von Kernkompetenzträgern muss gefördert werden – einschließlich vieler Reisen, häufiger Kundengespräche und wiederholter Treffen mit Kollegen, um neue Marktchancen aufzuspüren. Andere, nicht zum Kernbereich gehörige Kompetenzen sind Kandidaten für Outsourcingentscheidungen – was jeder kann, kann auch fremdbezogen werden. Man sieht, dass die Diskussion der Kernkompetenzen auf Unternehmensebene bereits in einer solchen Beschreibung eng mit individuellen Kompetenzen – der der „Kernkompetenzträger" – verknüpft ist (vgl. Nasner 1998).

3.3 Unternehmenskulturell verankerte Vertrauensformen als „personale" Unternehmenskompetenzen

Drittens ist ein ähnliches Changieren zwischen individuellem und kollektivem Aspekt bei der für Virtuelle Unternehmen ebenso zentralen Kategorie *Vertrauen* zu beobachten. Neben der Kooperationsfähigkeit ist Vertrauen eine – nicht in erster Linie fachlich-methodisch determinierte – Grundkompetenz Virtueller Unternehmen.[1] Ohne Vertrauen der Unternehmensteile untereinander, zum Kunden und Zulieferer und ohne deren Vertrauen zum Unternehmensnetzwerk ist dessen selbstorganisiertes Handeln schlichtweg nicht möglich. Eben deshalb ist Vertrauen eine zentrale Selbstorganisationsfähigkeit, eine Grundkompetenz des Virtuellen Unternehmens. Man kann zwischen einem Reputationsvertrauen (der Glaubwürdigkeit des Unternehmensnetzwerks nach außen hin, durch seine Unternehmenskultur, seine Selbstdarstellung und seine Erfolge repräsentiert) und einem Interaktionsvertrauen (der Unternehmen, Unternehmensteile und Spezialisten untereinander) unterscheiden. Beides erfordert ein sorgfältiges Management des Vertrauenskapitals, einer spezifischen Form des Kompetenzkapitals (vgl. Wolter u. a. 1998, 85 ff.).

Man kann die Unternehmenskultur und die darin eingeschlossene und nach außen hin glaubwürdig gemachte Vertrauenswürdigkeit des Virtuellen Unternehmens gleichsam als Ausdruck seiner individuellen Einzigartigkeit, seiner „Personalität" kennzeichnen. Man hat es dann mit *„personalen" Kompetenzen* eines Unternehmens zu tun.

Der die individuelle Kompetenzen betreffende Aspekt ist klar: „Als Faktoren, die das Management von Vertrauenskapital beeinflussen, sind der persönliche Charakter der Akteure, ihre Befähigung zur kooperativen Zusammenarbeit und ihre diesbezügliche Motivation zu nennen. Es liegt auf der Hand, dass ohne eine gewisse Konsensbereitschaft und der dazu notwendigen sozialen Kompetenz der beteiligten Personen kaum Vertrauen bei möglichen Partnern aufgebaut werden kann." (Wolter u. a. 1998, 86) Das hier aufscheinende Problem, wie sich Vertrauen der Glieder Virtueller Unternehmen und individuelles Vertrauen, also Kollektiv- und Individualkompetenzen, zueinander verhalten, thematisiert Garrecht: „Problematisch bei der Betrachtung des Vertrauensbegriffs, insbesondere in Bezug auf Virtuelle Unternehmen ist, dass sich zwar zahlreiche Veröffentlichungen mit diesem Thema auseinandersetzen, Definitionen von Vertrauen jedoch wenn, dann hauptsächlich in soziologischen oder psychologischen Veröffentlichungen zu finden sind oder daraus adaptiert wurden." Dagegen setzt er ein Verständnis von Vertrauen als „Antizipation der Kooperativität des Vertrauensobjekts". Vertrauen in diesem Verständnis bezieht sich immer auf Personen, Personenkreise und Institutionen. Dem folgend kann man vor allem institutionales (auf Regeln, Werten und Gesetzen beruhendes) von personalem Vertrauen unterscheiden, stabiles (eher auf Grundüberzeugungen) von fragilem (eher auf Personen bezogenem) Vertrauen abheben und Vertrauensformen unterscheiden, die entweder

---

[1] Der Begriff „Kernkompetenz" wird hier absichtlich vermieden und nur für fachlich-methodische Grundkompetenzen Virtueller Unternehmen reserviert.

auf bisherigen Erfahrungen beruhen oder ein perspektivisch zu erwartendes Verhalten einbeziehen (vgl. Garrecht 2002, 109-125). In diesen drei objekt-, wert- und zeitbezogenen Vertrauensformen ist Vertrauen als personale Kompetenz also deutlich von institutionellem Vertrauen abgehoben. Alle drei Vertrauensformen gilt es jedoch auf beiden Ebenen via Kommunikation, Erfahrungsaustausch, Reputationserhöhung und Unternehmenskulturfestigung weiterzuentwickeln.

Vertrauen spielt also „nicht nur auf der Ebene des Gesamtunternehmens respektive des Business Networks eine Rolle, sondern auch auf der Ebene einzelner Mitarbeiter, die in einem interorganisationalen Team zur Erstellung einer gemeinsamen Leistung angehalten sind (Sieber 1998, 228)." Die für Virtuelle Unternehmen typischen Gefahren von fehlender Sicherheit im Gesamtkonzept, Opportunismus und Strategielosigkeit sollen durch Vertrauenseigenschaften wie Verlässlichkeit, Glaubwürdigkeit, Offenheit, Toleranz, Großzügigkeit, Ethik vermieden werden, die ins Handeln einzubringen sind. Alle diese Begriffe sind deutlich doppeldeutig: sowohl Individuen wie kollektiven Subjekten zuschreibbar (vgl. Sieber 1998, 237).

3.4 Grundkompetenzen Virtueller Unternehmen

Kehren wir nun nochmals zu den Kompetenzen repräsentierenden Kriterien für die Dauerhaftigkeit der Vernetzung von Unternehmen, Teilen von Unternehmen oder einzelnen Spezialisten zurück.

Mit den Überlegungen zu den Kernkompetenzen und zum Vertrauen ist klar, dass bereits zwei fundamentale Grundkompetenzen von Virtuellen Unternehmen prominent belegt sind: die „personalen" und die fachlich-methodischen Kompetenzen.

1. Dabei muss man als Grundlage für die unabdingbare Notwendigkeit von Vertrauen unbedingt die minimale Zentralisation und die flachen Hierarchien Virtueller Unternehmen hinzunehmen, um deren *„personale" Kompetenzen* (P) zu erfassen.
2. Die Betonung der rechtlichen Selbständigkeit der Netzwerkakteure, das Bestehen auf einer agilen Unternehmenskultur, die Konzentration auf das Makromanagement, das breite Möglichkeiten von selbstorganisiertem Handeln bis hin zum „hot desking" auftut – all das sind Ausdrucksformen der *aktivitäts- und handlungsbezogenen Kompetenzen* (A) Virtueller Unternehmen.
3. Für die Kernkompetenzen ist die Konzentration auf optimierte Wertschöpfungsketten unabdingbar notwendig; beide gehen von den *fachlich-methodischen Kompetenzen* (F) aus, die das Virtuelle Unternehmen besitzt.
4. Der temporäre Kooperationscharakter, unter Integration von Partnern, Kunden und Lieferanten, die Produktindividualisierung, die fortlaufende Neu- und Umbildung unternehmensinterner und unternehmensübergreifender Arbeitsteams verweisen auf die hohe Bedeutung von *sozial-kommunikativen Kompetenzen* (S) des Virtuellen Unternehmens. – Spezifische Ausprägungsformen dieser Kompetenzen, wie sie so massiv nur in Virtuellen Unternehmen vorkommen, sind die *IKT-Kompetenzen* (S_{IKT}), sofern sie nicht der Produkterstellung, sondern der Kommunikation über elektronische Netze, über die Kopplung der Informations- und Kommunikationssysteme der Partner und die elektronische Betriebsintegration dienen.

In allen diesen Überlegungen ist von Kompetenzen *des* Virtuellen Unternehmens und nicht von Kompetenzen *im* Virtuellen Unternehmen die Rede. Andererseits sind analoge „personale“, aktivitäts- und umsetzungsbezogene, fachlich-methodische und sozial-kommunikative Kompetenzen in allen Teilbereichen Virtueller Unternehmen – von den beteiligten Einzelunternehmen und Unternehmensteilen bis hin zu den Spezialisten und anderen Mitarbeitern – auszumachen und teilweise bereits mitbenannt; es wurde als Changieren der Kompetenzbegriffe apostrophiert. Dieses findet sich auch in prominenten Darstellungen: So wird z. B. der Vorzug des Virtuellen Unternehmens darin gezeichnet, dass es unterschiedliche Kernkompetenzen der Teilunternehmen und Unternehmensteile zu eigenen Kernkompetenzen „integriert“. Aber wie geschieht das in realen, rekursiven Prozessen? Wie verhält es sich dabei mit den Teil- und Unterkompetenzen bis hin zu denen der Mitarbeiter, die im Virtuellen Unternehmen agieren? Und wie kann man dieses Geflecht so einfach beschreiben, dass sich einigermaßen handhabbare Analyse- und Controllingverfahren ergeben, um die Prozesse und wechselnden Strukturen noch einigermaßen korrekt zu erfassen?

Ich habe hier vor allem zwei Zugänge im Blick: Den *strukturationstheoretischen* und den *selbstorganisationstheoretischen*. Ersterer soll nur kurz umrissen, letzterer detaillierter hinterfragt werden. Denn, so die Überzeugung dahinter, die strukturationstheoretischen Regelschleifenmodelle beschreiben zwar wunderschön die Vernetzungen von Ausgangspunkten, Prozessen und Resultaten des Handelns in und von Virtuellen Unternehmen, erlauben aber weniger analytische, radikal vereinfachende Zugänge. Die selbstorganisationstheoretischen Ebenenmodelle trennen diese Vernetzung vereinfachend auf, lassen aber die Formulierung und Messung von Kompetenzen auf den unterschiedlichen Ebenen zu und ermöglichen damit – wenigstens im Prinzip – auch die Formulierung funktioneller Abhängigkeiten zwischen den Kompetenzen von Individuen, Teams, Unternehmensteilen, Unternehmen und umgreifenden Gegebenheiten wie Märkten, Regionen, Ländern usw.

4 Individuelle und kollektive Kompetenzen in strukturationstheoretischen und selbstorganisationstheoretischen Modellen

4.1 Strukturationstheoretische Modelle

Auch aus strukturationstheoretischer Perspektive lässt sich ein Mehrebenenkonzept für Kompetenz und Kompetenzentwicklung ableiten.

Strukturen (das sind Sets von Regeln und Ressourcen unterschiedlicher Sozialsysteme, durch Signifikation, Herrschaft und Legitimation gekennzeichnet) beeinflussen das Handeln der Akteure in Virtuellen Unternehmen – etwa der Unternehmensteile, aber auch einzelner Mitarbeiter, z. B. in Form ihrer Persönlichkeitsbildung und spezifischen beruflichen Qualifikation. Gleichzeitig beeinflussen diese aber ihrerseits durch ihr Handeln, durch ihre Interaktionen (durch die Aspekte Kommunikation, Macht und Sanktionen gekennzeichnet) die Strukturen durch ihre sozialen Praktiken. Struktur und Interaktion werden also miteinander – modal – vermittelt gedacht. Die Kompetenzen dieser Akteure sind weder Eigenschaften der Handlungssubjekte noch der objektiven Handlungsressourcen allein: Akteure, die als kompetent wahrgenommen werden, zeichnen sich durch ein selbständiges, kreatives Handeln in je spezifischen Systemen und Situationen unter Zuhilfenahme von Regelwissen und Ressourcen aus. Das ist eine sehr ähnliche Sicht wie die der Funktion von „Ordnern“ in der Synergetik, allerdings ohne deren (oft missverstandenen) physikalischen Beigeschmack. Der strukturationstheoretische Zugang vermag nun vor allem, die Differenziertheit des rekursiven Prozesses von Struktureinfluss und Strukturbeeinflussung der Akteure nachzuzeichnen. „Aus einer strukturationstheoretischen Mehrebenenperspektive ergibt sich die Produktion und Reproduktion von Kompetenzen somit über und durch die Interaktionen von individuellen und kollektiven Akteuren, die in ihren Interaktionen und Beziehungen (mehr oder weniger bewusst) etwa Rekurs auf soziale Praktiken individueller Akteure, sozialer Systeme und gesellschaftsweiter und gesellschaftsübergreifender Institutionen nehmen." (Sydow u. a. 2003, 43)

Damit erweisen sich Netzwerke, insbesondere auch die Virtueller Unternehmen, als Ergebnisse *und* Medien der Kompetenzentwicklung, die sich im Dreieck von kooperativer Kompetenz, Technologiekompetenz und Marktkompetenz abspielen.

Voraussetzungen dieser Entwicklung sind administrative, allokative, transaktionale, marktliche und technische Fähigkeiten auf Ebenen unterhalb des gesamten Netzwerks (vgl. Sydow u. a. 2003, 47). Der Ansatz gestattet es, eine überzeugende Typologie sozialer Kompetenzentwicklungsnetzwerke abzuleiten und mit praktischen Beispielen zur Deckung zu bringen. Die Weiterungen sind vielfältig und fruchtbar (vgl. Windeler, Sydow 2005). Inwieweit der Ansatz allerdings praktikable Hinweise zur Messung und Entwicklung konkreter individueller und kollektiver Kompetenzen insbesondere in Virtuellen Unternehmen bringen wird, bleibt abzuwarten.

Abbildung 2: Kompetenzentwicklung im strukturationstheoretischen Modell (vgl. Sydow u. a. 2003)

4.2 Selbstorganisationstheoretische Modelle

Kompetenzen werden inzwischen vielfach vereinfachend, aber eingängig als Fähigkeiten zur Selbstorganisation des Handelns, als Selbstorganisationsdispositionen individueller oder kollektiver Akteure gekennzeichnet (vgl. Erpenbeck, Rosenstiel 2003). Mit der Verankerung von Kompetenzmodellen im modernen Selbstorganisationsdenken ist eine gesetzeswissenschaftliche Erklärungsbasis geschaffen, von der aus sich Kompetenzmodelle rechnen, Performanzen von Individuen und Gruppen vorausberechnen (vgl. Nachtigall 1998; Scharnhorst 2000a; Weidlich 2000; Scharnhorst 2000b) und im Rahmen von Kompetenzspielen simulieren lassen (vgl. Scharnhorst, Erpenbeck 2005).

Die Einbettung des Selbstorganisationsdenkens in Modelle der verallgemeinerten Evolutionstheorie hat, darüber hinaus, zu einem erweiterten Kompetenzverständnis geführt. So rückt bei neueren Überlegungen zusätzlich die individual- und aktualgenetische Gewordenheit der Kompetenzen ins Blickfeld und wird mitthematisiert. Zugleich wird die Zukunftsoffenheit kompetenten Handelns genauer akzentuiert. So wird festgestellt, dass nicht jede zukünftige Handlungsmöglichkeit gleichermaßen offen steht, vielmehr können nur bestimmte Entwicklungspfade eingeschlagen werden. Die sind allerdings ihrerseits so weit, komplex und offen, dass sie ein selbstorganisiertes Handeln und damit individuelle oder kollektive Selbstorganisationsdispositionen zwingend erfordern. Eine entsprechend erweiterte Kompetenzdefinition lautet dann:

Kompetenzen sind evolutionär entstandene, generalisierte Selbstorganisationsdispositionen komplexer, adaptiver Systeme – insbesondere menschlicher Individuen oder kollektiver Akteure – zu reflexivem, kreativem Problemlösungshandeln in Hinblick auf allgemeine Klassen von komplexen, selektiv bedeutsamen Situationen (vgl. Pfade, Kappelhoff 2004).

Es ist klar, dass diese Definition für Individuen ebenso wie für andere komplexe adaptive Systeme, etwa Teams und Gruppen, Unternehmen und Netzwerke, Märkte und Regionen usw. gilt. Zugleich ist heute ebenso klar, dass Kompetenzen immer um Wertekerne gruppiert sind. *Regeln*, *Werte* und *Normen* entziehen sich aber bloßen gesetzeswissenschaftlichen, insbesondere naturwissenschaftlich-deterministischen Erklärungen. Sie sind nur über Deutungs- und Sinnkategorien, über Prozesse des Verstehens angemessen zu erfassen. Nur solche Prozesse gestatten uns, trotz grundlegender Wissensdefizite, zu handeln. Wie oft handeln wir in gutem Glauben – das heißt aufgrund von bewertetem Nichtwissen. Kompetenzen überbrücken also den Abgrund der Unvorhersehbarkeit und sind deshalb für die Gestaltung einer Zukunft unter – personaler, organisationaler, regionaler, globaler – Unsicherheit unverzichtbar (vgl. QUEM 2005, 10).

Die modernen Selbstorganisationstheorien, ob in ihren synergetischen, konstruktivistischen oder katastrophentheoretischen Formen, sind, entgegen manchen Anwürfen ihrer Verächter, keine physikalischen, nicht einmal naturwissenschaftliche, sondern, wie die Kybernetik I, strukturwissenschaftliche Theorien. Deshalb werden sie oft und zu recht als Kybernetik II bezeichnet. Die Synergetik, vom Stuttgarter Physiker Hermann Haken weltweit bekannt gemacht, ist dabei die mathematisch wohl am besten durchgearbeitete, die breitesten Anwendungsbereiche abdeckende Form.

Im Prinzip reduziert ihre Anwendung auf die Kompetenzproblematik zunächst drastisch den Fragebereich. Hier steht nicht mehr die gesamte – dialektische – Wechselwirkung sozialer Praktiken individueller Akteure, sozialer Systeme und gesellschaftsweiter und gesellschaftsübergreifender Institutionen im Mittelpunkt, sondern ein einfacheres Denken, das auf drei Fragen Antworten sucht:

1. Was ist System, was sind die Systemteile(-teilchen)?

Die Selbstorgansationstheorie beschreibt, wie in komplexen Systemen wechselwirkender Teile stabile Ordnungen chaotisiert und nach Durchsetzung neuer Ordner sich neue, nicht voraussagbare Systemstrukturen selbstorganisiert herausbilden. Wolkenbildungen und Börsenkurse sind exzellente Beispiele derartiger Selbstorganisation. Um solche Prozesse zu modellieren, muss festliegen, was als System und was als Systemteile zu gelten habe. So kann das System mit einem Unternehmen, die Systemteile mit Abteilungen, Teams oder Individuen identifiziert werden. Das System kann aber auch mit einem Virtuellen Netzwerk, die Systemteile mit den Teilunternehmen, Unternehmensteilen oder Spezialisten identifiziert werden. Schließlich kann man den Markt oder die Region mit dem System, die Virtuellen Unternehmen mit den Systemteilen identifizieren.

2. Was sind die maßgeblichen Kontrollparameter und Ordner (Regeln, Werte, Normen)?

Nach Festlegung dessen, was das System und was die selbstorganisiert agierenden Systemteile sind, ist zu fragen, welche Einflüsse auf das System von außen einwirken, es beeinflussen, ohne jedoch kausal auf den Selbstorganisationsprozess Einfluss nehmen zu können. Paradoxer Weise gehören hierher die meisten direktiv angelegten pädagogischen und administrativen Prozesse. – Zugleich ist zu fragen, welche Regeln, Normen und Werte sich im selbstorganisierten Handeln herausbilden und die handelnden Individuen oder kollektiven Subjekte „versklaven", wie es bei Haken, „konsensualisieren", wie es weniger martialisch in neueren Ansätzen der Synergetik heißt.

3. Was sind die Selbstorganisationsfähigkeiten der Systemteile, d. h. die Kompetenzen?

Wenn Systemteile – innerhalb dynamischer, komplexer, entwicklungsoffener Bedingungen, die ihnen das System bietet oder vorsetzt – kreativ zusammenwirken und neue Entwicklungspfade beschreiten können, müssen sie bestimmte Fähigkeiten einbringen oder im Handeln entwickeln, um dies meistern zu können: Selbstorganisationsfähigkeiten.

Den Zusammenhang von System, Systemteilen, Kontrollparametern und Selbstorganisationsfähigkeiten der Systemteile, den Kompetenzen, kann man sich mit folgender Skizze ineinander geschachtelt vorstellen:

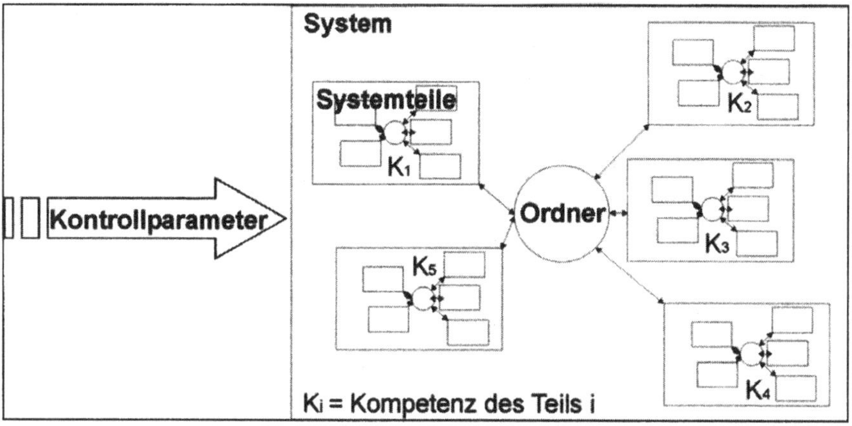

Abbildung 3: Selbstorganisierendes System, bestehend aus selbstorganisierenden Systemen

Dies gilt unabhängig davon, ob es sich bei den agierenden Subjekten um Individuen, Teams, Unternehmensteile, Teilunternehmen, Märkte, Regionen usw. handelt. Neben den generellen Fähigkeiten, überhaupt selbstorganisiert tätig werden zu können (Metakompetenzen; vgl. Bergmann u. a. 2003), sind dies vor allem:

(P) Die Fähigkeiten, das eigene Handeln klug, kritisch und selbstreflexiv zu hinterfragen und eigene produktive, kreativitätsfördernde Einstellungen, Werthaltungen, Ideale, Unternehmenskulturen usw. zu entwickeln. Man kann, wie bereits geschehen, verallgemeinernd von *„personaler" Kompetenz* sprechen.

(A) Die Fähigkeiten, aktiv und entschlussstark handeln und erzielte Ergebnisse kraftvoll umsetzen zu können, alles Wissen und Werten integrierend. Man kann verallgemeinernd von *Aktivitäts– und Handlungskompetenz* (Umsetzungskompetenz; vgl. Wunderer, Bruch 2000) sprechen.

(F) Die Fähigkeiten, mit dem Spitzenstand des notwendigen fachlichen und methodischen Wissens gut ausgerüstet und über eigenes, einzigartiges Wissen verfügend schier unlösbare Probleme schöpferisch bewältigen zu können; das meint eben nicht „nur" Sach- und Fachwissen, sondern schließt Regel-, Wert-, Norm- und Erfahrungswissen ein, so dass in der Tat nichtimitierbare Prozesse und Produkte realisiert werden können. Man kann verallgemeinernd von *Fach– und Methodenkompetenz* sprechen.

(S) Die Fähigkeiten, Kommunikations- und Kooperationsprozesse auf interpersonaler oder/und interorganisationaler Ebene so zu optimieren, zu effektivieren und Konfliktpotenziale zu minimieren, dass sie zu höchstmöglicher Kreativität des individuellen und kollektiven Handelns und zum Beschreiten neuer „Pfade" führen. Man kann verallgemeinernd von *sozial–kommunikativer Kompetenz* sprechen.

Dies ist keine Analogisierung von Individuum und Organisation, von individuellen und organisationalen Kompetenzen. Vielmehr rührt die strukturelle Ähnlichkeit daher, dass wir es stets mit einem Handlungssubjekt (Individuum, Team, Gruppe, Unternehmen, Organisation, Netzwerk, Markt, Region usw.) zu tun haben, das

(A) mehr oder weniger aktiv und umsetzungsbezogen,

(P) einmal in Bezug auf sich selbst reflexiv handelt (also das eigene Handeln reflektiert und verbessert, die eigenen Handlungsfähigkeiten weiterentwickelt, den Handlungsspielraum bewusst erweitert usf.),

(F) zum anderen in Bezug auf Objekte und Sachverhalte fachlich und methodisch handelt (also Sach- und Methodenwissen erwirbt und aggregiert und dieses in neue Problemlösungs- und Umsetzungsprozesse einbringt)

(S) und das schließlich in Bezug auf andere Handlungssubjekte (Individuen, Teams, Gruppen, Unternehmen, Organisationen, Netzwerke, Märkte, Regionen usw.) sozial-kollektiv und kommunikativ agiert.

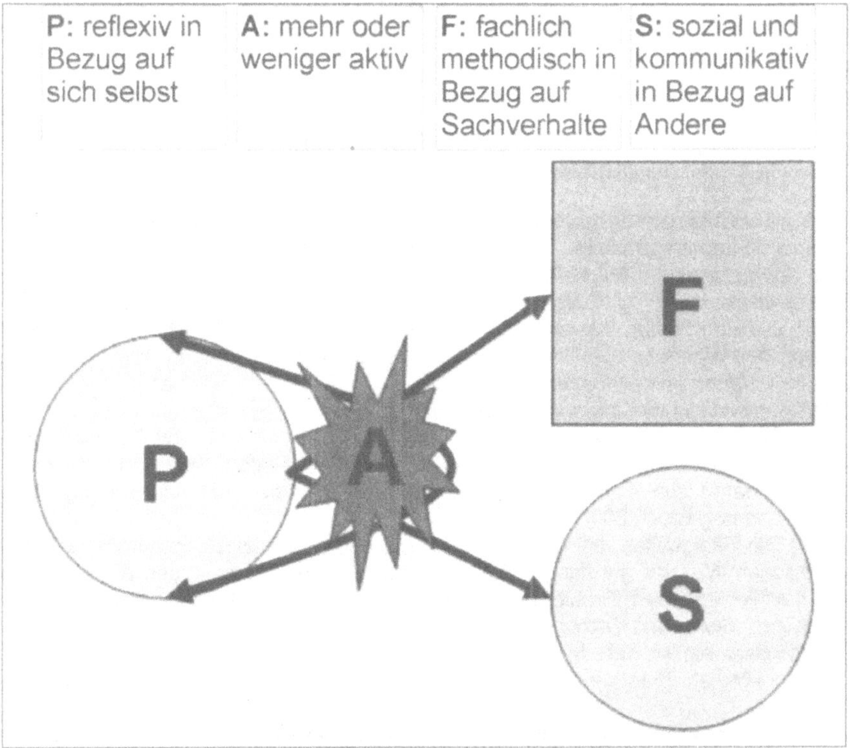

Abbildung 4: Grundkompetenzen eines Subjekts (Individuum, Team, Gruppe, Unternehmen, Organisation, Netzwerk, Markt, Region...); das Subjekt handelt...

Tatsächlich kommen diese vier Grundkompetenzen in nahezu allen Klassifikationen *individueller* Kompetenzen vor, wenn auch manchmal ein wenig anders geschnitten. So werden oft fachlich-methodische Kompetenzen begrifflich und messend getrennt, und die aktivitätsbezogenen Kompetenzen nicht eigens thematisiert, fehlen tun sie allerdings nie. Auch *Teams* lassen sich grob unterteilen in selbstentfaltungsorientierte Teams (zentral: Kreativität, Selbständigkeit, weitreichende ethische Ideale), aktivitätsorientierte Teams (zentral: Handeln als Eigenwert, Emanzipation von Fremdsteuerung), wissensorientierte Teams (zentral: Sachwissen, Erfahrungen, Disziplin,

Pflichterfüllung, Fleiß) und kommunikationsorientierte Teams (zentral: Gemeinsamkeit, Gesprächsbereitschaft, Emotionalität). *Unternehmen* können gekennzeichnet werden als überwiegend „personalitäts"orientiert (dominierend: Einzigartigkeit, Kreativität, „Persönlichkeit", „Gesicht" des Unternehmens, Ethik, corporate identity, corporate design, corporate communication), aktivitätsorientiert (dominierend: Aktivität, schnelle Reaktionsfähigkeit, Flexibilität, Aggressivität am Markt, Durchsetzungsfähigkeit, Durchhaltevermögen), sachorientiert (dominierend: fachliche und methodische Vorsprünge, gutes Wissens- und Projektmanagement, Organisationsfähigkeit, Urteilsvermögen, Marktkenntnis) und/oder kommunikationsorientiert (dominierend: Kommunikationsfähigkeit intern und gegenüber Kunden, anderen Unternehmen, Gruppen, Teams usw., Konfliktbeherrschung, Akquisitionsstärke).

Die Möglichkeit eines solchen klassifikatorischen Strukturvergleichs erlaubt es, mit analogen Fragetechniken nach den Grundkompetenzen von Individuen, Teams, Unternehmen, Netzwerken usw. zu fragen.

Das geschieht beispielsweise in dem inzwischen breit eingesetzten Kompetenzmessverfahren KODE® (vgl. Heyse u. a. 2004) mit seinen Individuums-, Team- und Organisationsfragebögen. Der Vergleich lässt auch erste wichtige Schlussfolgerungen zum Zusammenhang von individuellen und kollektiven Kompetenzen zu. Es ist wahrscheinlich, dass überwiegend „personalitäts"orientierte Unternehmen oder Netzwerke Mitarbeiter mit hohen personalen Kompetenzen, überwiegend aktivitätsorientierte Unternehmen oder Netzwerke Mitarbeiter mit hohen aktivitätbezogenen Kompetenzen benötigen usw. Das wäre eine – freilich noch grobe – Antwort auf die Ausgangsfrage: Wozu muss eine Organisation die Kompetenzen ihrer Mitarbeiter kennen?

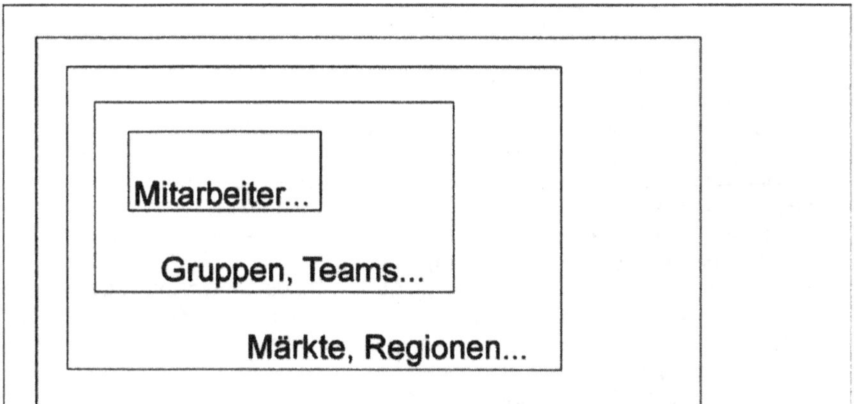

Abbildung 5: Staffelung selbstorganisierender Systeme

5 Individuelle und kollektive Kompetenzen in weiteren Modellen

Allerdings kann die Antwort nicht voll befriedigen. Um erfolgreich zu handeln, braucht es detailliertere Überlegungen, wie individuelle Kompetenzen so zusammenwirken, dass ein kollektives Subjekt (Team, Unternehmen, Netzwerk...) bezogen auf das System, in dem es als ein Systemteil handelt (z. B. auf den Markt oder die Region), die höchsten Selbstorganisationsfähigkeiten, die höchsten Kompetenzen besitzt und damit die Chance hat, Qualität, Zeit und Kosten tatsächlich optimal auszugestalten. Diese Zusammenhänge werden in der Regel keine linearen sein; eine Summation der Teilkompetenzen ist bestenfalls eine nullte Lösung.

Es gibt nur wenige Ansätze, die individuelle und kollektive Kompetenzen (insbesondere organisationale) und ihre Bedeutung für das Humankapital eines Unternehmens in einem Bild vereinen. Konzeptionell interessant und mit dem Bisherigen weitgehend kompatibel ist ein Ansatz von Schreyögg und Kliensch (2003). Sie entwickeln ein dreidimensionales Modell organisationaler Kompetenz, das einen direkten Bezug zu individuellen Kompetenzen herstellt. Als „Dimensionen Organisationaler Kompetenz" kennzeichnen sie (mit vorstehenden Symbolen angezeichnet)

(P) das organisationale Interpretationsvermögen (die „personale" organisationale Kompetenz, die Umwelt kreativ zu strukturieren und zu interpretieren, wertendes Beurteilungsvermögen zu entwickeln und für ein Handeln unter Unsicherheit zu selektieren);

(F) das organisationale Verknüpfungs-Know-how (die Fähigkeit, Know-how zu gewinnen, damit Verknüpfungen herzustellen und umzustrukturieren und Anschlüsse aufzubauen, also ein Bereich fachlich-methodischer organisationaler Kompetenz);

(S) das organisationale Kooperationsvermögen (also die sozial-kommunikative Kompetenz, effektive Beziehungsnetze und Anschlüsse aufzubauen, emotionale Beziehungen eingeschlossen).

Diesen sind „Dimensionen individueller Kompetenz" parallelisiert:

(P) die konzeptionelle Kompetenz (als kreative Fähigkeit, komplexe Wahrnehmungsfelder wertend zu strukturieren, Unsicherheit zu beurteilen und selbstorganisativ zu bewältigen, Widersprüche handelnd aufzulösen);

(F) die technische Kompetenz (die Fähigkeit, Wissen und Methoden, insbesondere Managementwissen, anzuwenden);

(S) die soziale Kompetenz (die Fähigkeit zu Kommunikation und Kooperation, zu Empathie und interkulturellem Verstehen).

Daran „schließt sich die Frage an, ob und inwieweit die Dimensionen Organisationaler Kompetenz gezielt hergestellt werden können (Schreyögg, Kliensch 2003, 49)." Allerdings wird die Messung und Entwicklung individueller Kompetenzen als ein Weg dieser Herstellung ausgespart.

In einem anderen Zugriff ordnen Pawlowsky u. a. (2005, 55) den Ebenen Individuum, Gruppe, Organisation und Netzwerk zunächst unterschiedliche (kaum vergleichbare) Kompetenzmessinstrumente zu, wägen sie gegeneinander ab und bewerten sie. Darüber hinaus wird aber vor allem auf die – praktisch vorhandenen und in Messungen widergespiegelten – Zusammenhänge dieser Ebenen verwiesen. Ein eigenes, praktisch erprobtes Diagnoseinstrument zur Erfassung und Bewertung organisationaler Wissensprozesse und Kompetenzbeziehungen schließt alle diese Ebenen ein und gestattet ein neues, für das Wissens- und Kompetenzmanagement fruchtbares Herangehen. Ob es für die Unternehmenspraxis, insbesondere die Virtueller Netze, tauglich ist, wird sich erweisen.

Gibt es schon wenige ähnliche Überlegungen zum prinzipiellen Zusammenhang individueller und kollektiver Kompetenzen, so gibt es erst recht kaum Ansätze die funktional von den individuellen Kompetenzen zu den kollektiven Kompetenzen eines Virtuellen Unternehmens führen. Diesem Mangel soll hier skizzenhaft auf zwei Arten abgeholfen werden. Zum einen wird ein Blick auf neuere Ansätze zum Zusammenhang von individuellen Kompetenzen und Humankapital geworfen. Zum anderen werden die individuellen Kompetenzen resümiert, die für Mitarbeiter von Virtuellen Unternehmen in der Literatur oft angemahnt werden. Damit werden, abschließend, auch neue Anforderungen an das moderne berufliche Lernen sichtbar.

6 Individuelle Kompetenzen und Humankapital

Mehr noch als für klassische Unternehmen hat für Virtuelle Unternehmen die Qualität des Humankapitals eine überragende Bedeutung. Das Humankapital aber wird, wie Reinhardt gezeigt hat, von den Grundkompetenzen eines Unternehmens geradezu konstituiert (vgl. Reinhardt 1998).

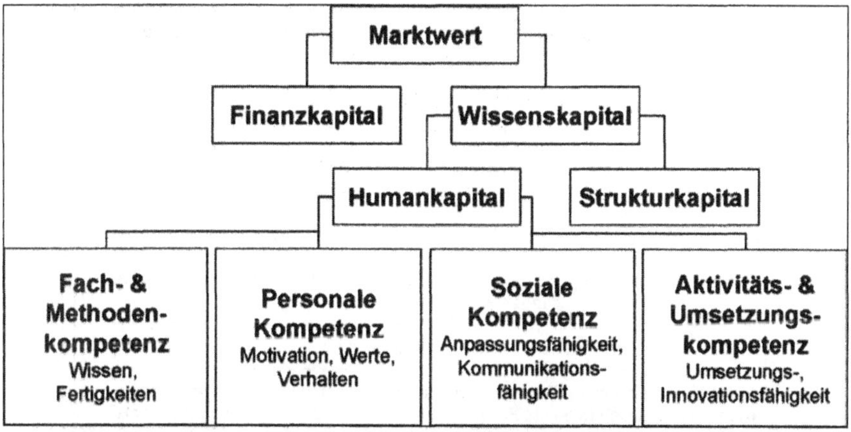

Abbildung 6: Humankapital und Grundkompetenzen (vgl. Reinhardt 1998)

Völlig zu Recht resümiert er: „Kompetenz stellt die ‚inhaltliche Seite' des *Humankapitals* dar und legt somit fest, über welche Handlungsmöglichkeiten ein Unternehmen verfügt [...]. Kompetente Menschen [...] gelten als der wichtigste Produktionsfaktor eines Unternehmens in der Wissensökonomie: War der maßgebliche Produktionsfaktor ursprünglich die Maschine, so findet sich jetzt eine zunehmende Dominanz des Menschen und seiner Kompetenzen als produktiver Ressource." (Reinhardt 1998) Sucht man nach Zusammenhängen zwischen individuellen Kompetenzen und Humankapital, hat man also zugleich die Zusammenhänge von individuellen und kollektiven Kompetenzen im Blick. Allerdings sind die Ergebnisse bisher – je nach Blickwinkel – entmutigend oder auch viel versprechend. Entmutigend, weil die angeführten Indikatoren, um diese Unternehmenskompetenzen zu charakterisieren, eher summativer Art sind: Anzahl der Mitarbeiter mit zertifiziertem Wissen und Erfahrungen, Anzahl von persönlich aufgewendeter Lernzeit, Größe von Einsparungen und Verbesserungsvorschlägen usw. Scholz u. a. besprechen in ihrem Buch „Human Capital Management“ fünf Ansätze der Humankapitalbewertung: marktwertorientierte Ansätze, accountingorientierte Ansätze, indikatorenbasierte Ansätze, Value-added-Ansätze und ertragsorientierte Ansätze. Außer dem – veralteten und wenig algorithmisierbaren – Accounting-Ansatz der Humanvermögensrechnung sind es vor allem die indikatorenbasierten Ansätze – vom Intangible-Assets-Monitor bis zu den Humatics – die Kompetenzen als Teilgrößen indizieren und ins Humankapital einrechnen. Leider sind in der berühmten „Saarbrücker Formel“, welche die Autoren als „Versuch einer Bilanz“ anbieten, Kompetenzen nur andeutungsweise mitberücksichtigt: Nämlich im Motivationsindex einer Beschäftigtengruppe, ein wenig noch in der durchschnittlichen Wissensrelevanzzeit.

Legende	
i	Beschäftigungsgruppen: hier nach dem Kriterium „höchster erreichter Ausbildungsabschluss“ mit i=9; nämlich Beschäftigte mit Hauptschulabschluss, Mittlerer Reife, Abitur, Lehre, Berufsakademieabschluss, Universitätsabschluss, MBA oder Promotion
FTE_i	Full-Time-Equivalent: in Vollzeitkräfte umgerechnete Beschäftigte des Unternehmens der Beschäftigungsgruppe i
l_i	Branchenübliche Durchschnittsgehälter und –löhne als Arbeitsmarktpreise pro Beschäftigungsgruppe i gemäß aktueller Gehaltsstudien (hier: www.gehaltsstudie.de)
w_i	Durchschnittliche Wissensrelevanzzeit für Beschäftigtengruppe i
b_i	Durchschnittliche Betriebszugehörigkeit der Beschäftigtengruppe i
PE_i	Im letzten Einjahreszeitraum für die Beschäftigtengruppe i aufgewendete Personalentwicklungskosten
M	Motivationsindex der Beschäftigtengruppe i

Führt man die oben im Einzelnen vorgestellten Formelbestandteile jetzt zusammen, so ergibt sich folgende Formel zur Berechnung des HC – Wertes, der als zentrale Kennzahl des HCMs ausgewiesen wird:

$$HC = \sum_{i=1}^{g} \left[\left(FTE_i * l_i * \frac{w_i}{b_i} + PE_i \right) * M_i \right]$$

Abbildung 7: Die „Saarbrücker Formel“ (vgl. Scholz u. a. 2004)

Die „Kompetenzhaltigkeit“ der indikatorenbasierten Ansätze ist in unserem Band „Kompetenzkapital“ ausführlicher ausgewiesen worden (vgl. Hasebrook u. a. 2004).

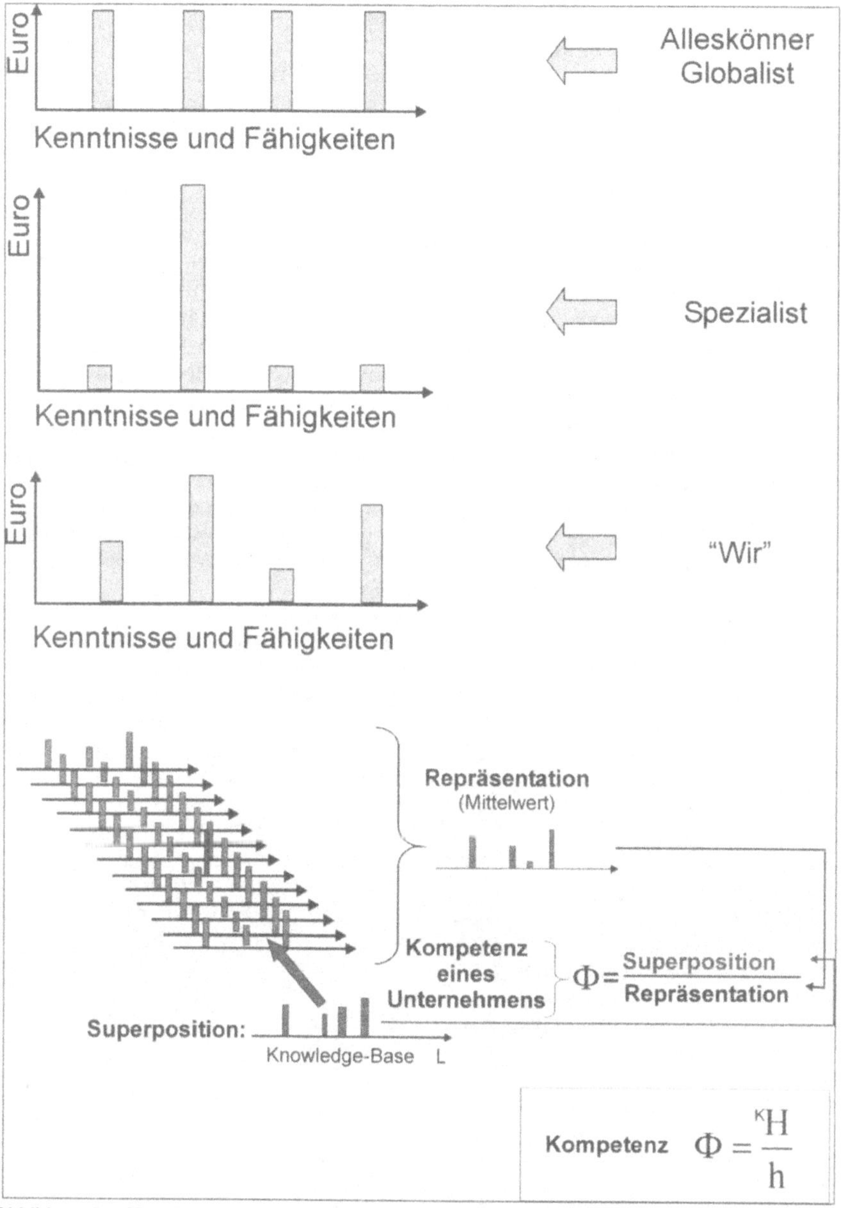

Abbildung 8: Messbarkeit von Kompetenzen – Wissen als Charakteristik von Q-Distributionen; Kompetenz = Superposition/Repräsentation; H = additives Humanpotenzial; h = differenzierendes Humanpotenzial (vgl. Kreft 2004)

Hier sei nur ein aktuelles Beispiel herausgegriffen, die „Humatics“ von Kreft. Er vergleicht, quantifiziert und bewertet in dem von ihm entwickelten Verfahren der Humatics menschliches Wissen in einer quantifizierten Form. Hierbei werden die verschiedenen Wissensaspekte, etwa der Belegschaft eines Betriebs oder auch eines Virtuellen Unternehmens, in so genannten Q-Verteilungen ermittelt. Auf diese Weise wird die Gleichartigkeit oder Verschiedenheit der dem Betrieb zur Verfügung stehenden Wissensbasis quantifiziert. Diese Q-Verteilungen werden als Wissensfunktionen bezeichnet. Zur Einordnung des Marktwertes verschiedener Q-Verteilungen wird die Distributionstemperatur eingeführt, die bei Vorliegen von Spezialkenntnissen, also Wissensungleichheiten in der Q-Verteilung, besonders hoch ist. Die Distributionstemperatur wird mit dem Marktwert einer Person oder einer Firma identifiziert. Der Ansatz ist theoretisch hoch interessant und detailliert ausgearbeitet. Problematisch erscheint, dass die Wissensmaße nicht in solche für faktisches Wissen, Wert- und Erfahrungswissen, Regel- und Normenwissen, emotional-motivationales Wissen usw. differenziert werden. Da Kreft die Shannonsche Formel zum Ausgangspunkt nimmt, bietet sich an, insbesondere bei der Wissensvermittlung, präzise zwischen Träger und Getragenem zu unterscheiden und unterschiedliche Qualitäten des Getragenen auch rechnerisch zu berücksichtigen (vgl. Völz 1982, 355-372).

Ein Ziel indikatorbasierter Ansätze der Humankapitalbewertung könnte es werden, nicht nur das Humankapital aus vorhandenen und messbaren Kompetenzen mit zu berechnen, sondern umgekehrt zu bestimmen, welche Kompetenzen für einen vorausgesetzt hohen Humankapitalwert nötig wären.

Als eine nahe liegende Methode, Unternehmenskompetenzen und Individualkompetenzen perspektivisch in Einklang zu bringen sowie zu erwartende Individualkompetenzen nach Jobgruppen und Einzelpositionen differenziert zu messen und zu matchen, erweist sich das von mehreren Unternehmen wie von allen deutschen Zentren für Kompetenzbilanzierung (CeKom, www.cekom-deutschland.de) eingesetzte KODE®X-Verfahren (vgl. Heyse 2003). Hier werden die Grundkompetenzen des Unternehmens durch das Wissen und Werten einer Führungscrew verkörpert, die innerhalb eines methodisch geführten, quantitativen Ratings für das Unternehmen maßgeblichen, ca. 16 individuellen Kompetenzen ermittelt und damit der gesuchte Zusammenhang zwischen kollektiven und individuellen Kompetenzen herstellt. In welchem Maße diese individuellen Kompetenzen in einzelnen Jobgruppen und Teams zu gelten haben, wird durch ein Zweitrating in Form so genannter Kompetenzkanäle festgelegt. Selbst- und Fremdeinschätzungen von Führungskräften bzw. anderer humankapitalrelevanter Mitarbeiter erlauben es, diese Personen im Kompetenzkanal zu verorten und die Kompetenzpassung quantitativ einzuschätzen.

Kompetenzbilanzverfahren wie das der CeKom, die quantitative Anteile einbeziehen, werden sich in den kommenden Jahren voraussichtlich große Anwendungsfelder erobern.

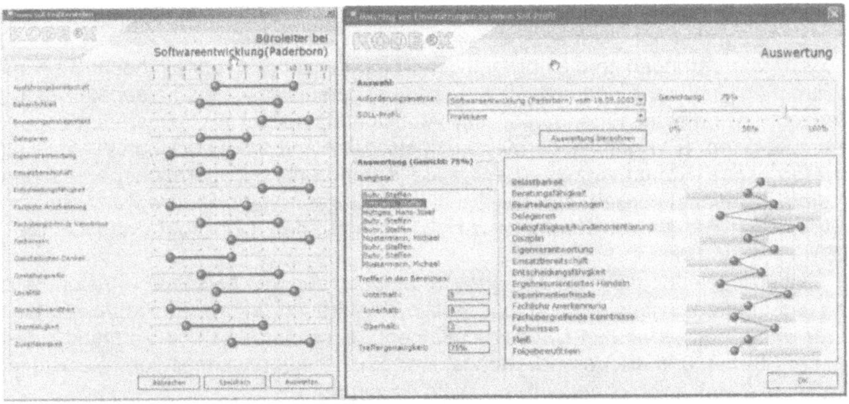

Abbildung 9: KODE®X Sollprofile einzelner Jobgruppen und Matchingprozess

7 Individuelle Kompetenzen und Virtuelle Unternehmen

Wurde eingangs nach den Kompetenzen Virtueller Unternehmen gefragt und dann, in einem zweiten Schritt, nach den Zusammenhängen von individuellen und kollektiven Kompetenzen, einschließlich denen in Virtuellen Unternehmen, so sei jetzt die Frage umgedreht: Welche individuellen Kompetenzen werden in Virtuellen Unternehmen gefordert, gefördert oder auch als zu wenig vorhanden eingeklagt?

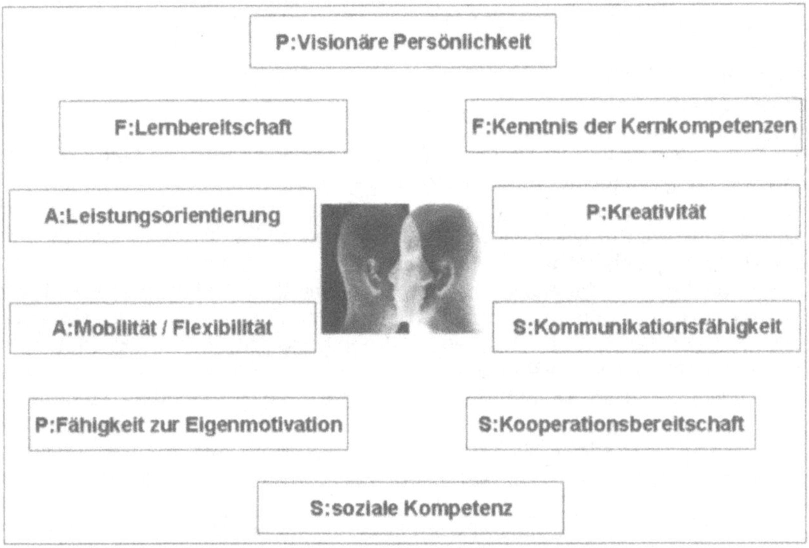

Abbildung 10: Anforderungen an selbständige Projektpartner/-innen in Virtuellen Unternehmen; mit der eingefügten Nomenklatur der Grundkompetenzen P, A, F, S (vgl. Vogt 1999)

Dabei ergeben sich fundamentale Dilemmata, die ein Buchtitel von Vogt sehr schön auf den Begriff bringt: „Nomaden der Arbeitswelt“ (Vogt 1999).

Die *Anforderungen* an die notwendigen Kompetenzen sind extrem hoch: (P) Kreativität, Fähigkeit zur Eigenmotivation, Visionäre Persönlichkeit als *personale* Kompetenzen, (A) Leistungsorientierung und Mobilität/Flexibilität als *aktivitätsbezogene* Kompetenzen, (F) Kenntnis der Kernkompetenzen und Lernbereitschaft als *fachlich-methodische* Kompetenzen, (S) soziale Kompetenz, Kooperationsbereitschaft, Kommunikationsfähigkeit und -bereitschaft als *sozial-kommunikative* Kompetenzen. Ein ganzes Bündel von Kompetenzen wird eingefordert (vgl. Vogt Baatiche 1997, 72).

Dabei sollen vor allem die *personalen* Kompetenzen, die persönliche Vision, sinnbasiert und kreativitätsfördernd, das stabile Urvertrauen und das Selbstbewusstsein „von innen heraus“ und in Charisma mündend, die Erkenntnis und Vermarktung eigener Stärken und die Verantwortungsbereitschaft hervorstechend sein. Selbstmotivation, die Motivation ohne Motivator, wird angestrebt.

Aktives Unternehmertum in eigener Sache, Flexibilität, Risikobereitschaft und Bewegungsfreude im direkten wie im übertragenen Sinne werden mehr denn je notwendig. Leistungsbereitschaft ist eine Kernforderung.

Fachlich wird lebensweite Lernbereitschaft und Wissensarbeit im globalen Netzwerk eingefordert, Symbolanalytiker und High-Tech-Nomaden, die „just in time“ lernen und Schulungsräume obsolet werden lassen, stellen angeblich die neuen Lernideale dar.

Riesige Hoffnungen werden auf die Fähigkeiten gesetzt, *sozial* zu kommunizieren und kurzzeitige Arbeitspartnerschaften zu bilden, konflikt- und konsensfähig zu sein – auch bei räumlicher Trennung und über nur elektronisch zu überbrückende Distanzen hinweg.

Eine zentrale Rolle spielt das Matching von Anforderungs- und Fähigkeitsprofil, insbesondere bei Führungskräften, das übrigens mit ähnlichen Mitteln wie den bereits geschilderten gemessen wird. *Führung* im Virtuellen Unternehmen verlangt neue und erneuerte Kompetenzen aller Grundkompetenzarten, es verlangt ein fundiertes Wissens-, Kompetenz- und Wertemanagement.

Die *Realität* Virtueller Unternehmen bringt jedoch in allen diesen Grundkompetenzarten massive Probleme mit sich, weshalb man zu Recht von einem fundamentalen Dilemma sprechen kann.

Die Flexibilisierung der Arbeitszeit, das Leben mit Unsicherheiten und der Mangel an Lebensstruktur bringen oft Einbußen der *Persönlichkeit* mit sich. Sie werden durch die Labilisierung der Arbeitswelt und durch die schwindende Bedeutung von Prestige und Status weiter verstärkt.

Der hohe Risikodruck steigert nicht unbedingt die *Aktivität*, sondern kann sie auch deutlich senken. In der gleichen Richtung wirken schwankende Einkommen und ständiger Akquisitionsdruck. Der Abschied von klassischer Karriere und klassischen Aufstiegsmöglichkeiten wirkt nur auf bereits voll in die „Nomadenwelt“ Integrierte aktivitätsfördernd.

Die Mittelpunktsrolle, die hoher *Fachlichkeit* und hohem *Methodenbewusstsein* im Sinne von Kernkompetenzbezug zukommt, die aber das enge, lediglich qualifikatorische Können in seine Schranken verweist, schlägt biografisch langzeitig entwickelte Krücken des Arbeitslebens weg, verunsichert und macht viele für Virtuelle Unternehmen untauglich.

Der hohe Anspruch an das *Soziale*, an *Kommunikations-* und Kooperationsfähigkeiten wird durch die gleichzeitig mögliche soziale Isolierung konterkariert. Es gibt keine regelmäßigen, sich wiederholenden Sozialkontakte, wenig wirklich Persönliches, oft findet Arbeit online zu Hause oder an isolierten Arbeitsplätzen, auch außerhalb von Normalarbeitszeiten statt, es entsteht soziale Isolation in der Freizeit.

Es kommt damit zu einer Reihe von *Kompetenzdilemmata*:

Erstens zum *Koordinationsdilemma*: Die Organisation der Selbstorganisation erfordert mehr Aufwand und höhere Kosten als eine traditionelle Unternehmensorganisation. Sie kann nicht direktiv in Unternehmensprozesse eingreifen, umso aufwändiger muss sie Bedingungen der Selbstorganisation, einschließlich des Kompetenztrainings der Mitarbeiter, organisieren.

Zweitens zum *Flexibilisierungdilemma*: Die Anforderungen an das Virtuelle Unternehmen ändern sich immer schneller – umso wichtiger sind langzeitig stabile Kernkompetenzen; dies zu koordinieren erfordert wiederum einen hohen persönlichen und unternehmensseitigen Aufwand. Die Kernkompetenzen müssen, bei aller Unternehmensflexibilität, von den Mitarbeitern langfristig reproduziert und getragen werden, was einen hohen Weiterlernaufwand (nicht unbedingt Weiterbildungsaufwand!), ein überlegtes Kompetenztraining verlangt.

Drittens ein *Loyalitätsdilemma*: Loyalität bedarf langfristiger Wert- und Vertrauensbindungen an ein Unternehmen, gerade diese sind in Virtuellen Unternehmen schwer herzustellen. Zudem fördern die Größe und Unübersichtlichkeit der Netzwerke das Bauen auf Commitment (vgl. Rudolph, Schüttpelz 1999) statt auf Anordnungen und juristische Regulationen, die Unkontrollierbarkeit der Informationsströme innere Kündigungen, Missbräuche durch Vertrauensbruch und unkontrollierten Abfluss von Informationen. Loyalität muss als wichtige Kompetenz trainiert werden (vgl. Vogt 1999, 166 ff.).

Viertens ein *Kommunikationsdilemma*: Die mediatisierte Kommunikation führt zu einem Abbau der natürlichen menschlichen Kommunikation, wodurch die Vermittlung „weicher" Kontexte und sinnstiftender Gemeinsamkeiten schwierig wird. Deshalb müssen sozial-kommunikative Kompetenzen auf zwei Wegen trainiert werden: Einmal, indem aus mediatisierter Kommunikation soziales Bindungsgut extrahiert wird, zum anderen, indem kurze Face-to-Face-Begegnungen initiiert und optimal für das Training von Sozialkompetenzen genutzt werden.

Fünftens ein *Kulturdilemma*: Mittelpunkt von Kulturen sind Werte. Werte müssen in langfristigen Kommunikations- und Kooperationsprozessen, in Sinnstiftungsprozessen angeeignet werden, dafür besteht bei Virtuellen Unternehmen oft nicht Zeit und Gelegenheit. Andererseits bedürfen gerade sie der einigenden Unternehmenskultur, einschließlich einer darin verankerten Lernkultur. Bilden sich in unterschiedlichen Unternehmensteilen und Teilunternehmen kontroverse Unternehmenskulturen aus, wirkt dies dysfunktional. Aber auch eine falsch verstandene, an alte Muster anknüpfende Lernkultur als Weiterbildungskultur wirkt dysfunktional. Wichtig ist, trotz der Unternehmensvirtualität gemeinsame Aushandlungsprozesse von Werten und Sinnvorstellungen zu ermöglichen und in Trainingsprozessen zu systematisieren (vgl. Järisch u. a. 2001, 107 ff.).

Damit sind nicht nur viele für das Arbeiten in Virtuellen Unternehmen notwendige Kompetenzen umrissen, sondern auch ihre problematischen Seiten hervorgehoben. Deshalb wird der Einsatz von Methoden der Kompetenzbilanzierung und des Kompetenztrainings gerade für Virtuelle Unternehmen immer wichtiger.

8 Fazit

Somit ist die Ausgangsfrage – vorläufig – beantwortet: Eine Organisation muss die Kompetenzen ihrer Mitarbeiter kennen, weil gerade diese immer wichtiger für das Leben und Überleben der Organisation werden. Das gilt in besonderem Maße für Unternehmen und dabei insbesondere für Virtuelle Unternehmen. Ohne exzellente personale, aktivitätsbezogene, fachlich-methodische und sozial-kommunikative Kompetenzen ihrer Mitarbeiter können sie nicht lange existieren. Ohne Lösung der aufgezeigten Dilemmata ergeben sich große, mitunter existenzentscheidende Verluste.

Die zukünftige Entwicklung erfordert deshalb zumindest diese Schritte:

Erstens müssen die Methoden der Kompetenzmessung im Unternehmen verbessert (vgl. QUEM 2005) und analytische Zusammenhänge zwischen individuellen und kollektiven Kompetenzen, zwischen individuellen Kompetenzen und Humankapital gefunden werden.

Zweitens müssen die Methoden betrieblicher Weiterbildung in Richtung beruflicher Kompetenzentwicklung, in Richtung eines konsequenten Kompetenztrainings – unter Forcierung des Lernens im Virtuellen Unternehmen selbst und im sozialen Umfeld der Arbeitsweltnomaden – weitergedacht und auf den Weg gebracht werden.

Drittens muss weiter über die Chancen und Risiken der Arbeit im Virtuellen Unternehmen für alle Beteiligten – sowohl für die „Gewinner“ als auch für die Verlierer in diesem Kompetenzwettlauf nachgedacht werden (vgl. Hoffmann 2001).

Führende amerikanische Ökonomen des Council of Competitiveness prognostizieren, dass die Entwicklung der Kompetenzen von Arbeitnehmern überhaupt zum wichtigsten Wettbewerbsfaktor der nächsten Dekade wird. Sie sagen ein „skills race“ voraus: Der Konkurrenzkampf der Zukunft wird zunehmend als Kompetenzkampf geführt (vgl. Council of Competitiveness 1998). Dafür sollten wir uns rüsten.

Literatur

Arnold, O.; Härtling, M. (1995): Virtuelle Unternehmen: Begriffsbildung und -diskussion. Arbeitspapier aus der Reihe „Informations- und Kommunikationssysteme als Gestaltungselement Virtueller Unternehmen", Nr. 3995, Institut für Wirtschaftsinformatik der Universität Bern, Institut für Wirtschaftsinformatik der Universität Leipzig, Bereich Wirtschaftsinformatik der Universität Erlangen Nürnberg, Bern u. a. 1995

Bergmann, G.; Daub, J.; Meurer, G. (2003): Die absolute Kompetenz. Von der Kompetenz zur Metakompetenz, Siegen 2003

Byrne, J. A.; Brandt, R.; Port, O. (1993): The Virtual Corporation, in: Business Week (8. Febr. 1993), S. 36-40

Campbell, A.; Sommers Luchs, K. (Hg.) (1997): Core competency-based strategy, London, Boston 1997

Council of Competitiveness (1998): Winning the Skills Race, Washington 1998

Drejer, A. (2002): Strategic management and core competencies: theory and application, Westport 2002

Erpenbeck, J.; Rosenstiel, L. (Hg.) (2003): Einleitung, in: Dies.: Handbuch Kompetenzmessung, Stuttgart 2003

Garrecht, M. (2002): Virtuelle Unternehmen. Entstehung, Struktur und Verbreitung in der Praxis, Frankfurt/Main u. a. 2002

Gertz, S. (2004): Das Virtuelle Unternehmen als innovative Organisationsform, in: Barske, H.; Gerybadze, A.; Hünninghausen, L.; Sommerlatte, T. (Hg.): Das innovative Unternehmen. Digitale Fachbibliothek auf CD-ROM, 2004

Hasebrook, J.; Zawacki-Richter, O.; Erpenbeck, J. (Hg.) (2004): Kompetenzkapital. Verbindungen zwischen Kompetenzbilanzen und Humankapital, Frankfurt/Main 2004

Heyse, V. (2003): KODE®X-Kompetenz-Explorer, in: Erpenbeck, J.; Heyse, V.; Max, H. (Hg.): KODE®X-System. Vertrieb. Training, Regensburg 2003, S. 376-385

Heyse, V.; Erpenbeck, J.; Max, H. (Hg.) (2004): Kompetenzen erkennen, bilanzieren und entwickeln, Münster u. a. 2004

Hoffmann, J. (2001): Virtuelle Unternehmen, Chancen und Risiken einer neuen Arbeitsform, Bonn 2001

Järisch, B.; Preissler, H.; Roehl, H. (2001): Soziale Kontexte Virtueller Unternehmen, in: Gora, W.; Bauer, H. (Hg.): Virtuelle Organisationen im Zeitalter von E-Business und E-Government: Einblicke und Ausblicke, Berlin u. a. 2001

Kappelhoff, P. (2004): Kompetenzentwicklung in Netzwerken. Die Sicht der Komplexitäts- und allgemeinen Evolutionstheorie, Berlin 2004

Kemmner, G.-A.; Gillessen, A. (2000): Virtuelle Unternehmen. Ein Leitfaden zum Aufbau und zur Organisation einer mittelständischen Unternehmenskooperation, Heidelberg 2000

Kreft, H.-D. (2004): Humatics, unter: http://www.hans-diedrich-kreft.de/content/files/Innsbruck-24-2-05-VersA3.pdf, Abruf vom 25.04.2004

Mertens, P.; Griese, J.; Ehrenberg, D. (Hg.) (1998): Virtuelle Unternehmen und Informationsverarbeitung, Berlin u. a. 1998

Mills, J. (2002): Competing through competences, Cambridge, New York 2002

Mittelstraß, J. (1995): Realität, in: Ders. (Hg.): Enzyklopädie Philosophie und Wissenschaftstheorie, Bd. 3, Stuttgart, Weimar 1995

Nachtigall, C.: (1998): Selbstorganisation und Gewalt, Münster u. a. 1998
Nasner, N. (1998): Identifikation von Kernkompetenzen, in: Absatzwirtschaft (1998) 3, S. 40-43, http://www.kompetenznetze.de
Pawlowsky, P.; Menzel, D.; Wilkens, U. (2005): Wissens- und Kompetenzdiagnostik in Organisationen, in: QUEM (Hg.): Kompetenzmessung in Unternehmen, Münster u. a. 2005
Prahalad, C. K.; Hamel, G. (1990): The core competence of the corporation, in: Harvard Business Review (1990) 68
QUEM (Hg.) (2005): Kompetenzmessung in Unternehmen, Münster u. a. 2005
Reinhardt, R. (1998): Das Management von Wissenskapital, in: Pawlowsky, P. (Hg.): Wissensmanagement. Erfahrungen und Perspektiven, Wiesbaden 1998
Rudolph, H.; Schüttpelz, A. (1999): Commitment statt Kommando. Organisationslernen in Versicherungsunternehmen, Berlin 1999
Scharnhorst, A. (2000a): Modelle von Wertedynamik und Kompetenzentwicklung, in: Erpenbeck, J.; Heyse, V. (Hg): Kompetenzbiographie – Kompetenzmilieu – Kompetenztransfer, QUEM report 61, Berlin 2000
Scharnhorst, A. (2000b): Constructing Knowledge Landscapes within the Framework of Geometrically Oriented Evolutionary Theories, in: Matthies, M.; Malchow, H.; Kriz, J. (Hg.): Integrative Systems Approaches to Natural and Social Sciences Systems Science, Berlin 2000, S. 505-515
Scharnhorst, A.; Erpenbeck, J. (2005): Modellierung von Kompetenzen im Licht der Selbstorganisation, in: Brunner, E. J.; Meynhard, T. (Hg.): Selbstorganisation in den Sozialwissenschaften, Jena. i. D. 2005
Schreyögg, G.; Kliensch, M. (2003): Rahmenbedingungen für die Entwicklung Organisationaler Kompetenz, QUEM-Materialien, Berlin 2003
Sieber, P. (1998): Virtuelle Unternehmen in der IT-Branche. Die Wechselwirkungen zwischen Internet-Nutzung, Strategie und Organisation, Bern u. a. 1998
Sydow, J.; Duschek, S.; Möllering, G.; Rometsch, M. (2003): Kompetenzentwicklung in Netzwerken. Eine typologische Studie, Wiesbaden 2003
Sydow, J.; Winand, U. (1998): Unternehmungsvernetzung und –virtualisierung: Die Zukunft unternehmerischer Partnerschaften, in: Winand, U.; Nathusius, K. (Hg.): Unternehmungsnetzwerke und virtuelle Organisationen, Stuttgart 1998
Vogt Baatiche, G. (1997): Das Virtuelle Unternehmen. Anforderungen an die Human Ressources, Koblenz 1997
Vogt, G. (1999): Nomaden der Arbeitswelt. Virtuelle Unternehmen – Kooperationen auf Zeit, Zürich 1999
Völz, W. (1982): Information I. Studie zur Vielfalt und Einheit der Information, Berlin 1982
Weidlich, W. (2000): Sociodynamics: A Systematic Approach to Mathematical Modelling in the Social Sciences, Amsterdam 2000
Windeler, A.; Sydow, J. (Hg.) (2005): Theorien und Praktiken der Kompetenzentwicklung in Netzwerken. Endbericht QUEM, Berlin 2005
Wolter, H. J.; Wolff, K.; Freund, W. (1998): Das Virtuelle Unternehmen. Eine Organisationsform für den Mittelstand, Wiesbaden 1998
Wunderer, R.; Bruch, H. (2000): Umsetzungskompetenz. Diagnose und Förderung in Theorie und Praxis, München 2000

Netzwerk-Kompetenz für virtuelle Unternehmen

Michael Reiß

1 Herausforderungen virtueller Unternehmen

1.1 Spektrum der Herausforderungen

Netzwerk-Kompetenz ist die Antwort auf Herausforderungen, die sich aus dem Wesen der virtuellen Strukturen ergeben (vgl. Reiß 2001a, 132 ff.; Sydow, Möllering 2004, 224 ff.). Dieses ist vor allem geprägt durch Offenheit, Distanz, gegenseitige Abhängigkeit, Diversität, Koopkurrenz, Geschäftsspielräume, Mehrschichtigkeit und Wachstumskomplexität. Einige dieser Herausforderungen sind insofern generischer Natur, als sie bei allen Formen der unternehmensübergreifenden Zusammenarbeit auftreten. So ist die *Abhängigkeit* unter den Akteuren bei der Verfolgung ihrer Geschäftsaktivitäten, mitunter auch als „Kooperationsdilemma" bezeichnet, sowohl charakteristisch für konventionelle Kooperationen, z. B. Joint Ventures und Strategische Allianzen, als auch für virtuelle Unternehmen, z. B. Projektnetzwerke in der Softwareentwicklung, Filmbranche oder im Bauhandwerk.

Noch herausfordernder als *hierarchische* Abhängigkeiten (gekennzeichnet durch ein Machtgefälle zugunsten einer Organisationseinheit) erweisen sich die netzwerktypischen *heterarchischen* Abhängigkeiten (vgl. Bellmann, Hippe 1996; Bellmann 2001). So zeichnen sich zahlreiche Netzwerke nicht durch eine einseitige Informationsasymmetrie aus, sondern durch mehrere *gegenläufige* Informationsasymmetrien: In einem Franchising-Netzwerk beispielsweise hat zwar der Franchise*geber* den besseren *Überblick* über das Gesamtgeschäft. Der Franchise*nehmer* verfügt jedoch über den besseren *Einblick* in den jeweiligen lokalen Markt. Ähnlich heterarchisch ist die Sponsor-Venture-Beziehung angelegt, etwa zwischen einem Konzern (z. B. Pharmazie) und einem externen Venture (z. B. Start-up aus der Gentechnologie). Die aus Spezialisten konfigurierten virtuellen Unternehmen in der Medienbranche sind ebenfalls heterarchisch aufgebaut: In den einzelnen Wissenssparten (Grafik, Programmierung, Marketing, Internet usw.) sind jeweils andere Partner dominierend. Insgesamt existieren in Netzwerken also meist mehrere gegenläufige Unter- bzw. Überordnungsverhältnisse (Heterarchien), ohne dass man hieraus eindeutig auf die dominante Position eines Knotens schließen könnte.

1.2 Distanz

Bereits aus der Definition von virtuellen Unternehmen ergibt sich eine weitere Herausforderung: Distanz (vgl. Krystek, Redel, Reppegather 1997; Weibler, Deeg 1998, 107 ff.). Sie steht gewissermaßen für die „Schattenseite" der organisatorischen Virtualität, d. h. die Überwindung von begrenzenden physischen und rechtlichen Merkmalen konventioneller Organisationsformen auf drei Dimensionen:

- *Räumliche* Distanz durch Zusammenarbeit räumlich verteilter Akteure (z. B. Softwareentwicklung rund um den Globus, globale Call-Center, dekonzentrierte Abteilungen) im „Any-Place"-Modus.
- *Zeitliche* Distanz durch asynchrone „Any-Time"-Zusammenarbeit (z. B. Softwareentwicklung über die Zeitzonen hinweg in einem globalen Konti-Schichtsystem).
- *Kulturelle* Distanz durch Zusammenarbeit in Konfigurationen über die Unternehmensgrenzen hinweg. Diese erfolgt auf der Basis von lockeren Koordinationsformen mit Verträgen als Freelancer, Subcontractor, Konzerngesellschaft, Allianzpartner usw.

Jede Dimension der Virtualität schafft also eine spezifische Distanz zwischen den Akteuren.

1.3 Diversität: Konfigurations- und Beziehungsheterogenität

Das „Innenleben" von konventionellen Unternehmen ist normalerweise durch eine mehr oder weniger homogene Intensität und Gleichartigkeit von Beziehungen zwischen allen Teilnehmern gekennzeichnet. Virtuelle Unternehmen hingegen sind von ihrem Wesen her durch eine sehr hohe Diversität geprägt. Dies gilt zum einen für die Zusammensetzung der Mitglieder im Sinne einer *Konfigurationsheterogenität*: Sie schlägt sich im Zusammentreffen von großen und kleinen, jungen und etablierten, lokal und international tätigen sowie gemeinwirtschaftlich und erwerbswirtschaftlich ausgerichteten Akteuren nieder. Die mit der Knotenheterogenität verbundenen Integrationslücken schlagen sich in relativ hohen Koordinationskosten nieder. Zum anderen gilt dies auch für die Heterogenität der Beziehungswelt. Die einzelnen Kanten in einem Netzwerk drücken deshalb jeweils sehr unterschiedliche Beziehungs*arten* und Beziehungs*stärken* aus. Aus der *Beziehungsheterogenität* ergeben sich diverse Formen von Subnetzwerken, die für die Komplexität der Binnenstruktur eines virtuellen Unternehmens verantwortlich zeichnen. Innerhalb eines Subnetzwerks herrscht eine höhere Beziehungsintensität als zwischen verschiedenen Subnetzwerken. Einige diese Subnetzwerke spiegeln unterschiedlich enge *Integrationsbeziehungen* wider. Man trifft hier in der Regel auf eine Art netzwerkinterner Mehrklassen-Gesellschaft, etwa auf einen inneren Kreis der Gründungsmitglieder und losere Beziehungen zu später integrierten Mitgliedern. Wie in konventionellen Unternehmen existieren auch in Netzwerken informelle Subnetzwerke in Gestalt von Seilschaften.

1.4 Koopkurrenz

In virtuellen Unternehmen überlagern sich die Koordinationsprinzipien des Marktes und der Hierarchie. Netzwerk-Mitglieder agieren folglich auf der Basis von *hybriden* und damit stets „spannungsgeladenen" Spielregeln. Besonders komplexitätsstiftend wirkt sich die Tatsache aus, dass Netzwerke a) den Wettbewerb zwischen den „Partnern" nicht vollkommen ausschalten bzw. b) die Kooperation von Konkurrenten (etwa in einer strategischen Gruppe) nicht verbieten. Verantwortlich für den Wettbewerb unter Netzwerk-Mitgliedern zeichnen nicht zuletzt spezifische Redundanzen in der Netzwerkkonfiguration: Es gibt mehrere Knoten mit ähnlicher Kompetenz bzw. übereinstimmenden Leistungsprofilen.

Netzwerke bilden also keine konkurrenzfreien Zonen, sondern gehorchen den hybriden Regeln der so genannten *Koopkurrenz* bzw. Coopetition (vgl. Bengstsson, Kock 2000, 411 ff.; Reiß, Beck 2000, 315 ff.). Diese Überlagerung von Kooperation und Konkurrenz mündet in Unschärfen bei der Unterscheidung zwischen Feinden und Freunden. Koopkurrenzverhältnisse in virtuellen Unternehmen können auf zwei Wegen entstehen. Beide stellen hohe Anforderungen an die Netzwerk-Kompetenz:

- *Formell geregelter Wettbewerb*: Man denke an Regelungen zu Ausschreibungsverfahren und zum netzwerkinternen Benchmarking. Diese Form der Koopkurrenz erfordert vor allem entsprechende Kompetenzen bei den Architekten der virtuellen Unternehmen.
- *Emergenter Wettbewerb*: Diese generische Form von Opportunismus entsteht ohne eine entsprechende Intention der Netzwerkgestalter, meist durch Verstöße gegen die Spielregeln (z. B. Abwerbung von Mitarbeitern, egoistische Nutzung von gemeinsam entwickeltem Know-how).

1.5 Geschäftsspielräume

Virtuelle Unternehmen sind weniger „kollektivistisch" angelegt als konventionelle Unternehmen oder die traditionellen engen Kooperationsformen (z. B. bilaterale Wertschöpfungspartnerschaften). Nicht alle Geschäftsaktivitäten der Knoten sind zwangsläufig das gemeinsam betriebene Netzgeschäft des virtuellen Unternehmens.

Vielmehr ist das Verhältnis von gemeinsamen Netzwerkgemeinschaftsaktivitäten einerseits und Eigengeschäftsaktivitäten der Knoten flexibel. Virtuelle Unternehmen fördern und fordern die Autarkie der Mitglieder. Sie belassen deshalb Spielräume für Eigengeschäfte (neben dem gemeinsamen Netzwerkgeschäft), für eigene Ressourcen und für die Eigenverwertung von Kontakten und Ideen durch den einzelnen Knoten (zu Zwecken der Kompetenzentwicklung).

Charakteristisch für die Mitglieder virtueller Unnehmen ist mit anderen Worten ein unternehmerisches „*Doppelleben*", das einen nicht unerheblichen Konfliktstoff beinhaltet: Als Leiter eines Unternehmens führen die Mitglieder ein „Eigenleben", daneben aber noch ein Leben als Netzwerkteilnehmer in (meist) mehreren virtuellen Verbünden. Sie nutzen in aller Regel mindestens zwei Identitäten, also Briefköpfe, Logos und Visitenkarten.

1.6 Mehrschichtigkeit

Die Vernetzung zwischen Wertschöpfungspartnern ist nicht auf die formell geregelte geschäftliche Zusammenarbeit zur Abwicklung von Kundenaufträgen beschränkt. Diese Wertschöpfungsprozesse bilden nur die oberste *Schicht* der Vernetzung, die insgesamt drei Schichten umfasst (vgl. Reiß 2001a, 141 ff.). Hier soll von einer Verbund-Schicht, einer Pool-Schicht und einer Netz-Schicht gesprochen werden.

Verbund-Schicht: Mit dieser Schicht wird der informellen Vernetzung Rechnung getragen, die in allen sozialen Gebilden und damit auch in Netzwerken existiert. Diese gewachsene Vernetzung („Connections") ist nicht das intendierte Resultat organisatorischer Maßnahmen, sondern durch faktische Abhängigkeiten, Verbundenheit bzw. Schnittstellen geprägt. Derartige emergente Aktions-Reaktions-Zusammenhänge stammen aus zwei Quellen: Zum einen können die Verbundbeziehungen *integrationsgetrieben* sein. Sie resultieren aus kultureller Übereinstimmung, Sympathie oder gleicher regionaler Herkunft (z. B. in Clustern). „Verbund" steht für die weiteste Auffassung von Vernetzung und stellt als bloße Tatsache einer „Verbindung" oder „Assoziation" folglich auch die geringsten Anforderungen an die konkrete Ausgestaltung der Netzwerk-Beziehungen. Zum anderen führen die Wertschöpfungsprozesse im Netzwerk zu *interdependenzgetriebenen* Verbundbeziehungen. Als Interaktionsmuster können sich sowohl Kooperationen (Beispiel: Solidargemeinschaften, Vetternwirtschaft) als auch Konflikte (z. B. nicht geregelte netzwerkinterne Konkurrenz, Mobbing) herauskristallisieren.

Pool-Schicht: Sie umfasst alle offiziell organisierten Aktivitäten zur Deckung der Eigenbedarfe eines Netzwerks. Hierbei handelt es sich um nach innen gerichtete Prozesse der Ressourcenversorgung und um das Beziehungsmanagement. Die Netzwerk-Knoten verhalten sich auf dieser Schicht als Mitglieder einer Versorgungs- und Beziehungsgemeinschaft („Community"). Alle Aktivitäten richten sich am „genossenschaftlichen" Prinzip der Mitgliederförderung bzw. am Community-Prinzip aus. Sie dienen dem Aufbau von netzwerkeigenen Ressourcenpotenzialen (z. B. Kompetenzen, fachliche Reputation) und von Beziehungspotenzialen (z. B. Vertrauen).

Netz-Schicht: Netze repräsentieren als Geschäftsnetzwerke die kommerziellen virtuellen Unternehmen im engeren Sinne. Auf der Netz-Schicht kommt es zu einer intendierten, arbeitsteiligen und vertragsbasierten Vernetzung zwischen Partnern zur Versorgung netzexterner Einheiten, hauptsächlich von Kunden („Commerce"). Alle Netz-Knoten fungieren als Wertschöpfungspartner, d. h., sie sind Funktionsträger in einem auf den externen Absatzmarkt gerichteten kommerziellen Wertschöpfungsprozess.

In aller Regel sind die Verbund- und die Pool-Schicht a) langlebiger als die kommerzielle Netz-Schicht und b) umfassen mehr Akteure. Während die Netz-Schicht nur die aktuellen Geschäftspartner umfasst, zählen beispielsweise ehemalige oder potenzielle Geschäftspartner zur Verbund- bzw. Pool-Schicht.

1.7 Wachstumskomplexität

Wie bei allen wertschöpfenden sozialen Entitäten vollzieht sich das Wachstum von virtuellen Unternehmen an drei Stellen: Programm-Wachstum (z. B. zusätzliche Geschäftsfelder, Wertschöpfungsstufen, Kundengruppen und Funktionen), Ressourcen-Wachstum (z. B. zusätzliche Kapazitäten und Kompetenzen) und Organisationswachstum (z. B. zusätzliche Organisationseinheiten, Koordinatoren, Gremien). Im Netzwerk existieren zwei Optionen für das ressourcenseitige Wachstum (vgl. Sydow 1992, 301 ff.; Reiß, Bernecker 2003, 87 ff.): a) *Reales* Knoten-Wachstum, also die traditionelle Erhöhung der Mitarbeiterzahl eines Knotens oder b) *virtuelles* Wachstum, sprich die Erhöhung der Partnerzahl im Netzwerk. Grundsätzlich kann das Netzwerkwachstum das Knoten-Wachstum zumindest partiell ersetzen. Ohne dass ein Knoten eine bestimmte reale Größe erreichen muss, besitzt er als Netzwerkmitglied insofern eine virtuelle Größe, als er auf die Mitarbeiter, Produktionsanlagen und andere Ressourcen der Partner zurückgreifen kann. Allerdings läuft eine Netzwerkeinbettung nicht zwangsläufig auf einen radikalen Verzicht auf reale Größe hinaus.

So finden z. B. im Geno-Verbund zahlreiche Fusionen zwischen geographisch benachbarten Volksbanken statt, die die Anzahl der Knoten verringern.

1.8 Weitere Herausforderungen

Hierzu zählt unter anderem die spezifische Offenheit virtueller Unternehmen: Im Vergleich zu konventionellen Unternehmen sind die Eintritts- und Austrittsbarrieren für Mitglieder deutlich niedriger. Die *Offenheit* virtueller Unternehmen erweist sich als sehr ambivalentes Spezifikum: Einerseits wird dadurch die Aufnahme neuer Mitglieder mit innovativen Ideen deutlich problemloser – vor allem kostengünstiger – als bei herkömmlichen Konzernen und Kooperationen, die als geschlossene Clubs organisiert sind. Im Fachjargon ist im Zusammenhang mit dieser Netzwerk-Stärke von *„Konfigurationsflexibilität“* die Rede. Andererseits bedeutet Offenheit aber auch *Nichtabschließbarkeit* gegenüber unerwünschten Eindringlingen. Zu deren Abwehr kann man kaum absolut unüberwindbare organisatorische Barrieren errichten. Auch Aufnahmeprüfungen lassen sich vielmals nicht durchführen.

2 Netzwerk-Kompetenz

2.1 Architektur der Netzwerk-Kompetenz

Netzwerk-Kompetenz umfasst deutlich mehr als nur die Kompetenz des Interaktions- bzw. Beziehungsmanagements. Das direkte Management der Interaktionen in einem Netzwerk bildet lediglich eine von insgesamt vier Sparten der Netzwerk-Kompetenz (vgl. Ritter 1998; Reiß 2001a, 149 ff.). Nur durch eine derart differenzierte Architektur der Netzwerk-Kompetenz kann es gelingen, die spezifischen Herausforderungen virtueller Unternehmen zu meistern.

Die *Vernetzungskompetenz* als eine Säule der Netzwerk-Performance lässt sich nicht auf die Kooperationskompetenz oder Teamfähigkeit reduzieren, weil virtuelle Unternehmen sich durch eingebaute Konkurrenzmechanismen von herkömmlichen Kooperationen unterscheiden (vgl. 1.4).

Die *Konfigurationskompetenz* unterstützt die optimale Spezifikation der Knoten eines Netzwerks. Die verbreitete Bezeichnungsweise „Unternehmensnetzwerke“ suggeriert, dass es sich bei den Knoten um „Unternehmen“ handelt. Tatsächlich fungieren in aller Regel nur Teile eines Unternehmens als Knoten in einem „Unternehmensnetzwerk“. Zur Knoten-Spezifikation bedarf es also u. a. einiger Segmentierungsaktivitäten. Diese haben einen wesentlichen Einfluss auf die Netzfähigkeit der entstehenden Knoten.

Virtuelle Unternehmen basieren nicht nur auf direkten Interaktionen. Ihr Erfolg hängt auch von der Einbettung in eine funktionstüchtige Infrastruktur ab. Zu deren Bereitstellung wird eine *Infrastrukturkompetenz* benötigt. Man denke in diesem Zusammenhang an die Medienkompetenz der beteiligten Akteure zur Handhabung der Internet-Infrastruktur eines virtuellen Unternehmens.

Eine Sonderstellung nimmt die *Veränderungskompetenz* ein. Sie fungiert als Metakompetenz, mit deren Hilfe die Übergänge zwischen einzelnen Entwicklungsstadien eines virtuellen Unternehmens gehandhabt werden können.

2.2 Konfigurationskompetenz

Diese Kompetenzsparte dient vor allem der Lösung von zwei knotenfokussierten Optimierungsproblemen:

Optimale Größe der Knoten: Bei der Knoten-Spezifikation geht es auch um die Bestimmung der optimalen Autonomie und Autarkie der Knoten, die die Knoten zu wettbewerbsfähigen unternehmerischen Einheiten in einer Netzwerkumgebung machen. Autarkie ist in der konventionellen Unternehmensorganisation das Erkennungsmerkmal von „*Fraktalen*" im Sinne von „Unternehmen im Unternehmen". Weil in sie zahlreiche Wertschöpfungsfunktionen integriert wurden, sind sie kaum auf Zulieferungen von anderen Organisationseinheiten angewiesen. Sobald sie sich aber in ein Netzwerk eingliedern wollen, müssen sie sich von einem Teil ihrer Autarkie trennen. Betroffen hiervon sind konkret alle Fähigkeiten, die andere Netzwerk-Mitglieder besser beherrschen: Wenn jeder Knoten gemäß dem Leitbild der Best-of-Konfiguration nur das einbringt, was er am besten kann, werden kostentreibende Redundanzen durch mehrfach vorhandene Kompetenzen vermieden. Ein derart effizienter Netzpartner ist aber alles andere als autark. Er ist immer auf eine passende, sprich komplementäre Netzwerkumgebung angewiesen. In Zweifelsfällen wird das sich abzeichnende Dilemma zwischen Autarkie (reale Größe) und Virtualität (virtuelle Größe) wohl stets zugunsten der Autarkie gelöst werden. Mitglieder von virtuellen Unternehmen nehmen die redundante Ausstattung in Kauf, weil sie nur so ihre Eigengeschäfte (ohne Partner oder in anderen virtuellen Unternehmen) betreiben können (vgl. 1.5).

Optimale virtuelle Größe: Das Konzept der optimalen Netzwerk-Größe – in Analogie zur optimalen Größe konventioneller Unternehmen – ist schon deshalb sehr unscharf, weil hierfür im Mehrschichtenmodell (vgl. 1.6) drei unterschiedliche Antworten zu geben sind: Der optimal dimensionierte Verbund enthält mehr Teilnehmer als der optimale Pool und dieser wiederum mehr Knoten als das größenmäßig optimierte Netz. Die Leitidee der optimalen Netzwerk-Größe bezeichnet meist die Teilnehmerzahl, bei der die positiven Netzwerk-Effekte (economies) gerade noch die negativen Netzwerk-Effekte (diseconomies) überwiegen. Die Netzwerk-Effekte (Netzwerk-Stärke) ergeben sich dabei sowohl aus der „Klasse" als auch aus der „Masse" der Netzwerkteilnehmer. Ferner ist bei der Größenoptimierung zu beachten, dass auf der Geschäftsnetz-Schicht eines virtuellen Unternehmens und auf der Pool-Schicht desselben Unternehmens möglicherweise *unterschiedliche* Organisationseinheiten in das Netzwerkgeschehen involviert sind. Mit anderen Worten: Die knotenseitige Konfiguration eines Netzes und die des zugehörigen Pools stimmen nicht automatisch überein. Während typischerweise in Geschäftsnetzen die Frontoffice-Einheiten (z. B. interne Intermediäre, Key-Account-Manager) agieren, sind in Einkaufs- oder Entwicklungsgemeinschaften eher Backoffice-Einheiten, wie z. B. F&E-Manager, involviert.

Offenbar beruht die Konfigurationskompetenz auf mehreren *Methodenkompetenzen* (z. B. Geschäftssegmentierung und Funktionssegmentierung, juristisches Rechtsformen-Know-how). Hinzu kommen Führungskompetenzen. Mit ihrer Hilfe sind beispielsweise Herausforderungen des kulturellen Diversity-Managements zu bewältigen, z. B. um die optimale „Vielfalt in der Einheit" zu finden.

2.3 Vernetzungskompetenz

Die Kompetenz zur interaktiven (direkten) Koordination in virtuellen Unternehmen setzt sich aus mehreren Kompetenzbausteinen zusammen. Die *geschäftsspezifisch-fachliche* Kompetenz prägt z. B. die Netzwerk-Kompetenz eines Netzwerkmanagers, der im Facility-Management den Kunden maßgeschneiderte Solutions anbieten möchte.

Bei komplexen Systemen sind häufig mehrere Fachkompetenzen erforderlich. Neben der technischen Kompetenz bedarf es meist einer *IT-Integrationskompetenz* zur optimalen Nutzung des Potenzials der Internet-Infrastruktur des virtuellen Unternehmens. *Kaufmännische Kompetenz* wird beispielsweise benötigt, um für den Austausch von Leistungen innerhalb des virtuellen Unternehmens interne Verrechnungspreise zu ermitteln. Ferner besteht ein Bedarf an *Marketing-Kompetenz*, etwa für das Customer-Relationship-Management. Mit sozialer Netzwerk-Kompetenz sind die Fähigkeiten auf den Gebieten Verhandlungsführung, Konfliktlösung und interaktiver Vertrauensbildung (z. B. durch Vorleistungen) angesprochen. Da sich Netzwerke durch eine organisierte netzwerkinterne Konkurrenz (Ausschreibungsverfahren, Awards usw.) auszeichnen (vgl. 1.4), muss Vertrauensbildung primär als Internalisierung von Spielregeln für ein „Fair Play" interpretiert werden.

Zur konstruktiven Handhabung dieser Komplexität haben sich komplexitätsreduzierende Formen des Schichten-Managements herausgebildet (vgl. 1.6). Kompetente Vernetzung zielt darauf ab, dass die unteren Vernetzungsschichten eine *Plattformfunktion* für die höheren Vernetzungsformen übernehmen. Die bekannteste Variante dieser „Doppelbödigkeit" von Netzwerken sind *dauerhafte Beziehungspools*, die als Plattform für *befristete Geschäftsnetze* fungieren. Eine weitere Plattformbeziehung kommt in dem Motto „Kontakte schaffen Kontrakte" zum Ausdruck: Beziehungsgemeinschaften erleichtern demgemäß die geschäftliche Vernetzung.

Auf diesem Wege lässt sich der Aufbau einer integrativen Infrastruktur (z. B. vertrauensbildende Maßnahmen, IT-Infrastruktur, vgl. 2.4) von der geschäftlichen Ebene auf die Poolebene verlagern. Diese Verlagerung unterstützt die Bemühungen um die Kosten- und Zeiteffizienz der Zusammenarbeit in virtuellen Unternehmen. Dadurch kann man die eigentlichen Wertschöpfungsprozesse von nichtwertschöpfenden Aktivitäten der „Gruppendynamik" (Storming im Sinne einer Bestimmung von Machtpositionen, Norming als Findung von Spielregeln) entlasten. Parallel hierzu nutzt der komplexitätsbewusste Netzwerkmanager die auf der Beziehungsebene bereits vorhandenen Integrationspotenziale und Infrastrukturen, indem er sie importiert.

2.4 Infrastrukturkompetenz

Alle sozialen Gebilde benötigen eine Integrationsbasis, die das Zustandekommen von Netzwerken, die Entwicklung von Spielregeln und von Netzwerkkultur (z. B. Wir-Gefühl, VU-Identity), die Kommunikation und die Handhabung von Konflikten unterstützt.

In diesem Zusammenhang wird häufig argumentiert, dass in virtuellen Unternehmen weniger Integrationsbedarf existiert als in konventionellen Unternehmen, weil die Zusammenarbeit weniger eng angelegt ist. Diese infrastrukturelle Leichtigkeit bildet sicherlich eine Quelle der Attraktivität von Netzwerken. Ihr Geltungsbereich ist allerdings auf die Netz-Schicht begrenzt. Eine weitere Reduktion des Infrastrukturbedarfs kommt dadurch zustande, dass ein nennenswerter Anteil der Infrastruktur nicht vom virtuellen Unternehmen selbst erstellt werden muss, sondern aus dem Umsystem fremdbezogen werden kann. Besonders attraktiv ist hierbei der Import einer vorgefertigten Infrastruktur, die lediglich auf den spezifischen Netzwerk-Kontext angepasst werden muss. In gewisser Weise besitzen Netzwerke insofern das „Privileg" eines Hybrids, als sie sowohl einige Bausteine der Marktkultur (z. B. Regeln für lauteren Wettbewerb, gute Sitten, „Zahlungsmoral", Aufsichtsinstanzen) als auch der Unternehmenskultur (z. B. Governancestrukturen von Holdingkonstruktionen, Rechtsformen für GbR oder Vereine) importieren können. Wichtige Infrastrukturbeiträge steuern auch Verbände bei. Sie investieren etwa in Strukturen für den Know-how-Transfer (z. B. Arbeitskreise) und in die Formulierung von Spielregeln für die Zusammenarbeit zwischen den Verbandsmitgliedern.

Insgesamt werden *fünf Sparten der Netzwerkinfrastruktur* benötigt. Im Gegensatz zur instrumentell „gemachten" technokratischen, strukturellen, personellen und informationellen Infrastruktur handelt es sich bei der kulturellen Infrastruktur um eine „gewachsene" Integrationsbasis. Sie ist nicht in Organisationshandbüchern, sondern in den Herzen und Köpfen der Netzwerk-Mitglieder verankert. Sie lässt sich bestenfalls indirekt durch Visionen, Leitsätze, Prinzipien, Philosophie und andere Formen der „Kulturarbeit" beeinflussen.

Personelle Infrastruktur: Ein wichtiges Potenzial für die integrative Infrastruktur eines virtuellen Unternehmens liegt in den integrativen Fähigkeiten und der Integrationsbereitschaft der beteiligten Menschen begründet. Mit Infrastrukturkompetenz muss hier für Kooperations- und Anpassungsfähigkeit, Konflikttoleranz, Integrität und mannschaftsdienliches Verhalten (z. B. beim Umgang mit Wissen) gesorgt werden. Innerhalb von virtuellen Unternehmen lassen sich diese Skills nur in Ausnahmefällen im Rahmen eines organisierten Trainings vermitteln. Als bessere Stellhebel für eine integrationsförderliche personelle Infrastruktur eignen sich primär die Mitgliederrekrutierung (Aufnahmebedingungen) und die Anreizsysteme. Beide basieren auf Systemen für eine Partnerbeurteilung.

Technokratische Infrastruktur: Zusammen mit dem strukturellen Überbau („Apparat") bildet das technokratische „Regelwerk" den Kern der bürokratischen Integrationsbasis. Die technokratische Infrastruktur enthält zum einen Richtlinien und Standards. Hier reicht das Spektrum von technischen Normen über Qualitätsstandards und Gesetze, allgemeine Geschäftsbedingungen bis hin zu Musterverträgen (z. B. Service-Level-Agreements), Statuten und Satzungen. Die Mehrzahl dieser Standards ist nicht „hausgemacht", sondern wird aus dem Umsystem importiert (z. B. Gesetze und ISO 9000ff.). Technokratische Infrastrukturkompetenz ist also nicht zwangsläufig die Kompetenz zur Aufstellung von Normen, sondern vielfach die Kompetenz der *Implementierung* vorhandener Regelwerke. In einem zweiten Bereich findet man Regelungen zur betriebswirtschaftlichen Steuerung von Netzwerkprozessen. Hierzu zählen, neben den Mitgliedschaftsbeiträgen, den Zielvereinbarungen über Kennzahlen (z. B. Umsätze), vor allem Provisionsregelungen und Verrechnungspreise.

Informationelle Infrastruktur: Hier sind die IT-Kompetenzen tonangebend. Grund dafür ist die Mächtigkeit, Reichweite, Schnelligkeit und Kostengünstigkeit der elektronischen Kommunikationsplattformen, allen voran der Internet-Technologien. Für eine längerfristige Zusammenarbeit bietet sich unter Sicherheitsaspekten die Installation eines Extranet bzw. Intranet an.

Die Faszination der neuen Medien führt nicht selten zu einer Vernachlässigung der Low-Tech-Kommunikation in virtuellen Unternehmen. Die elektronische Kommunikation kann aber erfahrungsgemäß weder die konventionelle Sprachkommunikation (z. B. via Telefon) noch die Face-to-Face-Kommunikation vollständig ersetzen. Benötigt wird mit anderen Worten ein optimaler Mix der Kommunikationsmedien.

Strukturelle Infrastruktur: Diese organisatorische Sparte der Infrastruktur enthält Koordinatoren (Agenturen, Broker), Gremien, Meetings und Kommunikationswege. Im Mittelpunkt stehen Koordinatoren, wobei die oligozentrischen Koordinationsformen mit mehreren spezialisierten Koordinatoren an Bedeutung gewinnen.

Im Rahmen solcher *Multikoordinatoren-Konstellationen* würde beispielsweise ein *Aufgaben-Koordinator* für die Leistungsprozesse („Performing") im Netzwerk zuständig sein. Dem *Mitglieder-Koordinator* obliegt das Beziehungsmanagement, das auf aktuelle oder potenzielle Netzwerkteilnehmer ausgerichtet ist. Er wird also in den Bereichen „Forming" (z. B. Regelungen zur Aufnahme bzw. zum Ausschluss von Mitgliedern) und „Norming" (etwa Machtverteilung und offizielle Organe des Netzwerks) tätig. Für die Mitglieder-Koordination wird ein neutraler Koordinator (Makler, Broker, Ombudsmann, Schiedsstelle, Treuhänder) und kein fokaler Koordinator benötigt. Durch den Einsatz einer solchen Instanz kann ein neutrales Terrain geschaffen werden, das Vertrauen in die Netzwerkstruktur aufbaut. Möglicherweise wird die Aufgaben-Koordination nicht von einem, sondern von mehreren Koordinatoren übernommen. Jeder dieser Agenten könnte für einen kundenspezifischen Geschäftsprozess (z. B. Kommunikation, Vertragsgestaltung, Finanzierung, Logistik) zuständig sein.

Kulturelle Infrastruktur: Im Blickpunkt der Kultur virtueller Unternehmen steht meist die Vertrauenskultur. Sie schafft nicht nur Zusammengehörigkeit, sondern wirkt auch als ein potenter Dämpfer der Koordinationskosten. Im Zusammenhang mit der Integrationsbasis „Vertrauen" ist jedoch Skepsis angebracht. Bekanntlich sind Markt und Hierarchie, also die geistigen Väter der Netzwerkorganisation, von Natur aus Misstrauensorganisationen. Vom organisatorischen „Genmaterial" her wäre also zu erwarten, dass es sich bei allen „Kreuzungen" ebenfalls um Misstrauensorganisationen handelt.

Die Möglichkeiten einer Kulturarbeit werden außerdem dadurch begrenzt, dass das Wachsen von kulturellen Gemeinsamkeiten sehr viel Zeit benötigt. Sie ist aber besonders in kurzlebigen Projekt-Netzwerken nicht vorhanden. Beim Aufbau einer Netzwerkkultur müssen deshalb andere kulturbildende Mechanismen zum Einsatz kommen. Im Mittelpunkt steht hier der Kulturimport. Aus dem Umsystem, sprich aus der Rechtskultur, Marktkultur, Branchenkultur, berufsständischen Kulturen usw. werden vorhandene Kulturelemente übernommen. Eine weitere wichtige Arena für die Vertrauensbildung sind die unteren Netzwerkschichten. Man denke beispielsweise an Pools (z. B. Communities, gemeinsame Forschungsprojekte), in denen unter anderem die Weitergabe von eigenem Wissen an andere Pool-Mitglieder vertrauensfördernd wirken kann. Allerdings ist hier zu bedenken, dass einige Pools im Gegensatz zu den Geschäftsnetzen betont konkurrenzarm gestaltet sind und die Vertrauensbasis insofern dort keinen besonders harten Tests unterzogen wird.

Infrastruktur-Profil: Es wird argumentiert, dass in Netzwerken die Soft-Integration dominiert, d. h., dass kein nennenswerter Bedarf an bürokratischen Integrationsinstrumenten besteht (vgl. Scholz 2000). Man geht davon aus, dass Netzwerke nur ein Minimum an kostentreibendem Overhead für Zwecke der Verwaltung und der „Governance“ benötigen. Anstelle von „Verträgen und Organen“ prägen „Vertrauen und IT“ das Infrastruktur-Profil von Netzwerken.

Das vorhandene Gestaltungswissen für die optimierte Kombination der fünf Infrastruktursektoren ist nicht sehr hoch entwickelt. Zwischen den vier instrumentellen Sektoren werden sowohl Komplementaritäten als auch Substitutionalitäten vermutet, ohne dass geklärt wäre, welches Zusammenwirken im Einzelfall zutrifft. Einerseits geht man davon aus, dass beispielsweise die Internet-Infrastrukturen bestimmte strukturelle Infrastrukturen überflüssig machen (Hypothese der Desintermediatisierung). Andererseits wird von der plausiblen Auffassung ausgegangen, dass Intermediäre auf die Unterstützung durch das Internet angewiesen sind, damit sie ihre Vermittlungsfunktion wahrnehmen können.

2.5 Veränderungskompetenz

Professionelles Change-Management ist zur Handhabung der hohen Dynamik in virtuellen Unternehmen unverzichtbar. Netzwerk-Kompetenz muss deshalb auch den Fundus an Instrumenten und Strategien des Veränderungsmanagements abdecken (vgl. Reiß, Rosenstiel, Lanz 1997). Insbesondere wäre es naiv anzunehmen, dass die Eigendynamik virtueller Unternehmen stets dafür sorgt, dass die Veränderungen sich in die „richtige“, d. h. effektivitäts- und effizienzförderliche Richtung entwickeln. Der deshalb erforderlich werdende „geplante“ Wandel erzeugt auch in virtuellen Unternehmen die Phänomene des Widerstands und der Verunsicherung, vor allem dann, wenn es zu einer „Pfadbrechung“ kommt. Ein anschauliches Beispiel für Veränderungen in virtuellen Unternehmen bildet die „Entnetzung“.

Entnetzungsphänomene wie die Größenkontraktion, netzwerkinterne Erosion der Beziehungsstärke, Subnetzbildung und Knotenfusion sind dabei keinesfalls mit dem „Ende der Vernetzung“ gleichzusetzen. Entnetzung bezeichnet vielmehr einen Prozess der Netzwerk-Optimierung: Nicht die radikale Entkopplung, Auflösung oder Substitution von Netzwerken durch andere Organisationsformen wie Unternehmen oder Märkte, sondern die qualitativ und quantitativ optimierte Vernetzung steht im Mittelpunkt. Insofern ist die Entnetzungsthematik keinesfalls nur auf die Auflösungsphase eines virtuellen Unternehmens fixiert. Entnetzung ist einerseits die Folge der immanenten Instabilität und Hybridität von virtuellen Unternehmen. Andererseits gelingt es durch eine Entnetzung, die economies of network besser auszuschöpfen und die diseconomies of network zu vermeiden. Dies lässt sich anhand der wesentlichen Formen von Entnetzung illustrieren:

Downsizing: Entnetzung bedeutet hierbei die Trennung von bestimmten Mitgliedern des virtuellen Unternehmens. Formal-systemanalytisch kann dies als radikale Auflösung von Beziehungen vonstatten gehen oder als signifikante Senkung der Beziehungsdichte. Inhaltlich liegt häufig eine Umwandlung von netzwerkförmigen Beziehungen in marktliche Beziehungen oder hierarchische Beziehungen vor. Beispiele für diese Außen-Entnetzung sind die Größenkontraktion durch Ausschluss von Gruppen bzw. Subnetzwerken (analog zu Redimensionierungsformen wie Ausgründungen, Spin-offs, Carve-outs und Abspaltungen in der Unternehmensorganisation) sowie die Elimination individueller Knoten (z. B. Störenfriede, schwarze Schafe, Leistungsschwache). Es handelt sich hierbei häufig um eine Optimierung der Größe des virtuellen Unternehmens, die entweder endogen induziert sein kann (z. B. Eliminierung redundanter Knoten zur Verringerung des netzwerkinternen Konkurrenzdrucks, Grenzen der Koordinationsspanne des Netzwerk-Koordinators) oder eine Antwort auf exogene Faktoren darstellen kann (z. B. Kontraktion des Marktvolumens). In bestimmten Fällen liegt ein emergentes Segregationsphänomen vor (z. B. die Abspaltung von Gruppen). Die *Abschottung* repräsentiert die proaktive Variante des Downsizing („Right Sizing"). Sie verhindert den Netzwerkeintritt bestimmter Organisationseinheiten durch „Walls" und Selektionskriterien für die Aufnahme neuer Mitglieder (z. B. Aufnahme nur auf der Basis eines einstimmigen Beschlusses der etablierten Mitglieder). Auf diesem Weg lässt sich eine höhere Netzwerk-Kohäsion aufrechterhalten.

Entmaschung: Hier vollzieht sich Entnetzung durch eine proaktive Unterbindung bzw. eine reaktive Auflösung der Mehrfachzugehörigkeit eines Akteurs zu mehreren virtuellen Unternehmen. Ziel kann dabei entweder die relative („möglichst wenige Doppelmitgliedschaften") oder die absolute („keine Doppelmitgliedschaft") Minimierung der Anzahl der Mitgliedschaften sein. Auf der Personen-Ebene bildet Entmaschung die Umkehrung des personellen Linking (Personalunion; Interlocking, z. B. im Rahmen von personellen Aufsichtsrats- und Vorstandsverflechtungen). In virtuellen Unternehmen will man eine Knoten-Union (z. B. Mitgliedschaft desselben Experten in zwei Projekt-Netzwerken) verhindern, um den Wettbewerb „VU gegen VU" zu intensivieren. In Unternehmensnetzwerken lässt sich eine Entmaschung erreichen durch organisatorische Geschäftssegmentierung der fraglichen Knoten: Zu diesem Zweck führen Automobilzulieferer eine Großkundenorganisation (nach ihren jeweiligen Automobilhersteller-Knoten) ein und minimieren die Mitarbeiterverflechtungen zwischen den Kunden-Segmenten.

Clusterung: Entnetzung erfolgt hier durch Segmentierung des virtuellen Unternehmens in möglichst optimal konfigurierte, weil koordinationskostenminimierende Subnetzwerke. Diese für große virtuelle Unternehmen in Betracht kommende Form der Entnetzung folgt dem formalen Cluster-Prinzip „höhere Beziehungsdichte innerhalb der Subnetzwerke als zwischen den Subnetzwerken". Diese Binnen-Entnetzung mündet in einer Heterogenisierung in der Beziehungsdichte eines virtuellen Unternehmens (vgl. 1.3). Sie gehorcht ähnlichen Gesetzen wie die schnittstellenminimierende Segmentierung von Unternehmen, die Subsystembildung oder die Segregation von Gruppen. Clusterung fungiert häufig als Vorform von Downsizing (Abspaltung von Subnetzwerken). Die Systemtheorie lehrt uns die flexibilitätsförderliche Wirkung dieser „fraktalen" Strukturen, z. B. kürzere Reaktionszeiten auf Umsystemveränderungen. Gleichzeitig wird die Identität der Subnetzwerke erhöht, was auch motivationsförderliche Wirkungen zeigt. Schließlich lässt sich eine Transaktionskostenoptimierung erreichen, etwa nach dem Strukturprinzip von Hub-Spoke-Systemen im Luftverkehr: Regionale Fluggesellschaften in einer Luftfahrt-Allianz übernehmen Zubringerflüge mit kleinem Fluggerät, anschließend gebündelte Interkontinentalflüge von Hub zu Hub mit großem Fluggerät, dort wieder Flug zum Zielflughafen durch regionale Fluggesellschaften mit kleinem Fluggerät. Das Cluster-Prinzip liegt auch den so genannten Small-World-Netzwerken zugrunde: intensive lokale Netzwerk-Verbindungen gekoppelt mit wenigen „globalen" Verbindungen zwischen den lokalen Clustern.

Zentralisierung: Hierbei werden polyzentrische Netzwerke in oligozentrische bzw. monozentrische Netzwerke überführt. Diese Verringerung der Binnen-Vernetzung ergibt sich, wenn Intermediäre, Agenturen bzw. Koordinatoren im Netzwerk implementiert werden. Voll-Interaktionsstrukturen wandeln sich dann in ketten- und sternförmige Interaktionsstrukturen. Man denke an die Installation eines hauptamtlichen Netzwerk-Brokers sowie an die Benennung von exklusiven Ansprechpartnern für Kunden („one face to the customer") im Rahmen eines Customer-Relationship-Managements. Zentralisierung steigert die Effizienz durch Reduktion der Koordinationskosten, sowohl netzwerkintern als auch aus Sicht der Kunden.

Isolierung: Hierbei ist die Unterdrückung von Beziehungen einzelner Knoten zu allen anderen (absolute Isolierung) oder bestimmten anderen (relative Isolierung) Knoten gemeint. Ein wichtiges Beispiel für Isolierung ist die Einrichtung von neutralen Drittparteien (z. B. Schiedsstellen, Schlichter, Treuhänder, trusted third parties) und Viertparteien (im Sinne von Kontrolleuren bzw. Überwachungsorganen von Drittparteien). Auch Chinese Walls (bekannt aus den Compliance-Programmen von Banken zur Vermeidung von Insidergeschäften) basieren auf dem Isolierungsprinzip. Ebenfalls im Risiko-Management angesiedelt sind die Bemühungen um die Kapselung von Risiken in bestimmten Knoten, mit anderen Worten die Vermeidung der solidarischen Übernahme von Risiken, z. B. Kunden- bzw. Gläubigeransprüchen, durch die übrigen Mitglieder eines virtuellen Unternehmens. Die Einrichtung bestimmter Drittparteien wird teilweise durch gesetzliche Bestimmungen vorgeschrieben. Teilweise signalisiert ein solcher „Eskalationsmechanismus" das Scheitern direkter Verhandlungen zwischen den Konfliktparteien bzw. das Versagen technokratischer bzw. kultureller Netzwerk-Koordinationsmechanismen.

Lockerung: Diese Reduktion der Beziehungsintensität zwischen Knoten kann sich beispielsweise in lockeren Verträgen (z. B. punktuelle Leistungsvereinbarungen anstelle längerfristiger Rahmenverträge bzw. Service-Level-Agreements, in getrennter Risikoübernahme statt solidarischem Risk Sharing), in Loose Coupling (weniger Leistungsaustausch), aber auch in „Entfremdung" (weniger kulturelle Gemeinsamkeiten zwischen den Netzwerk-Mitgliedern) und in mehr Status-Differenzierung (weniger Gleichstellung, mehr Über- bzw. Unterordnung) niederschlagen. Eine derartige Lockerung resultiert beispielsweise aus Sicherheitsbedürfnissen bzw. Egoismen der Mitglieder eines virtuellen Unternehmens. Weitere Erklärungsansätze liefert das Modell der Loose Coupling, d. h. der selektiven Öffnung bzw. Verschlossenheit gegenüber anderen Netzwerk-Mitgliedern. Die Selektivität verdeutlicht, dass eine Lockerung wohl nur in Ausnahmefällen gleichmäßig bei allen Beziehungen innerhalb eines virtuellen Unternehmens auftritt. Häufiger kommt es zu einer *Verlagerung*, d. h. zur einer sektoralen Umfokussierung der Vernetzung: Die Entnetzung in einem Netzwerksektor geht Hand in Hand mit einer verstärkten Vernetzung in einem anderen Netzwerksektor. Eine solche Verlagerung liegt beispielsweise den Netzwerk-Aktivitäten von Spin-offs zugrunde (vgl. Reiß 2000b). Diese verringern ihre Abhängigkeiten zur Mutter bzw. zu (ehemaligen) Schwesterunternehmen im Konzern und verstärken gleichzeitig die Beziehungspflege zu neuen, konzernexternen Partnern. Aus dem Kundenbeziehungsmanagement kennen wir analog die Empfehlung, weniger in den Aufbau von neuen Kundenbeziehungen, dafür mehr in das Bindungsmanagement mit vorhandenen Kunden zu investieren. Diese Verlagerungsoptionen bringen eine Stärke virtueller Unternehmen zum Ausdruck: die Rekonfigurationsflexibilität. In Geschäftsnetzen werden folglich primär Beziehungen mit den Knoten aktiviert, die für eine bestimmte Auftragssituation am besten geeignet sind. Solche Best-of-Konfigurationen sind beispielsweise im Rahmen konventioneller Unternehmen (z. B. einer Konzernorganisation) nicht realisierbar, weil dort Andienungs- und Abnahmeverpflichtungen (Wer bezieht von wem, wer liefert an wen) bestehen.

Verfestigung: Entnetzung erfolgt hierbei durch Fusion von Knoten. In virtuellen Unternehmen kommt es nicht selten zu konventionellen Fusionen zwischen Mitgliedern. Man denke beispielsweise an Akquisitionen von Biotechnologieunternehmen durch Pharma-Konzerne (im Rahmen einer Venture-Organisation). Dieses konventionelle Wachstum ersetzt virtuelle Netzwerk-Beziehungen durch unternehmensinterne Beziehungen (vgl. 1.7). Die Beweggründe für solche Aktivitäten der Autarkisierung (Rückgriff auf eigene Ressourcen im juristischen Sinne) stammen beispielsweise aus Wachstumsstrategien, die sich nur auf der Basis einer hohen Eigenkapitalausstattung umsetzen lassen.

Im Lebenszyklus jedes gesteuerten Wandels virtueller Unternehmen, z. B. dem Übergang von polyzentrischen auf mono- oder oligozentrische Koordinationsformen, kann man drei Phasen unterscheiden: Die anfängliche *Konfusionsphase* ist durch Fehler, Kinderkrankheiten, Hektik, Ängste, Unkenntnis und daraus resultierende Widerstände gekennzeichnet. Die anschließende *Diffusionsphase* entspricht der Penetrations- und Verbreitungsphase von neuen Produkten. Hier agieren Netzwerkmanager primär als Verkäufer und Multiplikatoren der organisatorischen Neuerung, sprich der zentralisierten Koordinationsform. In der *Erosionsphase* lässt die verhaltenssteuernde Wirkung der neuen Regeln nach. Hier gilt es, die von den Betroffenen grundsätzlich akzeptierten Spielregeln durchzusetzen und einen Rückfall in alte Gewohnheiten und Praktiken zu verhindern. Möglicherweise signalisieren Erosionserscheinungen aber bereits die Notwendigkeit eines neuen Veränderungsprozesses, etwa eine Verfestigung oder eine Lockerung der Beziehungen zwischen den Partnern.

Change-Management geht Hand in Hand mit zahlreichen Risiken. Hierzu zählen auch die Implementierungsfallen, eine Form von versteckten Risiken. Mit derart negativen Überraschungen werden bevorzugt die Change-Manager konfrontiert, die sich für ihr Change-Vorhaben besonders engagieren. Hierin unterscheiden sich diese Fallen von offenkundigen Fehlern, etwa das Ignorieren von Widerständen, ein falsches Kommunikationsverhalten oder allgemein die mangelnde Erfahrung mit Veränderungsprozessen. Selbst eine Sensibilisierung für diese Gefahrenmomente schützt jedoch nicht vollkommen vor dem Gefahrenpotenzial von Implementierungsfallen (vgl. Reiß 2001b, 398 ff.). Dies lässt sich am Beispiel der *Abwartefalle* anschaulich illustrieren. Mit dieser Falle muss dann gerechnet werden, wenn man ein Change-Vorhaben möglichst spät startet, um durch das Abwarten den Leidensdruck (im Gefolge von zahlreichen Kundenbeschwerden oder -abwanderungen) zu erhöhen. Als Begründung dient die Erfahrung, dass sich ohne Leidensdruck nichts und niemand bewegen lässt. Übersehen wird hierbei, dass sich Hand in Hand mit der erzielbaren Senkung der Widerstände auch der zu bewältigende Veränderungsbedarf erhöht.

3 Ausblick: Hybrid-virtuelle Unternehmen

Ein zukünftiger Schwerpunkt der Beschäftigung mit der Kompetenzbasis virtueller Unternehmen kreist um die Frage: *„Sind real existierende virtuelle Unternehmen wirklich virtuell?“*. Mit anderen Worten: Es geht um den „Reinheitsgrad“ der virtuellen Strukturen. In Anlehnung an medial gemischte Lernformen wie das Blended Learning, Multi-Channel-Vertriebsformen in Brick&Click-Unternehmen sowie räumlich-hybride Arbeitsformen (alternierende Telearbeit) beginnt sich hier die Erkenntnis durchzusetzen, dass „virtuelle“ Unternehmen in der Praxis bestenfalls einen hybrid-virtuellen Charakter besitzen. Warum in der Realität solche *gemischten* Strukturen überwiegen, ergibt sich unmittelbar aus der Stärken-Schwächen-Bilanz dieser Organisationsformen: Durch eine optimale Kombination von realen und virtuellen Strukturen will man die Vorteile der beiden Reinformen bündeln und deren Nachteile kompensieren. Eine solche Mischung kann auf allen drei Dimensionen der Virtualisierung stattfinden, auf denen die begrenzenden physischen und rechtlichen Merkmale konventioneller Organisationsformen überwunden werden: Einmal durch räumliche Virtualisierung, d. h. durch Zusammenarbeit räumlich verteilter Akteure, z. B. Softwareentwicklung rund um den Globus. Zweitens durch zeitliche Virtualisierung, also durch asynchrone „Any-Time“-Zusammenarbeit, etwa bei der Softwareentwicklung über die Zeitzonen hinweg in einem globalen Konti-Schichtsystem. Drittens durch eine institutionelle Virtualisierung, sprich Zusammenarbeit über die Unternehmensgrenzen hinweg zwischen Spin-offs, Freelancern, Subcontractors oder Allianz-Partnern. Diese institutionelle Virtualisierung definiert im Kern ein virtuelles „Unternehmen“.

Durch ein optimales Blending will man die Reichweiten-Stärke der virtuellen Organisation (z. B. problemloser Kontakt auch zu physisch und vertraglich entfernt lokalisierten Akteuren, Konfigurationsflexibilität „ohne Grenzen“) mit der Reichhaltigkeitsstärke der Face-to-Face-Führung (z. B. diversifiziertes Führungsinstrumentarium, multimediale Kommunikation) koppeln. Ein hybrid-virtuelles Projekt-Unternehmen beispielsweise ist demgemäß durch folgende Merkmale geprägt: Einige Teammitglieder bzw. einige Teamprozesse operieren bzw. vollziehen sich

- räumlich konzentriert (etwa nach dem Vorbild des Projekthauses oder der Entwicklungszentren in der Automobilindustrie), andere sind geographisch (möglicherweise weltweit) verteilt;
- zeitlich synchronisiert (z. B. im Gesprächs-, Konferenz- oder Chat-Modus), andere zeitlich entkoppelt (nach Zeitzonen, persönlichen Arbeitszeitpräferenzen, sonstigen Terminverpflichtungen usw.);
- innerhalb eines Unternehmens (als Angestellte), andere grenzüberschreitend (als Freelancer bzw. Partner).

Gleichzeitig muss jedoch die *Eigenkomplexität* eben dieser Mischkonzepte gemeistert werden, die sich aus der Gegensätzlichkeit der kombinierten Reinformen ergibt: Zwar entschärfen hybrid-virtuelle Strukturen das Distanz-Problem (vgl. 1.2). Gleichzeitig verschärft die strukturimmanente *Diversität* aber das Koordinationsproblem (vgl. 1.3). Dieser diversitätsgetriebene Koordinationsbedarf äußert sich u. a. im Zusammentreffen folgender Gegensätze zwischen realen und virtuellen Organisationskonzepten:

- Verhaltenskontrolle (niedriger Selbstorganisationsgrad) versus Ergebniskontrolle (hoher Selbstorganisationsgrad),
- Abstimmungsdisziplin in konventionellen Arbeitsumgebungen versus individuelle Zeitsouveränität und Mobilität in virtuellen Arbeitssystemen,
- Koordination über Anweisungen versus Koordination über Leistungsvereinbarungen,
- Rollenverständnis eines Mit-Unternehmers im Gegensatz zum Rollenverständnis eines Auftragnehmers.

Die Gretchen-Frage bei der Konstruktion aller hybrid-virtueller Unternehmen lautet folglich: Wie lässt sich die optimale Mischung bestimmen? In aller Regel werden hybrid-virtuelle Strukturen derzeit in Fortführung der Ansätze zur Messung des „Virtualisierungsgrads" (vgl. Scholz 2000, 320; Wolter u. a. 1998, 92 ff.) anhand der quantitativen Mischungsverhältnisse zwischen virtuellen und realen Strukturanteilen charakterisiert. Derartige Beschreibungen geben also Antworten auf Fragen wie „Wie viel Prozent der Akteure arbeiten räumlich konzentriert und wie viel räumlich verteilt?" bzw. „Wie viele Prozesse vollziehen sich Face-to-Face oder zeitlich-räumlich entkoppelt?". Derartige Oberflächencharakterisierungen (30:70- oder 50:50-Mischungen) geben nur einen sehr begrenzten Einblick in das Innenleben dieser Strukturen, etwa bezüglich der zu bewältigenden Gegensätze zwischen realer und virtueller Arbeitsweise. Zur genaueren Charakterisierung der Misch-Architekturen („Was wird hierbei konkret gemischt?") bietet sich ein Rückgriff auf zwei generische Bausteine einer jeden Struktur an: Prozesse und Ressourcen.

Prozesse: Bestimmte Aufgaben, Aufgabenerfüllungs- bzw. Geschäftsprozesse werden virtuell, andere real abgearbeitet. Man denke beispielsweise an die virtuelle Erledigung von Routine-Aufgaben, gekoppelt mit der Face-to-Face-Handhabung von Sonderaufgaben.

Ressourcen: Bestimmte Knoten sind im Rahmen von traditionellen Beschäftigungsverhältnissen Face-to-Face eingebunden, andere nur virtuell oder stammen aus rechtlich selbständigen Unternehmen.

Eine eingehende Analyse verdeutlicht, dass hybrid-virtuelle Unternehmen nach insgesamt fünf Konstruktionsmustern konstruiert sein können:

Sektoren-Hybride: Hier wird ex-ante festgelegt, welche Prozesse und welche Akteure in welcher der beiden Sphären angesiedelt sind. Diese strenge Arbeitsteilung kann möglicherweise in eine Zweiklassengesellschaft innerhalb des Gesamtteams münden, bestehend aus den hochgradig involvierten Mit-Unternehmern einerseits und den lose involvierten Unterauftragnehmern andererseits. Misch-Architekturen in Raum und Zeit basieren beispielsweise auf folgenden Verteilungsmustern: Einzelarbeit wird virtuell erledigt, Gruppenarbeit Face-to-Face; Routine-Aufgaben in Telekooperation, komplexe Sonderaufgaben in physischen Meetings. Analog dazu finden ordentliche (regelmäßige) Meetings virtuell, außerordentliche Meetings (Management-by-Exception) hingegen im Präsenz-Modus statt. Core-Aufgaben (aufgrund ihrer hohen Unternehmensspezifität) werden durch eng gebundene Mitarbeiter „real" erledigt, die Non-Core-Aufgaben hingegen durch „Externe", also nicht in einem Beschäftigungsverhältnis stehende Provider.

Episoden-Hybride: Diese Kopplung beruht auf dem Prinzip der zeitlichen Differenzierung: In unterschiedlichen Zeitabschnitten (Episoden) im Lebenszyklus der Wertschöpfungserstellung arbeiten dieselben Personen nach einem vorgegebenen Ablaufplan entweder in virtuellen oder in realen Organisationsumgebungen zusammen. Zur Abgrenzung der einzelnen Episoden kann man zum einen auf die generischen Stadien der Entwicklung eines Teams (Forming, Storming, Norming, Performing und Eroding) oder einer Geschäftsbeziehung (Anbahnung, Vereinbarung, Veränderung, Auflösung) zurückgreifen. Zum anderen lassen sich die Leistungsprozesse (Performing) selbst nach Phasen einer Problemlösung (Diagnose, Zielbildung, Maßnahmenplanung, Entscheidung, Implementierung, Durchführung) aufteilen. Als Raum-Zeit-Varianten der Episoden-Hybride werden beispielsweise praktiziert „Anfangsphasen eines Projekts im Face-to-Face-Modus, spätere Phasen virtuell" bzw. „Anfangs- und Abschlussphasen physisch, dazwischen virtuelle Organisation", zusätzlich alle Meilenstein-Meetings im Präsenz-Modus.

Ebenen-Hybride: Zahlreiche Mitarbeiter oder Leiter von Organisationseinheiten können auf die Frage „Arbeiten wir in einer (institutionell) real organisierten oder in einer virtuell organisierten Umgebung?“ keine eindeutige Antwort geben. Die mehrdeutige Antwort kann nicht selten wie folgt lauten: Eingebunden als Mitglied einer strategischen Allianz (virtuelle Einbettung), angestellter Mitarbeiter eines Unternehmens (reale Einbettung), Knoten in einem unternehmensinternen Netzwerk aus internen Anbietern und Abnehmern (virtuelle Einbettung), Mitglied einer Abteilung (reale Einbettung). Verantwortlich für diese spezifische Variante von Hybridität zeichnet die vertikale Mehr-Ebenen-Architektur aller organisatorischen Gebilde. Es wird deutlich, dass die vertikale Ebenenarchitektur nicht zwangsläufig dem Reinheitsgebot folgen muss, getreu dem Selbstähnlichkeitsprinzip der Systemtheorie, wonach ein Unternehmen aus „Unternehmen im Unternehmen“, also Profit-Centern, besteht. Vielmehr existieren vielfältige kontrastreiche Hybridkonstruktionen.

Schichten-Hybride: Wenn man über hybrid-virtuelle Unternehmen nachdenkt, muss man beachten, dass auch die „konventionellen“ Unternehmen von Hause aus bereits hybride organisiert sind. Weit verbreitet ist die Hybrid-Architektur aus einer Palastorganisation (permanent installierte Linieneinheiten) und einer Zeltorganisation (temporär arbeitende Projektgruppen, Gremien, Zirkel und Communities). Das dahinterstehende Konstruktionsprinzip ist die Schichtung, nach der das Organigramm (Primärstruktur) durch Overlays überlagert wird. Hybrid-virtuelle Architekturen nutzen die bestehende Mehrschichtigkeit quasi als Plattform zur Mischung von real organisierten und virtuell organisierten Schichten. Als Architektur-Muster sind vor allem bestimmte Gremien mit Koordinationsfunktionalität zu nennen, z. B. Verhandlungen und Interessenausgleich in wöchentlichen Meetings von Vertretern der Funktionsbereiche, Vertrauensaufbau in Beziehungsgemeinschaften. Sie sind raum-zeitlich „real“ installiert, während die zu koordinierenden Routine-Linientätigkeiten virtuell erledigt werden.

Ubiquitäre Hybride: Diese Hybrid-Architektur sieht keine personelle, zeitliche oder aufgabenseitige Entzerrung von virtuellen und realen Hemisphären nach Sektoren, Ebenen oder Schichten vor. Vielmehr wird hier eine hochgradige Überschneidung der beiden Organisationsformen praktiziert, wodurch Hybridität zu einem allgegenwärtigen Phänomen wird. Eine derart „total-hybride“ Konstellation kann zum einen auf einer flächendeckenden *Parallelkonstruktion* beruhen. Alle Prozesse können also wahlweise (z. B. ad hoc) in virtueller oder in realer Form abgearbeitet werden, analog gilt dies für die Involvierung von Akteuren: Jedes Meeting einer Projektgruppe kann für alle Beteiligten im Besprechungsraum oder aber im Chat-Room stattfinden. Institutionell mündet die totale Hybridität in ein spezifisches Dual-Sourcing-Modell: Leistungen können dann wahlweise durch unternehmensinterne Provider („real“) oder durch unternehmensexterne Provider („virtuell“) bereitgestellt werden.

Ein hohes Maß an gegenseitiger Durchdringung ist charakteristisch für *„Paket-Strukturen“*, vor allem in Gestalt „gemischter Verträge“: Die Akteure werden dabei durch eine Kumulation von zwei Vertragstypen und Hand in Hand damit durch eine Rollenkumulation gesteuert. Bei diesen hybriden Zwei-Hüte-Konstellationen reicht das Spektrum vom Intrapreneuring (angestellte Unternehmer, die über hybride Entgeltsysteme mit fixen und erfolgsabhängigen Bestandteilen gesteuert werden) bis zu Konsortialverträgen zwischen einem OEM und seinen Systemzulieferern (z. B. zum gemeinsamen Betreiben eines Werks für die Automobilmontage). In all diesen Fällen lässt sich nicht mehr streng auseinander halten, ob der Vertragspartner unternehmensintern angesiedelt ist (reale Sphäre im Sinne von Arbeits- und Beherrschungsverträgen) oder unternehmensextern angesiedelt ist (virtuelle Sphäre in Gestalt von Rahmenverträgen). Semantisch schlägt sich dieser Zwitter-Status in Bezeichnungen wie Quasi-Firmen, Scheinselbständige, arbeitnehmerähnliche Selbständige oder Selbst-Angestellte nieder.

Offensichtlich können hybrid-virtuelle Unternehmen das Distanz-Problem der reinrassig virtuellen Unternehmen besser in den Griff bekommen. Die fünf dafür in Betracht kommenden Hybrid-Architekturen ermöglichen es grundsätzlich, sowohl die große Reichweite virtueller Strukturen als auch die Reichhaltigkeit realer Strukturen optimal auszuschöpfen. Allerdings provoziert die hybride Mischung ein Folgeproblem: Es entstehen Spannungsfelder innerhalb der gemischten Strukturen. Diese Eigenkomplexität der Hybride bildet den Niederschlag der hohen Diversität der kombinierten Strukturbausteine. Um diese Begleiterscheinungen der Hybridität zu meistern, bedarf es integrativer Infrastrukturen, teilweise in Gestalt einer personellen Infrastruktur (z. B. Medienkompetenz, Ambiguitätstoleranz, flexible Rollenverständnisse der beteiligten Akteure), teilweise in Form von strukturellen, technokratischen und informationellen Infrastrukturen (z. B. Spielregeln und Dokumentationen). Je weniger arbeitsteilig die Misch-Architekturen angelegt sind, desto stärker ist das integrative Potenzial der beteiligten Mitarbeiter und Manager und damit wird deren Netzwerk-Kompetenz gefordert.

Literatur

Ashkenas, R.; Ulrich, D.; Jick, T.; Kerr, S. (1995): The Boundaryless Organization. Breaking the Chains of Organizational Structure, San Francisco 1995

Beck, T. C. (1998): Kosteneffiziente Netzwerkkooperation. Optimierung komplexer Partnerschaften zwischen Unternehmen, Wiesbaden 1998

Behme, W. (1995): Virtuelle Unternehmen, in: Zeitschrift für Planung, 6. Jg. (1995) 6, S. 297-300

Bellmann, K. (2001): Heterarchische Produktionsnetzwerke – ein konstruktivistischer Ansatz, in: Ders. (Hg.): Kooperations- und Netzwerkmanagement, Berlin 2001, S. 31-54

Bellmann, K.; Hippe, A. (Hg.) (1996): Management von Unternehmensnetzwerken. Interorganisationale Konzepte und praktische Umsetzung, Wiesbaden 1996

Bengstsson, M.; Kock, S. (2000): „Coopetition" in Business Networks – to Cooperate and Compete Simultaneously, in: Industrial Marketing Management, 29. Jg. (2000), S. 411-426

Bernecker, T. (2005): Entwicklungsdynamik von Netzwerken, Wiesbaden 2005

Biervert, B.; Monse, K.; Bruns, H.-J.; Reimers, K. (1992): Unternehmensvernetzung. Konzepte und Fallstudien, Wiesbaden 1992

Blecker, T. (1999): Unternehmung ohne Grenzen, Wiesbaden 1999

Büschken, J. (1999): Virtuelle Unternehmen – die Zukunft?, in: Die Betriebswirtschaft, 59. Jg. (1999), S. 778-791

Castells, M. (1996): The Rise of the Network Society, Cambridge, Oxford 1996

Cohen, S. G.; Mankin, D. (1999): Collaboration in the virtual organization, in: Journal of Organizational Behavior, 6. Jg. (1999), S. 105-120

Davidow, W. H.; Malone, M. S. (1992): The Virtual Corporation, New York 1992

Deiss, M.; Döhl, V. (Hg.) (1992): Vernetzte Produktion. Automobilzulieferer zwischen Kontrolle und Autonomie, Frankfurt/Main, New York 1992

Drumm, J. (1998): Virtualität in Organisation und Personalmanagement, in: Zeitschrift Führung und Organisation, 67. Jg. (1998), S. 196-200

Ebers, M. (1997): The formation of inter-organizational networks, Oxford 1997

Fleisch, E. (2000): Das Netzwerkunternehmen, Berlin 2000

Fontanari, M. (1996): Kooperationsgestaltungsprozesse in Theorie und Praxis, Berlin 1996

Goldman, S.; Nagel, R.; Preiss, K. (1995): Agile Competitors and Virtual Organizations. Strategies for Enriching the Customer, New York u. a. 1995

Gomes-Casseres, B. (1994): Group Versus Group: How Alliance Networks Compete, in: HBR, 72. Jg. (1994) July/August, S. 62-74

Griese, J.; Sieber, P. (1999): Virtualisierung von Industriebetrieben, in: Nagel, K.; Erben, R. F.; Piller, F. T. (Hg.): Produktionswirtschaft 2000, Wiesbaden 1999, S. 115-128

Hale, R.; Whitlam, P. (1997): Towards the virtual organization, London 1997

Hilb, M. (1997): Management der Human-Ressourcen in virtuellen Organisationen, in: Müller-Stewens, G. (Hg.): Die Virtualisierung von Organisationen, Stuttgart, Zürich 1997, S. 83-95

Jarillo, J. C. (1993): Strategic Networks. Creating the Borderless Organization, Oxford 1993

Klein, S. (1996): Interorganisationssysteme und Unternehmensnetzwerke. Wechselwirkungen zwischen organisatorischer und informationstechnischer Entwicklung, Wiesbaden 1996

Kleinaltenkamp, M.; Wolters, H. (1997): Die Gestaltung von Systempartnerschaften zwischen Automobilherstellern und ihren Zulieferern – eine spieltheoretische Analyse, in: Schreyögg, G.; Sydow, J. (Hg.): Gestaltung von Organisationsgrenzen, Berlin, New York 1997, S. 45-78

Kortzfleisch, H. von (1999): Virtuelle Unternehmen, in: Die Betriebswirtschaft, 59. Jg. (1999), S. 664-685

Krystek, U.; Redel, W.; Reppegather, S. (1997): Grundzüge virtueller Organisationen. Elemente und Erfolgsfaktoren, Chancen und Risiken, Wiesbaden 1997

Lipnack, J.; Stamps, J. (1997): Virtual teams: reaching across space, time, and organizations with technology, New York 1997

Loose, A.; Sydow, J. (1994): Vertrauen und Ökonomie in Netzwerkbeziehungen – Strukturationstheoretische Betrachtungen, in: Sydow, J.; Windeler, A. (Hg.): Management interorganisationaler Beziehungen. Vertrauen, Kontrolle und Informationstechnik, Opladen 1994, S. 160-193

Malone, T. W.; Laubacher, R. J. (1999): Vernetzt, klein und flexibel – die Firma des 21. Jahrhunderts, in: Harvard Business Manager, 21. Jg. (1999) 2, S. 28-36

Mertens, P.; Griese, J.; Ehrenberg, D. (Hg.) (1998): Virtuelle Unternehmen und Informationsverarbeitung, Berlin, Heidelberg 1998

Meyer, M. (1995): Ökonomische Organisation der Industrie. Netzwerkarrangements zwischen Markt und Unternehmung, Wiesbaden 1995

Miles, R. E.; Snow, C. C. (1992): Causes of Failure in Network Organizations, in: CMR, 34. Jg. (1992) 4, S. 53-72

Miles, R. E.; Snow, C. C. (1995): The New Network Firm: A Spherical Structure Built on a Human Investment Philosophy, in: Organizational Dynamics, 23. Jg. (1995), S. 5-18

Müller-Stewens, G. (Hg.) (1997): Die Virtualisierung von Organisationen, Stuttgart, Zürich 1997

Nalebuff, B. J.; Brandenburger, A. M. (1996): Coopetition – kooperativ konkurrieren. Mit der Spieltheorie zum Unternehmenserfolg, Frankfurt/Main, New York 1996

Niemeier, J. (1998): Internet-Communities als Geschäftsmodell, in: zfo, 67. Jg. (1998) 4, S. 220-223

Nohria, N.; Eccles, R. G.; Ibarra, H. (Hg.) (1992): Networks and Organizations. Structure, Form, and Action, Boston 1992

Pfohl, H.-C.; Buse, H. P. (1999): Organisationale Beziehungsfähigkeiten in komplexen kooperativen Beziehungen, in: Engelhard, J.; Sinz, E. J. (Hg.): Kooperation im Wettbewerb, Wiesbaden 1999, S. 271-300

Picot, A.; Reichwald, R. (1999): Führung in virtuellen Organisationsformen, in: Nagel, K.; Erben, R. F.; Piller, F. T. (Hg.): Produktionswirtschaft 2000, Wiesbaden 1999, S. 129-149

Picot, A.; Reichwald, R.; Wigand, R. (2001): Die grenzenlose Unternehmung. Information, Organisation und Management, 4. Aufl., Wiesbaden 2001

Powell, W. W. (1990): Neither Market nor Hierarchy: Network Forms of Organization, in: Research in Organizational Behavior, 12. Jg. (1990), S. 295-336

Rayport, J. F.; Sviokla, J. J. (1995): Exploiting the Virtual Value Chain, in: HBR, 73. Jg. (1995) November/December, S. 75-85

Reiß, M. (2001a): Netzwerk-Kompetenz, in: Corsten, H. (Hg.): Unternehmungsnetzwerke, München, Wien 2001, S. 121-187
Reiß, M. (2001b): Fallen im Change Management: Eine Herausforderung an das Managementconsulting, in: Siegwart, H.; Mahari, J. (Hg.): Management-Consulting, Bd. VIII, München u. a. 2001, S. 393-405
Reiß, M. (Hg.) (2000a): Netzwerkorganisation in der Unternehmenspraxis, Bonn 2000
Reiß, M. (Hg.) (2000b): Netzwerk-Unternehmer, München 2000
Reiß, M. (2000c): Koordinatoren in Unternehmensnetzwerken, in: Kaluza, B.; Blecker, T. (Hg.): Produktions- und Logistikmanagement in Virtuellen Unternehmen und Unternehmensnetzwerken, Berlin, Heidelberg, New York 2000, S. 217-248
Reiß, M.; Beck, T. C. (2000): Netzwerkorganisation im Zeichen der Koopkurrenz, in: Foschiani, S.; Habenicht, W.; Schmid, U.; Wäscher, G. (Hg.): Strategisches Management im Zeichen von Umbruch und Wandel, Festschrift für Prof. Dr. Erich Zahn zum 60. Geburtstag, Stuttgart 2000, S. 315-340
Reiß, M.; Bernecker, T. (2003): Entwicklungsdynamik von Dienstleistungsnetzwerken, in: Bruhn, M.; Stauss, B. (Hg.): Jahrbuch Dienstleistungsmanagement 2003: Dienstleistungsnetzwerke, Wiesbaden 2003, S. 87-112
Reiß, M; Rosenstiel, L. von; Lanz, A. (Hg.) (1997): Change Management: Programme, Projekte und Prozesse, Stuttgart 1997
Ritter, T. (1998): Innovationserfolg durch Netzwerk-Kompetenz, Wiesbaden 1998
Ritter, T. (2000): A Framework for Analyzing Interconnectedness of Relationships, in: Industrial Marketing Management, 29. Jg. (2000), S. 317-326
Ritter, T.; Gemünden, H. G. (1998): Die netzwerkende Unternehmung: Organisationale Voraussetzungen netzwerk-kompetenter Unternehmen, in: ZFO, 67. Jg. (1998) 5, S. 260-265
Scherm, E.; Süß, S. (2000): Personalführung in virtuellen Unternehmen: Eine Analyse diskutierter Instrumente und Substitute der Führung, in: Zeitschrift für Personalforschung, 14. Jg. (2000), S. 79-102
Scholz, C. (2000): Strategische Organisation. Multiperspektivität und Virtualität, 2. Aufl., Landsberg, Lech 2000
Schräder, A. (1996): Management virtueller Unternehmungen. Organisatorische Konzeption und informationstechnische Unterstützung flexibler Allianzen, Frankfurt/Main, New York 1996
Schubert, P. (1999): Virtuelle Transaktionsgemeinschaften im Electronic Commerce, Köln 1999
Schuh, G.; Friedli, T. (1999): Die Virtuelle Fabrik. Konzepte, Erfahrungen, Grenzen, in: Nagel, K.; Erben, R. F.; Piller, F. T. (Hg.): Produktionswirtschaft 2000, Wiesbaden 1999, S. 217-242
Steven, M. (1999): Organisation von virtuellen Produktionsnetzwerken, in: Nagel, K.; Erben, R. F.; Piller, F. T. (Hg.): Produktionswirtschaft 2000, Wiesbaden 1999, S. 243-260
Struthoff, R. (1999): Führung und Organisation von Unternehmensnetzwerken, Göttingen 1999
Sydow, J. (1992): Strategische Netzwerke. Evolution und Organisation, Wiesbaden 1992

Sydow, J. (1993): Von der Unternehmensorganisation zu Unternehmensnetzwerken, in: Scharfenberg, H. (Hg.): Strukturwandel in Management und Organisation, Baden-Baden 1993

Sydow, J. (1999): Management von Netzwerkorganisationen – Zum Stand der Forschung, in: Ders. (Hg.): Management von Netzwerkorganisationen, Wiesbaden 1999, S. 279-314

Sydow, J. (2003): Dynamik von Netzwerkorganisationen – Entwicklung, Evolution, Strukturation, in: Hoffmann, W. H. (Hg.): Die Gestaltung der Organisationsdynamik. Konfiguration und Evolution, Stuttgart 2003, S. 327-356

Sydow, J.; Duschek, S.; Möllering, G.; Rometsch, M. (2003): Kompetenzentwicklung in Netzwerken, Wiesbaden 2003

Sydow, J.; Möllering, G. (2004): Produktion in Netzwerken, München 2004

Sydow, J.; Windeler, A. (Hg.) (1994): Management interorganisationaler Beziehungen. Vertrauen, Kontrolle und Informationstechnik, Opladen 1994

Sydow, J.; Windeler, A. (1999): Projektnetzwerke: Management von (mehr als) temporären Systemen, in: Engelhard, J.; Sinz, E. J. (Hg.): Kooperation im Wettbewerb, Stuttgart 1999, S. 212-235

Sydow, J.; Windeler, A. (Hg.) (2000): Steuerung von Netzwerken, Opladen, Wiesbaden 2000

Tjaden, G. (2003): Erfolgsfaktoren Virtueller Unternehmen: Eine theoretische und empirische Untersuchung, Wiesbaden 2003

Venkatraman, N.; Henderson, J. C. (1998): Real Strategies for Virtual Organizing, in: Sloan Management Review (1998), S. 33-48

Weibler, J.; Deeg, J. (1998): Virtuelle Unternehmen – Eine kritische Analyse aus strategischer, struktureller und kultureller Perspektive, in: Zeitschrift für Planung (1998) 2, S. 107-124

Winand, U.; Nathusius, K. (Hg.) (1998): Unternehmungsnetzwerke und virtuelle Organisationen, Stuttgart 1998

Wirth, S. (2000): Von hierarchischen Unternehmensnetzen zu hierarchielosen (-armen) kompetenzzellenbasierten Produktionsnetzen, in: Wojda, F. (Hg.): Innovative Organisationsformen, Stuttgart 2000, S. 167-209

Wolter, H.; Wolf, K.; Freund, S. (1998): Die virtuelle Organisation, Wiesbaden 1998

Wüthrich, H. A.; Philipp, A.; Frentz, M. (1997): Vorsprung durch Virtualisierung. Lernen von virtuellen Pionierunternehmen, Wiesbaden 1997

Kompetenzentwicklung für virtuelle Zusammenarbeit

Gerhard Zimmer

Die durchgängige Informatisierung fast aller Arbeits- und Geschäftsprozesse, systematische informations- und kommunikationstechnische Rationalisierung und Restrukturierung hat nicht nur eine systemische Rationalisierung und Restrukturierung der Organisation der Prozesse zur Folge, sondern verwandelt auch die Ziele, Inhalte und Formen der Arbeitsaufgaben, die Strukturen der Arbeitsteilung, die Regelung der Arbeitsverhältnisse, die Nutzungsformen der Arbeitskraft und damit auch die Anforderungen an die einzubringenden Kompetenzen grundlegend. Dadurch verändert sich der Charakter der Arbeit insgesamt – sie wird zur Informationsarbeit, wobei der derzeitige Bedeutungsraum dieses Begriffs die ganze Breite und Tiefe der stattfindenden Veränderungen noch nicht vollständig umfasst. Die heute fast universelle Verbreitung der Informations- und Kommunikationstechnik bis in die privaten Haushalte hinein ermöglicht es auch, durch die mit der Entwicklung der Arbeit zur Informationsarbeit und der Entwicklung der ökonomischen und gesellschaftlichen Verhältnisse seit Beginn der 1990er Jahre ermöglichten Entgrenzungen der bisher fordistisch geregelten Nutzung der Arbeitskraft völlig neue Formen von Erwerbstätigkeit und Beschäftigung zu entwickeln. Beide Entwicklungen, die Entwicklung der Arbeit zur Informationsarbeit und die Entgrenzung der Arbeitskraftnutzung in neuen Beschäftigungsverhältnissen, ermöglichen die Herausbildung völlig neuer Unternehmensstrukturen, die unter dem Begriff „virtuelle Unternehmensstrukturen" gefasst, diskutiert und aufgebaut werden. Die Herausbildung virtueller Unternehmensstrukturen erfordert nicht nur, die neuen, selbständigen, aber dennoch von Unternehmen abhängigen Beschäftigungsverhältnisse zu gestalten, sondern auch, die Entwicklung der Kompetenzen der Arbeitenden zur Meisterung der notwendigen virtuellen Zusammenarbeit in neuen, kooperativ selbstorganisierten Arbeitsformen zu unterstützen.

Der Erfolg kooperativ selbstorganisierter virtueller Zusammenarbeit in den neuen virtuellen Unternehmensstrukturen hängt nicht nur ab von einer vorgängigen Weiterbildung, z. B. in Präsenz- oder virtuellen Seminaren, und einer anschließenden Einarbeitung, eventuell unterstützt durch eine wiederholte Beratung, sondern vielmehr von den für die begleitende Kompetenzentwicklung verfügbaren virtuellen Informations-, Kommunikations- und Lernräumen und den darin eingerichteten „Communities of Practice". Dies zeigen beispielsweise Erfahrungen in virtuellen Netzwerken in Wirtschaft und Berufsbildung. Die Entwicklung und Unterstützung virtueller Zusammenarbeit bedürfen der Konzeptualisierung einer neuen, informations- und kommunikationstechnologischen Infrastruktur, in der die unterstützenden Angebote für die erforderliche fortlaufende Personal- und Organisationsentwicklung bereitgestellt werden können. Und sie bedürfen der Konzeptualisierung neuer, virtueller Formen der sozialen Organisation und Integration von Arbeiten und Lernen. Mit dem Abflauen der Euphorie über die Entwicklung und Verbreitung von Telearbeit vor etwa einem halben Jahrzehnt wurde deutlich, dass zur Entwicklung und Verbreitung virtueller Zusammenarbeit doch noch einige weitergehende innovative Überlegungen zur Organisation und Kompetenzentwicklung notwendig sind. Dazu will der folgende Beitrag einige grundlegende Überlegungen vorstellen, die es ermöglichen sollen, die sich abzeichnenden Veränderungen in ihren Bedingungen, wirkenden Triebkräften und möglichen Perspektiven besser zu begreifen, um neue Handlungsstrategien mit einiger Aussicht auf Erfolg entwickeln zu können.

Unter dieser Zielstellung werden im Folgenden zunächst die zentralen Kategorien und historischen Entwicklungsepochen der Arbeit skizziert, um auf dieser Grundlage die aktuellen Entwicklungen der Virtualisierung der Arbeitsprozesse und der Subjektivität der Arbeit zu diskutieren. Die Kenntnis beider Entwicklungen ist eine zentrale Voraussetzung dafür, dass die neuen Anforderungen an die Kompetenzentwicklung analysiert und die notwendigen Formen zur Unterstützung der Kompetenzentwicklung und der virtuellen Zusammenarbeit entworfen werden können. – In einem weiteren Schritt wäre zu prüfen, welche gesetzlichen Regelungen eventuell modifiziert und ergänzt werden müssen, damit die Veränderungen und Entgrenzungen der neuen Formen virtueller Arbeit nicht zu einer unerträglichen Belastung für die individuelle und gesellschaftliche Lebensgewinnung werden.

1 Grundkategorien und Entwicklungsepochen der Arbeit

Mit der Entwicklung und breiten Nutzung der Informations- und Kommunikationstechnik zeichnen sich inzwischen unübersehbare Folgen für die menschliche Arbeit, die Unternehmens- und Wirtschaftsstrukturen wie für das menschliche Lernen ab. Diese Veränderungen werden u. a. mit den Begriffen „Wissensarbeit“, „virtuelles Unternehmen“ oder „E-Learning“ zu fassen versucht, meist jedoch ohne die zugrunde liegenden Kategorien und Entwicklungszusammenhänge der Arbeit aufzudecken. Wenn wir die Entwicklungen verstehen wollen, um sie beeinflussen und gestalten zu können, kommen wir nicht umhin, zunächst die grundlegenden Kategorien und Entwicklungsepochen der Arbeit zu klären, bevor wir die konkreten Veränderungen der Arbeit in ihren vielfältigen Aspekten und Dynamiken analysieren können.

1.1 Grundkategorien der Arbeit

Zuerst ist die Kategorie *Arbeit* zu bestimmen. Arbeit ist generell als ein aktiver Prozess zwischen Mensch und Natur sowie zwischen Mensch und Mensch zu verstehen, durch den der Mensch sein individuelles und gesellschaftliches Leben zu gewinnen versucht. Sie ist räumlich und zeitlich bestimmt und wird immer in gesellschaftlichen Zusammenhängen vollzogen, auch wenn Menschen vorübergehend vereinzelt arbeiten. Menschliche Arbeit ist immer zugleich gesellschaftliche Arbeit, d. h., sie wird in Mensch-Mensch-Verhältnissen, also Arbeitsverhältnissen, organisiert und verrichtet. Das raum-zeitliche Mensch-Natur-Verhältnis ist die Substanz der historisch entwickelten ökonomischen und gesellschaftlichen Systeme bzw. Arbeitsverhältnisse der menschlichen Lebensgewinnung. Das heißt, die beiden Verhältnisse – Mensch-Natur und Mensch-Mensch – bedingen sich wechselseitig und stoßen ihre jeweilige Entwicklung wechselseitig an, wie man an der langen Geschichte der Entwicklung der Arbeit, der Subjekte und der Gesellschaft ablesen kann.

Grundkategorien allen menschlichen Stoffwechsels mit der Natur und des Austausches wechselseitiger Leistungen zwischen den Menschen sind *Stoff*, *Energie*, *Information*, *Arbeitsvermögen*, *Arbeitskraft*, *Arbeitsverhältnis*, *Arbeitsprozess*:

Mit *Stoff* sind alle Materialien und die Umwelt gemeint, die der Mensch zum Leben in irgendeiner gewonnenen oder geschaffenen Form ge- und verbraucht.

Mit *Energie* ist die Kraft gemeint, die sich z. B. aus Wärme, Bewegung oder Ähnlichem herleitet und einen Stoff, einen Körper oder ein System zu Veränderungen anregt oder zur Verrichtung von Arbeit befähigt.

Mit *Information* werden die Daten über die Qualitäten und Quantitäten bezeichnet, die den Stoffen, Energien, Informationen, Arbeitsvermögen usw. „eingeschrieben" sind, z. B. als Festigkeit, Struktur, Dynamik, Menge, Algorithmus, Qualifikation etc., aber für uns erst durch unsere Handlungen oder durch Beschreibung und Messung erfahrbar und erkennbar werden. Diese „eingeschriebenen" Informationen zu kennen und zu verarbeiten ist die Grundvoraussetzung für jedes erfolgreiche Arbeiten. Zugleich produzieren wir durch unsere Arbeiten nicht nur Ge- und Verbrauchsgegenstände und Dienstleistungen, sondern auch neue Informationen, sowohl solche, die den geschaffenen Gegenständen eingeschrieben oder beigefügt sind, als auch solche über unsere Arbeitsprozesse, Eingriffe in die Natur, Transformationen unseres Arbeitsvermögens in verausgabte Arbeitskraft, den Markt, die Entwicklung der betrieblichen Arbeitsverhältnisse, der virtuellen Unternehmensstrukturen und viele andere mehr.

Mit *Arbeitsvermögen* ist die Potenzialität des Menschen bzw. die Kompetenz des Subjekts gemeint, den gesellschaftlichen Stoffwechsel mit der Natur und den Austausch von Dienstleistungen zu bewältigen; also Informationen zu gewinnen, zu verarbeiten und einzusetzen, um mit dem Einsatz von Energie entsprechend den Bedürfnissen und Intentionen die Stoffe zur individuellen und gesellschaftlichen Lebensgewinnung in Ge- und Verbrauchsgegenstände umzuarbeiten und die Dienstleistungen auszutauschen. „Arbeitsvermögen ist die Sedimentierung aller gebildeten und verausgabten Aneignungsprozesse im Subjekt", das „sich aber nicht vernutzt und sich auch nur ausbildet durch ihren Gebrauch. Arbeitsvermögen [...] bildet sich nicht nur im Rahmen von Erwerbsarbeit, sondern in der gesamten Lebenstätigkeit: Solange das Subjekt lebt und in irgendeiner Form mit Welt umgeht, verausgabt und bildet sich Arbeitsvermögen (Pfeiffer 2003, 197)."

Und dieses Arbeitsvermögen wird im Zuge seiner Verausgabung im Arbeitsprozess in *Arbeitskraft* transformiert. Insofern ist das Arbeitsvermögen die subjektive Kompetenz, die sich durch die Fähigkeit zur Informationsaufnahme, Wissensschaffung, Transformation in Handlungen sowie durch Intuition, Kreativität, Emotionalität, Intentionalität und Spontaneität auszeichnet und niemals vollständig durch technische Objektivierungen substituiert werden kann.

Mit *Arbeitsverhältnis* ist das Verhältnis der Menschen gemeint, das sie zueinander im Prozess ihrer gesellschaftlichen Arbeit eingehen. Es ist charakterisiert durch die Teilung der Arbeiten nach Funktionen und Positionen und die Formen ihrer Kommunikation und Kooperation sowie vor allem durch die Verfügungsverhältnisse über die Ressourcen, Bedingungen, Prozesse und Arbeitsergebnisse.

Mit *Arbeitsprozess* wird das konkrete, raum-zeitliche Zusammenwirken von in Arbeitskraft transformiertem Arbeitsvermögen, Arbeitsgegenstand und Arbeitsmittel bezeichnet, durch das die beabsichtigten Güter und Dienstleistungen produziert werden. Im Arbeitsprozess wird das Arbeitsvermögen durch die Transformation in Arbeitskraft objektiviert und damit auch kontrollierbar. Zugleich entsteht mit der Bearbeitung der Gegenstände und der dafür organisierten Zusammenarbeit immer auch neues Wissen, zunächst als subjektives, das erst durch Explikation zu kommunizierbarer Information umgearbeitet und damit auch von anderen Menschen aufgenommen und wiederum in ihr individuelles Wissen transformiert werden kann (vgl. Zimmer 1998).

1.2 Entwicklungsepochen der Arbeit

Mit diesen sieben Grundkategorien lassen sich die Epochen der Entwicklung der menschlichen Arbeit gut unterscheiden und die Perspektiven und Folgen der gegenwärtigen Informatisierung aller Prozesse in einer ersten Annäherung in wesentlichen Aspekten beschreiben:

1.2.1 Werkzeug-Epoche

Zunächst kann eine sich über Jahrtausende hinweg erstreckende Epoche der Entwicklung und Anwendung von Werkzeugen in der menschlichen Lebensgewinnung festgestellt werden, in der die Stoffbearbeitung, der dazu notwendige Energieaufwand sowie die Informationsverarbeitung vollständig durch die Verausgabung von Arbeitskraft geleistet werden. Diese Epoche nenne ich *Werkzeug-Epoche*. Die Subjektivität der Arbeitskraft ist in dieser Epoche immer für ganzheitliche Arbeitsprozesse erforderlich. Neues Wissen über die Stoffbearbeitung und die Optimierung des Kraftaufwandes werden in den Werkzeugen objektiviert, ohne dass dies die Organisation der Arbeitsprozesse wesentlich verändert. Dementsprechend sind die Arbeitsverhältnisse im Großen und Ganzen sehr lange durch bäuerliche und handwerkliche Arbeitsteilungen in familiären Strukturen und durch übergeordnete feudale Eigentumsverhältnisse mit von der beherrschten Bevölkerung geforderten und in Anspruch genommenen Dienstbarkeiten charakterisiert. Die Entwicklung des Handels veränderte die Werkzeugentwicklung und die bäuerlichen und handwerklichen Arbeitsprozesse nicht grundlegend.

1.2.2 Maschinen-Epoche

Mit der Entwicklung von Maschinen werden die Stoffbearbeitung und der Energieaufwand und mithin auch die dafür erforderlichen Informationen in der Konstruktion der Maschine objektiviert. Der Arbeitsgegenstand und das Bearbeitungswerkzeug werden durch die Maschine geführt. Zu diesem Zweck wird der Maschine Energie zugeführt, zunächst über Transmissionsriemen von einer zentralen Dampfmaschine angetrieben, später durch dezentral platzierte Elektromotoren. Die Steuerung, Kontrolle und Regelung der Maschine erfolgt durch die Arbeitskraft. Sie folgt einem kybernetischen Handlungsmodell, indem sie die Soll- und Ist-Werte miteinander vergleicht und aus der Differenz die Stellgröße für die Werkzeugbewegung ermittelt, um die vorgegebenen Dimensionen des Arbeitsgegenstands zu erreichen. Die subjektive Leistung der Arbeitskraft besteht darin, alle vorgegebenen Daten und die Wahrnehmungen bei der Bearbeitung zur unmittelbaren Steuerung, Kontrolle und Regelung der Maschine zu verarbeiten. Dies wird durch eine zunehmende Trennung von Kopf- und Handarbeit möglich. Das heißt, die Entwicklung und Konstruktion der Arbeitsgegenstände und die detaillierte Planung ihrer Herstellung werden von der Maschinenarbeit abgetrennt und besonders qualifizierten Arbeitenden zugeordnet, z. B. Arbeitsplanern, Meistern, Ingenieuren. Dem Maschinenarbeiter bleibt die Ausführung der Vorgaben. Diese Epoche in der Entwicklung der menschlichen Arbeit nenne ich *Maschinen-Epoche.*

Mit der Entwicklung der Massenproduktion, schon in der Manufaktur, aber dann vor allem in der Industrie, konnte die Arbeitsteilung und die Organisation der geteilten Arbeiten in langen Prozessketten schließlich so weit vorangetrieben werden, dass nur noch wenige Handgriffe von den einzelnen Arbeitenden in den Prozessketten auszuführen waren. Diese Entwicklung, die als ein Prozess der *Entsubjektivierung der Arbeitskraft* beschrieben werden kann, ist zu Beginn des 20. Jahrhunderts unter den Begriffen des Taylorismus und Fordismus weithin bekannt geworden. Allerdings gilt diese *Entsubjektivierung* nur für die ausführende Arbeitskraft, während sich gleichzeitig in Entwicklung, Konstruktion und Planung allmählich eine neue Gruppe wissenschaftlich qualifizierter Arbeitskräfte herausbildete, von denen neben guten fachlichen Kompetenzen, auch Kreativität und Innovationsfähigkeit erwartet wurden. Mit diesen Industrialisierungsprozessen entwickelte sich zugleich eine immerzu wachsende Zahl kaufmännischer Arbeitskräfte für die betriebswirtschaftliche Kontrolle und Rationalisierung aller Prozesse.

Mit der Entwicklung der Massenproduktion von Gütern entwickelten sich zugleich Handel und Markt für die hervorgebrachten Massenbedürfnisse. Dabei hat sich gegenüber der Werkzeug-Epoche das Verhältnis von Produktion und Markt so überaus deutlich zur Produktion verschoben, dass von der rationellen Organisation der Maschinenprozesse ausgehend das Geschehen auf dem Markt bestimmt wird, nämlich die Qualität und Quantität der angebotenen Produkte. Damit einhergehend hat die Entwicklung des Eigentums an Arbeitsmitteln, Arbeitsgegenständen und Arbeitsleistungen zu ausgeprägten Konzentrationen aufseiten der Kapitalbesitzer geführt. Mit der Entwicklung der industriellen Arbeitsverhältnisse waren damit bis in die erste Hälfte des 20. Jahrhunderts hinein außerordentlich heftige soziale Kämpfe verbunden, die schließlich in arbeits- und sozialpolitischen Vereinbarungen mündeten, durch die in den vergangenen Jahrzehnten relativ stabile gesellschaftliche Arbeitsverhältnisse erreicht werden konnten.

1.2.3 Software-Epoche

Mit der Entwicklung der Informations- und Kommunikationstechnik auf der Basis der Mikroelektronik, etwa ab Mitte des 20. Jahrhunderts, wird die bis dahin von den Arbeitskräften nach dem kybernetischen Handlungsmodell geleistete Steuerung der Maschinen und arbeitsteilig organisierten Prozesse in Software sowie Sensoren und Stellgliedern objektiviert. Diese heute erreichte Entwicklungsstufe in der menschlichen Arbeit nenne ich *Software-Epoche*. Grundlage ist die Digitalisierung aller zur Steuerung der Maschinen und Prozesse erforderlichen Informationen. Durch die Digitalisierung können die Informationen durch programmierte Operationen in direkte Mess- und Steuerimpulse umgearbeitet werden. Heute wird auf dieser Grundlage ein integrierter digitaler Datenfluss („Workflow") über die gesamte Prozesskette erzeugt und elektronisch verarbeitet. Diese *Informatisierung* aller Arbeitsprozesse ermöglicht eine systemische Rationalisierung aller Prozesse vom Zulieferer über den Produzenten bis zum Einzelhändler und Kunden, einschließlich Marketing und Vertrieb, Forschung und Entwicklung sowie Betriebsführung und Finanzierung. Insofern kann heute von der Entwicklung eines betrieblichen und betriebsübergreifenden *Informationsraums* (vgl. Baukrowitz 1996, 51) gesprochen werden, in dem sich die Arbeitenden, Kunden, Zulieferer und Eigentümer bewegen.

Diese digitale *Informatisierung* aller Arbeitsprozesse und die damit verbundene Entwicklung der *Informationsräume* hat – wie zunehmend deutlicher erkennbar wird – geradezu umwälzende Veränderungen in den Arbeitsprozessen, den Arbeitsverhältnissen und den Marktverhältnissen zur Folge, die im Folgenden kurz skizziert werden sollen.

1.3 Entwicklung der Informationsarbeit

In informatisierten Arbeitsprozessen wird alle Arbeit zu *Informationsarbeit* bzw. *Wissensarbeit.* Das heißt, die Informationsarbeit ist charakterisiert durch eine ziel- und interessenbestimmte Ermittlung, Bearbeitung und Erzeugung von Informationen für die sich laufend verändernden Aufgaben. Die erzeugten Informationen dienen der aufgabenspezifischen Einstellung der Parameter der Software sowie der Eingabe der von dieser zu verarbeitenden Daten. Informationsarbeit ist vor allem eine kognitive Arbeit, die auf Wissen basiert und durch Reflexivität und Kreativität aus Informationen neues Wissen für die Steuerung und Gestaltung der Produktions- und Dienstleistungsprozesse schafft. Damit werden ganz neue Anforderungen an die subjektive Entwicklung des Arbeitsvermögens und dessen Transformation in Arbeitskraft gestellt.

Die Verarbeitung und Erzeugung von Wissen und Informationen wird zum prägenden Schwerpunkt der Arbeit in beinahe allen Arbeitsbereichen. Dies zeigt sich beispielsweise in der großen Zunahme der produktionsbezogenen Dienstleistungen bei gleichzeitiger Abnahme der unmittelbar produktiven Arbeiten. Es zeigt sich auch im zu beobachtenden Rückgang des Bedarfs an Facharbeitern und deren zunehmender Substitution im letzten Jahrzehnt durch höher qualifizierte Fachkräfte, die in Fachschulen, Berufsakademien, Fachhochschulen und auch Universitäten ausgebildet wurden. In diesem Entwicklungszusammenhang ist auch die aktuelle Umstellung des Fachhochschul- und Hochschulstudiums auf Bachelor- und Masterstudiengänge zu sehen. Nicht mehr das fachliche Fertigkeitentraining steht im Zentrum der Qualifizierung der Arbeitsvermögen, wie in der Maschinen-Epoche, sondern das Training der kognitiven Fähigkeiten der Informationsverarbeitung. Oder anders ausgedrückt: Die Entwicklung der subjektiven Kompetenzen der Arbeitenden, also die Entwicklung der Subjektivität der Arbeitskraft, rückt in das Zentrum der Anforderungen und Ausbildungen.

Diesem neuen Qualifizierungsschwerpunkt des subjektiven Arbeitsvermögens geht ein Prozess fortlaufender „*Entqualifizierung der lebendigen Arbeit*" (Schmiede 1996a, 44 f.) voraus, in dem die Arbeitenden ihre Fertigkeiten, ihr Prozesswissen und ihre Prozesserfahrungen explizit machen müssen, damit diese in der Software objektiviert werden können. Dieser Entqualifizierungsprozess setzt sich auch in der Informationsarbeit fort, indem standardisierbare und algorithmisierbare Prozesse der Informationsgewinnung, -verarbeitung und -erzeugung permanent in Software objektiviert werden. Gerade durch diesen Prozess der Entqualifizierung der lebendigen Arbeit wird ein Prozess der Qualifizierung der lebendigen Arbeit ausgelöst. Eine höchst widersprüchliche Entwicklung mit gravierenden Folgen für die Entwicklung der gesellschaftlichen Arbeitsstrukturen und Arbeitsverhältnisse sowie für die Entwicklung der subjektiven Arbeitsvermögen.

Im Gegensatz zur Maschinen-Epoche verschiebt sich aufgrund der Informatisierung aller Prozesse und der Entstehung eines Informationsraumes der Schwerpunkt im Verhältnis von Produktion und Markt von der Produktion weg auf den Markt. Nunmehr kann und wird der Markt, also die von den Nachfragern auf dem Markt individuell geforderte Besonderheit eines Produkts oder einer Dienstleistung und des Preises, zum bestimmenden Moment der Produktion. Daraus folgt, dass die Kundenorientierung des Marktes mit allen seinen Unbestimmtheiten in die Unternehmen internalisiert wird. Dadurch entsteht eine neue Unmittelbarkeit der betrieblichen Arbeit zum Markt, die in der viel diskutierten und zunehmend durchgesetzten Flexibilisierung und Subjektivierung der Arbeit eine vorläufige Form findet. Die „*Internalisierung des Marktes*" (Moldaschl 1998) in die Unternehmen dringt in alle Arbeitsprozesse ein und wälzt diese und die Unternehmensstrukturen um. Diese Internalisierung hat zugleich Unbestimmtheiten in der Verausgabung der Arbeitskraft bzw. der Transformation der subjektiven Arbeitsvermögen in Arbeitskraft wie auch Unbestimmtheiten in der arbeitsteiligen Organisation der Arbeiten zur Folge. Neu daran ist, dass diese Unbestimmtheiten nun durch die Beschäftigten selbstständig bewältigt werden sollen (vgl. Kratzer 2003, 230), unter Kontrolle und verschärftem Verfügungsregime der Kapitaleigner.

Diese skizzierten widersprüchlichen Entwicklungen der Informationsarbeit, also der Arbeitsvermögen wie der Arbeitsstrukturen und Arbeitsverhältnisse, können unter den Begriffen der *Subjektivität* und *Vernetzung* der Arbeitskräfte bzw. der Arbeitsvermögen gefasst werden. – Die Entwicklung der Subjektivität und Vernetzung und die daraus folgenden Anforderungen an die Kompetenzentwicklung der Arbeitenden und die möglichen Ansatzpunkte für eine Unterstützung der Kompetenzentwicklung und der Zusammenarbeit in Netzwerken sollen im Folgenden ausführlicher diskutiert werden.

2 Entwicklung der Subjektivität der Arbeit

In der Maschinen-Epoche hat sich ein Modell tayloristisch-fordistischer „Normalarbeit" als Resultat der sozialen Auseinandersetzungen im 20. Jahrhundert herausgebildet. Diese „Normalarbeit" ist durch institutionelle und subjektive Grenzziehungen zwischen Arbeits- und Lebenswelt, Hand- und Kopfarbeit sowie in den horizontalen und vertikalen Arbeitsteilungen charakterisiert, verbunden mit einer Entsubjektivierung der Arbeitskraft, eingeschränkter Arbeitsautonomie und instrumenteller Arbeitsorientierung der Beschäftigten.

Alle diese Grenzziehungen werden mit der Entwicklung und Verbreitung der Informationsarbeit zum Ansatzpunkt heutiger Rationalisierungsprozesse (vgl. Kratzer 2003, 23). Die vielfältigen Auflösungserscheinungen dieser vergangenen Grenzziehungen werden aktuell unter dem Begriff der „Entgrenzung der Arbeitskraft" kontrovers diskutiert (vgl. Literaturverzeichnis). Dabei bleibt oft unbeachtet, dass die Subjektivierung der Informationsarbeit und die umwälzenden Veränderungen in den Arbeitsstrukturen und Arbeitsverhältnissen sich wechselseitig auslösen und bedingen und beide zusammen erst die immer deutlichere „Entgrenzung der Arbeitskraft“ hervorbringen. Ursache dafür ist, dass eine neue Organisations- und Regulierungsform für die Entwicklung der Subjektivität der Arbeit aufgrund der Informatisierung aller Prozesse und der dadurch zugleich ermöglichten Internalisierung der Unbestimmtheiten des Marktes in das Unternehmen erst noch ausgehandelt werden muss.

Mit der systemischen Rationalisierung und Informatisierung aller Prozesse wird nicht das Denken der Arbeitenden objektiviert, sondern ihre Denkoperationen bzw. kognitiven Operationen werden in Software objektiviert, das heißt in Prozeduren transformiert und programmiert. Auch die moderne objektorientierte Programmierung, in der (Prozedur-)Objekte mit definierten Funktionen und die Informationsflüsse zwischen ihnen in eine zweckbestimmte Funktionsstruktur gebracht werden, ändert nichts daran, dass es sich auch hierbei um eine Objektivierung von Denkoperationen handelt.

Somit – und das ist das eigentlich Neue in der Informationsarbeit – gewinnt die Entwicklung der Subjektivität der Arbeit und der Arbeitsvermögen, also der Kompetenzen, einen zentralen Stellenwert in der Arbeit. So z. B. bei der Störungsregulation bei gegebenen Prozessen, der Verbesserung der Prozesse bei vorgegebenen Zielen, der Präzisierung der Unternehmensziele auf Prozessebene oder der Planung, Entwicklung und Organisation der Prozesse (vgl. PAQ 1987). Mit Subjektivität ist das nicht standardisierbare und nicht algorithmisierbare Wissen der Arbeitenden gemeint, das implizite Erfahrungswissen, das nicht expliziert und objektiviert werden kann, das neu zu schaffende Wissen, das der jeweiligen Situation angemessen ist und mögliche Perspektiven des Handelns voraussieht. *Subjektivität bezeichnet das nicht formalisierbare Arbeitsvermögen*, das zu einer flexiblen, den Situationen und Anforderungen gerecht werdenden Transformation in Arbeitskraft befähigt. *Informationsarbeit bzw. Wissensarbeit ist reflexive Arbeit* des denkenden Subjekts in der Wahrnehmung, Zusammenfassung, Analyse, Interpretation, Erzeugung und Umsetzung von Informationen bzw. Wissen in die individuelle und kooperative Gestaltung und Steuerung von Arbeitsprozessen. Die Entwicklung der Subjektivität ist nicht möglich ohne Wertvorstellungen und Interessen, Wissen und Erfahrungen, Kreativität und Können, Persönlichkeitsbildung und Selbstpositionierung in den sozialen, kulturellen und gesellschaftlichen Verhältnissen. Sie schließt die Übernahme von Verantwortung, Gestaltungs- und Entscheidungskompetenzen und Entfaltungsspielräumen ein. Sie ist mithin ganz wesentlich eine aktive und eigenständige Leistung des Subjekts.

Diese neue, ganzheitliche Subjektivität der Arbeit lässt die Beschäftigten zugleich nach erweiterter Autonomie und Selbstorganisation in der Informationsarbeit verlangen; sie lässt sie größere Ansprüche an ihre Arbeit stellen, nämlich in ihrer Arbeit auch ein wachsendes Stück ihrer Identität und Selbstverwirklichung zu finden. Zugleich versuchen die Unternehmen, angewiesen auf wachsende subjektive Leistungen der Beschäftigten, den Zugriff auf die ganze Person der Beschäftigten zu erlangen. Sie versuchen dies beispielsweise durch Konzepte der „Führung durch Selbstführung“ sowie flexible Arbeitszeiten und Beschäftigungsformen zu erreichen, um dadurch das Engagement zur permanenten Innovation und Rationalisierung der eigenen Arbeit zu fördern. Damit die geforderte und eingebrachte Subjektivität den Unternehmen ‚nicht aus dem Ruder läuft‘, erwarten sie zugleich eine aktive Subordination ihrer Beschäftigten unter ihre uneingeschränkte und vollständige Verfügungsgewalt. Dafür haben die Unternehmen in den vergangenen Jahren mit der Vorgabe von Zielvereinbarungen, der Festlegung von Kennziffern, der Einführung des Controllings sowie der Aufweichung und Aufhebung tarif- und arbeitsvertraglicher Regelungen neue Verfahren und Instrumente zur Steuerung und Kontrolle subjektivierter Arbeit bis hin zu organisatorischen und vertraglichen Ausgliederungen und vorzeitigen Freisetzungen von Beschäftigten entwickelt. Insofern haben die Arbeitenden nur dann eine Chance zur ‚partizipativen Mitwirkung' und ‚Entfaltung ihrer Subjektivität' in der Arbeit, wenn sie sich freiwillig und vollständig den Zielvorgaben, Rahmensetzungen und Kontrollen der Eigentümer unterordnen.

Für die Arbeitenden entstehen somit im Prozess der Entwicklung der Subjektivität der Arbeit durch ihre aktive Subordination zwar neue Chancen für ihre individuelle und gesellschaftliche Lebensgewinnung in vorgegebenen und kontrollierten Grenzen, aber damit zugleich auch neue soziale und psychische Belastungen, z. B. durch permanente Arbeitsüberlastung einerseits und zunehmende Prekarisierung ihrer Beschäftigungsverhältnisse andererseits. Darüber hinaus wird die Gefahr gesehen, dass durch den unternehmerischen Zugriff auf die ganze Person, also das Arbeitsvermögen insgesamt und nicht mehr nur auf die verausgabte Arbeitskraft wie in der Maschinen-Epoche, die Reproduktion des Arbeitsvermögens, die gerade unter Abwesenheit unmittelbaren Verwertungsdrucks stattfindet, nachhaltig gefährdet und zur Stagnation gebracht werden könnte (vgl. Kratzer 2003, 248 f.).

3 Virtualisierung der Arbeitsprozesse und der Arbeit

Durch die Informatisierung aller Prozesse werden die tayloristisch-fordistischen Konzepte der Arbeit und Arbeitsorganisation aufgelöst. Denn nicht mehr die einzelne Verrichtung und deren Rationalisierung stehen im Zentrum des Arbeitshandelns, sondern der Prozess oder das Projekt insgesamt. Das bedeutet, dass die nach Position und Funktion arbeitsteilig abgegrenzten und den einzelnen Beschäftigten zugewiesenen Aufgaben entgrenzt werden. Bisherige Einzelaufgaben werden integriert und den Arbeitenden oder Arbeitsgruppen als Ganze zugeordnet. Damit werden die Organisationsstrukturen der Arbeit in ihrer horizontalen Arbeitsteilung flexibilisiert oder gar ganz aufgelöst und in ihrer vertikalen Arbeitsteilung erheblich reduziert, indem die Aufgaben des unteren und zum Teil auch des mittleren Managements den Arbeitenden und Arbeitsgruppen übertragen werden. Dies hat auch zur Folge, dass die fordistische Trennung von Hand- und Kopfarbeit aufgelöst wird, zumal die routinemäßig auszuführenden Arbeiten wie die direkten Steuerungs- und Kontrollarbeiten auf allen Ebenen in Software objektiviert sind bzw. von den Arbeitenden selbst durch fortgesetzte Rationalisierungen permanent weiter objektiviert werden sollen.

Damit wächst sowohl die Selbstständigkeit der Arbeitenden in der Bearbeitung der aufgetragenen Arbeiten als auch die Notwendigkeit ihrer Kommunikation und Kooperation. Die Beschäftigten werden zu Mitgestaltern der Prozesse oder Projekte; sie machen sich damit auch zum aktiven Subjekt der Reorganisation und Rationalisierung aller Arbeitsprozesse in ihrem Arbeitsbereich. Denn „Diskursivität als Steuerungsmodus und Kommunikation als Steuerungsmedium setzen offensichtlich spezifische Rationalisierungseffekte frei, ‚aktivieren' in besonderer Weise Leistungspotentiale von Arbeitskraft (Kratzer 2003, 237)." Hinzu kommt, dass die betriebliche Internalisierung der Unbestimmtheiten des Marktes an die Arbeitenden und Arbeitsgruppen die Anforderung stellt, ihre problemlösenden Fähigkeiten, ihre Rationalisierungsaktivitäten und ihre Zusammenarbeit am individuellen Bedarf des Kunden orientiert, aber im strikten Interesse und im Rahmen der Zielvorgaben des Unternehmens zu entfalten.

Mit der Selbstständigkeit und Selbstorganisation der Arbeitsprozesse durch die Beschäftigten werden die bisherigen Vorgaben und Kontrollen des unteren und teilweise auch des mittleren Managements in Verfahren und Instrumente der Selbststeuerung, Selbstkontrolle und Selbstbewertung überführt. Die Geschäfts- und Unternehmensleitungen gehen dementsprechend dazu über, die autonomen Arbeitsgruppen in ihrem Unternehmen indirekt durch Zielvorgaben, Kennziffern etc. zu steuern, zu kontrollieren und zu bewerten. Die Festlegung der Zielvorgaben, Kennziffern etc. ist dabei den Beschäftigten jedoch weitgehend entzogen. Wie vielfach zu erfahren ist, führt diese indirekte Steuerung der Arbeitsprozesse durch das obere Management bei den Beschäftigten zu permanenten und wachsenden Überlastungen. Die aktuell geforderten und bereits eingeführten Flexibilisierungen (Arbeitszeitkonten, Teilzeitarbeit etc.) und die zunehmend ohne Lohnausgleich vereinbarten Ausdehnungen der Arbeitszeiten sollen den Beschäftigten Spielraum für das Management der von ihnen mehr oder weniger offen geforderten Überlastungen bieten.

Die derzeitige wirtschaftliche Entwicklung – nach dem Boom oder, wie manche auch sagen, Hype der New Economy – verstärkt diese Reorganisation der Arbeitsprozesse. Denn die seit wenigen Jahren zu beobachtende Sättigung des Marktes mit Produkten und Dienstleistungen sowie die Umkehrung des Verhältnisses von Realkapital und Finanzkapital zwingt die Unternehmen, den vom Kapitalmarkt erwarteten Gewinn durch neue Rationalisierungsstrategien zu erreichen und möglichst noch zu übertreffen (vgl. Sauer 2005, 6 f.). In den bereits durchgängig informatisierten und automatisierten Prozessen sind die möglichen technischen Rationalisierungen jedoch bereits weitgehend ausgeschöpft und der Export hat einen hohen Stand erreicht, so dass die Arbeitskraft im Wesentlichen der einzig verbliebene variable Rationalisierungsfaktor ist. Variabel sind bei der Arbeitskraft, bis auf unhintergehbare Minima, ihr Preis bzw. Bruttolohn, ihre Arbeitszeit und ihre Arbeitsintensität. Alle drei Variablen sind derzeit von den Unternehmen zur Disposition gestellt.

Getrieben durch die informations- und kommunikationstechnische Reorganisation und Rationalisierung aller Arbeits- und Geschäftsprozesse, ihre durchgängige Informatisierung vom Lieferanten bis zum Kunden und die neuen Unternehmensstrategien der Variabilisierung der eingeforderten Arbeitskraft, nämlich der Intensivierung und Extensivierung ihrer Verausgabung und Senkung ihres Preises, werden neue Formen der Arbeitsorganisation hervorgebracht, die mit den Begriffen *Dezentralisierung*, *Vernetzung* und *Vermarktlichung* bezeichnet und gefasst werden können. Diese neuen Formen der Arbeitsorganisation verändern auch die Arbeitsverhältnisse, insbesondere die arbeitsrechtlichen und tarifvertraglichen Beschäftigungsverhältnisse grundlegend.

3.1 Dezentralisierung

Dezentralisierung heißt, dass die gebildeten Arbeitsgruppen oder Projektgruppen für abgrenzbare betriebliche Aufgaben eine mehr oder weniger eigenständige Organisationsform erhalten. Eine solche neue Form der Arbeitsorganisation kann beispielsweise im Rahmen des konventionellen Unternehmens als Profit-Center gebildet werden, das nach Zielvorgaben und Kennziffern innerhalb oder außerhalb des Unternehmens eingeworbene Aufträge oder Projekte bearbeitet. Weitere innerbetriebliche

Formen dezentraler Arbeitsorganisation sind Teamarbeit, Gruppenarbeit oder Projektarbeit. Eine neue Form der Arbeitsorganisation kann aber auch durch Auslagerung („Outsourcing") von Teilen aus dem bestehenden Unternehmen und Gründung neuer, rechtlich selbständiger, aber wirtschaftlich vollständig abhängiger Unternehmen entstehen. Auch Call-Center an der Schnittstelle zwischen Kunden und Leistungsabteilungen von Unternehmen sind eine solche neue Form der Arbeitsorganisation und Arbeitskonzentration, die sowohl im Rahmen eines Unternehmens dezentral als auch außerhalb als rechtlich selbständiges Unternehmen geführt werden können. Die Formen der Dezentralisierung von Arbeitsprozessen beschränken sich aber nicht nur auf Arbeitsgruppen, sondern können auch die einzelnen Arbeitenden betreffen. Diese Formen werden unter dem Begriff der Telearbeit gefasst (vgl. Zimmer 2001a). Telearbeit kann beispielsweise an einem häuslichen oder mobilen Arbeitsplatz oder in einem Telearbeitszentrum verrichtet werden. Sie kann entweder dauerhaft extern vom Unternehmen oder alternierend mit zeitweiliger Arbeit im Unternehmen erfolgen. Small-Office und Home-Office sind weitere neue Begriffe für die neuen Formen der Dezentralisierung und wirtschaftliche Verselbständigung von aus konventionellen Unternehmen ausgelagerten Arbeitsprozessen.

3.2 Vernetzung

Die Dezentralisierung von Arbeitsprozessen, die eine Auflösung des bisherigen räumlichen Zusammenhangs der Arbeiten bedeutet, macht zwangsläufig neue Formen der *Vernetzung* notwendig. Schließlich müssen die dezentral erbrachten Teilleistungen zu einem marktgängigen Gesamtprodukt oder einer Gesamtdienstleistung zusammengeführt werden. Auf der Ebene der Stoffe und Energien geschieht dies durch Logistik und Transportwesen bzw. durch die Strom-, Gas- oder Ölleitungen. Auf der Ebene der Information heute vor allem durch das schon fast in jede Wohnung reichende digitale Kommunikationsnetzwerk. Und dieses digitale Kommunikationsnetzwerk ist das revolutionär Neue, durch das die Vernetzung der dezentral arbeitenden Gruppen, Center, Unternehmen, Telearbeiter, Arbeitskraftunternehmer, Selbstständigen, Scheinselbstständigen usw. eine moderne kommunikationstechnische Basis erhält. Die betriebsinternen Informations- und Kommunikationsnetzwerke werden durch entsprechende betriebsübergreifende Netzwerke und Vernetzungen ergänzt. In diesem Zusammenhang wird auch von virtuellen Betrieben oder Unternehmen gesprochen, wenn diese zur Durchführung eines gemeinsamen Projekts für einen gewissen Zeitraum eine vertragliche Zusammenarbeit unter Aufrechterhaltung ihrer jeweiligen unternehmerischen Selbstständigkeit vereinbaren.

3.3 Vermarktlichung

Mit der Dezentralisierung und Vernetzung erhält auch eine *Vermarktlichung* aller Arbeitsverhältnisse und Arbeitsbeziehungen Einzug in die neuen Formen der Arbeitsorganisation (vgl. Lehndorff 2005). Mit der Vermarktlichung werden die Grenzen zwischen Markt und Betrieb, Marktökonomie und Produktionsökonomie unter dem Leitbild der „Kundenorientierung" durchlässiger gemacht. Damit erhalten die räumlich getrennt, aber zeitlich unmittelbar vernetzt Arbeitenden eine (scheinbar) größere Autonomie in der Befriedigung der Marktanforderungen, die aber durch strikte Vorgaben in den Zielen und zu erreichenden Kennzahlen strikt kontrolliert wird. Zugleich werden die Arbeitenden auch durch die Dezentralisierung der betriebswirtschaftlichen Kosten-Leistungsrechnung in Konkurrenz zueinander gesetzt. Da dieses In-Konkurrenz-Setzen nicht nur innerhalb dezentralisierter Unternehmensstrukturen, sondern gerade auch zu ausgegründeten oder auch anderen externen Unternehmen geschieht, deren Eigentümer ebenfalls wachsende Gewinne erwirtschaften wollen, kann eine Senkung der Arbeitskosten nur durch eine weitere Intensivierung und Extensivierung der Arbeit und eine weitere Lohnsenkung erreicht werden. Durch diese verschiedenen Formen der Vermarktlichung der dezentralen und vernetzten Arbeitsorganisationen wollen die Mutterunternehmen eine Verdichtung und Beschleunigung der Arbeitsprozesse und eine Kosteneinsparung erreichen. Diese Vermarktlichungen beschleunigen zugleich den Umbau der bisherigen ‚normalen' und als sicher geltenden Beschäftigungsverhältnisse in flexible, befristete und unsichere Beschäftigungsverhältnisse, wie sie gegenwärtig beispielgebend unter dem Begriff des „Arbeitskraftunternehmers" breiter untersucht und kontrovers diskutiert werden (vgl. u. a. Pongratz, Voß 2003, 2004).

Diese Flexibilisierung ermöglicht den Unternehmen die Externalisierung der ökonomischen Risiken auf einen wachsenden Teil der Arbeitskräfte. Dies betrifft zunehmend auch die Kernbelegschaften und nicht nur, wie in der Vergangenheit, die flexibel beschäftigten so genannten Randbelegschaften. Das unmittelbar marktorientierte, selbstgesteuerte, selbstorganisierte und selbstkontrollierte Handeln der Arbeitenden als Einzelnen oder als Gruppe bedeutet Unsicherheit und letztlich auch ein nicht kalkulierbares Risiko für die eigene Lebenssicherung und Lebensgewinnung. Die Folgen dieser Vermarktlichung zeigen sich einerseits in der wachsenden Spaltung zwischen immer extensiver und intensiver arbeitenden Beschäftigten und der wachsenden Zahl derjenigen, die von jeder Arbeit freigesetzt wurden und keine Beschäftigung mehr finden. Andererseits entstehen zugleich neue Beschäftigungsverhältnisse mit ganz neuen Kompetenzanforderungen.

Trotz dieser wachsenden Flexibilisierungen und damit verbundenen existenziellen Unsicherheiten müssen die Beschäftigten vertrauensvoll zusammenarbeiten, weil anders ein Erfolg ihrer dezentralen kooperativ selbstorganisierten Arbeiten in virtuellen Unternehmensstrukturen ohne ihre Kommunikations- und Kooperationsfähigkeit und ihr wechselseitiges Vertrauen nicht zu erreichen ist. Und dennoch ist und bleibt zugleich jeder Einzelne und jede Gruppe auf den Märkten der Güter und Dienstleistungen wie auf dem Arbeitsmarkt ein Konkurrent des Anderen bzw. der anderen Gruppe in der Erzielung eines möglichst wachsenden individuellen Gewinns bzw. Erfolgs – obwohl das erzielte Gesamteinkommen der in Konkurrenz gesetzten und zunehmend auch prekarisierten Beschäftigten nicht steigt, sondern relativ oder absolut sinkt, weil anders ein wachsender Gewinn des (Mutter-)Unternehmens und des oberen Managements in der Software-Epoche der gesellschaftlichen Arbeit kaum zu erreichen sein wird,[1] was ja auch – wie oben gezeigt – der eigentliche Anlass für die Virtualisierung von Unternehmensstrukturen ist.

---

[1] So berichtete beispielsweise Der Tagesspiegel am 24./25.03.2005 auf seiner Titelseite, dass „die 30 größten börsennotierten Unternehmen Deutschlands [...] ihre Gewinne im vergangenen Jahr auf zusammen 35,7 Milliarden Euro verdoppelt und dennoch im Inland knapp 35.000 Stellen gestrichen [haben, G. Z.]." Und die Frankfurter Allgemeine Zeitung berichtete am 26.03.2005 auf Seite 55, dass „nach einer Studie des Beratungsunternehmens Kienbaum [...] die Vorstandsbezüge in den Dax-30-Unternehmen im Zeitraum von 1977 bis 2003 um 103 Prozent gestiegen [sind, G. Z.]" auf „im Durchschnitt 1.814.000 Euro im Jahr".

4 Anforderungen an die Kompetenzentwicklung

Zu fragen ist nun, welche – auch gegensätzlichen und widersprüchlichen – Anforderungen die *Informatisierung*, *Dezentralisierung*, *Vernetzung* und *Vermarktlichung* der Arbeit an die Kompetenzentwicklung der Beschäftigten stellt. Dazu ist zunächst der Kompetenzbegriff zu klären. Erpenbeck und Heyse (1999, 162) definieren: „Kompetenzen werden von Wissen fundiert, durch Werte konstituiert, als Fähigkeit disponiert, durch Erfahrung konsolidiert und aufgrund von Willen realisiert." Zu ergänzen ist, dass die Kompetenzentwicklung immer auch Resultat der Zuständigkeit und Verantwortung der Arbeitenden in den konkreten Arbeitsverhältnissen ist. „In ihren Zuständigkeits- und Verantwortungsbereichen entfalten sie ihre Kompetenzen – und damit auch ihre Subjektivität und ihren Eigensinn." (Zimmer 2002, 85) Dies gilt umso mehr, je mehr sich der seit vielen Jahren zu beobachtende Prozess der *Verberuflichung der Arbeit*, in dem „ein hohes Maß an Fremdgestaltung vorherrscht", durch einen Prozess der *Professionalisierung der Arbeit* erweitert wird, der gerade „durch einen hohen Anteil der Selbstgestaltung durch die Betroffenen gekennzeichnet" ist (Meyer 2000, 52). Die Erweiterung der Bestimmung des Kompetenzbegriffs um die Aspekte von Zuständigkeit und Verantwortung, die notwendig auch eine mehr oder weniger begrenzte Selbstgestaltung einschließen, ermöglicht es, die Anforderungen an die Kompetenzentwicklung in virtuellen Unternehmensstrukturen von Arbeits- und Geschäftsprozessen zu analysieren und die Chancen und Grenzen ihrer Entwicklungsperspektiven zu erkennen und Möglichkeiten ihrer Unterstützung zu bestimmen. Diesem erweiterten Kompetenzbegriff Rechnung tragend können vier Anforderungsbereiche unterschieden werden: *Wissen und Reflektieren*, *Arbeiten und Lernen*, *Erkennen und Vereinbaren*, *Positionieren und Handeln*.

4.1 Wissen und Reflektieren

Ganz im Gegensatz zu den tayloristisch auf eine einzelne Teilfunktion reduzierten Qualifikationsanforderungen an die einzelnen Beschäftigten in fordistisch organisierten Prozessen wird von den kooperativ selbstorganisiert arbeitenden Beschäftigten in virtuellen Unternehmensstrukturen erwartet, dass sie den Gesamtzusammenhang der Arbeits- und Geschäftsprozesse nicht nur im Blick haben, sondern darin auch die von ihnen übernommenen bzw. zu übernehmenden Aufgaben lokalisieren und die Anschlussstellen ihrer Aufgaben zu den Aufgaben der anderen Beschäftigten herstellen können. Denn nur so können sie mit ihren kooperativ selbstorganisierten Arbeiten gemeinsam und individuell einen ersten Erfolg sichern. Aber diese von jedem einzelnen Beschäftigten geforderte aktive Einordnung in den von allen Beteiligten selbstorganisiert vernetzten Gesamtprozess genügt keineswegs, um einen ersten Erfolg in einen fortgesetzten Erfolg zu verwandeln. Dazu ist die kritische Reflexion eigener oder berichteter Erfahrungen Anderer in der Durchführung der Arbeiten sowie der mit den Arbeiten angestrebten Ergebnisse und der nicht beabsichtigten, aber unter ungünstigen Bedingungen möglicherweise eintretenden Folgen notwendig. Insofern sind eben nicht nur Fachkompetenzen in wachsendem Umfang erforderlich, sondern vor allem ein reflexiver Umgang mit dem Fachwissen und Können, durch den die Fachkompetenzen erweitert, vertieft und auch korrigiert werden. Dieser Aspekt der geforderten neuen Kompetenzen kann mit dem Begriff *reflexive Fachlichkeit* gefasst werden.

Die einordnende Mitgestaltung der kooperativen Zusammenarbeit in virtuellen Strukturen erfordert aber nicht nur die Entwicklung einer reflexiven Fachlichkeit in den Kompetenzen, sondern – wie darin bereits angedeutet – auch die Kompetenz zu einer reflexiven Einordnung der zu entwickelnden individuellen Kompetenzen in die kooperativen Arbeits- und Geschäftsprozesse. Denn reflexive Fachkompetenzen allein sind noch keineswegs hinreichend für die Gestaltung erfolgreicher Kooperationen, wenngleich diese dafür eine grundlegende Voraussetzung sind. Die Organisation und Gestaltung von Kooperationen in virtuellen Strukturen erfordert darüber hinaus soziale und persönliche Kompetenzen, die zwar nicht unabhängig von allen anderen Kompetenzaspekten existieren können, aber einer herausgehobenen Entwicklung und Förderung bedürfen. Gerade die zunehmende Flexibilität der Kooperationen in virtuellen Unternehmen erfordert die ständige Weiterentwicklung und Neuschaffung der Strukturen und Formen kooperativer Zusammenarbeit. Das heißt, die virtuell kooperierenden Beschäftigten müssen in der Lage sein, ihre vernetzten Einzelarbeiten in den je aktuellen Projektzusammenhängen entsprechend zu planen und zu organisieren. Dies kann ihnen nur gelingen, wenn sie die gemachten positiven und negativen Kooperationserfahrungen hinsichtlich ihrer Ursachen und Bedingungen sowie die Anforderungen und Bedingungen geplanter Kooperationen jedes Mal erneut analysieren und kritisch reflektieren. Auf dieser Grundlage können sie ihre individuellen Kompetenzen für eine erfolgreiche Gestaltung ihrer zukünftigen Kooperationen weiter entwickeln. Dieser Aspekt neuer Anforderungen an die Kompetenzen kann mit dem Begriff reflexive *Kooperativität gefasst* werden.

4.2 Arbeiten und Lernen

Flexibilität und Selbstorganisation der Kooperationen in virtuellen Arbeits- und Geschäftsprozessen stellen neue Herausforderungen an das Arbeiten und Lernen, die – wie oben gezeigt – die Kompetenz zu reflexiver Fachlichkeit und reflexiver Kooperativität zu ihrer Bewältigung voraussetzen. Denn im Prozess der Etablierung virtueller Kooperationen geht es zunächst um die Zusammenstellung der virtuellen Projektgruppen, sodann um die Planung, Organisation und Durchführung der virtuellen Projektarbeiten und schließlich um die Kontrolle, Übergabe und Gewährleistung der Ergebnisse sowie um die Abrechnung aller Arbeiten und die Auflösung der virtuellen Gruppen am Ende aller Projektarbeiten. Dieser Prozess stellt eine Reihe von Anforderungen: So müssen die möglichen Kooperationspartner ihre je spezifischen Kompetenzprofile projektbezogen präsentieren und wechselseitig einschätzen können. Auch müssen in diesem Zusammenhang bisherige Erfahrungen ausgetauscht werden, damit diese für die geplante Zusammenarbeit reflektiert und daraus eventuell zu ziehende Konsequenzen diskutiert werden können. Sodann muss die Bildung eines gemeinsamen Wissenskontexts als Basis der Zusammenarbeit in Angriff genommen werden, ohne die sich die Beteiligten nicht vernünftig in die virtuelle Zusammenarbeit einordnen und diese gestalten können. Auf dieser dreifachen Grundlage können die Eckdaten der Auftragsdurchführung geklärt, die Organisation und Durchführung der virtuellen Projektarbeiten geplant, die Aufgabenverteilung und die Beschäftigungsverhältnisse bestimmt sowie der Weiterbildungsbedarf festgestellt und die Qualifizierungsprozesse festgelegt werden. Auch gehört zur kompetenten Gestaltung von Arbeiten und Lernen in virtuellen Unternehmensstrukturen die Gestaltung der informations- und kommunikationstechnischen Infrastruktur, die Vereinbarung kollektiver

Verhaltensnormen, die Aufstellung von Regeln zur Vertrauensbildung, die Festlegung von Koordinations- und Kontrollinstanzen sowie die Organisation des Wissensmanagements und des wechselseitigen Coachings, um eine jeweils anschlussfähige Kompetenzentwicklung der dezentral beschäftigten Kooperationspartner zu erreichen. Dies alles sind Erfolgsfaktoren virtueller Kooperationen, die in der Regel nur gemeinsam – durch die erfolgreiche Integration aller einzeln erbrachten Teilleistungen zu einer Gesamtleistung – Erfolg haben können, wie viele Erfahrungen von erfolgreichen und gescheiterten virtuellen Kooperationen zeigen.

4.3 Erkennen und Vereinbaren

Mit der Dezentralisierung der Informationsarbeit in den neu geschaffenen virtuellen unternehmensinternen wie auch unternehmensübergreifenden Vernetzungen werden die bisherigen Einfriedungen und die in diesen Grenzen erreichten Humanisierungen der tayloristisch geteilten und fordistisch organisierten Arbeiten wieder eingerissen. Die vergangenen Prozesse der Dekommodifizierung der Arbeitskraft, also ihres partiellen Schutzes (z. B. bei Überforderung, Krankheit, Mutterschutz etc.) als besonderer Ware, sind damit wieder umgeschlagen in Prozesse ihrer Rekommodifizierung (vgl. Bosch 2001, 221). Das hat auf der Ebene der Beschäftigungsverhältnisse eine erneute Entgrenzung und verschärfte Vermarktlichung der Arbeitskraft und auf der Ebene der konkreten Arbeitsverhältnisse eine Entsolidarisierung und verschärfte In-Konkurrenz-Setzung der Arbeitenden zur Folge.[2] Dies führt notwendigerweise zu neuen und verschärften Gegensätzen und Widersprüchen in den Anforderungen an die Kompetenzentwicklung, wobei noch offen ist, wie die Beschäftigten darunter leiden oder diese meistern bzw. welche Bewegungsformen sie dafür entwickeln.

So müssen die Beschäftigten in virtuellen Netzwerken sich zu vertrauensvollen Kooperationen zusammenfinden, selbständig eine solidarische Zusammenarbeit herstellen, weil sie anders auch als Einzelne keinen Erfolg haben können, obgleich sie auf dem Arbeitsmarkt und in den jeweils eingegangenen Arbeitsverhältnissen weiterhin Konkurrenten bleiben und selbstverständlich gegeneinander um die besten Arbeitsbedingungen und Entlohnungen – oder Profite als Arbeitskraftunternehmer – mit dem effizientesten Aufwand konkurrieren. Und dieser Konkurrenzkampf wird umso schärfer, je mehr die Arbeitslosigkeit auch von hoch qualifizierten Arbeitskräften wächst. Für die „Mutterunternehmen" bzw. die Unternehmenszentralen virtueller Beschäftigungsnetzwerke bringt dies wiederum eine willkommene Möglichkeit, die Beschäftigungskosten, und zwar die Personalkosten und die Sachkosten für den Arbeitsplatz, deutlich zu senken bei gleichzeitiger Steigerung des Ertrags. Hier bietet sich für die virtuell Beschäftigten die seit langem von den professionalisierten Berufen her bekannte Möglichkeit an, sich in Fachverbänden zu organisieren, um die Vermarktungsbedingungen ihrer Arbeitskraft und ihre konkreten Arbeitsverhältnisse durch Eingrenzungen ihrer Konkurrenz zu verbessern.

---

[2] So berichtete beispielsweise Der Tagesspiegel am 29.03.2005 auf Seite 15, dass insbesondere in den Entwicklungsabteilungen deutscher Unternehmen immer länger gearbeitet wird und „die Arbeitszeit der Ingenieure und Forscher [...] die der in der Produktion Beschäftigten oft deutlich [übersteigt, G. Z.]." Während in der Produktion die 35 Stundenwoche gilt, werden in den Entwicklungsabteilungen 40 Stunden oder gar 44 Stunden gearbeitet und die Unternehmen drängen immer stärker auf eine weitere deutliche Erhöhung der Wochenarbeitszeit.

Zudem müssen die immer erneut Beschäftigung suchenden Arbeitskräfte, um auf dem Arbeitsmarkt und in den Arbeitsverhältnissen jederzeit erfolgreich sein zu können, ihr eigenes Kompetenzprofil marktgerecht entwickeln, ohne jedoch die Marktperspektiven der von ihnen entwickelten bzw. zu entwickelnden Kompetenzen genau zu kennen. So haben sie nur durch eine möglichst breite Basis ihrer Kompetenzentwicklung eine Chance, immer wieder erneute, angepasste Spezialisierungen ihrer Kompetenzen durch angemessene Formen der Weiterbildung zu erwerben, die möglicherweise eine Nachfrage auf dem Arbeitsmarkt anregen können. Breite Basiskompetenzen allein genügen ebenso wenig wie zu enge Spezialisierungen die Arbeitsmarktchancen deutlich verringern. Die bereits seit einigen Jahren geführten Diskussionen um eine Modularisierung der beruflichen Aus- und Weiterbildung versuchen diesen Entwicklungen auf dem Arbeitsmarkt und in den Unternehmen Rechnung zu tragen. In der beruflichen Weiterbildung, insbesondere im neuen IT-Weiterbildungssystem, sind, aufgrund der anderen Systemmerkmale gegenüber der beruflichen Ausbildung, die Umstellungen in Richtung Modularisierung bereits weiter fortgeschritten (vgl. Dehnbostel 2003).

Erkennen müssen die Beschäftigten in virtuellen Netzwerken auch, dass mit der kooperativen Selbstorganisation ihrer Arbeiten von ihnen selbstverständlich auch die Übernahme von Verantwortung gefordert wird, obgleich sie letztlich doch keine Verantwortung haben, weder für ihren Teil noch für das Ganze. Denn sie erhalten mit ihren Beschäftigungsverträgen Ressourcen zugeteilt, über deren Zuteilung sie aber in keiner Weise selbst mitbestimmen oder gar selbstständig verfügen können. Sie bekommen also als kooperativ selbstorganisiert Arbeitende in virtuellen Netzwerken Gestaltungs- und Entscheidungskompetenzen bzw. Entfaltungsspielräume eingeräumt, aber diese können sie nicht selbst bestimmen, sondern sie werden ihnen vertraglich vorgegeben und müssen von ihnen aktiv ausgefüllt werden; und diese Aktivitäten werden mit immer genaueren Instrumenten kontrolliert. Die Unternehmen erwarten somit von ihren Beschäftigten, dass sie ihre individuellen Arbeitsinteressen und Arbeitsziele aus den vorgegebenen Unternehmenszielen ableiten, ohne dass sie ihnen dafür die Möglichkeit der Mitentscheidung einräumen. Sie müssen strategische und ggf. auch organisatorische Entscheidungen mittragen, die in die ihnen zugewiesenen Autonomiebereiche eingreifen, ohne dass sie an den Entscheidungen selbst beteiligt waren. Das bedeutet, dass mit virtuellen Unternehmensstrukturen zumeist auch Beschäftigungsstrukturen geschaffen werden, die einerseits der Entfaltung der Subjektivität der Arbeitenden nicht nur Raum geben, sondern diese auch als eigenständig zu erbringende Aktivität einfordern, aber andererseits zugleich die vollständige Subordination der Subjektivität unter die von den Ressourcengebern gesetzten Bedingungen erwarten. Die Beschäftigten müssen nun mit sich selbst vereinbaren, wie sie die vollständige Subordination der Entwicklung ihrer Subjektivität unter fremde Kontrolle – und dies ohne als „Gegenleistung“ eine dauerhafte Beschäftigungssicherheit zu erhalten – gestalten wollen und können. Sie müssen lernen, wie sie die von ihnen geforderte Autonomie und Verantwortung im Arbeiten mit der zugleich geforderten immer effizienteren Erfüllung der vorgegebenen Kennziffern vereinbaren können, wobei sie zugleich die Folgen ihres Handelns zumindest soweit bedenken müssen, wie sie nicht zum eigenen Nachteil bzw. zum Nachteil für den Ressourcengeber werden. Sie sollen und können ihre Subjektivität in der Arbeit entfalten, aber zugleich werden sie in ihrer Entwicklung mit immer perfekteren Instrumenten in die gewünschten Richtungen gelenkt und ihre Produktivität und ihr Erreichen der vorgegebenen Ziele immer genauer kontrolliert. Dass diese Widersprüchlichkeiten zu Überlastungen und psychosomatischen Krankheiten führen können, wie gelegentlich berichtet wird (vgl. Preißer 2004, 290 f., 296 f.), liegt auf der Hand. Die Beschäftigten in virtuellen Unternehmensstrukturen kommen daher nicht umhin, auch Kompetenzen für das Treffen von Vereinbarungen zur Vermeidung von Überlastungen und für den Umgang mit Überlastungen zu erwerben.

4.4 Positionieren und Bewegen

Alle skizzierten Veränderungen der Anforderungen an die Kompetenzentwicklung in den neuen Beschäftigungs- und Arbeitsverhältnissen in virtuellen Unternehmensstrukturen fordern von den Subjekten vor allem auch Kompetenzen für ihre Neupositionierung und Neustrukturierung ihrer Handlungen in Wirtschaft und Gesellschaft und in Bezug auf das eigene Selbst. Dies wird seit einigen Jahren in der Fachliteratur mit einer Vielzahl von Begriffsbildungen, meist beginnend mit „Selbst-“, beschrieben und diskutiert: wie „Selbst-Kontrolle“, „Selbst-Lernen“, „Selbst-Management“, „Selbst-Objektivierung“, „Selbst-Ökonomisierung“, „Selbst-Rationalisierung“. Diese Begriffsbildungen bringen in einer leicht erkennbaren Weise zum Ausdruck, dass die Entgrenzungen der Arbeit auf der Grundlage der Informatisierung und Vernetzung der Prozesse und der damit ermöglichten neuen Vermarktlichung der Arbeit von den Arbeitskräften vor allem die aktive Bewegung und Positionierung auf dem Arbeitsmarkt und in den Arbeitsprozessen verlangen, durch die sie ihre Kompetenzen selbstorganisiert in konkrete Arbeitsleistung transformieren sollen.

So fassen beispielsweise Pongratz und Voß (2004, 12) mit dem Begriff „Selbst-Kontrolle“ die erforderliche „verstärkte selbständige Planung, Steuerung und Überwachung der eigenen Tätigkeit“, mit dem Begriff „Selbst-Ökonomisierung“ die „zunehmende aktiv zweckgerichtete ‚Produktion' und ‚Vermarktung' der eigenen Fähigkeiten und Leistungen – auf dem Arbeitsmarkt wie innerhalb von Betrieben“ und mit dem Begriff „Selbst-Rationalisierung“ die „wachsende bewusste Durchorganisation von Alltag und Lebensverlauf und (die) Tendenz zur Verbetrieblichung von Lebensführung“.

Der Begriff „Selbst-Lernen“ fasst das zunehmend geforderte eigenständige und selbstbestimmte individuelle Lernen, indem die Lernenden die Ziele und Inhalte und Methoden ihres Lernens selbst erkennen, auswählen und festlegen, die auf dem Arbeitsmarkt bzw. in den Arbeitsprozessen von ihnen erwartet werden. Mit dem Begriff „Selbst-Management“ wird das Management der eigenen Arbeiten, Erfolge, Aufwendungen, Überlastungen, Kompetenzen, Lebensführung etc. gefasst, also das Management der Entwicklung des Selbst. Kompetenzen zum Selbst-Management der Lebensführung sind notwendig, weil die Subjektentwicklung weniger denn je in ökonomisch, sozial und kulturell vorgegebenen Bahnen verläuft – auch wenn beispielsweise noch immer aus den hochschulfernen sozialen Schichten die wenigsten Kinder später ein Hochschulstudium aufnehmen. Mit dem Begriff der „Selbst-Objektivierung“ soll die innovative und kreative Kompetenz zur möglichen Transformation eigener Handlungsoperationen in Softwarelösungen gefasst werden. Dies ist eine wesentliche Rationalisierungskompetenz für die weitere Informatisierung der Arbeits- und Geschäftsprozesse.

5 Formen der Unterstützung der Kompetenzentwicklung

Die skizzierten Anforderungen an die Kompetenzentwicklung in virtuellen Unternehmensstrukturen sind in ihrer Komplexität und Widersprüchlichkeit doch so neuartig und anspruchsvoll, dass die Kompetenzentwicklung wie die Entwicklung der virtuellen Zusammenarbeit einer strukturierten Unterstützung bedürfen. Die erforderlich erscheinenden Unterstützungen sollen in einer ersten Annäherung an die sich abzeichnenden Problemlagen der Informationsarbeit in virtuellen Arbeits- und Geschäftsprozessen in einigen wichtigen Bereichen und Aspekten skizziert werden.

5.1 Regeln und Verteilen

Eine gute, beratende Unterstützung bei der Klärung der in virtuellen Unternehmensstrukturen sehr unterschiedlichen und variantenreichen Vertrags- und Rechtsfragen von Beschäftigungsverhältnissen, z. B. bei der Beschäftigung in Profit-Centern in Unternehmen oder bei der selbständigen Telearbeit für ein Unternehmen, ist nach Erfahrungen aus großen Verbundprojekten eine unverzichtbare Grundvoraussetzung für die Ermöglichung einer erfolgreichen virtuellen Zusammenarbeit. Dies wird oft unterschätzt oder gar als störende Nebensächlichkeit abgetan, entweder weil alle Beteiligten rechtlich ahnungslos sind und sich keine zukünftigen Konfliktsituationen vorstellen können oder weil sie die mit der Klärung der Rechtsfragen möglicherweise verbundenen Verhandlungen scheuen oder gar als Wissende um die Problemlagen sich alle möglichen Entscheidungsoptionen im weiteren Projektverlauf offen halten wollen.

Zu den notwendigen Klärungen gehören natürlich auch die Vereinbarungen über die zu erbringenden Leistungen, einzubringenden Ressourcen und Zeiten sowie die Abrechnung der entstehenden Kosten und zu verteilenden Gewinne. Insbesondere ist in diesem Zusammenhang auch die Klärung aller steuerrechtlichen Fragen, die sich für die sehr unterschiedlichen Beschäftigungsverhältnisse durchaus verschieden stellen, absolut notwendig. Der gleiche Klärungsbedarf stellt sich auch bei allen Fragen der Absicherung gegenüber den ökonomischen Risiken, die insbesondere bei den flexibilisierten und selbständigen Beschäftigungen drohen.

5.2 Eingrenzen und Managen

Der Unterstützung bedarf auch die Entwicklung der Kompetenzen zum Selbst-Management, nicht nur für die eigenen Arbeits- und Lernprozesse, sondern auch für die Meisterung und Vermeidung von Überlastungen. Mit der zunehmenden Entgrenzung der bisher fordistisch eingefriedeten Nutzung der Arbeitskraft sind die „Arbeitskraftunternehmer" nunmehr selbst aufgefordert, die von ihnen mehr oder weniger deutlich erwartete durchgängige Ökonomisierung ihrer Subjektivität und ihrer Lebensführung im Interesse ihrer Familie, Gesundheit, Bildung und Freizeit zu begrenzen. In der Vergangenheit haben die Gewerkschaften diese Begrenzungen der Arbeitskraftnutzung für alle Beschäftigten kollektiv durchgesetzt. Als vereinzelte Einzelne können die Arbeitskraftunternehmer jedoch, wenn sie aus guten Gründen vergleichbare Begrenzungen vornehmen wollen, unter Umständen ihre ökonomische Existenz riskieren. Da im längerfristigen Interesse der Sicherung und Entwicklung der Existenz aller Beteiligten, auch der Unternehmen, die Reproduktion der Arbeitskraft unverzichtbar ist, müssen die Beschäftigten in virtuellen Kooperationen und die Unternehmen bei der Findung und Gestaltung neuer Formen der Eingrenzung der Nutzung der Arbeitskraft unterstützend beraten werden. Dies ist von den Beteiligten vor allem als ein kooperativer Lernprozess zu organisieren, weil die zu gestaltenden neuen Eingrenzungen auch von allen Beteiligten akzeptiert werden müssen.

5.3 Planen und Organisieren

Die Kompetenzen zur Planung und Organisation sowie Durchführung und Bewertung virtueller Arbeits- und Geschäftsprozesse sind keineswegs allgemein verbreitet. Hierzu ist ebenfalls eine beratende Unterstützung notwendig. Dabei geht es sowohl um Unterstützungen beim Aufbau und Betrieb einer angemessenen informationstechnischen Infrastruktur, bei der Einrichtung der individuellen Arbeitsbereiche, bei der Auswahl der Partner mit den gewünschten Kompetenzprofilen, bei der Weiterentwicklung der individuellen Kompetenzprofile sowie bei der Schaffung der Kommunikations- und Kooperationsstrukturen.

5.4 Verhalten und Handeln

Auch bei der Schaffung eines gemeinsamen Verhaltens- und Handlungskontexts, der eine grundlegende Voraussetzung für den erfolgreichen Start und Verlauf einer virtuellen Zusammenarbeit ist, ist eine moderierte Unterstützung in der Form organisierter gemeinsamer Bildungsprozesse zu Beginn der Projektarbeiten und in deren Fortgang an kritischen Phasenwechseln notwendig. Wichtig ist dabei die Unterstützung der Herausbildung kooperativer Verhaltensweisen und Kompetenzen für die kooperativ selbstorganisierte Teilung der zu bewältigenden Aufgaben und für die anschließende Integration der von den Beteiligten jeweils erbrachten Teilleistungen. Die doppelte Schwierigkeit der zu moderierenden gemeinsamen Bildungsprozesse liegt darin, dass nicht nur eine Teamentwicklung der in ganz unterschiedlichen Beschäftigungsverhältnissen (z. B. in Unternehmensabteilungen, in Profit-Centern, in Telearbeit etc.) arbeitenden Projektbearbeiter zu erreichen ist, sondern vielmehr noch diese Teamentwicklung auch unter fortbestehenden Konkurrenzverhältnissen der Beschäftigten zum Erfolg geführt werden muss. Hierbei kann z. B. ein Outdoor-Training zum persönlichen Kennenlernen und vor allem zum Erlernen eines gleichwertigen wechselseitigen Gebens und Nehmens durchaus hilfreich sein.

Die skizzierten notwendigen Unterstützungen der Kompetenzentwicklung und der Entwicklung der virtuellen Zusammenarbeit dürften deutlich gemacht haben, dass diese Unterstützungen nicht mit traditionellen Weiterbildungsangeboten allein geleistet werden können. Vielmehr sind dafür begleitende Beratungsangebote, kombiniert mit E-Learning-Modulen zum individuellen Lernen, und die Einrichtung und Moderation von Communities of Practice zur gegenseitigen Information und Beratung der Beschäftigten notwendig. „Coaching“ und „Community“ sind dafür die modischen Schlagworte, die die erforderlichen Unterstützungen der selbstständig Beschäftigten in virtuellen Unternehmensstrukturen kurz und prägnant bezeichnen.

Literatur

Baethge, M. (2001): Abschied vom Industrialismus: Konturen einer neuen gesellschaftlichen Ordnung der Arbeit, in: Baethge, M.; Wilkens, I. (Hg.): Die große Hoffnung für das 21. Jahrhundert? Perspektiven und Strategien für die Entwicklung der Dienstleistungsbeschäftigung, Opladen 2001, S. 23-44

Baukrowitz, A. (1996): Neue Produktionsmethoden mit alten EDV-Konzepten? Zu den Eigenschaften moderner Informations- und Kommunikationssysteme jenseits des Automatisierungsparadigmas, in: Schmiede, R. (Hg.): Virtuelle Arbeitswelten. Arbeit, Produktion und Subjekt in der „Informationsgesellschaft“, Berlin 1996, S. 49-77

Baukrowitz, A.; Boes, A. (1996): Arbeit in der „Informationsgesellschaft“. Einige Überlegungen aus einer (fast schon) ungewohnten Perspektive, in: Schmiede, R. (Hg.): Virtuelle Arbeitswelten. Arbeit, Produktion und Subjekt in der „Informationsgesellschaft“, Berlin 1996, S. 129-157

Bobke, M. (2001): Neue Entwicklungen im Bereich der Telearbeit – Innovationen am Beispiel der Deutschen Telekom, in: Baethge, M.; Wilkens, I. (Hg.): Die große Hoffnung für das 21. Jahrhundert? Perspektiven und Strategien für die Entwicklung der Dienstleistungsbeschäftigung, Opladen 2001, S. 153-178

Boes, A. (1996): Formierung und Emanzipation. Zur Dialektik der Arbeit in der „Informationsgesellschaft“, in: Schmiede, R. (Hg.): Virtuelle Arbeitswelten. Arbeit, Produktion und Subjekt in der „Informationsgesellschaft“, Berlin 1996, S. 159-178

Bosch, G. (2001): Konturen eines neuen Normalarbeitsverhältnisses, in: WSI Mitteilungen (2001) 4, S. 219-230

Bosch, G.; Wagner, A. (2002): Dienstleistungsbeschäftigung in Europa – Ein Ländervergleich, in: Bosch, G. u. a. (Hg.): Die Zukunft von Dienstleistungen. Ihre Auswirkungen auf Arbeit, Umwelt und Lebensqualität, Frankfurt/Main, New York 2002, S. 41-62

Bretschneider, M.; Dobischat, R.; Naevecke, S. (2002): Neue Qualifikationen – neue Berufe? Dienstleistungs- und Umweltorientierung als Eckpunkte berufsbildungspolitischer Innovationen, in: Bosch, G. u. a. (Hg.): Die Zukunft von Dienstleistungen. Ihre Auswirkungen auf Arbeit, Umwelt und Lebensqualität, Frankfurt/Main, New York 2002, S. 187-213

Brinkmann, U. (2003): Die Verschiebung von Marktgrenzen und die kalte Entmachtung der WissensarbeiterInnen, in: Schönberger, K.; Springer, S. (Hg.): Subjektivierte Arbeit. Mensch, Organisation und Technik in einer entgrenzten Arbeitswelt, Frankfurt/Main 2003, S. 63-94

Dehnbostel, P. (2003): Das IT-Weiterbildungssystem im historischen Kontext des beruflichen Bildungsweges, in: Dehnbostel, P. u. a. (Hg.): Perspektiven moderner Berufsbildung. E-Learning, Didaktische Innovationen, Modellhafte Entwicklungen, Bielefeld 2003, S. 253-267

Dostal, W. (1995): Die Informatisierung der Arbeitswelt – Multimedia, offene Arbeitsformen und Telearbeit, in: Mitteilungen aus der Arbeitsmarkt- und Berufsforschung (1995) 4, S. 527-543

Dostal, W. (2001): Quantitative Entwicklungen und neue Beschäftigungsformen im Dienstleistungsbereich, in: Baethge, M.; Wilkens, I. (Hg.): Die große Hoffnung für das 21. Jahrhundert? Perspektiven und Strategien für die Entwicklung der Dienstleistungsbeschäftigung, Opladen 2001, S. 45-69

Erpenbeck, J. (2002): Kompetenzentwicklung in selbstorganisierten Netzwerkstrukturen, in: Dehnbostel, P. u. a. (Hg.): Vernetzte Kompetenzentwicklung. Alternative Positionen zur Weiterbildung, Berlin 2002, S. 201-222

Erpenbeck, J.; Heyse, V. (1996): Berufliche Weiterbildung und berufliche Kompetenzentwicklung, in: Arbeitsgemeinschaft Qualifikations-Entwicklungs-Management (Hg.): Kompetenzentwicklung '96. Strukturwandel und Trends in der betrieblichen Weiterbildung, Münster 1996, S. 15-152

Erpenbeck, J.; Heyse, V. (1999): Die Kompetenzbiographie. Strategien der Kompetenzentwicklung durch selbstorganisiertes Lernen und multimediale Kommunikation, Münster 1999

Gilbert, R. (2001): Beschäftigungsperspektiven im Bankensektor – Aktuelle Trends der Dienstleistung im Finanzbereich und ihre Auswirkungen auf den Arbeitsmarkt, in: Baethge, M.; Wilkens, I. (Hg.): Die große Hoffnung für das 21. Jahrhundert? Perspektiven und Strategien für die Entwicklung der Dienstleistungsbeschäftigung, Opladen 2001, S. 207-224

Helmstädter, E. (2002): Der tertiäre Sektor in der Wissensgesellschaft, in: Bosch, G. u. a. (Hg.): Die Zukunft von Dienstleistungen. Ihre Auswirkungen auf Arbeit, Umwelt und Lebensqualität, Frankfurt/Main, New York 2002, S. 116-139

Horstmann, M. (2001): Zukunftsperspektiven qualitativ anspruchsvoller Beratungsdienste – am Beispiel der Versicherungswirtschaft, in: Baethge, M.; Wilkens, I. (Hg.): Die große Hoffnung für das 21. Jahrhundert? Perspektiven und Strategien für die Entwicklung der Dienstleistungsbeschäftigung, Opladen 2001, S. 225-242

Jurczyk, K.; Lange, A. (2005): ArbeitskraftunternehmerInnen und Familie. Herausforderungen an das Management, in: Forum Wissenschaft, 22. Jg. (2005) 1, S. 15-19

Kratzer, N. (2003): Arbeitskraft in der Entgrenzung. Grenzenlose Anforderungen, erweiterte Spielräume, begrenzte Ressourcen, Berlin 2003

Lehndorff, S. (2005): Widersprüche der „Vermarktlichung". Marktsteuerung in der Arbeitsorganisation von Dienstleistungen, in: Forum Wissenschaft, 22. Jg. (2005) 1, S. 10-14

Meyer, R. (2000): Qualifizierung für moderne Beruflichkeit. Soziale Organisation der Arbeit von Facharbeiterberufen bis zu Managertätigkeiten, Münster 2000

Moldaschl, M. (1998): Internalisierung des Marktes. Neue Unternehmensstrategien und qualifizierte Angestellte, in: ISF; IfS; INIFES; SOFI (Hg.): Jahrbuch Sozialwissenschaftliche Technikberichterstattung 1997 – Schwerpunkt: Moderne Dienstleistungswelten, Berlin 1998, S. 197-250

PAQ = Projektgruppe Automation und Qualifikation (1987): Widersprüche der Automationsarbeit. Ein Handbuch, Berlin 1987

Pfeiffer, S. (2003): Informatisierung, Arbeitsvermögen und Subjekt. Konzeptionelle Überlegungen zu einer emanzipationsorientierten Analyse von (informatisierter) Arbeit, in: Schönberger, K.; Springer, S. (Hg.): Subjektivierte Arbeit. Mensch, Organisation und Technik in einer entgrenzten Arbeitswelt, Frankfurt/Main 2003, S. 182-210

Pongratz, H. J.; Voß, G. G. (2003): Arbeitskraftunternehmer. Erwerbsorientierungen in entgrenzten Arbeitsformen, Berlin 2003

Pongratz, H. J.; Voß, G. G. (2004): Arbeitskraft und Subjektivität. Einleitung und Stellungnahme aus Sicht der Arbeitskraftunternehmer-These, in: Dies. (Hg.): Typisch Arbeitskraftunternehmer? Befunde der empirischen Arbeitsforschung, Berlin 2004, S. 7-31

Preißer, R. (2004): Grenzen der Entgrenzung. Risiken des Arbeitskraftunternehmers, in: Pongratz, H. J.; Voß, G. G. (Hg.): Typisch Arbeitskraftunternehmer? Befunde der empirischen Arbeitsforschung, Berlin 2004, S. 281-301

Reichwald, R. u. a. (1998): Telekooperation. Verteilte Arbeits- und Organisationsformen, Berlin u. a. 1998

Reichwald, R.; Hermann, M.; Bieberbach, F. (2001): Telekooperatives Arbeiten in SOHOs – Vernetzung von Dienstleistungen über Informations- und Kommunikationstechnologien, in: Baethge, M.; Wilkens, I. (Hg.): Die große Hoffnung für das 21. Jahrhundert? Perspektiven und Strategien für die Entwicklung der Dienstleistungsbeschäftigung, Opladen 2001, S. 109-128

Sauer, D. (2005): Entgrenzungen. Arbeitskraft und Arbeitsorganisation im Kapitalismus des Übergangs, in: Forum Wissenschaft, 22. Jg. (2005) 1, S. 6-9

Sauer, D.; Döhl, V. (1994): Systemische Rationalisierung unternehmensübergreifender Produktion, in: Soziale Welt, 45. Jg. (1994) 2, S. 197-215

Schmiede, R. (1996a): Informatisierung, Formalisierung und kapitalistische Produktionsweise. Entstehung der Informationstechnik und Wandel der gesellschaftlichen Arbeit, in: Schmiede, R. (Hg.): Virtuelle Arbeitswelten. Arbeit, Produktion und Subjekt in der „Informationsgesellschaft“, Berlin 1996, S. 15-47

Schmiede, R. (1996b): Informatisierung und gesellschaftliche Arbeit. Strukturveränderungen von Arbeit und Gesellschaft, in: Schmiede, R. (Hg.): Virtuelle Arbeitswelten. Arbeit, Produktion und Subjekt in der „Informationsgesellschaft“, Berlin 1996, S. 107-128

Schönberger, K.; Springer, S. (2003): Handlungsräume subjektivierter Arbeit in der Wissensökonomie: Eine Einführung, in: Dies. (Hg.): Subjektivierte Arbeit. Mensch, Organisation und Technik in einer entgrenzten Arbeitswelt, Frankfurt/Main 2003, S. 7-20

Strawe, O. V. (2001): Beschäftigung in Call Centern – Organisationsprobleme, Möglichkeiten der Serviceverbesserung und Perspektiven der Qualifizierung, in: Baethge, M.; Wilkens, I. (Hg.): Die große Hoffnung für das 21. Jahrhundert? Perspektiven und Strategien für die Entwicklung der Dienstleistungsbeschäftigung, Opladen 2001, S. 129-151

Wildemann, H. (2005): Produktion hat goldenen Boden. (Ein Abgesang auf die Heilslehre vom Outsourcing?), in: Frankfurter Allgemeine Zeitung (24.01.2005), S. 20

Zimmer, G. (1998): Entwicklung des organisationalen Gedächtnisses mit Multimedia, in: Geißler, H.; Lehnhoff, A.; Petersen, J. (Hg.): Organisationslernen im interdisziplinären Dialog, Weinheim 1998, S. 323-344

Zimmer, G. (2001a): Chancen durch Telearbeit, in: Wicher, K.; Firle, U.; Volk-von Bialy, H. (Hg.): Zukunft der Berufsausbildung in Europa. Qualifizierung – Telearbeit – Beschäftigung, Hamburg 2001, S. 39-56

Zimmer, G. (2001b): Telearbeit und Telelernen. Herausforderungen für das Bildungswesen, in: Schweer, M. K. W. (Hg.): Aktuelle Aspekte medienpädagogischer Forschung. Interdisziplinäre Beiträge aus Forschung und Praxis, Wiesbaden 2001, S. 207-240

Zimmer, G. (2002): Kompetenzentwicklung in virtuellen Kooperationen, in: Dehnbostel, P. u. a. (Hg.): Vernetzte Kompetenzentwicklung. Alternative Positionen zur Weiterbildung, Berlin 2002, S. 81-94

Zimmer, G. (2004): Qualifizierungsmöglichkeiten für neue Beschäftigungsformen – Impulse zur Diskussion, in: Arbeitsgemeinschaft Deutscher Berufsförderungswerke (Hg.): Was zählt, ist die Einstellung!, Hamburg 2004, S. 42-45

Führung von Produktionsnetzwerken

Patrick Wegehaupt

1 Unternehmensnetzwerke und Kooperationen

Kaum ein Konzept hat in der Managementlehre und -praxis im letzten Jahrzehnt so viel Furore gemacht wie das des Unternehmensnetzwerkes. Faktisch stellt die Netzwerkorganisation, die ein erhebliches Maß an strategischer Flexibilität aufweisen soll, das Gegenmodell zum vertikal tief integrierten und/oder breit diversifizierten Unternehmen dar (vgl. Sydow 2001, 1).

Die Managementforschung hat sich in der Vergangenheit vor allem mit dem *Warum* der Entstehung von Netzwerkorganisationen befasst und dabei die Bedingungen herausgearbeitet, unter denen die Netzwerkorganisation einer dominant-hierarchischen Koordination ökonomischer Aktivitäten überlegen ist. Das *Wie* der Koordination, und somit des Managements von Netzwerkorganisationen, bleibt dabei häufig ausgeklammert (vgl. Sydow 2001, 3). Damit ist eine deskriptiv-explikatorische Natur der Mehrheit der Ansätze verbunden, obwohl eine präskriptiv-gestalterische Sichtweise für die Unterstützung im Umgang mit Netzwerkstrukturen vonnöten wäre (vgl. Schwaninger, Friedli 2002, 65).

Bis heute ist es der modernen Netzwerkforschung nicht gelungen, einen angemessenen theoretischen Rahmen zur begrifflich einwandfreien Beschreibung und Erklärung von Netzwerken bereitzustellen. Hauptgrund hierfür ist, dass die Trennung zwischen den am häufigsten verwendeten Begriffen *Unternehmensnetzwerk* und *Kooperation* verwischt wird und damit die semantische Trennschärfe verloren geht. Aus dieser Unschärfe erwachsen dann konzeptionelle Schwächen, die verschiedene Autoren mühsam auszuräumen versuchen (vgl. Aderhold, Meyer 2003, 155 f.).

In einigen Fällen werden die Begriffe „Unternehmensnetzwerk" und „Kooperation" synonym verwendet. In anderen Fällen wird der Kooperationsbegriff als Überbegriff für jegliche Ausprägungsform der zwischenbetrieblichen Vernetzung verwendet. Dabei geht jedoch ein aus der Perspektive der Führung und Koordination wesentlicher Aspekt verloren, nämlich der der inneren Struktur bzw. Organisation. An die Stelle einer differenzierten und systematischen Strukturierung des Erkenntnisobjektes tritt dann die Dominanz einer kausalistisch-motivatorischen Erklärungsperspektive.

Im Rahmen der weiteren Überlegungen soll daher die begriffliche Trennung zwischen Unternehmensnetzwerk und Kooperation schrittweise vorbereitet und die Typologisierung von Unternehmensnetzwerken in die Gruppe *geführter* und *ungeführter*

Netzwerke vollzogen werden. Die Unterscheidung wird nicht durch den Vergleich sich inkrementell unterscheidender Begriffsdefinitionen erreicht, sondern durch die Sammlung und Zusammenführung konstituierender Merkmale. Zur grundlegenden Unterscheidung von Unternehmensnetzwerkarten wird dazu die Ausprägung ihrer *Koordination* herangezogen, während Kooperationen durch ihren Prozesscharakter und Fokus auf eine zielgerichtete Erschließung von Kooperationspotenzialen gekennzeichnet werden. Sie bilden somit eine temporäre Untermenge von Unternehmensnetzwerken.

2 Geführte und ungeführte Unternehmensnetzwerke als Pole zweier Koordinationsparadigmen

Die bisherige Auseinandersetzung mit dem Themenfeld der Unternehmensnetzwerke und Kooperationen zeichnet sich durch eine auffallend divergente Beschreibung des Erkenntnisobjektes aus. Die Mehrheit der in der Literatur anzutreffenden Definitionen weist einen *deskriptiven Charakter* aus (vgl. Schwaninger, Friedli 2002, 65). Auf der Suche nach *präskriptiven Ansätzen* zur Verankerung und Spezifizierung der Managementfunktionen in Unternehmensnetzwerken und Kooperationen wird einzig in den morphologischen Dimensionen der *Bindungsintensität* und des *Integrationsgrades* ein Hinweis auf die Art der zugrunde liegenden Koordinationsmechanismen angedeutet.

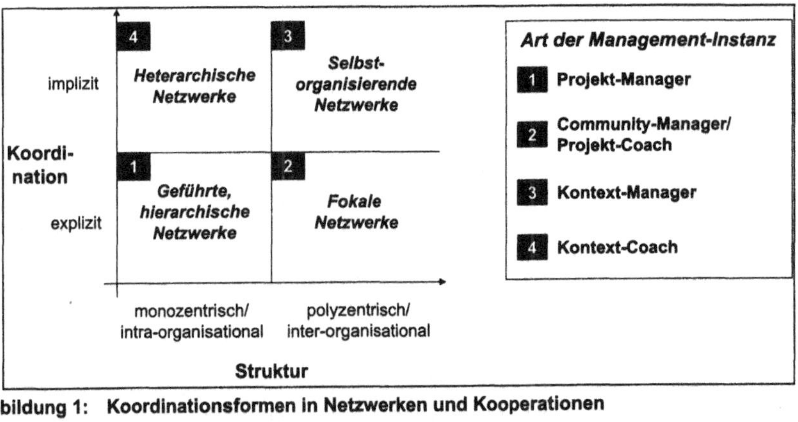

Abbildung 1: Koordinationsformen in Netzwerken und Kooperationen

Der Verfasser dieses Beitrages schlägt daher für die weiteren Überlegungen die Fokussierung auf die beiden Dimensionen *Koordination* und *Struktur* vor. Hierbei werden die Struktur des Unternehmensnetzwerkes und der Kooperation der zugrunde liegenden Koordinationsform gegenübergestellt.

Gemäß diesen Überlegungen und unter Bezugnahme auf das Bild eines Regelkreismodells können grundsätzlich zwei Arten der Führung von Netzwerken und Kooperationen unterschieden werden:

1. *Geführte Netzwerke und Kooperationen*, die eine explizite Integration von Regler und Regelstrecke in einem System darstellen. Ihre Ausprägung kann zwischen hierarchisch-weisungsbefugt und fokal-lenkend liegen. Sie repräsentieren die Manifestation zweckgerichteter künstlicher Systeme, da eine Zielverfol-

gung unter Wahrung von Sinn, Identität, Lebensfähigkeit und Anpassungsfähigkeit erfolgt (vgl. Beer 1979; Stachowiak 1973).

2. *Ungeführte Netzwerke und Kooperationen* hingegen stellen unter Berücksichtigung des Regelkreises die Isolation der Regelstrecke als selbstorganisierendes, autonomes System dar, welches sich selbstrukturierend in einem Kontext bewegt. Dies bedeutet, dass der Regler Teil der kontextgestaltenden Umwelt ist und als übergeordnetes System nicht koordinierend in das kurzfristig situative Geschehen der Regelstrecke eingreift.

Gestützt wird die obige Unterscheidung durch eine Studie von Bickhoff u. a. in Zusammenarbeit mit Roland Berger. Sie belegt, dass sich die Gestaltungsalternativen für Netzwerke eben zwischen genau diesen beiden Polen bewegen. Beide Formen sind in der Realität beobachtbar. Im direkten Vergleich jedoch scheinen geführte, fokale Netzwerke erfolgreicher zu sein als dezentrale, ungeführte (vgl. Bickhoff u. a. 2003, 7).

In der einschlägigen Literatur gilt es als idealtypisch, dass Unternehmensnetzwerke kollektiv geleitet werden. Bickhoff u. a. zeigen jedoch, dass in der Mehrheit der Fälle ein dominantes Partnerunternehmen existiert oder aber einzelne Partner Koordinationsfunktionen übernehmen. Die Funktionen, die das dominante Partnerunternehmen trägt, beziehen sich dabei vornehmlich auf normative und strategische Vorgaben an das Netz. Zusätzlich trägt es die projektleitende Verantwortung. Eine kollektive Leitung tritt vornehmlich dann auf, wenn die Partizipation dominanten Einflüssen einzelner Partner entgegenwirken soll. Dies setzt eine Infrastruktur zur erfolgreichen Umsetzung der Selbstabstimmung voraus (vgl. Bickhoff u. a. 2003, 17). Das Fehlen einer einheitlichen Leitung bringt jedoch häufig das Problem mit sich, dass Ziele unvollständig oder unklar formuliert sind, wodurch Entscheidungen erschwert werden.

Neben der Vernachlässigung der Koordination weisen die meisten Ansätze der Netzwerkforschung ein weiteres Defizit auf. Sie befassen sich ausschließlich mit dem Netzwerk und der Kooperation selbst, d. h. mit den potenziellen Zielen, Vorteilen etc., vernachlässigen aber bis dato das eigentliche Objekt „Produkt“, um das sich insbesondere in produzierenden Industrien herum das Unternehmensnetzwerk und die Kooperation ausbilden. Das Produkt, in Verbindung mit den für seine Entwicklung und Herstellung benötigten Technologien und Produktionsverfahren, bestimmt im Sinne des Kontingenz-Ansatzes nach Kieser, Kubicek (1992) maßgeblich die Architektur bzw. Struktur und damit indirekt den Koordinationstypen des Netzwerkes und der Kooperation. Darüber hinaus ist die effiziente Erstellung des Produktes das Ziel des zweckgerichteten Systems.

Unter Bezugnahme auf die in Abbildung 1 dargelegte Morphologie kann die Unterscheidung zwischen den beiden Netzwerkparadigmen wie in Abbildung 2 dargestellt vorgenommen werden.

In der Gegenüberstellung der beiden Koordinationsparadigmen wird deutlich, dass das Betrachtungsobjekt „Geführtes Netzwerk“, welches zum Titel des vorliegenden Beitrags führt, unter dem Blickwinkel des expliziten, institutionalisierten Managements zu sehen ist. Die sich hieraus ergebenden Konsequenzen werden im folgenden Kapitel in der weiteren Diskussion der Komplexitätsbewältigung in und durch Unternehmensnetzwerke und Kooperationen aufgegriffen.

Legende: RS: Regelstrecke R: Regler K: Kontext	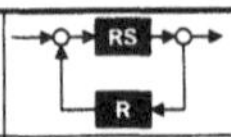 ***Geführte Netzwerke***		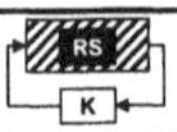 ***Ungeführte Netzwerke***	
	Hierarchische Netzwerke	Fokale Netzwerke	Dyadisch	Triadisch
Eigenschaften:	▪ zwei Ebenen: Netzwerk & Kooperation ▪ Konfiguration/ Planung der Interaktion vor Ausführung ▪ explizites Management (fokale Instanz) ▪ hohe Reichweite von Entscheidungen > 1		▪ eine Ebene: Netzwerk ▪ instantane, lokale dyadische Interaktion (Selbstorganisation) ▪ implizites Management (Kontext) ▪ Reichweite = 1	
Einsatzgebiet:	▪ Entwicklung & Konstruktion ▪ Produktion (Fertigung/ Montage) ↙ Serien- & Massenfertigung ↘ Einzelfertigung		▪ Innovationen in der Ideenphase ▪ Handel/ Beschaffung ▪ Vertrieb ▪ Service	

Abbildung 2: Paradigmen der Netzwerk- und Kooperationskoordination

3 Konzept des integrierten Managements von geführten Unternehmensnetzwerken

Die bis hierher geführte Diskussion offenbart die bestehenden Defizite bisheriger Ansätze zur Gestaltung und Lenkung von geführten Unternehmensnetzwerken und Kooperationen in produzierenden Industrien mit Einzelfertigungscharakter.

Daher ist festzuhalten, dass im Bereich der Netzwerkforschung kein Ansatz existiert, der sich mit der Fragestellung des vorliegenden Beitrags umfänglich auseinandersetzt. Zugleich wurde die Vakanz eines übergeordneten Bezugsrahmens offensichtlich, in den bestehende Konzepte integriert werden könnten. Für sich genommen konnten aus der in diesem Beitrag eingenommenen Perspektive einige sehr viel versprechende Ansätze der Systemgestaltung und -lenkung identifiziert werden. Diese gilt es bei der weiteren Ausarbeitung in ein übergeordnetes Ganzes zu berücksichtigen.

Die für das Jahr 2015 formulierte Vision des *VOmap-Projekts*, welches von der Europäischen Union zur Identifikation *zukünftiger Forschungsfelder* aufgesetzt wurde, umfasst zwei Anforderungen, zu denen das nachfolgend entwickelte Konzept einen Beitrag leisten soll (vgl. Camarinha-Matos, Afsarmanesh 2004, 37):

1. „*Well defined business and enterprise models will be developed to allow the systematic management, namely to act in regards to planning, control, organisation and leadership, taking into account the importance of social mechanisms in multi-interest collaboration networks.*"
2. „*Decision-making in all phases of the system's lifecycle is based on well argued and verified models, concepts and methodologies, which are the basis for the ICT-based support for business and organisational development and operation.*"

Aus den beiden Anforderungen kann gefolgert werden, dass durch die Entwicklung eines *Managementkonzeptes für Unternehmensnetzwerke und Kooperationen*, welches ein geeignetes *Beschreibungsmodell* mit einem umfänglichen *Handlungsrah-*

men als Anleitung zum ganzheitlichen Handeln verbindet, ein wesentlicher Beitrag zur Netzwerkforschung geleistet werden kann.

Dieses Vorgehen entspricht der Forderung des *Conant-Ashby Theorems*, wonach ein guter Regler über ein entsprechend gutes Modell der Regelstrecke verfügen muss, um angemessen handeln zu können. Das *Beschreibungsmodell* unterstützt damit die Bildung gedanklicher Modelle der Regelstrecke, während es die Aufgabe des *Handlungsrahmens* ist, eine Anleitung zum Umgang damit aufzuzeigen.

4 Handlungsrahmen für ein integriertes Managementkonzept von geführten Unternehmensnetzwerken

In Zeiten des konstanten Wandels ist die wichtigste Ressource das Management, d. h. das Wissen im Umgang mit den Systemen, in denen der Mensch agiert. Das besondere Anliegen dieses Unterkapitels ist die Fortschreibung der Idee von Ulrich, Bleicher, dem Manager ein Rahmenwerk als „Leitplanke“ für seine Überlegungen an die Hand zu geben, um wesentliche Probleme des Managements strukturiert durchdenken und zu einem integrativen Gesamtkonzept zusammenfügen zu können.

Ziel eines Handlungsrahmens kann es nicht sein, dem Manager in seinem konkreten Umfeld spezifische Lösungen für seine wechselnden Problemlagen anzubieten. Diese muss ein Manager in Abschätzung aller situativen Rahmenbedingungen, welche die Struktur und Situation seiner Entscheidungen beeinflussen, selbst finden. *Was ein Handlungsrahmen dagegen leisten kann, ist eine Systematik für die Gedankenführung*. Sie soll es den beteiligten Akteuren ermöglichen, von isolierten Teillösungen Abstand zu nehmen, indem anhand vorgegebener Strukturen für sein Denken und Handeln Gesamtzusammenhänge aufgezeigt und Interdependenzen von Entscheidungen bewusst gemacht werden.

Aufbauend auf den Elementen des generischen Beschreibungsmodells geführter Unternehmensnetzwerke werden nachfolgend die Dimensionen eines ganzheitlichen Handlungsrahmens zum Umgang mit den Erkenntnisobjekten „Unternehmensnetzwerk“ und „Kooperation“ abgeleitet. Dabei werden alle bisherigen Überlegungen zur Gestaltung und Lenkung miteinbezogen

Abbildung 3 zeigt die *fünf Dimensionen* des Handlungsrahmens, die im weiteren Verlauf des Beitrags für das integrierte Management von Unternehmensnetzwerken und Kooperationen herangezogen werden. Demnach sind diese die Dimensionen:

- des Managements/der Koordination,
- der Sichten,
- der Wertschöpfungsstufen des Produktes,
- des Lebenszyklus des Unternehmensnetzwerkes und
- des Lebenszyklus der Kooperation/des Projekts.

Jede der Dimensionen umfasst eine gemäß den Überlegungen aus den voranstehenden Abschnitten hergeleitete Unterstrukturierung, die in der nachstehenden Abbildung weiter spezifiziert wird.

Der durch die Dimensionen aufgespannte Handlungsrahmen besteht aus vier Integrationsebenen des Managements, die ihrerseits die Handlungsfelder des Netzwerk- bzw. Kooperationsmanagements beinhalten. Die Integrationsebenen stehen senkrecht zur Grundebene und werden bezeichnet als:

- Integrationsebene I: Management entlang von Sichten auf das Unternehmensnetzwerk und die Kooperation;

- Integrationsebene II: Management entlang dem Lebenszyklus des Unternehmensnetzwerkes;
- Integrationsebene III: Management im Lebenszyklus der Kooperation;
- Integrationsebene IV: Management entlang von Wertschöpfungsstufen des Produktes.

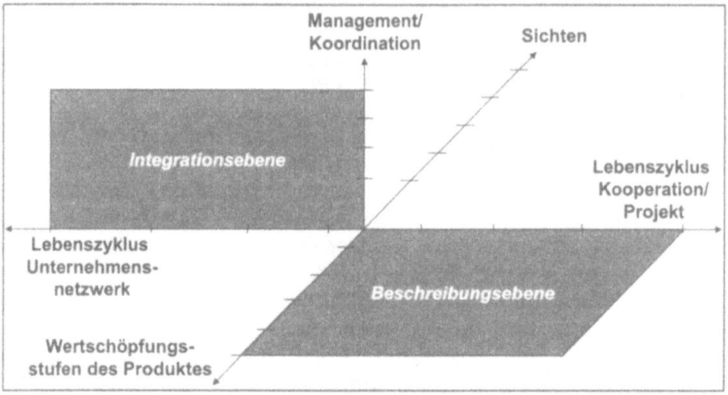

Abbildung 3: Handlungsrahmen: Dimensionen, Integrations- und Beschreibungsebenen

Die *Integration* der verschiedenen Handlungsfelder innerhalb einer Integrationsebene erfolgt in *drei Richtungen*:

Horizontal: Die Durchgängigkeit einer Managementdimension durch alle Ebenen des Gestaltungsobjektes „Unternehmensnetzwerk und Kooperation" zu einer ganzheitlichen Funktion wird durch die Verbundsicht aller hiermit verbundenen Aufgaben auf einem Abstraktionsniveau erreicht.

Vertikal: Der Erfolg des Managements hängt im Wesentlichen von der Integration der verschiedenen Koordinationsebenen zu einem Ganzen ab. Im Sinne des Viable Systems repräsentieren die Managementebenen die Subsystem-Funktionen. Sie sind untereinander gemäß dem Law of Requisite Variety verknüpft und müssen daher auch im Sinne des Konzeptes als voneinander abhängig betrachtet werden (vgl. Beer 1979).

Meta-Integration: Eine Integration der einzelnen Dimensionen des Managements bedarf einer paradigmatisch geprägten Leitidee (vgl. Bleicher 1999, 73). Nach ihr richten sich die verschiedenen Managementebenen, vermittelt über die Wahl der jeweiligen Querschnittsdimension (Sicht, Lebenszyklus, Wertschöpfungsstufe). Für die verfolgten Zwecke eines Managementkonzeptes wird von Bleicher die Bezeichnung Management-Philosophie geprägt. Sie leitet sich vom Äquivalent der Unternehmensphilosophie ab und repräsentiert die Einstellung eines Unternehmens zu seiner Rolle und seinem Verhalten in der Gesellschaft. Gleiches gilt somit für die Management-Philosophie für Unternehmensnetzwerke und Kooperationen, die sich durch das Verständnis des Managements gegenüber dem Netzwerk als auch gegenüber dem Kunden auszeichnet. Die Integration erfolgt ganzheitlich über alle Handlungsfelder einer Ebene.

Neben den Integrationsebenen ergeben sich innerhalb der Grundebene *vier Betrachtungsebenen*, die ihrerseits *Beschreibungsfelder* aufspannen:

- Betrachtungsebene I: Sicht vs. Lebenszyklus des Unternehmensnetzwerkes;
- Betrachtungsebene II: Sicht vs. Lebenszyklus der Kooperation/des Projekts;
- Betrachtungsebene III: Wertschöpfungsstufe Produkt vs. Lebenszyklus Unternehmensnetzwerk;
- Betrachtungsebene IV: Wertschöpfungsstufe Produkt vs. Lebenszyklus Kooperation.

Diese werden hier *nicht näher spezifiziert*, da sie keine unmittelbare Verknüpfung mit bei der Gestaltung und Führung des Systems zu berücksichtigenden Handlungsfeldern aufweisen und bereits *in anderen deskriptiven Konzepten und Architekturen beschrieben* werden.

4.1 Dimensionen und ihre Unterstruktur

Im Rahmen der bis hierher erfolgten Diskussion wurden einerseits die Dimensionen selbst, andererseits ihre weitere Merkmalsstrukturierung hergeleitet. Abbildung 4 zeigt die Einteilung in ihre Unterdimensionen.

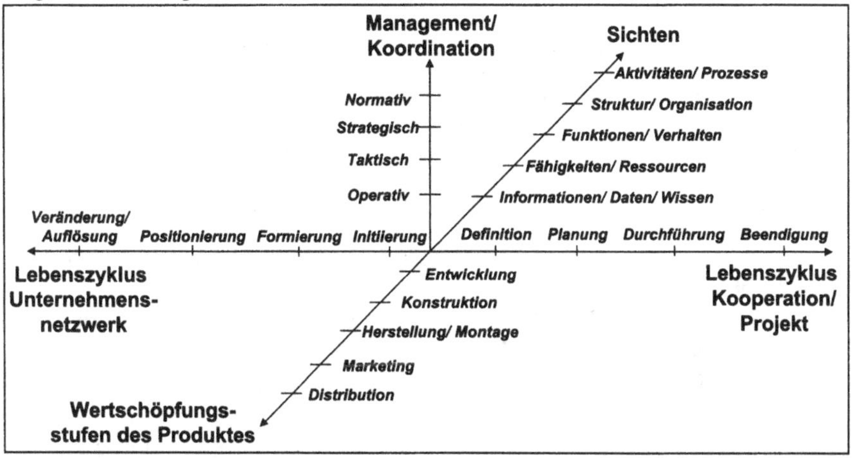

Abbildung 4: Sub-Strukturierung der fünf Dimensionen

Management: Aus der Anwendung des Modells lebensfähiger Systeme wurde die Unterstrukturierung der Managementdimension in normativ, strategisch, taktisch und operativ vorgenommen.

Sichten: In Anlehnung an den Leitsatz der CIM-OSA und GERAM Modellierung wurde zur Beschreibung des Objektes „Unternehmensnetzwerk" zur Komplexitätsreduktion der Beschreibung die Unterteilung in verschiedene Sichten übernommen. Die Sichten auf das Gestaltungs- und Führungsobjekt ergeben sich aus der Gegenüberstellung bestehender Ansätze sowie dem generischen Beschreibungsmodell von Kooperationen. Sie vereinen die Vorschläge nach Friedli, Veram und dem St. Galler Management Modell und sind ebenfalls Teil der Partialmodelle des erweiterten Integrierten Produkt- und Prozessmodells. Für eine vollständige Beschreibung von Unternehmensnetzwerken und Kooperationen sind sie als notwendig und vor dem Hintergrund der Management- und Koordinationsaufgabe als hinreichend zu erachten.

Lebenszyklus des Unternehmensnetzwerkes: Bei der Analyse der Lebenszyklusansätze zum Aufbau und Betrieb von Unternehmensnetzwerken lassen sich im Kern die vier Phasen Initiierung, Formierung, Positionierung und Veränderung, Auflösung als für die Managementdimension relevante Granularität herauskristallisieren.

Lebenszyklus Kooperation: Der ausgeprägte Prozesscharakter einer aktivierten Kooperation findet sich in einem Verständnis der Kooperation als Projekt wider. Daraus können, in Anlehnung an die Phasen eines Projektes, die Lebenszyklusphasen Definition, Planung, Durchführung und Beendigung abgeleitet werden (vgl. PMBOK 2000).

Produktwertschöpfung: Die Wertgenerierung im Sinne der direkten Wertschöpfung an einem technischen Produkt im Bereich der Einzelfertigung wird in Phasen unterteilt, deren Aufgabenumfang getrennte Kooperationen möglich und sinnvoll macht. Diese können stattfinden in Entwicklung, Konstruktion, Herstellung und Montage, Marketing oder Distribution.

4.2 Integrationsebene I: Management entlang von Sichten auf Unternehmensnetzwerke und Kooperationen

Die Integrationsebene, die sich aus der Verbindung der Sichten auf das Erkenntnisobjekt Netzwerk und Kooperation mit den Funktionen des Managements ergibt, kann in Anlehnung an das von Bleicher vorgeschlagene St. Galler Managementkonzept verstanden werden. So beinhalten die Sichten Aktivitäten, Strukturen und Verhalten sowie die drei Managementebenen des normativen, strategischen und operativen im Kern die Erweiterung bzw. Übertragung des Konzeptes vom Einzelunternehmen auf das Netzwerk. In Erweiterung hierzu ergeben sich jedoch durch weitere elementare Sichten und die taktische Ebene des Managements weitere Handlungsfelder, die nachstehend erläutert werden und die Besonderheiten des Managements von Unternehmensnetzwerken abbilden.

	Handlungsfelder des Managements				
	Aktivitäten/ Prozesse	Strukturen/ Schnittstellen	Funktion/ Verhalten	Fähigkeiten/ Ressourcen	Informationen/ Daten/ Wissen
Normatives Management	Netzwerk-politik	Netzwerk-verfassung	Netzwerk-kultur	Kompetenz-ethik	Innovations- und Informationskultur
Strategisches Management	Strategische Programme	Netzwerk-strukturen	Problem-verhalten	Potenzial-Entwicklung/ Kompetenzmgnt.	Wissens-management
Taktisches Management	Projektplanung und -verhandlung	Bahnungs-strukturen	Mediation	Kapazitäts-planung	Produktdaten-verwaltung
Operatives Management	Projekt-bearbeitung	Organisatorische Prozesse	Kooperations-verhalten	Potenzial-nutzung	Informations-/ Datenfluss

Abbildung 5: Handlungsfelder des Managements aus verschiedenen Sichten (Gesamt: Unternehmensnetzwerk und Kooperation)

4.3 Integrationsebene II: Management entlang dem Lebenszyklus des Unternehmensnetzwerkes

Neben den Sichten auf das Unternehmensnetzwerk bildet dessen Lebenszyklus eine Dimension des Gestaltungsrahmens für das Netzwerkmanagement. Die vier Hauptphasen der Initiierung, Formierung, Positionierung und Veränderung stellen ein ausreichendes Maß an zeitlicher Differenzierung für die Ableitung wesentlicher Handlungsfelder während der Netzwerkentwicklung dar. Integrationsebene II stellt, in Anlehnung an das Konzept der Virtuellen Fabrik nach Schuh u. a., das Management des Kooperationspotenzials dar (vgl. Schuh u. a. 1998, 69).

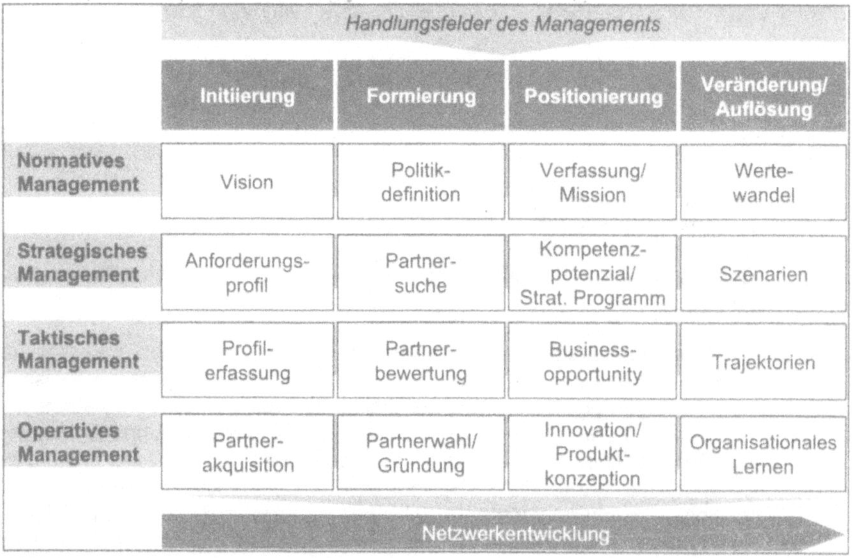

Abbildung 6: Handlungsfelder des Managements im Unternehmensnetzwerk

4.4 Integrationsebene III: Management im Lebenszyklus einer Kooperation

Die Annahme, dass eine Kooperation aus einem Kompetenzpool hervorgeht, der durch das Zusammenwirken der Einzelkompetenzen ein Leistungspotenzial zur Lösung eines spezifischen Kundenproblems (Potenzialbedarf) darstellt, führt zur Unterscheidung von Netzwerk und der eigentlichen Kooperation. Diese geht durch die gezielte Kombination und Koordination von einzelnen Partnern aus dem Netzwerk hervor. Die Lebensphasen der Kooperation im Bereich der Einzelfertigung sind an die eines Projektes angelehnt.

	Handlungsfelder des Managements			
	Definition	**Planung**	**Durchführung**	**Beendigung**
Normatives Management	Projekt-Mission	Verhaltens-kodex	Werte-pflege	Wertewandel/ Erfahrungs-austausch
Strategisches Management	Partnerwahl/ Kompetenzwahl	Flexibilitäts-planung	Dynamic Sourcing	Customer Relationship Management
Taktisches Management	Problem-Strukturierung/ Zielvereinbarung	Verhandlung/ Sanktionen	Auditieren/ Monitoring	Ergebnis-evaluation
Operatives Management	Lastenheft-erstellung	Pflichtenheft-erstellung	Controlling/ Anpassung	Dokumentation/ Wissenserhalt

Abbildung 7: Handlungsfelder des Managements während der Kooperation

4.5 Integrationsebene IV: Management entlang der Wertschöpfungsstufen des Produktes

Die vierte Integrationsebene des Managements bezieht sich auf die Phasen der Wertschöpfungsstufen eines Produktes, in denen kollaborative Aktivitäten zwischen Unternehmen erfolgen (vgl. Abb. 8). Dabei stellt jede Phase für sich ein ausreichend großes Aufgabenfeld dar, in dem sich eine alleinige Kooperation lohnt. Gleichzeitig sind phasenübergreifende Kooperationen im Sinne einer Arbeitsteilung entlang der Wertschöpfungskette zu betrachten. Nur für den Fall, dass eine Kooperation in beiden Dimensionen kollaborativ ist, d. h. sich über mehrere Wertschöpfungsstufen erstreckt und je Stufe mehrere Partner beteiligt sind, spielt die Perspektive eines Transformationsmanagements als systematische Gestaltung und Führung von einer Aufgabenart in eine andere innerhalb einer Kooperation eine Rolle. Für diesen Fall ist die Partnerkonstellation als dynamisch über den Kooperationslebenszyklus zu erachten. Je nach Umfang stellt dies unterschiedliche Anforderungen an die Aufgaben des Netzwerk- und Kooperationsmanagements.

Der Fokus der folgenden Ausführungen innerhalb der Handlungsfelder liegt auf der aktivierten Kooperation zwischen mehreren Beteiligten innerhalb einer Wertschöpfungsphase.

5 Fazit

Die Ausgangsmotivation der im Rahmen dieses Beitrages angestellten Überlegungen zum Themenfeld des Managements geführter Unternehmensnetzwerke und Kooperationen hat als Ergebnis zur Synthese eines ersten integrierten Managementkonzeptes geführt. Hierzu wurden die Erkenntnisse herangezogen, die der Verfasser aus dem diskursiven Prozess entlang eines heuristischen Bezugsrahmens gewonnen hat.

Abbildung 8: Handlungsfelder des Managements in Kooperationen in verschiedenen Wertschöpfungsstufen des Produktes

So fanden Fragestellungen des Systemcharakters von Unternehmenskooperationen ebenso Berücksichtigung wie die Komplexitätsbewältigung durch Flexibilität und Modellierung relevanter Systemaspekte. Ziel war es, möglichst viele bestehende Ansätze aufzufassen und in ein übergeordnetes Ganzes zu integrieren. Gemäß dem Forschungsverständnis des Autors handelt es sich bei den hier entwickelten Modellen um eine abstrahierte *Konstruktion* der Realität. Die Qualität des Konzeptes, d. h. die Übereinstimmung zwischen mentalem Modell und der objektiven Umwelt, kann erst durch seine wiederholte Anwendung auf Realitätsausschnitte belegt werden. Anhand der Beispiele der Virtuellen Fabriken Rhein-Ruhr und Euregio Bodensee konnten bereits erste Pathologien bzw. Erfolgsmuster identifiziert werden, die Rückschlüsse auf die Anwendbarkeit des Konzeptes zulassen. Laufende Forschungsaktivitäten am Lehrstuhl für Produktionssystematik des Laboratoriums für Werkzeugmaschinen und Betriebslehre (WZL) befassen sich im Rahmen des europäischen NEST-Pathfinder Programms mit der Integration der hier angeführten Handlungsfelder zu einem umfassenden Managementmodell zur Komplexitätsbewältigung in Produktionsnetzwerken.

Literatur

Aderhold, J.; Meyer, M. (2003): Netzwerke richtig verstehen – zur Relevanz der Unterscheidung von Potenzialität (Netzwerk) und Aktualität (Kooperation), in: Vernetzt Planen und Produzieren, VPP2003, Tagungsband zum Sonderforschungsbereich 457 der Technischen Universität Chemnitz, Chemnitz 2003

Beer, S. (1979): The Heart of Enterprise – The Managerial Cybernetics of Organisation, Chinchester 1979

Bickhoff, N.; Böhmer, C.; Eilenberger, G. u. a. (2003): Mit Virtuellen Unternehmen zum Erfolg – Ein Quickcheck für Manager, Berlin, Heidelberg 2003

Biersack, F. (2002): Gestaltung und Nutzung makrostruktureller Flexibilität, Regensburger Beiträge zur betriebswirtschaftlichen Forschung, Frankfurt/Main 2002

Bleicher, K. (1999): Das Konzept Integriertes Management, 5. rev. u. erw. Aufl., Frankfurt/Main, New York 1999

Camarinha-Matos, L. M.; Afsarmanesh, H. (2004): Processes and Foundations for Virtual Organizations, Boston u. a. 2004

Dyer, J. H.; Kale, P.; Singh, H. (2001): How to Make Strategic Alliances Work, in: Sloan Management Review, 42 Jg. (2001) Summer, S. 37-43

Eisen, S. (2001): Der Netpreneur – Handlungs- und Gestaltungsempfehlungen für den Aufbau von Netzwerken, Dissertation, St. Gallen 2001

Förster, H. von (1995): Einführung in den Konstruktivismus, München 1995

Gomez, P.; Zimmermann, T. (1999): Unternehmensorganisation – Profile, Dynamik, Methodik, 4. Aufl., Frankfurt/Main 1999

Kieser, A.; Kubicek, H. (1992): Organisation, 3. Aufl., Berlin, New York 1992

PMBOK (2000): A Guide to the Project Management Body of Knowledge, Project Management Institute (Editor), Newton Square 2000

Schuh, G.; Friedli, T. (2003): Die operative Allianz, in: Zentes, J.; Swoboda, B.; Morschett, D. (Hg.): Kooperationen, Allianzen und Netzwerke: Grundlagen – Ansätze – Perspektiven, Wiesbaden 2003, S. 487-514

Schuh, G.; Millarg, K.; Göransson, A. (1998): Virtuelle Fabrik, Neue Marktchancen durch dynamische Netzwerke, München u. a. 1998

Schuh, G.; Wegehaupt, P. (2004a): Die Virtuelle Fabrik. Lessons Learned zehn Jahre danach, in: Unternehmensnetzwerke – Fragen der Forschung, Erfahrungen der Praxis, Tagungsband des Kongresses net's work, Band 1, Bielefeld 2004

Schuh, G.; Wegehaupt, P. (2004b): Kooperation in Produktentwicklung und Fertigung – Zehn Jahre Erfahrung mit der Virtuellen Fabrik, in: Baumgarten, H.; Wiendahl, H.-P.; Zentes, J. (Hg.): Logistik-Management, Berlin u. a. 2004, S. 1-17

Schuh, G.; Wiendahl, H. P. (Hg.) (1997): Komplexität und Agilität – Steckt die Produktion in der Sackgasse?, Berlin u. a. 1997

Schwaninger, M.; Friedli, T. (2002): Virtuelle Organisationen als lebensfähige Systeme, in: Scholz, C. (Hg.): Systemdenken und Virtualisierung, Berlin 2002

Stachowiak, H. (1973): Allgemeine Modelltheorie, Wien 1973

Sydow, H. J. (Hg.) (2001): Management von Netzwerkorganisationen – Beiträge aus der Managementforschung, 2. Aufl., Wiesbaden 2001

Sydow, H. J.; Windeler, A. (Hg.) (2001): Steuerung von Netzwerken – Konzepte und Praktiken, Wiesbaden 2001

Aufbaustruktur und Prozessorganisation Virtueller Unternehmen in der Luft- und Raumfahrtindustrie

Meikel Peters, Christopher Schlick, Jochen Bernhard

1 Problemstellung und Forschungsansatz

Ähnlich wie in der Automobilbranche bereits vollzogen, zeichnet sich in der Luftfahrtindustrie eine deutliche Restrukturierung der Zulieferkette ab. Die Flugzeughersteller fordern von ihren Zulieferern, nicht mehr nur Komponenten und Bauteile zu liefern, sondern vielmehr Baugruppen oder Subsysteme bereitzustellen. Mit dieser Forderung verfolgen die europäischen Konzerne (EADS, astrium, Airbus, Lagardere usw.) eine Kostenreduktion durch zahlenmäßige Einschränkung ihrer direkten Zulieferer von ursprünglich mehreren hundert auf unter zehn Partner. Die vormals erheblichen Aufwände für Koordination und Auditierung der Zulieferer durch die Flugzeughersteller werden somit auf so genannte Systemintegratoren abgewälzt. Diese Systemintegratoren sind mittelständische Firmen oder Abteilungen von Großkonzernen, die wiederum Unteraufträge vergeben, und zwar überwiegend an kleine und mittlere Unternehmen (KMU). Auch hier wird die Forderung erhoben, „Lösungen statt Teile" anzubieten, um den Aufwand hinsichtlich des Managements vieler Partner zu minimieren. Daraus folgt für deutsche KMU im Bereich Luft- und Raumfahrt die Aufgabenstellung, ihr bisheriges Leistungsspektrum in Engineering und Produktion sowie insbesondere ihre Dienstleistungen erweitern zu müssen. Für Unternehmen dieser Größenordnung ist dies oftmals nur durch flexible Kooperation möglich. Eine viel versprechende Kooperationsform stellt in diesem Zusammenhang das Virtuelle Unternehmen dar.

Im Rahmen von Kooperationen und Virtuellen Unternehmen stehen die KMU vor neuen Herausforderungen was die Arbeitsgestaltung und Arbeitsteilung in den Firmen und die Verwendung von technischen Hilfsmitteln zur Unterstützung der Arbeit in flexiblen Zulieferkooperationen angeht. Um diese Fragen zu beantworten und das Konzept der Virtuellen Unternehmen für die KMU der Luft- und Raumfahrtindustrie zugänglich zu machen, wurde das Projekt AerViCo[1] – Aerospace Virtual Company –

[1] Das Projekt AerViCo wird gefördert durch das Bundesministerium für Bildung und Forschung BMBF (Förder-Nr.: 01HU0160 – 01HU0169). Die Projektpartner sind: AIDA Development GmbH, Schwaebisch Hall; ALROUND e. V., Bonn; ANSYS Germany GmbH, Otterfing; Fraunhofer-Institut für Materialfluss und Logistik IML, Dortmund; HEGGEMANN Aerospace AG, Büren; HTS GmbH, Coswig; IMA Materialforschung und Anwendungstechnik GmbH, Dresden; Lehrstuhl und Institut für Arbeitswissenschaft, RWTH Aachen; MST Aerospace GmbH, Köln; ProTec-Recycling, Werne.

initiiert. Die Zielsetzung des Projekts besteht in der Schaffung eines Kooperationsnetzes von KMU der Luftfahrtindustrie, aus dem bedarfsabhängig ein oder mehrere Aerospace Virtual Companies durch Zusammenschluss von Firmen für die Bearbeitung je eines Auftrags entstehen können. Hierfür werden Standardgeschäftsprozesse für sowohl die Kommunikation als auch die Kooperation zwischen Unternehmen entwickelt. Hinsichtlich der Arbeitsplatzgestaltung werden Stellenbeschreibungen und Rollendefinitionen erstellt. Als Ergebnis steht ein Handlungsleitfaden zum Aufbau und Betrieb von Virtuellen Unternehmen für KMU zur Verfügung, der hinsichtlich der Anwendbarkeit in weiteren Branchen überprüft wird.

Als eines der ersten wesentlichen Ergebnisse des Projekts wurden ein Konzept für die Aufbauorganisation sowie ein Prozessmodell für eine Aerospace Virtual Company erstellt. Die zunächst literaturbasiert erstellten Modelle bildeten einen Rahmen für eine Reihe von Interviews mit Vertretern der betrachteten Branchen, in denen die Modelle hinsichtlich praktischer Anforderungen überprüft und detailliert wurden.

2 Aufbausystem und Prozessmodell Virtueller Unternehmen

Als Grundlage für die Spezifikation eines Virtuellen Unternehmens in der Luft- und Raumfahrtindustrie wurden zunächst auf Basis einer Literaturrecherche die Aufbauorganisation sowie die Prozesse zum Aufbau und Betrieb eines Virtuellen Unternehmens beschrieben (vgl. Albers u. a. 2003; Gerpott, Böhm 2000; Kocian 1999; Ries 2001; Ringle 2004; Schuh u. a. 2003).

2.1 Aufbauorganisation Virtueller Unternehmen

Die Aufbauorganisation der Aerospace Virtual Company wurde, ausgehend von der für Virtuelle Unternehmen gängigen Unterteilung, in die Plattformebene und die Projektebene unterschieden (vgl. Schuh u. a. 1998). Die Plattformebene wird durch ein relativ langfristig angelegtes Netzwerk von Partnerunternehmen gebildet, welches nach Möglichkeit auf bewährten Beziehungen basiert. Im Falle eines Kundenauftrags oder der Identifikation einer Marktchance schließen sich aus dieser Plattform heraus die Unternehmen mit den für die Projektabwicklung erforderlichen Kompetenzen für die Projektlaufzeit zusammen (Abb. 1).

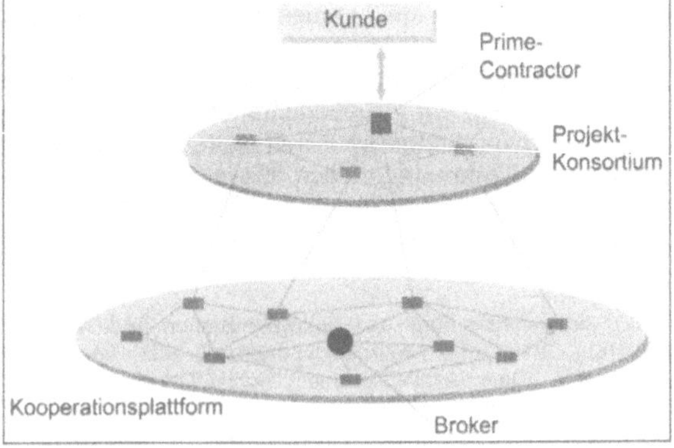

Abbildung 1: Aufbauorganisation Virtueller Unternehmen

Somit wird das Konzept des Virtuellen Unternehmens den widersprüchlichen Forderungen nach Flexibilität und Stabilität gerecht: Die langfristig angelegte Kooperationsplattform gewährleistet den Vertrauensaufbau zwischen den Partnern und die Etablierung von Regeln, Standards sowie einer gemeinsamen Infrastruktur, die für eine effiziente unternehmensübergreifende Auftragsabwicklung unabdingbar sind. Auf Projektebene ist währenddessen durch die flexible Konfiguration von Konsortien weiterhin größte Flexibilität gegeben.

In der Literatur werden verschiedene Typen Virtueller Unternehmen hinsichtlich des Vorhandenseins fokaler Unternehmen im Netzwerk unterschieden (vgl. Reinhardt 2000). Für die Beschreibung der Aufbauorganisation einer Aerospace Virtual Company wurde eine Struktur gewählt, die weitgehend der des Maklerverbundes entspricht. Gemäß dem Idealbild Virtueller Unternehmen gibt es kein fokales Unternehmen innerhalb der Kooperationsplattform, die Partner sind gleichberechtigt und unabhängig. Die Kooperationsplattform als loser Verbund potenzieller Projektpartner wird dabei beispielsweise durch Verbände gebildet. Koordiniert werden die Aktivitäten auf Plattformebene durch einen so genannten Broker. Die Funktionen des Brokers – wahrgenommen beispielsweise durch die Geschäftsstellen der Verbände – beschränken sich hauptsächlich auf administrative und koordinierende Tätigkeiten sowie das Marketing der gesamten Plattform als Einheit.

Im Falle eines konkreten Auftrags erfolgt ein projektspezifischer Zusammenschluss der Unternehmen mit den erforderlichen Kompetenzen. Eines der beteiligten Unternehmen – i. d. R. das Unternehmen, das den Erstkontakt zum Kunden hergestellt hat – übernimmt dabei die Rolle des Prime-Contractors. Der Prime-Contractor koordiniert die Zusammenstellung des Konsortiums sowie die Auftragsabwicklung und steht dem Kunden als Hauptansprechpartner zur Verfügung. Die Verteilung der Aufgaben an die übrigen Projektpartner ergibt sich entsprechend der Kompetenzen, welche die jeweiligen Partner in das Projekt einbringen.

Weiterhin gibt es einen Führungskreis, bestehend aus Vertretern der Partnerunternehmen, der befugt ist, Entscheidungen über die Kooperationsplattform zu treffen.

2.2 Prozessmodell

Nach der Festlegung der grundlegenden Struktur für AerViCo galt es, einen Rahmen für die Prozesse zum Aufbau und Betrieb einer Aerospace Virtual Company zu schaffen. Dazu wurden zunächst die Schwerpunktbereiche – Kernprozesse, Stützprozesse, Mitarbeitermotivation und Mitarbeiterkompetenzen sowie unterstützende IT-Systeme – zusammengestellt (Abb. 2).

Die Gliederung der Prozesse sieht ebenfalls eine Unterscheidung der Plattformebene und der Projektebene vor. Nach einer gängigen Einteilung der Lebensphasen einer Kooperation lassen sich sowohl die Plattformebene als auch die Projektebene in die vier Phasen der Initiierung, Formierung, Durchführung und Beendigung einteilen (vgl. Killich, Luczak 2003). In der Phase der Initiierung der Kooperationsplattform gilt es, Kooperationspotenziale zu identifizieren und die relevanten Kooperationsfelder sowie die strategische Ausrichtung des Netzwerks festzulegen. Die Formierung der Plattform beinhaltet die Auswahl von Partnern für die Kooperationsplattform und das Ausarbeiten von Kooperationsvereinbarungen. In der Durchführungsphase, der zeitlich längsten Phase des Lebenszyklus der Plattform, erfolgen die Implementierung und der Betrieb der Kooperationsplattform. Innerhalb dieser Durchführungsphase werden aus dem Partnerpool der Plattform heraus Wertschöpfungsnetzwerke zur Bearbeitung konkreter Projekte gebildet. Trotz einer langfristigen Auslegung der Plattform ist nicht von einer unbegrenzten Laufzeit der Zusammenarbeit auszugehen. Dementsprechend beinhaltet die Beendigungsphase der Plattform die Aufteilung gemeinsamer Ressourcen, die Klärung eventueller Gewährleistungspflichten und Haftungsfragen sowie die Identifikation von Gründen für die Beendigung und die Information aller Beteiligten (vgl. Killich, Luczak 2003).

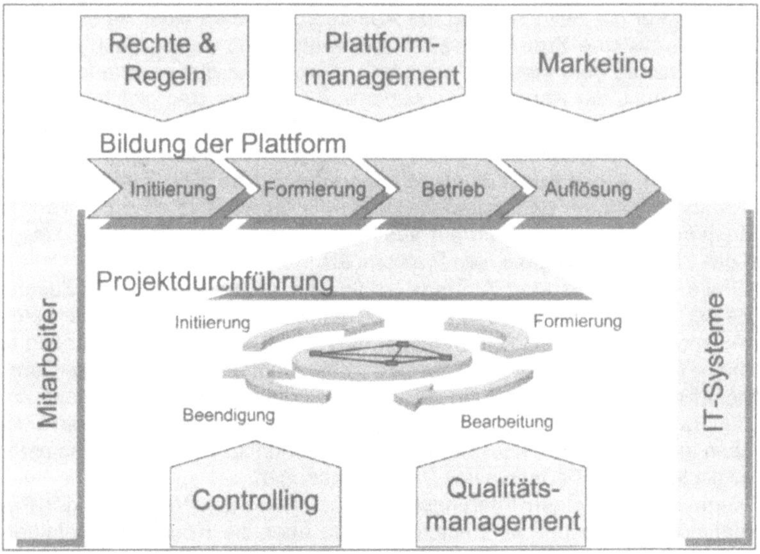

Abbildung 2: Prozessmodell für Virtuelle Unternehmen

Zusätzlich zu diesen direkten Prozessen des Aufbaus und Betriebs Virtueller Unternehmen können eine Reihe von Stützprozessen identifiziert werden, die sich in erster Linie auf die Administration der Plattform während der Durchführungsphase beziehen. Dazu gehören die Definition von Rechten, Regeln und Weisungsbefugnissen unter den Partnerunternehmen sowie die Überwachung von deren Einhaltung. Weiterhin sind innerhalb der Stützprozesse die gesamten Aufgaben des Plattformmanagements – Aufgaben der Vertrauensbildung, der Partnerverwaltung, des Konfliktmanagements und des Betriebs der informationstechnologischen Infrastruktur – zusammengefasst. Schließlich gehört zu den Aufgaben auf Plattformebene das Marketing der gesamten Kooperationsplattform. Die Prozesse auf Plattformebene werden überwiegend durch den Broker ausgeführt bzw. koordiniert.

Auf Projektebene wird ebenfalls zwischen direkten Prozessen und Stützprozessen unterschieden. Die direkten Prozesse sind die der Initiierung, Formierung, Durchführung und Beendigung eines Projektnetzwerks. In der Initiierungsphase geht ein Kundenauftrag ein oder wird eine Marktchance durch die Kooperationsplattform identifiziert. Die Formierungsphase des Projektnetzwerks beinhaltet die Aufteilung der Teilleistungen, die Partnerwahl entsprechend der zu erbringenden Teilleistungen und die

Kooperationsverhandlungen. In der Durchführungsphase erfolgt die inhaltliche Bearbeitung des Projekts. Die Beendigung beinhaltet Aufgaben wie das Sicherstellen der Service- und Garantieleistungen, die Abwicklung des Vertriebs, des finanziellen Abschlusses sowie die Dokumentation und Archivierung der Projektergebnisse. Zu den Stützprozessen auf Projektebene gehören das Controlling und das Qualitätsmanagement der Projekte. Die Prozesse auf Projektebene werden durch den Prime-Contractor koordiniert. Zu den direkten und unterstützenden Prozessen wurden detaillierte Prozessbeschreibungen aufgestellt. Die Beschreibung erfolgte in Analogie zur Geschäftsprozessmodellierung anhand der Merkmale Arbeitsinhalt, Input, Output, beteiligte Personen/Rollen sowie Hilfsmittel zur Aufgabenerfüllung.

2.3 IT-Unterstützung der Aerospace Virtual Company

Aufgrund der oft räumlichen Verteilung der Partner eines Virtuellen Unternehmens liegt ein besonderer Fokus auf der IT-Unterstützung des Aufbaus und Betriebs von AerViCo. In diesem Zusammenhang wurden zunächst die IT-Unterstützungsmöglichkeiten nach den zuvor beschriebenen Phasen und Aufgaben klassifiziert (vgl. Mertens u. a. 1998). So sind in der Initiierungs- und Beendigungsphase überwiegend Informationssysteme (Partnerdatenbanken, elektronische Gelbe Seiten, Erfahrungsdatenbanken) von Bedeutung. In den Phasen der Formierung und Durchführung liegt der Schwerpunkt dagegen auf Systemen der Kommunikation, Kooperation und Koordination. Spezielle Systeme in diesem Zusammenhang sind z. B. Groupware-Systeme, die einen gemeinsamen Arbeitsplatz im Web zur Unterstützung räumlich verteilter Arbeiten zur Verfügung stellen. Workflowmanagement-Systeme dienen der Koordination vorstrukturierter Arbeitsabläufe zwischen verschiedenen Kooperationspartnern. Weiterhin können Systeme zum Controlling von Kosten, Terminen und Mengen zum Einsatz kommen.

2.4 Mitarbeiter in der Aerospace Virtual Company

Trotz des gegenüber herkömmlicher Zusammenarbeit verstärkten IT-Einsatzes in Virtuellen Unternehmen beruht die Kooperation letztlich auf Handlungen der Mitarbeiter. Fragestellungen, wie die Arbeitsgestaltung in Virtuellen Unternehmen vorzunehmen ist, sind aber noch völlig offen. Daher liegt ein weiterer Schwerpunkt auf der Gestaltung mitarbeiterbezogener Aspekte in einer Aerospace Virtual Company.

Die zentralen Aspekte sind dabei die Motivation und die Kompetenzen der Mitarbeiter sowie der Einfluss der Unternehmens- bzw. Kooperationskultur auf das Arbeitsverhalten der Mitarbeiter (vgl. Killich, Peters 2003). Der Betrachtungsbereich der Mitarbeitermotivation behandelt motivierende bzw. demotivierende Einflüsse der Arbeit im virtuellen Kontext sowie gestalterische Maßnahmen zur Erhöhung der Motivation. Der Betrachtungsbereich Kompetenzen untersucht die erforderlichen Kompetenzen fachlicher, methodischer, sozialer und personaler Art für eine Tätigkeit im virtuellen Kontext und wie sich diese von herkömmlichen Anforderungen unterscheiden. Während sich die ersten beiden Betrachtungsbereiche auf den einzelnen Mitarbeiter beziehen, schließt der Bereich Kultur die Umgebung der Mitarbeiter mit ein. Hier steht die Fragestellung im Vordergrund, wie sich eine Kooperationskultur beschreiben lässt und welche Auswirkungen diese auf das Mitarbeiterverhalten hat.

3 Anforderungen der Luft- und Raumfahrtindustrie an Virtuelle Unternehmen

Mit der Strukturierung der Gestaltungsbereiche eines Virtuellen Unternehmens stand ein theoretischer Rahmen zur Verfügung, den es anhand der Anforderungen aus der Praxis zu konkretisieren galt. Zur Detaillierung der beschriebenen Bereiche wurden Interviews mit kooperationserfahrenen Unternehmen aus der Luft- und Raumfahrtindustrie auf Geschäftsführerebene geführt. Zur durchgängigen Erfassung der Anforderungen an AerViCo wurden Befragungen auf allen Stufen der Zulieferkette – KMU, Systemintegrator, Flugzeughersteller – durchgeführt.

3.1 Anforderungen an die Aufbauorganisation

Hinsichtlich der Aufbauorganisation von AerViCo ist in erster Linie größtmögliche Flexibilität gefragt. Ein aufwändiges Rollenkonzept wird nicht gefordert, da gerade auf Projektebene von Auftrag zu Auftrag sehr unterschiedliche Anforderungen auftreten, so dass die Konkretisierung erst im realen Projekt erfolgt. Innerhalb der einzelnen Projekte wird eine entsprechende Projektstruktur aufgesetzt, wobei diese oftmals bereits vom Kunden selbst bzw. durch dessen Qualitätsmanagementvorschriften vorgegeben wird. Die Aufgaben des Brokers sollten sich daher hauptsächlich auf die Plattformebene beschränken. Das Marketing der gesamten Kooperationsplattform wird zwar durch den Broker übernommen, im Falle der Akquisition eines Auftrags durch den Broker übergibt dieser aber für die weitere Koordination den Kundenkontakt an ein Partnerunternehmen als Prime-Contractor. Neben dem Broker betreiben auch die Partnerunternehmen ihrerseits Akquisition von Kundenaufträgen. Im Falle der Akquisition eines Auftrags durch ein Partnerunternehmen und der Bearbeitung im Virtuellen Unternehmen übernimmt in der Regel das Unternehmen mit dem Erstkontakt zum Kunden die Rolle des Prime-Contractors.

Über das grundlegende, bereits skizzierte Konzept des Aufbaus des Virtuellen Unternehmens bestehen keine weiteren speziellen Anforderungen an die Ausgestaltung.

3.2 Anforderungen an die Kooperationsplattform

Die Aktivitäten der Partnerunternehmen sind überwiegend auf die Projektebene fokussiert, die Aktivitäten der Plattformebene sind für die KMU von eher untergeordneter Bedeutung. Das Betreiben der Kooperationsplattform wird seitens der Partnerunternehmen überwiegend als Aufgabe der Verbände bzw. deren Geschäftsstellen in der Funktion des Brokers gesehen. Die bedeutendste Funktion der Kooperationsplattform sehen die Partnerunternehmen in der Nutzung als Marketinginstrument und der Möglichkeit der Ausweitung von Kontakten.

Hinsichtlich der rechtlichen Ausgestaltung der Kooperationsplattform besteht auch hier die Anforderung, dass der Aufwand und die Kosten zu minimieren sind. Aufwändige Vertragswerke und Gesellschaftsformen ebenso wie aufwändige Arbeits-, Koordinations- und Kommunikationsabläufe werden auf Plattformebene abgelehnt.

Weiterhin ist der einheitliche Außenauftritt von AerViCo – ein häufig angeführtes Merkmal Virtueller Unternehmen – nur begrenzt möglich, da der Kunde oftmals genaue Kenntnis der beteiligten Unternehmen einfordert. In diesem Sinne betreiben die Partnerunternehmen auch weiterhin Akquisition unter ihrem eigenen Namen.

3.3 Anforderungen an die Projektabwicklung

Hinsichtlich der Ausgestaltung der Abwicklung konkreter Projekte ist die Gründung einer eigenen Gesellschaft für die Zusammenarbeit aus Aufwands- und Flexibilitätsgründen zumeist nicht erforderlich. Feste Verträge zur Fixierung der Leistungen sind aber für die Projektabwicklung zwingende Voraussetzung. Hierzu werden dem Prime-Contractor oftmals durch den Kunden standardisierte Verträge vorgegeben. Dieser gibt die Verträge dann entsprechend an die Projektpartner weiter oder verwendet eigene Vertragswerke zur Fixierung der Leistungen der weiteren Partner.

Weiterhin gibt es in der Luft- und Raumfahrtindustrie bzgl. der Zertifizierungen strikte Vorgaben seitens der Kunden. Der Prime-Contractor muss die entsprechenden Zertifizierungen (DIN EN ISO-9001, JAR 21, kundenspezifische Auditierungen etc.) aufweisen und ggf. die weiteren Projektpartner auditieren.

Flugzeughersteller fordern von ihren direkten Zulieferern teilweise sehr hohe Versicherungssummen (bis zu 500 Mio. € Deckungssumme). Diese Anforderungen werden von den Systemintegratoren wiederum an deren Zulieferer weitergegeben, so dass auch dies bei der Partnerkonfiguration zu berücksichtigen ist. Gleiches gilt für Regelungen bezüglich der Gewährleistung auf die gelieferten Produkte.

Die Zusammenstellung des Konsortiums im Falle eines Kundenauftrags erfolgt kompetenzorientiert durch den Prime-Contractor. Da der Kreis potenzieller Partner überschaubar ist und zumeist nur geringe Überschneidungen der Kompetenzen der Partnerunternehmen auftreten, sind keine formalen Mechanismen zur Partnersuche erforderlich.

3.4 Anforderungen an die IT-Unterstützung

Hinsichtlich der Unterstützung kooperativer Prozesse durch IT ergeben sich die Anforderungen im Wesentlichen aus den inhaltlichen Aufgabenstellungen (Einsatz von CAx, Simulation etc.) bzw. werden direkt durch den Kunden vorgegeben. Der Einsatz spezieller Software zur Unterstützung der Kommunikation, Koordination und Kooperation ist bislang in den betrachteten Unternehmen nicht sehr häufig anzutreffen. Der Datenaustausch erfolgt oft eher unstrukturiert, z. B. per Telefon, Fax oder E-Mail. Hier werden generell Verbesserungspotenziale durch die Gewährleistung eines geregelten Datenaustauschs gesehen.

Werden IT-Tools zur Unterstützung der Kommunikation und Kooperation (bspw. Groupware) eingesetzt, treten teilweise Akzeptanzprobleme auf, die in erster Linie auf häufig wechselnde Systeme sowie die fehlende Einbettung in vorhandene Systeme im Unternehmen zurückzuführen sind. Neben der Berücksichtigung der erforderlichen Funktionalitäten ist demnach auch der Benutzungsfreundlichkeit, Vertrautheit und Akzeptanz der unterstützenden Systeme erhöhte Aufmerksamkeit zu widmen, beispielsweise durch die erweiterte Nutzung bereits installierter Systeme.

3.5 Anforderungen auf Mitarbeiterebene

Bei der Betrachtung der Rolle der Mitarbeiter in Virtuellen Unternehmen muss grundsätzlich zwischen Mitarbeitern, die unmittelbar in die Kooperation eingebunden sind, und solchen, die von der Kooperation nicht direkt betroffen sind, unterschieden werden. Letztere sind beispielsweise operative Mitarbeiter der Fertigung, für die es unerheblich ist, ob ein Auftrag unternehmensübergreifend oder ausschließlich durch das eigene Unternehmen abgewickelt wird.

Da es sich im Falle von AerViCo um Unternehmen handelt, die überwiegend Entwicklungs- und Konstruktionsleistungen sowie Prüfdienstleistungen anbieten, sind die Mitarbeiter in den meisten Fällen unmittelbar in die Kooperation eingebunden. Dies hat zur Folge, dass die Schnittstellen sowohl zwischen den Partnerunternehmen als auch zum Kunden durch Projektleiter und Projektmitarbeiter wahrgenommen werden. Dementsprechend bestehen besondere Anforderungen an die Mitarbeiter. So werden fachliche und sprachliche Kompetenzen, eine hohe Flexibilität bzgl. der Bearbeitung verschiedener Themenstellungen sowie soziale Kompetenzen von den Unternehmen vorausgesetzt. Probleme hinsichtlich verschiedener Unternehmenskulturen werden bei der Zusammenarbeit weniger wahrgenommen, da die Zeit der unmittelbaren Zusammenarbeit meist sehr begrenzt ist. Allerdings treten häufiger Schwierigkeiten bei der Zusammenarbeit unterschiedlicher Unternehmenstypen oder Unternehmen unterschiedlicher Größe auf. Bei der Zusammenarbeit von Forschungseinrichtungen mit Industrieunternehmen beispielsweise können Unterschiede in den Arbeitsweisen zu Konflikten führen. Arbeiten KMU mit sehr großen Unternehmen zusammen, so wirken sich oftmals Unterschiede in den Entscheidungsstrukturen, Unterschiede bzgl. des Entgelts sowie die häufiger wechselnden Ansprechpartner bei größeren Unternehmen hemmend aus.

Aufgrund der hohen Bedeutung von Mitarbeitern in wissensintensiven Kooperationen sind diese Aspekte bei der Gestaltung eines Virtuellen Unternehmens besonders zu berücksichtigen.

4 Zusammenfassung und Ausblick

Zusammenfassend lassen sich folgende Anforderungen an die Ausgestaltung eines Virtuellen Unternehmens in der Luft- und Raumfahrtindustrie festhalten.

Die Aufbauorganisation sollte – gemäß dem ursprünglichen Konzept Virtueller Unternehmen – möglichst flexibel gehalten sein, ein aufwändiges Rollenkonzept ist weder erforderlich noch sinnvoll. Auch die Kooperationsplattform sollte größtmögliche Flexibilität im Vorfeld von Projekten bieten und daher schlanke Strukturen und nur das nötigste an starren Regelungen aufweisen. Bei der Abwicklung konkreter Projekte wiederum kommt rechtlichen Aspekten in Form fester Verträge, insbesondere der Haftung, eine sehr hohe Bedeutung zu.

Die betrachteten Unternehmen sehen mitarbeiterbezogene Aspekte – z. B. Kompetenzen und Motivation – nicht als besonders problematisch an. Trotzdem werden diesbezüglich hohe Anforderungen an die Projektmitarbeiter gestellt.

Im weiteren Projektverlauf fließen die erhobenen Anforderungen in ein Lastenheft für den Aufbau eines Virtuellen Unternehmens ein. Dieses bildet die Grundlage für die Entwicklung eines Handlungsleitfadens zum Aufbau und Betrieb einer Aerospace Virtual Company, der KMU entsprechende methodische Vorgehensweisen und die damit verknüpften IT-Funktionen zur Verfügung stellen. Schließlich ist die Umsetzung im Rahmen eines Pilotprojekts – z. B. die Entwicklung eines integrierten Kindersitzes für die allgemeine Luftfahrt – zur Evaluierung und Optimierung der entwickelten Konzepte geplant.

Ein besonderer Schwerpunkt wird bei der Umsetzung von AerViCo auf die erforderlichen Mitarbeiterkompetenzen gelegt. Daher werden im Rahmen des Projekts

Soll-Kompetenzprofile in Abhängigkeit der Aufgaben über den Kooperationslebenszyklus und der Kooperationsziele aufgestellt. In einem ersten Schritt werden hierzu mitarbeiterbezogene Aufgabenmodelle in Anlehnung an die Prozesse zum Aufbau und Betrieb von AerViCo erstellt und die dazugehörigen Rollen beschrieben, welche die Aufgaben übernehmen. Daraus werden wiederum Soll-Kompetenzprofile für die in AerViCo beschriebenen Rollen abgeleitet. Weiterhin werden mögliche Qualifizierungsmaßnahmen für die Entwicklung dieser Kompetenzen in einem Maßnahmenkatalog zusammengestellt.

Literatur

Albers, J.; Bisping, D.; Teichmann, K.; Wolf, J. (2003): Management virtueller Unternehmen, in: Albers, J.; Wolf, J. (Hg.): Management virtueller Unternehmen, Wiesbaden 2003, S. 3-60

Gerpott, T. J.; Böhm, S. (2000): Strategisches Management in virtuellen Unternehmen, in: Albach, H. (Hg.): Virtuelle Unternehmen, ZfB-Ergänzungsheft 2, Wiesbaden 2000, S. 13-35

Killich, S.; Luczak, H. (2003): Unternehmenskooperation für kleine und mittelständische Unternehmen, Berlin 2003

Killich, S.; Peters, M. (2003): The Interest of Employees in Knowledge Sharing: A Theoretical Framework for the Integration of Motivation, Qualification and Organization for Knowledge Management in Networks, in: Luczak, H.; Zink, K. J. (Hg.): Human Factors in Organizational Design and Management – VII. Proceedings of the Seventh International Symposium on Human Factors in Organizational Design and Management, IEA Press, Santa Monica 2003, S. 373-378

Kocian, C. (1999): Virtuelle Kooperationen im Mittelstand, Wiesbaden 1999

Mertens, P.; Griese, J.; Ehrenberg, D. (1998): Virtuelle Unternehmen und Informationsverarbeitung, Berlin 1998

Reinhardt, G.; Mehler, B. (2000): Organisatorische und informationstechnische Aspekte beim Aufbau virtueller Fabriken, in: Kaluza, B.; Blecker, T. (Hg.): Produktions- und Logistikmanagement in Virtuellen Unternehmen und Unternehmensnetzwerken, Heidelberg 2000, S. 391-420

Ries, A. (2001): Controlling in virtuellen Netzwerken, Wiesbaden 2001

Ringle, C. M. (2004): Die Virtuelle Unternehmung. Ausprägungsformen und Abgrenzung, in: Der Betriebswirt, 45. Jg. (2004) 2, S. 21-29

Schuh, G.; Millarg, K.; Göransson, A. (1998): Virtuelle Fabrik, München 1998

Schuh, G.; Kurr, M.; Friedli, T. (2003): Das Konzept „Virtuelle Fabrik" – Aufbau, Betrieb und Auflösung, in: Bullinger, H.-J.; Warnecke, J.; Westkämper, E. (Hg.): Neue Organisationsformen im Unternehmen – Ein Handbuch für das moderne Management, 2. neu bearb. u. erw. Aufl., Berlin 2003, S. 627-643

Einfach besser mit anderen Unternehmen zusammenarbeiten – Gestaltungsrahmen für die Arbeit in Virtuellen Unternehmen

Matthias Rott, Jürgen Kuhn, Jürgen Weisheit

1 Einleitung

Die Tatsache, dass Unternehmen kooperieren, um bestimmte Synergie- oder Größeneffekte zu erzielen, besteht schon seit es Unternehmen gibt. Die Möglichkeiten, wie diese Zusammenarbeit aussehen kann, sind sehr vielseitig. Sie reichen von vollständiger Übernahme bis hin zu unverbindlichen Netzwerken. Seit einiger Zeit wird in der Wissenschaft das Modell des Virtuellen Unternehmens als Sonderform von Unternehmenskooperationen stark diskutiert. Diese Form soll sowohl die gewünschten positiven Effekte als auch die Reduktion der Transaktionskosten durch die Kooperation ermöglichen.

Für unsere Arbeit konnten wir, um den Fokus der Steuerung besser bestimmen zu können, folgende drei Elemente bei der Bildung von Virtuellen Unternehmen unterscheiden. Die Unternehmensebene, das ist in der Regel das Einzelunternehmen, die einzelne Gruppe von Personen, die sich durch ein Netzwerk von professionellen und persönlichen Kontakten bzw. früheren Arbeitskontexten kennt und einen Potenzialpool für eine Kooperation bilden kann. Zur Bildung eines Virtuellen Unternehmens müssen alle drei Elemente vorhanden sein (vgl. Aderhold, Wetzel 2004).

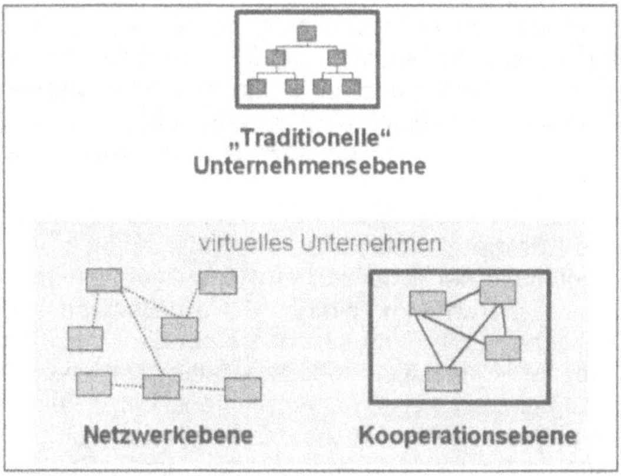

Abbildung 1: Drei Elemente zur Bildung Virtueller Unternehmen

Da in der Literatur eine Vielzahl von Definitionen für Virtuelle Unternehmen zu finden ist und sich kein durchgängig einheitliches Verständnis durchgesetzt hat, sollen im Folgenden Virtuelle Unternehmen durch folgende Merkmale charakterisiert werden:

- Kooperation rechtlich selbstständiger, unabhängiger Unternehmen;
- gemeinsames Ziel, z. B. Produktherstellung, Verbreitung einer Technologie, d. h. keine losen Netzwerke.

In der Praxis treten zusätzlich bestimmte Merkmale häufig auf:

- wenige bis keine Verträge;
- ein fokales Unternehmen (in der Regel das Unternehmen mit dem Kundenkontakt);
- gemeinsamer Marktauftritt (transparent oder als Einheit wirkend).

Sowohl in der Literatur als auch in der Praxis werden häufig folgende Gründe für die Kooperation in der Form von Virtuellen Unternehmen genannt:

- Fokussierung auf Kernkompetenzen;
- Größeneffekte erzielen, um Kundenaufträge bedienen zu können;
- Verbreiterung der Angebotspalette;
- Transaktionskosten vermeiden, deshalb möglichst wenig vertragliches Regelwerk;
- Flexibilität, um schnell auf Marktchancen reagieren zu können (vgl. dazu auch Brütsch 1999).

Bisher ist die empirische Datengrundlage in diesem Bereich sehr gering und es fehlen Erkenntnisse aus der Praxis, welche förderlichen und hinderlichen Faktoren zur erfolgreichen Umsetzung des Konzepts des Virtuellen Unternehmens beachtet werden müssen.

An dieser Stelle setzt das vom BMBF geförderte Projekt Arbeit@VU an und analysiert an einem konkreten Anwendungsfall die Zusammenarbeit der beteiligten Unternehmen, um daraus Empfehlungen und Werkzeuge für diese Form der Kooperation abzuleiten.

2 Projektbeschreibung Arbeit@VU

2.1 Ziel des Verbundprojekts Arbeit@VU

Um den oben genannten Anforderungen zu genügen, werden im Rahmen des Vorhabens sämtliche Arbeitsabläufe und Anforderungsprofile zur Gestaltung der Arbeitsbedingungen in einer real operierenden virtuellen Organisation, die aus mehreren Kooperationspartnern aus verschiedenen Unternehmen besteht, erfasst, klassifiziert und in einem Arbeitshandbuch dargestellt. Dieses integriert die drei Teilbereiche des Projekts:

- Im *Organisationsentwicklungskonzept* werden die Arbeitsabläufe hinsichtlich Effizienz und Effektivität unterstützt, wobei die Arbeit in virtuellen Strukturen auf der Verknüpfung der dynamischen Rekonfiguration von Wertschöpfungsketten beruht. Dabei wird im Rahmen der arbeitswissenschaftlichen und arbeitssoziologischen Forschung besonders auf die Kernkompetenzen der einzelnen Mitarbeiter sowie auf die Arbeitsgestaltungsfaktoren fokussiert.
- Im *Outsourcingkonzept* werden unternehmensübergreifende Informationsketten ermittelt und analysiert. Besonderes Augenmerk gilt der ineffizienten Datenweitergabe an kurzfristig dynamisch integrierbare Partner. Im Rahmen des

Outsourcingkonzepts werden Aktivitäten an externe Dienstleister vergeben und beispielhaft durchgeführt.

- In der *Technologieplattform* werden die notwendigen Funktionalitäten zur Realisierung sowohl der vom Organisationskonzept ausgehenden technischen Anforderungen wie auch einer nahtlosen Durchführung der im Outsourcingkonzept ermittelten Arbeitsabläufe implementiert. Von besonderer Wichtigkeit erscheint die Anforderung, das gesamte Arbeitshandbuch in der Technologieplattform abzubilden.

In diesen drei Teilbereichen werden die Erfolgsfaktoren und Stolpersteine in einem Virtuellen Unternehmen in der Praxis identifiziert.

Basierend auf den Ergebnissen wird ein Gestaltungsrahmen erarbeitet, welcher kleinen und mittleren Unternehmen als Leitfaden bei der Unterstützung eines Kooperationsvorhabens dient, bestehend aus

- *relevanten Fragen* → Sensibilisierung auf relevante Themengebiete;
- *Empfehlungen* → konkrete Hilfestellung zu Umsetzungsmöglichkeiten;
- *Werkzeugen* → Effizienzsteigerung durch Unterstützung mit Werkzeugen.

2.2 Ganzheitlicher Ansatz

Im Lebenszyklus der virtuellen Organisation unterscheidet man die Phasen

1. Partnersuche und Anbahnung (Vereinbarung und Ausgestaltung der Kooperation, Erarbeiten des Unternehmensziels der virtuellen Organisation);
2. Durchführung der Kooperation;
3. Auflösung, evtl. Dokumentation.

Das Projekt Arbeit@VU beschäftigt sich mit der Kernphase 2 „Durchführung der Kooperation". Diese Phase kann allgemein in drei Schichten zerlegt werden (vgl. Abb. 2):

- Die *Organisationsschicht* beherbergt die strategische Ausrichtung der virtuellen Organisation und die Unternehmenskultur.
- Die *Prozessschicht* beinhaltet die Geschäftsprozesse, die zwischen den Partnern der virtuellen Organisation sowie zwischen der virtuellen Organisation und der „Außenwelt" ablaufen und interagiert mit der Organisationsschicht.
- Die *Technologieschicht* unterstützt die Organisations- und die Prozessschicht, d. h., durch den Einsatz von moderner Informations- und Kommunikationstechnologie werden Geschäftsprozesse vereinfacht oder beschleunigt und die strategische Entscheidungsfindung wird unterstützt.

Arbeit@VU hat als Mittelpunkt die Mitarbeiter der einzelnen Unternehmen innerhalb der virtuellen Organisation. Diese *„leben"* in der Unternehmenskultur der Organisationsschicht, wickeln die Arbeitsabläufe der Prozessschicht ab und verwenden hierfür als unterstützende Instrumente die Technologien der Technologieschicht. Vor diesem Hintergrund suchen Unternehmen nach Konzepten, welche die Akzeptanz und Durchführbarkeit von Arbeitsabläufen in virtuellen Strukturen sowie die Bewältigung von neuen Anforderungen auf individueller und organisationaler Ebene verbessern. Sie fordern die Beantwortung folgender Fragestellungen:

- Welches sind die virtuellen Arbeitsabläufe in meinem Unternehmen, wie kann ich sie beschreiben?

- Welche fachlichen, methodischen und sozialen Kompetenzen sowie organisationalen Strukturen sind förderlich zur Bewältigung der Arbeitsanforderungen in virtuellen Strukturen?
- Wie kann die Durchführung unternehmensübergreifender Verwaltungsaufgaben gemeistert werden?

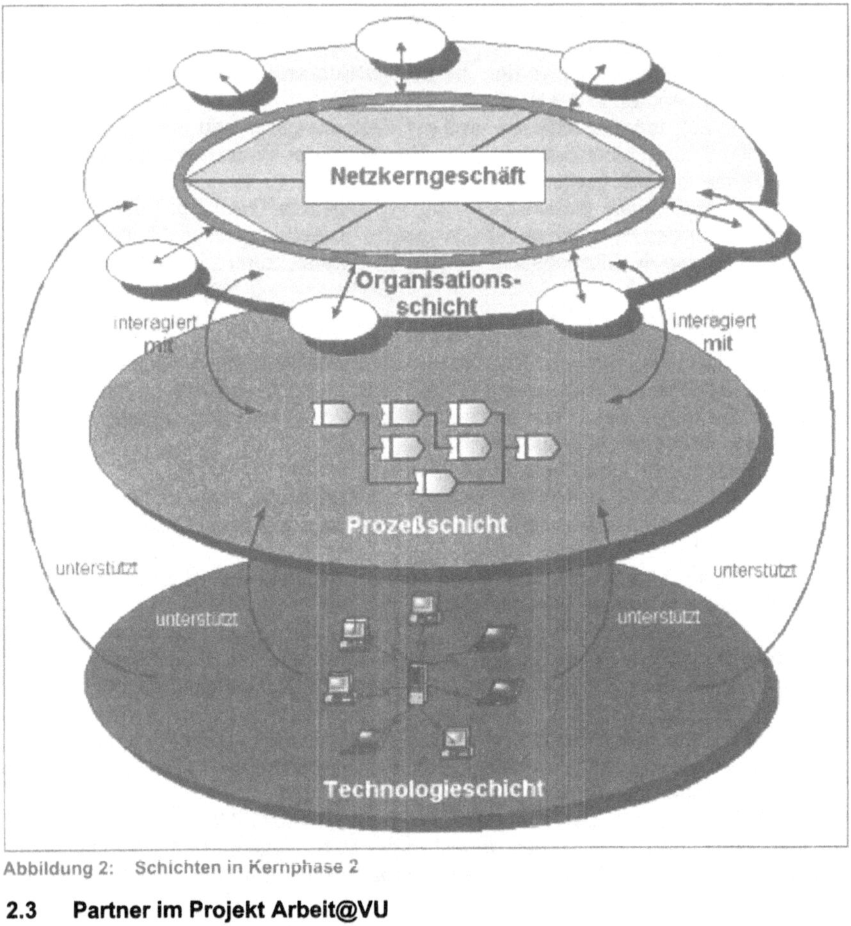

Abbildung 2: Schichten in Kernphase 2

2.3 Partner im Projekt Arbeit@VU

Die Projektpartner in Arbeit@VU haben langjährige Erfahrungen im Bereich virtueller Unternehmensstrukturen. Hierbei werden alle Projektbereiche optimal abgedeckt:

- Kompetenzträger im Bereich virtuelle Organisation;
- Forschungs-Know-how im Bereich Organisationsentwicklung und Führung im Virtuellen Unternehmen;
- ausgewiesene Erfahrung im Betrieb von Virtuellen Unternehmen;
- hochspezialisierte Technologieanbieter;

- kompetente Einrichtung im Technologietransfer unter Berücksichtigung von organisatorischen Prozessen;
- Know-how-Träger im Outsourcingbereich.

2.4 Anwendungsfall Arbeit@VU

Der Anwendungsfall in Arbeit@VU beschreibt eine internationale Zusammenarbeit im Technologiesektor mit acht Unternehmen. Das Konzept der Partner beschreibt eine innovative Form der Zusammenarbeit zwischen den Unternehmen mit dem Konzept des Extended Enterprise. Dadurch werden gemeinsames Potenzial wie auch gemeinsame Vertriebswege optimal genutzt, die Marktstellung in Europa gefestigt, die Verbreitung der angewandten Technologie gefördert und großes Know-how-Potenzial durch die Spezialisierung auf ein Gebiet gebündelt.

Zielsetzung der Kooperationsform ist die Stärkung gegenüber „Großen" im Wettbewerb und die Vermarktung einer innovativen Technologie. Des Weiteren sind eine gemeinsame Wissensbasis, in Anlehnung an den Produktionsprozess, wie auch die Kommunikation entscheidende Erfolgsfaktoren.

3 Organisationsentwicklung in Virtuellen Unternehmen

Nach Kofman (2003) sind zur Erstellung von Produkten und Dienstleistungen in Organisationen grundsätzlich zwei Dimensionen zu berücksichtigen: (1) die technische Infrastruktur, für deren Umsetzung die technisch organisatorischen Prozesse erfasst werden müssen und (2) die Kultur, Annahmen, Strategien und Visionen, für deren Gestaltung die humanen Prozesse wie Kommunikation, Koordination und Kooperation analysiert werden müssen.

Die Organisationsentwicklung legt den Schwerpunkt auf die Analyse und Gestaltung der humanen Prozesse (vgl. Abb. 3)

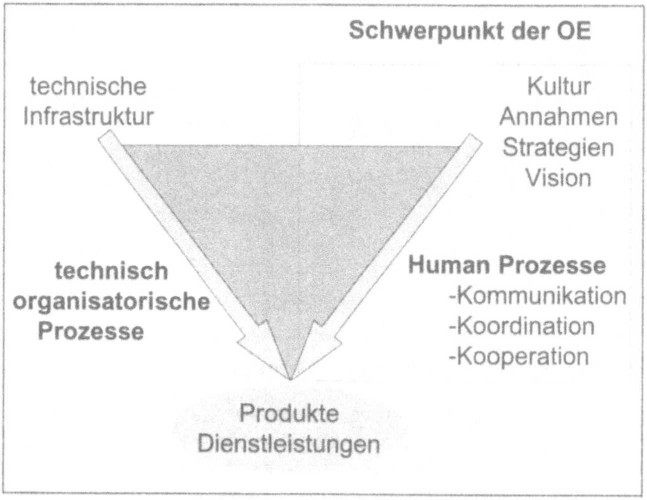

Abbildung 3: Inhaltlicher Schwerpunkt der OE (vgl. Kofman 2003)

Anschließend an eine ausführliche Literaturrecherche wurde ein Bezugsrahmen für die Organisationsentwicklung in Virtuellen Unternehmen entwickelt, bestehend aus den fünf Dimensionen Vision/Strategie, Kultur, Wissen/Mitarbeiter, Umwelt und Struktur/Prozesse (vgl. hierzu auch Becker, Langosch 2002; Senge 2001).

- Baustein Vision und Strategie zielt auf Fragestellungen ab, die es erlauben, den Umfang und Verbreitungsgrad einer Vision bzw. Strategie in einer Organisation zu erforschen.
- Baustein Strukturen und Prozesse beleuchtet organisatorische Abläufe und Aufbaustrukturen und zeigt auf, wie die Mitglieder einer Organisation damit umgehen, welche Standards für den Erfolg der Organisation und des Mitarbeiters notwendig bzw. wünschenswert sind.
- Baustein Kultur beschreibt die Spielregeln des Umgangs miteinander und die Konsequenzen, die sich daraus für die Leistung und Zufriedenheit der Mitarbeiter ergeben.
- Baustein Wissen und Mitarbeiter zielt darauf ab, wie Wissen und Erfahrungen untereinander ausgetauscht werden und in welcher Weise Lernprozesse initiiert und dokumentiert werden.
- Baustein Umwelt behandelt relevante Fragestellungen aus Trends und gesellschaftlichen Entwicklungen, die sich auf die Arbeit in der Organisation auswirken können.

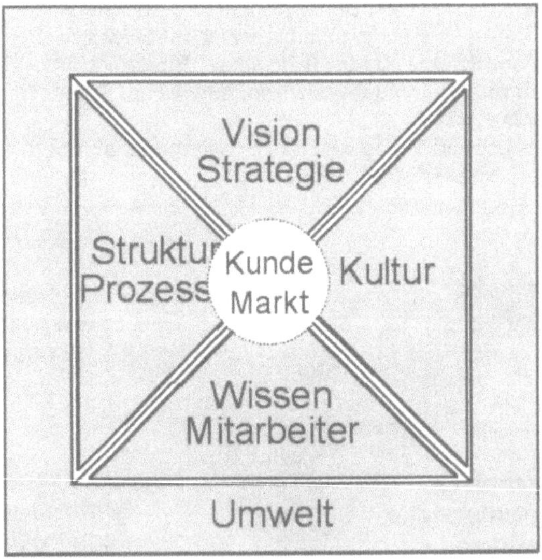

Abbildung 4: Die fünf Dimensionen des Bezugsrahmens

Aufbauend auf dem Bezugsrahmen wurde ein Interviewleitfaden entwickelt, mit dem Geschäftsführer und Mitarbeiter eines Virtuellen Unternehmens zu den Dimensionen befragt wurden. Die wesentlichen Ergebnisse der Befragung sind im Folgenden kurz dargestellt.

- Prozesse und Strukturen auf der Netzwerkebene (Anbahnungsphase eines Virtuellen Unternehmens) sind weniger geeignet, um sie zu standardisieren und abzubilden. Netzwerkarbeit ohne konkret erkennbaren Nutzen als Grundlage ist wesentlich für zukünftige Kooperationen. Die Standardisierbarkeit und Notwendigkeit der Standardisierung der Prozesse nimmt mit der Lebensphase des Virtuellen Unternehmens zu. (Die Netzwerkebene wird durch Formalisierung ineffizient, soziale Systeme wie Kooperationen, Projektgruppen oder Unternehmen durch einen Mangel an Formalisierung.) Die Steuerung der Netzwerkebene erfolgt über Kommunikation und gemeinsame Aktivitäten, Steuerung in sozialen Systemen durch Strukturen und Prozesse.
- Auf Netzwerkebene wird eine die Kommunikation unterstützende Infrastruktur (E-Mail und Telefon) als ausreichend empfunden, auf der Kooperationsebene ist eine gemeinsame IT-Plattform wünschenswert.
- Eine patriarchale, familiäre Kultur wird als Erfolgsfaktor für die schnelle Nutzung von Marktchancen gesehen. Das impliziert die Kleinheit des Unternehmens mit maximal 30-40 Mitarbeitern. Wachstum soll durch Förderung von Spin-offs erreicht werden.
- Kunden und Zulieferer werden als Partner gesehen (stark ausgeprägter Fairnessgedanke bis hin zu finanziellen Fragestellungen), in der Proof-of-Concept-Phase wird ohne Verträge gearbeitet (Vertrauenskultur).
- Das Netzwerk wird nur von Mitarbeitern wahrgenommen, die in der Anbahnungsphase der Virtuellen Unternehmen involviert sind.
- Wissensgenerierung und Innovationen erfolgen überwiegend auf Netzwerkebene.
- Das Wissensmanagement wird als Verbesserungsfeld identifiziert. Die Ursache könnte in einer eher mangelhaft gemanagten Schnittstelle zwischen Netzwerk- und Kooperationsebene liegen.

In der nächsten Projektphase werden, aufbauend auf den ersten Ergebnissen des Organisationsentwicklungskonzepts, in weiteren qualitativen und quantitativen Untersuchungen bestimmte Fragestellungen weiter vertieft und bisherige Erkenntnisse überprüft. Aus diesen Ergebnissen werden, analog zu dem Gestaltungsrahmen, relevante Fragestellungen zur Sensibilisierung, Empfehlungen und Werkzeuge zur konkreten Unterstützung der einzelnen Unternehmen abgeleitet.

4 Ausblick

Die bisherigen Erkenntnisse aus diesem und auch aus vielen anderen Projekten zeigen, dass Virtuelle Unternehmen einen Modellcharakter haben und in der Praxis nicht in ihrer „Reinform" realisiert werden. Jedoch gibt es in der Praxis eine Vielzahl von Beispielen, die die Potenziale dieser Kooperationsform ausnutzen und einige Merkmale von Virtuellen Unternehmen aufzeigen. Daran ist erkennbar, dass die Unternehmen großes Interesse an flexiblen und effizienten Kooperationsformen haben.

Auf der anderen Seite sind die angebotenen Hilfestellungen und Werkzeuge zur Unterstützung der Unternehmen in der Regel zu aufwendig und komplex. Es fehlt an einfachen und praktikablen Lösungen, die Unternehmen an ihre konkreten Bedürfnisse anpassen können.

An dieser Stelle kann der Gestaltungsrahmen, der in dem Projekt Arbeit@VU entwickelt wird, den Unternehmen helfen, die Vorteile einer modernen Kooperationsform auszunutzen, ohne ihre Flexibilität und Selbstständigkeit einzubüßen.

Literatur

Aderhold, J.; Wetzel, R. (2004): Kopierfehler beim Beobachten. Die „Organifizierung" des Netzwerks als Problem, in: Zeitschrift für Organisationsentwicklung (2004) 3, S. 22-29

Becker, H.; Langosch, I. (2002): Produktivität und Menschlichkeit, Stuttgart 2002

Brütsch, D. (1999): Virtuelle Unternehmen, Zürich 1999

Knauth, P.; Hornberger, S.; Olbert-Bock, S.; Weisheit, J. (2000): Erfolgsfaktor familienorientierte Personalpolitik, Frankfurt/Main u. a. 2000

Kofman, F. (2003): Seminar „Personal Transformation and Organisational Culture", unveröff. Mitschrift, Halifax 2003

Senge, P. M. (2001): Die fünfte Disziplin, Stuttgart 2001

Weisheit, J. (2001): Veränderung der innerbetrieblichen Kommunikation bei der Einführung alternierender Telearbeit, Frankfurt/Main u. a. 2001

Virtuelle Unternehmen – Ein Konzept für die kommunale Ebene?

Erste empirische Ergebnisse aus dem Online-Survey von KOVIUS

Bernd Hofmann

1 Einleitung

Die kommunale Ebene in Deutschland leidet unter enormem Finanzdruck. In fast allen Städten, Gemeinden und Kreisen wird derzeit nach Wegen zur Effizienzsteigerung gesucht und werden unterschiedlichste Experimente und Pilotprojekte durchgeführt. Dabei ist die kooperative Leistungserstellung ein besonders viel versprechender Ansatz (vgl. Hollbach-Grömig u. a. 2005; Deutscher Städtetag 2003; Deutscher Städte- und Gemeindebund 2004), der ebenso einfach klingt, wie er alt ist: Die ca. 14.000 deutschen Kommunen haben in etwa gleiche Aufgaben unter ähnlichen Rahmenbedingungen zu erledigen, so dass gemeinsame Erledigungen in Form der interkommunalen Kooperation bereits existieren, seitdem es Kommunen gibt. Doch aufgrund einiger Faktoren geraten die Kooperationen wieder stärker ins Zentrum der Aufmerksamkeit:

- Durch den steigenden Kostendruck sind die Kommunen gezwungen, die bereits bestehenden Kooperationen zu intensivieren und Synergiepotenziale durch eine Ausweitung der Kooperationen noch effizienter zu nutzen.
- Neue Formen der Zusammenarbeit und neue Partnerkonstellationen werden verstärkt diskutiert. Zu nennen sind hier, neben einer engeren Verzahnung von Verwaltungsprozessen zwischen kommunalen und staatlichen Stellen (trägerübergreifende Verwaltungsworkflows), auch die Public-Private-Partnerships (PPP), die zunehmend auch jenseits des reinen Finanzierungsmodells praktiziert werden (vgl. BITKOM 2004).
- Die Nutzung moderner Informations- und Kommunikationstechnik (IuK) ermöglicht übergreifende Zusammenarbeit unabhängig von örtlichen und zeitlichen Zusammenhängen und bietet damit die Chance, bestehende Kooperationsmodelle auf ein neues Qualitätsniveau zu heben.

Solchermaßen technikgestützte Kooperationen zwischen rechtlich selbstständigen Partnern zur effizienteren Auftragserledigung und zur Verbesserung der Wettbewerbssituation werden in der betriebswirtschaftlichen Literatur bereits seit Mitte der 90er Jahre unter dem Begriff der Virtuellen Unternehmen diskutiert (vgl. Davidow, Malone 1992). Nachdem die erste Welle der Euphorie hier zwar nun abgeebbt zu sein scheint, in der die virtuelle Organisationsform zu *dem* zukünftigen Unternehmensmodell erklärt wurde (vgl. z. B. Wüthrich, Philipp 1998), setzt sich mehr und mehr die realistischere Erkenntnis durch, dass Virtuelle Unternehmen *eine* wichtige und interessante Rolle in der breiten Palette der strategischen Handlungsoptionen von Unternehmen spielen.

Fraglich bleibt nun, inwieweit die technisch modernisierten kommunalen Kooperationsmodelle dem Ansatz Virtueller Unternehmen entsprechen. Können die Verwaltungen der Städte, Gemeinden und Kreise bei der Intensivierung und Ausweitung ihrer Kooperationsstrukturen von den Erkenntnissen des betriebswirtschaftlichen Organisationskonzepts profitieren? Und aus einer anderen Perspektive gefragt: Stehen die kommunalen Akteure als potenzielle Partner für Virtuelle Unternehmen mit privatwirtschaftlichen Unternehmungen zur Verfügung? Diesen Fragen soll im folgenden Beitrag nachgegangen werden. Die empirische Basis bilden die ersten Ergebnisse aus dem Online-Kommunal-Survey des Forschungsprojekts KOVIUS, auf dessen Fragestellungen und Forschungsstrategie vorab kurz eingegangen werden soll.

2 Das Forschungsprojekt KOVIUS

Das Kürzel KOVIUS steht als nicht ganz buchstabengetreue Abkürzung für „Virtuelle Unternehmens- und Arbeitsstrukturen im Kommunalbereich. Erschließung neuartiger Arbeits- und Kooperationsformen anhand quantitativer und qualitativer Untersuchungsmethoden".[1] Das Forschungsvorhaben ist Teil des Förderschwerpunkts „Innovative Arbeitsgestaltung – Zukunft der Arbeit" des Bundesministeriums für Bildung und Forschung (BMBF) unter der Projektträgerschaft des Deutschen Zentrums für Luft- und Raumfahrt (DLR). KOVIUS selbst ist dabei als empirisches Forschungsprojekt ebenfalls kooperativ konzipiert: Projektpartner sind die Professur für Sozialinformatik an der Otto-Friedrich-Universität Bamberg und das Zentrum für Sozialforschung und Praxisberatung GmbH (ZASP) in Bielefeld.

2.1 Forschungsstrategie

Bei der Suche nach Virtuellen Unternehmungen den Fokus auf öffentliche Kommunalverwaltungen zu legen, bedeutet, empirisches Neuland zu betreten. Dieser Sektor ist bislang von der betriebswirtschaftlichen und arbeitswissenschaftlichen Forschung zum Thema nicht explizit betrachtet worden. Von Seiten der Verwaltungswissenschaften resp. des Public Management fand das Konzept „Virtuelle Unternehmen" bislang kaum Beachtung.[2] Insofern unternimmt KOVIUS hier eine völlige Dunkelfeldanalyse und schließt eine Forschungslücke.

Bestandsaufnahme und Analyse repräsentieren aber nur einen Leistungsaspekt des Forschungsvorhabens, ein zweiter ist der Transfer der Ergebnisse in die Praxis. Dies bedeutet, dass die von KOVIUS ermittelten Befunde den Praktikern aus der kommunalen Verwaltung als Handreichung bzw. als Ideenreservoir für zukünftige Kooperationen zur Verfügung gestellt werden.

Die Bestandserfassung kommunaler Kooperationsformen im Rahmen der explorativen Studie wurde von KOVIUS möglichst breit angelegt. Ganz im Sinne der Projektausrichtung auf „virtuelle Unternehmens- und Arbeitsstrukturen" wurde eine sehr

---

[1] Weitere und ausführlichere Informationen zu KOVIUS sind auf den Internetseiten http://www.kovius.org und bei Mehlich (2005) nachzulesen.

[2] Als Ausnahme ist hier das laufende Forschungsprojekt „org-e-gov: Organisatorische Gestaltungspotenziale durch E-Government" zu nennen (http://www.orggov.de).

weite Definition von Virtuellen Unternehmen herangezogen. Aus dem – teilweise recht umfangreichen – Merkmalskatalog Virtueller Unternehmen, wie er in der betriebswirtschaftlichen Organisationsforschung Anwendung findet, wurden lediglich zwei Aspekte herausgenommen, um virtuelle Kooperationsprojekte zu kennzeichnen:

- Kooperative, organisations- und/oder ressortübergreifende Aufgabenerledigung mit unterschiedlichsten Partnerkonstellationen. Als potenzielle Partner kommen dabei Bundes- oder Landesbehörden, andere Kommunen/Kreise,[3] Unternehmen, freie Träger, aktive Bürger etc. in Betracht.
- Virtualisierte, telemediale Abwicklung mittels Internet, Intranet oder Extranet.

Das vorrangige strategische Ziel der explorativen Datenerhebung war es, möglichst viele Beispiele zu ermitteln. Eine Selektion und Qualifizierung der Daten anhand weiterer Aspekte aus dem Merkmalskatalog der Virtuellen Unternehmen (Konzentration auf Kernkompetenzen, gemeinsames Geschäftsverständnis, Vertragsgestaltung, zeitlicher Rahmen etc.) bleibt der Datenanalyse überlassen.

2.2 Forschungsdesign

Entsprechend der Forschungsstrategie und der Fragestellung teilt sich das empirische Vorgehen in zwei Erhebungsphasen:

1. Kommunal-Online-Survey: eine quantitativ-empirische Felderschließungsstudie mittels CASAQ (Herbst 2004);
2. fallbasierte Kooperationsanalysen: qualitative Detailstudien mittels Leitfadeninterviews und Dokumentenanalysen (Frühjahr/Sommer 2005).[4]

Der KOVIUS-Kommunal-Online-Survey[5] war als computer-assisted self-administered questionnaire (CASAQ) konzipiert und richtete sich an alle deutschen Städte, Gemeinden und Kreise, die per E-Mail erreichbar waren. Die Adressdatei wurde aus entsprechenden Verzeichnissen der statistischen Landesämter und Landesinnenministerien zusammengestellt und erwies sich als überaus valide, was die geringe Quote der „Irrläufer" (< 9 Prozent) bestätigte. Überaus positiv ist auch die Beteiligungsquote ausgefallen, die bei ca. 20 Prozent der angeschriebenen Kommunen lag. Ein sehr förderlicher Faktor war sicherlich die freundliche Unterstützung der Befragung durch die kommunalen Spitzenverbände (Deutscher Städtetag, Deutscher Städte- und Gemeindebund, Landkreistag Rheinland-Pfalz).

Die hohe Beteiligungsquote ist umso positiver zu bewerten, als der Befragungsablauf – notgedrungen – recht komplex strukturiert war. Aufgrund der Tatsache, dass uns weder die Existenz, geschweige denn Ansprechpartner für einzelne virtuelle Kooperationsverbünde bekannt waren, wurden die kommunalen Verwaltungsspitzen ganz allgemein angeschrieben. Die (Ober-)Bürgermeister und Landräte bzw. deren Referenten[6] wurden gebeten, einen Fragebogen mit allgemeinen Fragen zur Kom-

---

[3] In der Phase der Datenerhebung wurde auch der Sonderfall einer Kooperation zwischen Institutionen derselben Kommune aufgenommen, wenngleich dies mit der Anforderung des VU-Konzepts einer Zusammenarbeit rechtlich unabhängiger Akteure kollidiert.

[4] Da im Folgenden auf die ersten Ergebnisse der Online-Befragung eingegangen wird, wird hier auf eine detailliertere Darstellung der Vorgehensweisen bei den qualitativen Fallstudien verzichtet.

[5] Näheres zur Instrumentenkonstruktion und zum Befragungsablauf findet sich bei Schmid (2005).

[6] Auf die landesspezifischen Besonderheiten in der Ämterbenennung sowie auf die geschlechtsspezifische Ausgestaltung wurde hier zugunsten einer besseren Lesbarkeit verzichtet.

mune[7] zu beantworten und die E-Mail hausintern an alle Leiter entsprechender Kooperationsprojekte weiterzusenden. Die Verantwortlichen sollten dann einen für ihren Kooperationsverbund spezifischen Projektfragebogen[8] ausfüllen. Die Steuerbarkeit dieses verwaltungsinternen Schneeballsystems durch KOVIUS ist als eher gering zu bewerten, so dass es zusätzlich einer sicheren Nutzerverwaltung mit Registrierung, Anmeldung und Passwortschutz bedurfte, was die Handhabung zusätzlich erschwerte. Dennoch konnten 931 auswertbare allgemeine Fragebögen und zusätzlich 168 Projektfragebögen gesammelt werden.

3 Ergebnisse aus dem KOVIUS-Kommunal-Survey

Zunächst soll hier den Fragen nachgegangen werden, ob Kommunen virtuellen Kooperationen überhaupt eine Relevanz für ihr (zukünftiges) Handeln zuschreiben und inwieweit sie bereits mit solchen Formen der Zusammenarbeit experimentieren. Hierbei entstammen die Daten aus dem allgemeinen Fragebogen, der von der Verwaltungsführung beantwortet wurde. In einem zweiten Schritt wird schlaglichtartig die Organisation und Arbeitsweise bestehender Kooperationen anhand der Daten aus den Projektfragebögen näher beleuchtet.[9]

3.1 Relevanzeinschätzung und Nutzenerwartung

Eine große Mehrheit der befragten Städte, Gemeinden und Kreise sieht in internetbasierten Kooperationen eine wichtige Organisationsform zur Erfüllung ihrer Aufgaben: 72 Prozent schreiben virtuellen Kooperationen für ihre Kommunen zukünftig eine hohe bzw. sehr hohe Relevanz zu. Lediglich 4 Prozent sehen hier kein wichtiges Entwicklungspotenzial. Bei aller Problematik einer Verallgemeinerung der statistischen Aussagen[10] ist es sicher nicht übertrieben, virtuelle Kooperationen als kommunales Zukunftsthema zu bezeichnen.

Interessant ist hier, dass die Größe der Kommune einen deutlichen Einfluss auf die Relevanzeinschätzung hat. Je größer die Kommune, desto wichtiger wird das Thema internetbasierte Kooperationen bewertet. Während bei den Gemeinden unter 5.000 Einwohner „nur“ von zwei Dritteln die Wichtigkeit hoch oder sehr hoch eingestuft wird, sind es bei den Großstädten und Kreisen über 100.000 Einwohner fast 90 Prozent.

Unabhängig von der unterschiedlichen Relevanzeinschätzung ist in allen Kommunen das vorherrschende Motiv zur Bildung von internetbasierten Kooperationen die Kostenreduktion. Synergien durch kooperative Leistungserstellung heißt im kommu-

---

7 Inhalte waren Fragen zu: kommunalen Rahmendaten/Einschätzungen zu internetbasierten Kooperationen/Existenz und Planung virtueller Kooperationen.

8 Inhalte waren Fragen zu: Leistungen, Produkte, Gegenstände der Kooperation/Struktur und Organisation/Verfahren und Arbeitsweisen/technischer Standard/Erfahrungen und Perspektiven.

9 Weitere Ergebnisse des KOVIUS-Online-Survey sind bei Hofmann (2005) nachzulesen.

10 Obwohl der KOVIUS-Online-Survey eine Vollerhebung war, kann aufgrund fehlender Rahmendaten für die Grundgesamtheit aller Kommunen nicht zwingend von einer Repräsentativität der Ergebnisse ausgegangen werden. Über eventuelle Verschiebungen (Bias) zwischen der Gesamtheit der Kommunen und dem Datensatz können keine Aussagen getroffen werden. Deswegen wird im Folgenden von einer Hochrechnung auf die Gesamtheit der deutschen Kommunen abgesehen und die getroffenen Aussagen nur auf die beteiligten Kommunen bezogen. Siehe hierzu auch Postler (2005).

nalen Umfeld weniger Ausgaben und somit den angespannten Haushalt entlasten. Eher abstraktere Ziele, die nur mittelfristig zu weniger Kosten führen können, wie die Prozessoptimierung oder die Flexibilisierung, spielen nur eine untergeordnete Rolle. Das expansive Ziel einer Ausweitung des Leistungsangebots wird nur noch von der Hälfte der Kommunen mit der Bildung virtueller Kooperationen verbunden.

Die Initiative Dritter, so zum Beispiel die Bereitstellung von Fördermaßnahmen, spielt als Motiv für die Kommunen keine Rolle. Lediglich 14 Prozent gaben dies als möglichen Beweggrund an. Allerdings nimmt die Empfänglichkeit für die Initiativen Dritter mit abnehmender Einwohnerzahl zu, also kleine Gemeinden sind hier offener als Großstädte und Kreise.

3.2 Verbreitung virtueller Kooperationsprojekte

Im allgemeinen Fragebogen wurden die Kommunalverwaltungen direkt nach bestehenden Kooperationsprojekten innerhalb ihres Wirkungsbereichs gefragt. So kann eine empirische Einschätzung gegeben werden, inwiefern sich die hohe Relevanzeinschätzung tatsächlich in der Existenz virtueller Kooperationsprojekte niederschlägt. Knapp 40 Prozent der Antwortenden geben an, dass in ihrer Kommune bereits ein oder mehrere virtuelle Kooperationsprojekte existieren. Von dieser Gruppe (340 Kommunen) wurde eine Gesamtzahl von 876 Kooperationen genannt. Diese quantitative Einschätzung unterstreicht einerseits die hohe Relevanz der internetgestützten Kooperationsformen, ist andererseits aber auch nur ein erster Anhaltspunkt und bedarf der genaueren Analyse. Denn Nachfragen haben hier ergeben, dass die kommunalen Verwaltungsspitzen bisweilen unter dem Begriff etwas anderes verstanden als das, was wir suchten.

An dieser Stelle muss auch mit Nachdruck darauf hingewiesen werden, dass diese Zahlen auch nicht ohne weiteres auf die Gesamtheit der deutschen Kommunen „hochgerechnet“ werden können, da zu unterstellen ist, dass sich verstärkt diejenigen Städte, Gemeinden und Kreise beteiligt haben, die bereits über Kooperationen verfügen oder dem Thema generell aufgeschlossener gegenüberstehen.

Interessant ist, dass auch unter den Kommunen, die nach eigener Einschätzung bislang noch über kein virtuelles Kooperationsprojekt verfügen, zwei Drittel die Relevanz solcher Kooperationsformen für die zukünftige Arbeit als hoch oder sehr hoch bewerten. Damit liegen sie zwar etwas unter dem Wert der Kommunen mit virtuellen Kooperationsverbünden (82 Prozent), aber die Trendaussage zugunsten dieser modernen Kooperationsform ist auch dort zu sehen.

Klarer differenzieren sich die Ergebnisse bestehender Kooperationen bezogen auf die Größe der Kommunen. Es zeigt sich hier, wie bei der Relevanzeinschätzung, ein einfacher, aber klarer Zusammenhang: Je mehr Einwohner die Gebietskörperschaft hat, desto wahrscheinlicher ist es, dass sie internetbasierte Kooperationsprojekte unterhält. Während lediglich 31 Prozent der kleinen Gemeinden unter 5.000 Einwohner angeben, einen oder mehrere Kooperationsverbünde zu betreiben, tun dies 63 Prozent der Großstädte und Landkreise über 100.000 Einwohner.

Dieses Ergebnis konterkariert eine Hypothese, die als Analogieschluss aus der betriebswirtschaftlichen Literatur entstand. Viele Autoren sehen dort Virtuelle Unternehmen in erster Linie für Klein- und Mittelunternehmen (KMU) als geeignete strategische Lösung zur Kompensation von Wettbewerbsnachteilen (vgl. Fröschle 2000, 14). Nach unseren Daten sind es aber eben gerade nicht die kleinen und mittleren

Gemeinden, sondern die großen Städte und Kreise, die mittels moderner IuK kooperieren. Hier scheinen zwei Erklärungsansätze, die sich gegenseitig nicht ausschließen, möglich zu sein: Zum einen bedürfen die Institutionalisierung und der Betrieb virtueller Kooperationen offensichtlich eines Mindestmaßes an Personal, Know-how und Technikausstattung, über das die Kleinstkommunen nicht oder noch nicht verfügen. Zum anderen ist es denkbar, dass in den Großstädten der Problemdruck deutlich höher ist, so dass hier verstärkter zu innovativen Lösungswegen gegriffen wird. Welcher Ansatz die Ergebnisse treffender erklärt, kann erst nach den qualitativen Fallstudien entschieden werden.

3.3 Struktur und Organisation der Kooperationsverbünde

Eine weitere Hypothese, die sich aus dem betriebswirtschaftlichen Merkmalskatalog Virtueller Unternehmen ableiten lässt, nämlich eine Zusammenarbeit auf Zeit, ist für die kommunalen Kooperationsverbünde ebenfalls nicht zu erhärten. Die übergroße Mehrheit (73 Prozent) der Kooperationen ist unbefristet angelegt. Der Gedanke einer flexiblen Zusammenarbeit, die ad hoc und kurzfristig organisiert ist, um projektbezogen Lösungen zu erarbeiten und sich danach wieder aufzulösen (vgl. Mertens, Faisst 1995, 21), tritt bei den Kommunen offenbar in den Hintergrund. Betrachtet man sich jedoch die Entwicklung in der betriebswirtschaftlichen Literatur zu diesem speziellen Merkmal genauer, so wird man feststellen, dass auch dort zunehmend die Auffassung vertreten wird, dass die Kosten der Kooperationsanbahnung und der Institutionalisierung zu hoch sind, um es bei einer einmaligen Kooperation zu belassen (vgl. Hofmann 2000, 18).

Ein weiteres Merkmal Virtueller Unternehmen, das in der Literatur höchst kontrovers behandelt wird, ist die Frage, inwieweit die Zusammenarbeit der vertraglichen Absicherung bedarf. Die Diskussion pendelt hier zwischen den Thesen, dass eine erfolgreiche flexible Kooperation (nur) vertragsfrei auf Basis eines gemeinsamen Geschäftsverständnisses (vgl. Arnold u. a. 1995) und eines hohen gegenseitigen Vertrauens (zusammenfassend bei Steinheuser 2004) möglich ist, während von anderen Autoren eine vertragliche Fixierung, vor allem in Bezug auf Leistungserbringung und Leistungsverwertung, als unabdingbar betrachtet wird (vgl. z. B. Wirtschaftsministerium Baden-Württemberg 2000, 5). Für einen hochgradig normierten Bereich wie den öffentlichen Sektor, in dem sich die Kommunen bewegen, war zu unterstellen, dass Zusammenarbeit nur mit einer vertraglich abgesicherten Rechtsform möglich ist. Unter den von uns gefundenen virtuellen Verbünden im Kommunalbereich ist jedoch immerhin ein Drittel lediglich als informelle Kooperation organisiert, d. h. ohne vertragliche Bindung. Demgegenüber ist fast jedes zweite Projekt durch öffentlich-rechtliche Verträge oder Organisationsformen abgesichert. Es wird nun Aufgabe des zweiten Analyseschritts sein, zu klären, ob die Frage einer Vertragsbindung abhängig von den Produkten oder dem Stadium der Kooperationsbildung ist. Eine unbedeutende Rolle beim Rechtsstatus der kommunalen Kooperationen spielt die privatrechtliche Organisationsform (GmbH, AG, GbR, Verein etc.). Nur jede zwanzigste Kooperation hat eine solche Form gewählt.

Der Dominanz öffentlich-rechtlicher Verfahrensweisen bei der Organisation entspricht die Partnerwahl. Denn als Partner für den Aufbau internetbasierter Kooperationen suchen sich die Kommunen vor allem andere Kommunen, verschiedene Dienststellen innerhalb ihrer eigenen Kommune oder weitere Kommunaleinrichtungen, wie Kreise, Bezirke etc. Die langjährig erfolgreich erprobte interkommunale Kooperation dient hier als organisatorische Folie für Experimente auf neuem technischem Terrain. Die Zusammenarbeit mit staatlichen Stellen, seien es Bundes- oder Landesbehörden, ist nur geringfügig häufiger anzutreffen als Kooperationen mit Privatunternehmen oder mit privaten Organisationen, z. B. Verbänden und Vereinen. Dieses Ergebnis steht in Widerspruch zu allen Diskussionen um den steigenden Stellenwert der Public-Private-Partnerships (PPP) jenseits des reinen Finanzierungsmodells (vgl. AWV 2003) und um die Verschiebung des Rollenverständnisses zugunsten eines „enabling states" (vgl. Schuppan, Reichard 2002).

Die aus den Ergebnissen bei der Relevanzeinschätzung abgeleitete These, dass internetbasierte Kooperationsverbünde ein Zukunftsthema für Kommunen sind, bestätigt auch der Blick auf das Alter der bestehenden Kooperationen. Im Schnitt bestehen diese erst seit drei Jahren; zwei Drittel der Projekte sind nach dem Jahr 2000 gegründet worden. Für die Kommunen scheinen somit virtuelle Kooperationsverbünde zunehmend interessanter zu werden.

3.4 Arbeitsweise und technischer Standard

Ein zentrales Kriterium auf der Suche nach virtuellen Kooperationen im Kommunalbereich ist der intensive Einsatz von moderner Informations- und Kommunikationstechnik. Betrachtet man sich nun bei antwortenden Projekten die Häufigkeiten und die Formen der verwendeten Kommunikations- und Koordinationsmedien im Einzelnen,[11] so wirken die Ergebnisse ernüchternd.[12] Zwar wird mit E-Mail ein internetbasiertes Kommunikationsmittel durchschnittlich am häufigsten verwendet, allerdings dicht gefolgt von Telefon, persönlichen Meetings/Sitzungen und Fax, also klassischen Kommunikationsmitteln. Dagegen werden modernere Verfahren wie Telefon- und Videokonferenzen oder Internetforen/Bulletin Boards kaum genutzt. Dieses Bild bestätigt sich ebenfalls bei der genutzten EDV-Technik bzw. Software: Lediglich dem E-Mail-Client wird durchschnittlich eine häufige Nutzung zugeschrieben. Alle anderen Instrumente werden selten oder nie genutzt. Allerdings ist hier eine größere Varianz in den Antworten, v. a. bei den Merkmalen Internetauftritte, gemeinsame Datenbanken, Content-Management-Systeme, Intranet/Extranet zu beobachten. Hier zeigt sich eine große Spannbreite zwischen wenigen Kooperationen, die diese Techniken ständig im Einsatz haben, und jenen, die darüber überhaupt nicht verfügen.

Diese Differenzierung zwischen technisch sehr modern ausgestatteten und eher klassisch agierenden Kooperationsprojekten zeigt sich auch in zwei Einschätzungsfragen, mit denen der technische Standard bewertet werden sollte. Hier meinte jeder fünfte Kooperationsleiter, dass sowohl die Aufgaben als auch die Art der Abwicklung in seinem Verbund schon sehr lange bestehen. Jeder Dritte schätzte sogar, dass die Kooperation auch gut ohne Internet fortsetzbar wäre. In diesen Fällen scheint eine

---

[11] Der Nutzungsgrad der IuK wurde mittels 5er-Skala abgefragt, mit den Ausprägungen „nicht im Einsatz", „selten", „manchmal", „häufig" und „ständig".

[12] Allerdings darf man hier nicht dem Fehlschluss erliegen als Vergleich betriebswirtschaftliche Studien anhand einzelner Fallanalysen heranzuziehen. Diese sind sicher keine durchschnittlichen Unternehmungen, sondern häufig eher Pilotprojekte, für die die entsprechende IuK spezifisch erstellt wurde, so dass die Ergebnisse eher der Darstellung des aktuell technisch Machbaren entsprechen (vgl. z. B. Schumann u. a. 2004). Betrachtet man sich dagegen quantitativ-empirische Studien über privatwirtschaftliche Virtuelle Unternehmen, so bleibt auch dort der technische Standard der tatsächlich genutzten IuK deutlich hinter dem technischen Potenzial zurück (vgl. Hofmann 2004).

analytische Anwendung des Konzepts der Virtuellen Unternehmen kaum gegeben. Betrachtet man sich jedoch die Gegenseite, so ergibt sich, dass fast jeder zweite kommunale Kooperationsverbund, der uns geantwortet hat, neuartige Leistungen mit neuer Technik erbringt, die nur und ausschließlich mittels Internet möglich sind.

Somit müssen sicherlich die Angaben über die Quantität der virtuellen Kooperationen im Kommunalbereich nach unten korrigiert werden. Tatsache bleibt aber, dass in den Städten, Gemeinden und Kreisen die technisch modernisierte internetbasierte Zusammenarbeit ein Zukunftsthema von hoher Relevanz ist, dessen Bedeutung noch steigen wird. Dies belegen auch die Zukunftsperspektiven, die die Projektleiter ihren Verbünden zuschreiben. Lediglich in drei Fällen besteht die Absicht, die Zusammenarbeit zu reduzieren oder gar einzustellen. Über drei Viertel der Projektleiter bestätigen, dass ihr Verbund zukünftig expandieren soll, ob nun in Bezug auf die erstellten Produkte und Dienstleistungen, den Adressatenkreis oder die Zahl und Art der Partner.

4 Fazit

Gerade die sehr positive Zukunftseinschätzung der Projektleiter zeigt, dass die Erfahrungen der Kommunen mit virtuellen Kooperationen offensichtlich sehr positiv sind und ein verstärkter Einsatz dieses Modells bevorsteht. Da bislang virtuelle Kooperationen im Kommunalbereich eher Experimentcharakter besitzen, ist es dringend geboten, die Strukturen, Erfahrungen und spezifischen Modelle systematisch zu erfassen und in ihren typischen Verläufen zu analysieren. Virtuelle Kooperationsstrukturen im Wirkungsbereich der Kommunalverwaltungen stellen einen spezifischen Fall Virtueller Unternehmen dar. Zwar stehen die Städte, Gemeinden und Kreise grundsätzlich auch als Partner für privatwirtschaftliche Unternehmungen zur Gründung Virtueller Unternehmen zur Verfügung, jedoch ist die interkommunale Zusammenarbeit die weitaus bedeutendere für die Kommunen. Hier zeigen sich jedoch deutliche Differenzen zwischen privatwirtschaftlichen und öffentlichen Kooperationsbildungen in den spezifischen Rahmenbedingungen und den Erwartungshaltungen. Zu nennen wären hier unter anderem die unterschiedlichen Nutzenerwartungen: So ist in privaten Virtuellen Unternehmen das „offensivere" Ziel einer Verbesserung der Wettbewerbssituation vorherrschend, während Kommunen hier „defensiver" ihren Nutzen in der Reduktion von Kosten sehen. Ein anderer Aspekt ist die Frage nach den rechtlichen Rahmenbedingungen sowohl für die Organisationsbildung als auch für die Sicherheitsstandards bei der Datenübertragung.

Doch die große Zahl an bereits laufenden Kooperationen zeigt, dass das betriebswirtschaftliche Organisationskonzept der Virtuellen Unternehmen interessante Aspekte für die Kommunen bereithält, die jedoch auf die spezifischen Bedingungen und Anforderungen erst angepasst werden müssen. Auf dieser Basis erstellt KOVIUS eine Beispielsdatenbank, in der die Ergebnisse des Online-Survey ebenso einfließen werden wie die detaillierten Fallanalysen. Nutznießer werden kommunale Entscheider sein, die hier Informationen und Ideen für virtuelle Kooperationsprojekte finden.

Literatur

Arnold, O.; Faisst, W.; Härtling, M.; Seiber, P. (1995): Virtuelle Unternehmen als Unternehmenstyp der Zukunft?, in: HMD Praxis der Wirtschaftsinformatik (1995) 185

AWV Arbeitsgemeinschaft für wirtschaftliche Verwaltung e. V. (Hg.) (2003): Public Private Partnership. Ein Leitfaden für öffentliche Verwaltung und Unternehmer, Eschborn 2003

Bitkom (Hg.) (2004): Public-Private-Partnerships bei e-Government Projekten, Berlin 2004

Davidow, W.; Malone, M. (1992): The virtual Corporation: Structuring and revitalizing the corporation for the 21st century, New York 1992

Deutscher Städte- und Gemeindebund (2004): Interkommunale Zusammenarbeit (DStGB-Dokumentation Nr. 39), Berlin 2004

Deutscher Städtetag (2003): Interkommunale Zusammenarbeit. Möglichkeiten zur Verbesserung von Verwaltungsleistungen, DST-Beiträge zur Kommunalpolitik 31, Köln 2003

Fröschle, H.-P. (2000): Virtualisierungspotentiale – Praktisches Analyseraster und Anwendungsbranchen, in: Barthel, J.; Fuchs, G.; Wassermann, S.; Wolf, H.-G. (Hg.): Virtuelle Organisationen in regionalen Wirtschaftssystemen, Stuttgart 2000, S. 11-16

Hofmann, B. (2005): Virtuelle Unternehmen – Ein neues Kooperationsmodell für Kommunen?, in: Brosch, D.; Mehlich, H. (Hg.): E-Government und virtuelle Organisation, Wiesbaden 2005

Hofmann, J. (2000): Anmerkungen zu Virtualisierungsschritten in Organisationsformen, in: Barthel, J.; Fuchs, G.; Wassermann, S.; Wolf, H.-G. (Hg.): Virtuelle Organisationen in regionalen Wirtschaftssystemen, Stuttgart 2000, S. 17-23

Hofmann, J. (2004): Wettbewerbsvorteil für Unternehmen durch virtuelle Organisation, in: HMD (2004) 239, S. 58-67

Hollbach-Grömig, B. u. a. (2005): Interkommunale Kooperation in der Wirtschafts- und Infrastrukturpolitik, difu, Berlin 2005

Mehlich, H. (2005): Innovative Kooperationsformen im Kommunalbereich durch E-Government, in: Brosch, D.; Mehlich, H. (Hg.): E-Government und virtuelle Organisation, Wiesbaden 2005

Mertens, P.; Faisst, W. (1995): Virtuelle Unternehmen – eine Strukturvariante für das nächste Jahrtausend?, in: Schachtschneider, K. A. (Hg.): Wirtschaft, Gesellschaft und Staat im Umbruch, Nürnberg 1995, S. 150-168

Postler, J. (2005): Virtuelle Kooperationsverbünde und -strukturen aus Sicht der Kommunalverwaltung, in: Brosch, D.; Mehlich, H. (Hg.): E-Government und virtuelle Organisation, Wiesbaden 2005

Schmid, A. (2005): Der Einsatz von Onlinebefragungen, in: Brosch, D.; Mehlich, H. (Hg.): E-Government und virtuelle Organisation, Wiesbaden 2005

Schumann, M. u. a. (2004): Management von virtuellen Unternehmen, Göttingen 2004

Schuppan, T.; Reichard, C. (2002): eGovernment: Von der Mode zur Modernisierung, in: Landes- und Kommunalverwaltung (2002) 3, S. 105-109

Steinheuser, S. (2004): Zum Vertrauen in virtuellen Strukturen, eurom Arbeitspapier Nr. 1, http://www.invirto.de, Stand: 2004

Wirtschaftsministerium Baden-Württemberg; Fraunhofer-Institut für Arbeitswirtschaft und Organisation (Hg.) (2000): Virtuelle Unternehmen in Baden-Württemberg, Stuttgart 2000

Wüthrich, H.; Philipp, A. (1998): Grenzenlose Chancen durch Virtualisierung!?, in: zfo (1998) 4

Vergessen Sie, was Sie wissen

Heike Arnold

Zum Thema *Kompetenzen in virtuellen Organisationen* sollen einige Aspekte aus der Praxis dargestellt werden, die sich vorwiegend auf das neue Denken und Handeln in der Wissensarbeit konzentrieren.

Albert Einstein, den Sie hoffentlich nicht als Wissensfeind in Erinnerung behalten haben, drückte einmal sehr treffend aus, was Wissensarbeiter auszeichnet:

„Zwei Dinge sind zu unserer Arbeit nötig: Unermüdliche Ausdauer und die Bereitschaft, etwas, in das man viel Zeit und Arbeit gesteckt hat, wieder wegzuwerfen."

Wenn nun mein Vortrag den Titel „*Vergessen Sie, was Sie wissen*" trägt, dann erscheint Ihnen das womöglich trotzdem ein wenig verrückt. Ausgerechnet in Zeiten, in denen das Wort von der *Wissensgesellschaft* allgegenwärtig ist, sollen wir unser Wissen vergessen? Genau das aber möchte ich Ihnen nahe bringen.

Erlauben Sie mir jedoch bitte, Ihnen vorweg ein paar Worte zu meinem Unternehmen zu sagen.

Das Konzept der TWG entstand 1996. Es beinhaltet – in aller Kürze – Folgendes zur Organisationsstruktur: Es gibt keine Bürorepräsentanz. Keine Angestellten. Keine exklusiven Partnerschaften. Sinnvolle Informations- und Kommunikationstechnologie unterstützt die unternehmerischen Prozesse und Arbeitsabläufe; unsere Projekte werden zu 75-100 % virtuell abgewickelt. Das heißt, wir kennen unsere Projektpartner in der Regel nur vom telefonischen oder E-Mail-Kontakt. Nur unsere Kunden – und darauf legen wir Wert – treffen wir regelmäßig persönlich.

In Summe handelt es sich bei der TWG um eine normale GmbH, die – bei Bedarf – ein virtuelles Unternehmen ins Leben ruft und/oder zu einem Teil eines virtuellen Unternehmens wird.

Diese *virtuelle* Organisationsstruktur ist weniger für unsere Kunden spannend als vielmehr für uns selbst und die Forschung, weshalb die TWG bereits mehrfach analysiert wurde und andererseits ihre Kenntnisse und Praxiserfahrungen in aktuelle Projekte, zur Zeit das Projekt EVU, zuvor in das Projekt OPTIMA, einfließen lässt.

Wie Sie wissen, wird in derzeit knapp 20 Forschungsprojekten versucht, *Patentrezepte* von virtuellen Organisationen herauszufiltern, die sich auf andere Unternehmen *übertragen* lassen.

Mein Interesse als Praxispartner der Forschung ist es – und da trennen sich möglicherweise die Ergebniserwartungen an die Forschung –, dass *das-alle-und-alles-*

Gleichmachen-wollen – ein Relikt der industriellen Produktion – in der Wissensökonomie vermieden wird.

Wissensunternehmen entwickeln, nutzen und organisieren eigenes und externes Wissen, um für die meist vielfältigen Probleme ihrer Kunden die *richtigen* Lösungen zu entwickeln. Und erst aus dem vom Kunden wahrgenommenen Nutzen ergibt sich der wirtschaftliche Wert des Wissens, der Preis für eine Lösung/ein Produkt/eine Dienstleistung, aber auch der eigene Unternehmenswert.

Das ist das Gegenteil von Vereinheitlichung und Massenproduktion, und deshalb ist es nicht richtig, die Methodik des Industriezeitalters – das ökonomische Prinzip vom „Einsatz geringster Mittel zur Erzielung des größtmöglichen Erfolgs" (= Gewinn) auf die Wissensgesellschaft umzulegen.

Virtuelle Organisationen lassen sich nicht in ein bestimmtes Bild, die Führung einer solchen Organisation nicht in eine der bekannten Managementmethoden pressen. Würde man dies versuchen, wäre der Grundgedanke der Wissensunternehmen zerstört. Dazu ist es sinnvoll, sich noch einmal daran zu erinnern, wie es eigentlich dazu kam, dass die Neue Ökonomie überhaupt entstehen konnte.

Nun, es gelang dem oberen Management in vorwiegend größeren Unternehmen nicht mehr, ihre wichtigen Mitarbeiter durch materielle oder persönliche Vergünstigungen zu Höchstleistungen (noch mehr Produktivität, noch mehr Effizienz) zu motivieren. Mehr und mehr erkannten Mitarbeiter, dass sie in autokratisch geführten Teams arbeiteten und nur der Anschein gewahrt wurde, es handele sich um demokratische Entscheidungsprozesse.

Demokratische Entscheidungsprozesse bedingen aber Entscheidungs*fähigkeit*, und zwar jedes einzelnen im System befindlichen Entscheiders. Anders gesagt: Es ist absurd, einer hierarchischen Unternehmensstruktur – wie sie meistens noch herrscht –, die Anforderung zu stellen, sie möge sich bitteschön der Wissensgesellschaft gemäß verhalten. Das kann nicht gehen.

Trennschärfe – auch der Begriffe – ist von größter Wichtigkeit. Hier gibt es dramatische Mängel.

Schon vor einigen Jahren hätte der Begriff *Humankapital* zum Unwort des Jahres erklärt werden können, nicht etwa, weil an dem Begriff etwas Anstößiges zu entdecken ist, sondern ob der Art und Weise, wie mit ihm umgegangen wurde – scheinheilig zumeist. Man forderte *Unternehmer im Unternehmen* und behandelte Menschen, die in der Lage und willens waren, unternehmerisch zu denken, dennoch nicht gleichberechtigt. Die Entscheidungsmacht blieb nach wie vor bei denen, die kraft ihres Amtes dem Unternehmen vorstanden.

Die Diskrepanz zwischen Worten und Taten führte dazu, dass Wissensarbeiter auf ihre sicheren und zumeist gut bezahlten Posten verzichteten und ihr Humankapital fortan nicht nur *einem*, sondern *mehreren* Unternehmen zur Verfügung stellen wollten. Damit war ein neuer Markt begründet: der Handel mit Wissen. Hier entstand eine völlig neue Wertschöpfung.

In Wissensunternehmen, die sich zu Wissensnetzwerken formieren, ist der Kern der wirtschaftlichen Aktivitäten nicht mehr so sehr auf die Verwendung und Verteilung bereits vorhandener Ressourcen gerichtet, sondern vielmehr auf die Schaffung *neuer Werte* in Form von Waren und Dienstleistungen durch *Innovations*partnerschaften.

Wenn Sie sich die Unternehmensgeschichten der ersten Gründer der New Economy anschauen, dann spielt der Begriff „Freiheit" eine wesentliche Rolle. Freiheit –

hier auch im Sinne von *Schutz vor Abhängigkeiten* zu verstehen, wie sie sich in einem traditionellen Unternehmen zwischen Arbeitgebern und *abhängig* Beschäftigten, aber auch für Firmen, die von wenigen Kunden leben, rasch ergeben können.

Die *Idee* der virtuellen Unternehmung beugt diesen wechselwirksamen Abhängigkeiten vor, indem sie davon ausgeht, dass alle beteiligten Partner in einem solchen Verbund in der Lage sind, ihre eigene Existenz auch *ohne* die Vorteile, die sich aus einer temporären Kooperation ergeben können, zu sichern. Wenn dies so ist, ergibt sich daraus ein besonders spannender Aspekt dessen, was sich interdisziplinäre Zusammenarbeit nennt. Denn dann kommt es zu einer *positiven Verstärkung* der jeweiligen Leistungskraft – und am Ende ist das Ganze mehr als die Summe seiner Teile. Das ist die vielbeschworene Steigerung der Wertschöpfung. Und letztlich auch die des eigenen Unternehmenswertes. Das zu erreichen ist das Ziel eines virtuellen Unternehmens, zumindest per Definition, und manchen gelingt dies, und anderen gelingt es nicht.

Wenn nun in zahlreichen Forschungsprojekten versucht wird, die Erfolgsfaktoren virtueller Unternehmen zu untersuchen, dann wäre die Voraussetzung hierfür, sie anders zu betrachten als *Netzwerke*. Diese Kooperationsform enthält andere Grundideen, unter anderem die der längerfristigen Verbindung von Ressourcen und den Einsatz möglichst immer gleichbleibender Partner. Netzwerke unterscheiden sich im Wesentlichen lediglich durch den Einsatz neuer I-und-K-Technologien von den Kooperationsformen der alten Wirtschaft. Vom ökonomischen Prinzip der Effizienz weichen sie jedoch nicht ab – sie stellen in der Regel keine Innovationspartnerschaften dar. Nun braucht es unbestritten in allen räumlich verteilten Organisationen – ob virtuelles Unternehmen oder Netzwerk – spezifische Kompetenzen, die verloren gehen – oder auch nie entwickelt wurden – wenn vieles auf Zuruf, über den nächsten Schreibtisch hinweg, geschehen kann und sich die Menschen, die miteinander arbeiten, persönlich kennen.

Ich nenne das Stichwort *Vertrauen*.

Die meisten der mir bekannten Menschen vertreten die Meinung, Vertrauen könne sich *nur* dann entwickeln, wenn sie sich ein Bild von jemandem machen können. Zu diesem *sich-ein-Bild-von-jemand-machen können* gehört jedoch meines Erachtens auch die Fähigkeit, sich nicht von Einzelheiten beeindrucken zu lassen, die allzu augenfällig sind. Anders gesagt: Ich *muss* meine gespeicherten Informationen vergessen, die beim bloßen Anblick eines Menschen – ob ich dies will oder nicht – in meinem Gehirn abgerufen werden und die, in Summe, den ersten holzschnittartigen Eindruck ausmachen.

In der Zusammenarbeit mit Menschen, die ich persönlich nicht kenne, liegt für mich ein *entscheidender* Vorteil darin, dass ich mich zuerst von den Fähigkeiten einer Person, also den *Ergebnissen ihres Handelns* überzeugen kann, ohne mich in meiner Einschätzung davon leiten zu lassen, ob mir ein Mensch *gefällt*.

Vergessen Sie, was Sie wissen heißt in Zusammenhang mit Vertrauen, dass es Alternativen für seinen Entstehungsprozess geben muss und dass die „Face-to-Face"-Kommunikation kein alleiniges Mittel zur Herstellung von Vertrauen sein *kann*.

Wer den heute vielgelobten chinesischen Markt etwas kennt, wird wissen, dass man in dieser Kultur eine sehr ausgeprägte Vorliebe für indirekte Kommunikation findet, also E-Mails, Faxe, Briefe etc. Die Menschen dort glauben nicht, dass nur ein tiefer Blick in die Augen und ein verbindliches Lächeln vertrauensbildende Maßnahmen sind. Aber wir müssen gar nicht nach China schauen.

Je mehr sich die Kommunikation im Geschäft vom Telefon hin zur E-Mail verlagert, vom Businessmeeting hin zu umfangreicher elektronischer Korrespondenz, desto tiefgründiger wird diese Form des Kommunizierens. Wir haben es nur, wie vieles andere auch, über die Jahrzehnte verlernt, uns auf Distanz gut zu verstehen und zu vertrauen. Wer die Briefwechsel Goethes kennt, weiß etwa, dass vor 200 Jahren – mangels Mobilitätstechnologie – ein ferner Freund durchaus ein naher Freund sein konnte.

Wir sollten uns vom Zentralisierungswahn der Industriegesellschaft nicht blenden lassen. Menschen können und wollen lernen. Vor allem dann, wenn es dadurch gelingt, sich nicht dem Diktat anderer bedingungslos beugen zu müssen.

Wer oder *was* ist aber nun in der Lage, das auf persönliches Kennenlernen begründete Vertrauen, das als eine der wesentlichen Grundvoraussetzungen einer jeden Kooperation genannt wird, in einem virtuellen Arbeitsverbund zu schaffen, in dem die Möglichkeit persönlicher Treffen ausgeschlossen ist?

Ein Ziel. Ein gemeinsames Ziel. Oder, um es noch präziser zu sagen: Ein übergreifendes, also die jeweiligen egoistischen Interessen einrahmendes Ganzes.

Ein solch übergreifendes Ziel kann beispielsweise lauten: Wir wollen unseren Kunden *beweisen*, dass das *Ganze mehr ist als die Summe seiner Teile*.

Dieses Ziel setzt eine gesunde Einstellung sich selbst und seiner eigenen Leistungskraft gegenüber ebenso voraus wie die Bereitschaft, eine Aufgabe, die ein Kunde einem übertragen möchte – und die man durchaus auch selbst erfüllen könnte (aber eben ein Quäntchen weniger gut als ein anderer) – weiterzuvermitteln. Nicht unter der Hand versteht sich, sondern in aller Offenheit dem Kunden und auch dem ausgewählten Partner gegenüber.

Niemand wird dadurch in seiner Position geschwächt – und dennoch fällt die Bereitschaft *zu teilen, um zu vermehren*, nicht allen Menschen leicht, vor allem dann nicht, wenn Unternehmen oder Personen, die sich zusammenschließen, einen unterschiedlichen Status am Markt haben.

Ohne Zweifel fällt es einem bereits etablierten Unternehmen leichter, sich in einem Projekt im Hintergrund zu halten, als einem jungen Unternehmen, das jede neue Referenz braucht, um seinen Ruf zu stärken.

Vergessen Sie, was Sie wissen bedeutet in diesem speziellen Zusammenhang, die Erinnerung daran außer Acht zu lassen, dass es Sie selbst – möglicherweise – sehr viel mehr Energie gekostet hat, Ihr Unternehmen aufzubauen und bekannt zu machen, als dies für das eine oder andere noch unbekannte Unternehmen, das Sie in Ihre Projekte hineinholen, der Fall sein mag.

Vergessen Sie, was Sie wissen spielt aber auch in einem weiteren Zusammenhang eine wichtige Rolle.

Ausgehend davon, dass in virtuellen Unternehmen eine hohe Kundenorientierung vorherrscht und der Anspruch besteht, die individuellen Probleme der Kunden auch wirklich individuell zu lösen, müssen bewährte Methoden, Verfahren und Strategien immer wieder neu auf ihre Wirksamkeit in der jeweiligen Situation und auf den jeweiligen Kundennutzen hin überprüft werden. Was nicht bedeuten muss, das Rad immer wieder neu zu erfinden, wenn der Kunde nichts anderes braucht als eine Standardlösung.

Ich will Ihnen ein kleines Beispiel aus meiner Praxis geben. Auch hier geht es wieder um das wichtige Vergessen-können.

Im Jahr 1997, nur wenige Monate nach der Gründung der TWG, befand der Inhaber einer Werbeagentur, meinem Unternehmen dürfe auf keinen Fall eine *Imagebroschüre* fehlen. Nun ja, und wie das so ist – ein bisschen Stolz, Unternehmer zu sein, und der Wunsch, dies möge auch bekannt werden, führten dazu, dass ich ihm den Auftrag erteilte, diese Broschüre zu drucken.

Leider zu spät erkannte ich, dass das Verfallsdatum dieser Broschüre schon überschritten war bevor ich sie zum ersten Mal austeilte.

Warum?

Ganz einfach: Ein neu gegründetes Unternehmen, das nach dem Learning-by-Doing-Verfahren agierte und das weder eine ausformulierte Philosophie, noch ein finales Dienstleistungsangebot vorzuweisen hatte, aber eine Imagebroschüre – das passte nicht zusammen. Gleichwohl darf ich heute als Beraterin aus dieser Erfahrung nicht *ableiten*, dass es für andere neu gegründete Unternehmen ein Fehler wäre, in das Vermarktungsinstrument einer Imagebroschüre zu investieren. Auch hier gilt es wieder, *Erfahrungswissen* zu vergessen und sich auf das zu konzentrieren, was in der jeweiligen Situation für den jeweiligen Kunden das *Richtige* ist. Dies beinhaltet, der Komplexität neuer Projekte nicht allein mit der Erfahrung aus ähnlichen Projekten zu begegnen, sondern den Ehrgeiz zu bewahren, sich immer wieder, voll und ganz, auf einen Kunden und seine Ziele einzulassen, ihm eine *unverwechselbare*, von anderen *unterscheidbare* Lösung anzubieten. Gerade dann, wenn ein Kunde nicht das Wissen hat, ein Problem selbst zu lösen, weil es außerhalb der eigenen Kernkompetenzen liegt, oder die Problemlösung im Detail zu beurteilen, muss das Ergebnis auch der Überprüfung durch Dritte standhalten können.

Nun stellt sich für die Forschung die Frage, ob es möglich ist, das, was ein Unternehmen in seiner Gesamtheit ausmacht, die individuelle und facettenreiche Art, erfolgreich Beziehungen aufzubauen und zu pflegen, ob es realistisch ist, diese besondere Kombination aus kognitiver, emotionaler und fachlicher Kompetenz, ob es möglich ist, das in Patentrezepte und Strategien zu verwandeln, die sich auf andere Unternehmen übertragen lassen.

Ich möchte diese Frage mit einer einfachen Gegenfrage beantworten: Wo blieben dann die *Marken*?

Nichts spricht jedoch dagegen, sich zu überlegen, inwieweit es möglich ist, sich das Wissen um die Prozesse eines wissensbasierten Systems beispielsweise über virtuelle Trainer wie ViCO anzueignen. Computersimulationen virtueller Projekte – warum nicht? Gewiss lassen sich damit Entscheidungs- und Handlungskompetenz trainieren, und auch der Umgang mit dem notwendigen Handwerkszeug zur Wissensumsetzung und Wissensverbreitung lässt sich autodidaktisch erlernen.

Doch allem neuen Wissen muss das alte Denken über Management- und Führungstheorien, über Planen und Kontrollieren, über Automatisieren und Standardisieren weichen; nur dann eröffnen sich Einsichten in die Welt der virtuellen Unternehmen und Wissensnetzwerke, die – wie ich hoffe – sehr darauf achten werden, *nicht* zu vergessen, warum gegen Ende des 20. Jahrhunderts ein neues Unternehmertum entstanden ist. Weil es neben dem Streben nach unternehmerischem Erfolg (Gewinn) noch ein anderes Motiv gibt, selbstständig zu sein: Die Freiheit.

Lassen Sie mich abschließen mit einem Gedicht von Albert Schweitzer, das mich bei meinem Schritt in die Selbstständigkeit begleitet hat:

Ich bin ein freier Mensch

Ich will unter keinen Umständen
ein Allerweltsmensch sein.

Ich habe ein Recht darauf, aus dem
Rahmen zu fallen, wenn ich es kann.

Ich wünsche mir Chancen, nicht Sicherheiten.

Ich will kein ausgehaltener Bürger sein,
gedemütigt und abgestumpft, weil
der Staat für mich sorgt.

Ich will dem Risiko begegnen, mich nach
etwas sehnen und es verwirklichen, Schiffbruch
erleiden und Erfolge haben.

Ich lehne es ab, mir den eigenen Antrieb mit
einem Trinkgeld abkaufen zu lassen.

Lieber will ich den Schwierigkeiten des Lebens
entgegentreten, als ein gesichertes Dasein führen;
lieber die gespannte Erregung des eigenen Erfolges,
statt die dumpfe Ruhe Utopiens.

Ich will weder meine Freiheit gegen Wohltaten
hergeben, noch meine Menschenwürde
gegen milde Gaben.

Ich habe gelernt, selbst für mich zu denken
und zu handeln, der Welt gerade ins Gesicht zu
sehen und zu bekennen, dies ist mein Werk.

Das alles ist gemeint, wenn wir sagen:
Ich bin ein freier Mensch.

Kompetenzmodell für Akteure in virtuellen Arbeitskontexten als Basis des zielgruppenspezifischen Personalentwicklungsinstruments „VICO"

Verena Kehl, Martina Kunzendorf, Mia Wolf

1 Einleitung

Was sind die relevanten Kompetenzen für die erfolgreiche Arbeit in virtuellen Unternehmen? Dieser Frage geht das Forschungsprojekt VICO zunächst nach, um in einem zweiten Schritt mit dem virtuellen Qualifizierungscoach ein Personalentwicklungstool für Akteure in virtuellen Zusammenhängen zu entwickeln.

Ausgangspunkt unserer Überlegungen ist, dass Akteure in virtualisierten Arbeitsstrukturen, aber auch die neu strukturierten Organisationen selbst, veränderte Kompetenzen benötigen, um am Markt erfolgreich zu agieren. Dabei ist ein Kennzeichen virtueller Unternehmensnetzwerke, dass zumeist auf zentrale Managementfunktionen, wie z. B. Personalentwicklung, verzichtet wird (vgl. Reiss 2002, 140; Garrecht 2001, 36). Kompetenzerweiterungsprozesse liegen somit häufig in der Selbstverantwortung und Selbstorganisation der einzelnen Akteure.

Zur sinnvollen Begleitung dieses Prozesses sollen mit Hilfe des virtuellen Qualifizierungscoachs VICO neue bedarfs- und nutzerorientierte Formen zur Unterstützung der selbstgesteuerten Kompetenzerweiterung bereitgestellt werden. Welche Kompetenzen Akteure in virtuellen Unternehmen jedoch explizit benötigen, ist bisher weitgehend unerforscht. Im Rahmen der zielgruppenspezifischen Gestaltung dieses Tools war es deshalb zentrales Forschungsziel, die erforderlichen Kompetenzen für die erfolgreiche Arbeit in virtuellen Arbeitskontexten zu erforschen und ein Kompetenzmodell zu entwerfen.

2 Vorgehensweise

Das Untersuchungsdesign sah vor, zunächst die Geschäftsprozesse der virtuellen Unternehmen zu analysieren. Dabei wurden insbesondere die Kommunikations-, Kooperations- und Managementprozesse sowie sensiblen Schnittstellen untersucht und beschrieben, da hier, bedingt durch die Virtualität der Prozesse, veränderte Anforderungen und Kompetenzen zu antizipieren waren. Auf diesen Ergebnissen aufbauend wurden in einem nächsten Schritt Daten zur Untersuchung des Kompetenzprofils sowie des Qualifizierungsbedarfs von Mitarbeitern in virtuellen Unternehmen erhoben.

Hierzu wurde ein mehrstufiger Untersuchungsplan entwickelt, der zwei Vorgehensweisen beinhaltet bzw. miteinander vereint:

1. exploratives Vorgehen – Datensammlung zur Generierung neuer Erkenntnisse über erforderliche Kompetenzen in virtuellen Kontexten;
2. theoriegeleitetes Vorgehen – Datensammlung (qualitativ und quantitativ), um bestehende und/oder neu generierte Theoriekonstrukte zu überprüfen.

Das Untersuchungsdesign wurde so angelegt, dass die Daten aus den unterschiedlichen Phasen entsprechend kanalisiert und validiert werden konnten. Insgesamt ergab sich der folgende Untersuchungsplan (vgl. Abb. 1):

Abbildung 1: Untersuchungsplan

Auf Basis einer eingehenden Analyse der wissenschaftlichen Literatur wurde ein theoriegeleitetes Anforderungsmodell entwickelt, welches in anschließenden Interviews auf Vollständigkeit und Gültigkeit hin überprüft wurde. Hierzu wurde ein Interviewleitfaden entwickelt, der sowohl die Hypothesengenerierung als auch die Hypothesenprüfung (Theoriemodell) durch eine Kombination problemzentrierter sowie episodischer Interview-Anteile ermöglichte.

Insgesamt wurden dreizehn Interviews in neun virtuellen Unternehmen durchgeführt. Aus den Interviews konnten die für Akteure in virtuellen Kooperationsformen erfolgskritischen Kompetenzfelder extrahiert werden. Es wurden Clusterungen vorgenommen, Konzepte zu den einzelnen Kompetenzfeldern entwickelt und auf dieser Basis eine quantitative Befragungssystematik in Form eines Online-Fragebogens entworfen. Die Befragung sollte dazu dienen, die Erkenntnisse aus den Interviews zu vertiefen, die entwickelten Konzepte zu überprüfen und die Hypothesen zu fundieren. Im Zentrum der Befragung standen die Kompetenzfelder, die sich in den Interviews als erfolgskritische Dimensionen des Verhaltens und Erlebens der Akteure herauskristallisiert hatten.

Untersucht wurden folgende Anforderungsfelder, die in Kompetenzbereichen mündeten:

Coopetitionkompetenz

Coopetition umschreibt die Fähigkeit zur Kooperation bei gleichzeitiger Konkurrenz bzw. die Fähigkeiten, um Konkurrenz in der Kooperation zu vermeiden bzw. konstruktiv zu nutzen. Diesbezüglich spielen im Besonderen gemeinsam entwickelte Vereinbarungen und Verhaltensnormen eine große Rolle, aber auch Fähigkeiten im Umgang mit Konflikten, Fähigkeiten der Beziehungsgestaltung und Verhaltensstrategien synergetischen Handelns. Hier werden neue Kooperationsmechanismen notwendig, da latente Konkurrenzkonstellationen in virtuellen Unternehmen verbreitet sind (vgl. Jansen, Schleissing 2000).

Identitätskompetenz

Bedingt durch die virtuellen Arbeitsstrukturen müssen die Akteure virtueller Unternehmen sequentiell oder parallel in verschiedenen Teams kooperieren. Daher müssen die Akteure in virtuellen Arbeitstrukturen die Fähigkeit haben, mit Ablösungs- und Vertreibungsmechanismen (vgl. Negt 2000, 5 ff.) umzugehen, sich mit wechselnden beruflichen Kontexten zu identifizieren oder einen berufsbezogenen Selbstwert aufrecht zu erhalten. Darüber hinaus können die Wechsel verbunden sein mit wechselnden Rollen sowie mit unterschiedlichen Aufgaben und Anforderungen, an die sich die Akteure schnell und flexibel anpassen müssen. Das setzt einerseits Anpassungsleistungen an die anderen voraus, andererseits aber auch die Bewahrung des eigenen Identitätsbewusstseins. Im Arbeitsalltag wird dieses Spannungsfeld für den Akteur in verschiedenen Situationen spürbar.

Innovationskompetenz

Virtuelle Unternehmen sind durch Innovationen und steten Wandel geprägt. Um ihre eigene Wettbewerbsfähigkeit zu sichern, müssen Unternehmen und virtuelle Akteure flexibel agieren und sich rapide an neue Marktanforderungen oder innovationsbedingte Veränderungen anpassen. Als Agierende in einem innovationsträchtigen Marktsegment sind sie darüber hinaus zumeist auch darauf angewiesen, selbst Innovationen zu generieren. Infolge dessen sehen sich die Mitarbeiter immer neuen Herausforderungen gegenüber, welche nur durch die Entwicklung sinnvoller Strategien sowie den Erwerb bestimmter erfolgskritischer Kompetenzen bewältigt werden können.

Interkulturelle Kompetenz

In virtuellen Unternehmen treffen verschiedene Unternehmenskulturen, die sich in Form verschiedener Wissensvorräte, Hintergrundüberzeugungen, Denkmuster und Verhaltensnormen etc. widerspiegeln, aufeinander. Interkulturelle Kompetenz umfasst nun die Fähigkeit, verschiedene Unternehmenskulturen innerhalb der virtuellen Unternehmung zu integrieren, ohne dass dies den einzelnen Kulturen schadet und zu größeren Störungen bzw. Reibungsverlusten führt (vgl. Pindl 2002, 101 ff.).

Medienbasierte Kommunikationskompetenz

Medienbasierte Kommunikationskompetenz umschreibt u. a. die Fähigkeit gekonnt mit modernen Informations- und Kommunikationstechnologien umzugehen und diese situationsadäquat einzusetzen. Darüber hinaus müssen bspw. technische Probleme, Informationsüberflutung, das Defizit non-verbaler Signale sowie mangelnde Transparenz in den medialisierten Austauschprozessen bewältigt werden. Aufgrund der verteilten Arbeit in virtuellen Unternehmen ist dies für den reibungslosen Dienstleistungs- oder Produktionsprozess besonders bedeutsam.

Kooperationskompetenz

Die Notwendigkeit zur Kooperation über große Entfernungen spielt gerade in virtuellen Unternehmen eine wesentliche Rolle. Die Kooperationskompetenz umfasst bspw. die Fähigkeiten, medienbasierte Teamprozesse und -entwicklungen zu gestalten sowie spezifische kommunikative Kompetenzen zur Steuerung von Informationsflüssen und zum Management der virtuellen Kooperation. Dies ist insb. vor dem Hintergrund ineinandergreifender Arbeitsprozesse relevant.

Kundenintegrationskompetenz

Ziel virtueller Unternehmen ist es oftmals, mit individuellen Kundenlösungen Marktnischen zu erschließen. Daher ist die intensive Integration des Kunden in den Dienstleistungs- oder Produktionsprozess (unabdingbar) erforderlich. Kundenintegrationskompetenz umfasst alle Fähigkeiten, die eine intensive Integration des Kunden in den Dienstleistungs- oder Arbeitsprozess in virtuellen Strukturen ermöglichen. Beispielhaft zu nennen sind spezifische Kommunikations-, Beratungs- und Informationskompetenzen.

Managementkompetenz

Das Management virtueller Unternehmen unterscheidet sich zwar nicht grundsätzlich vom traditionellen Management, dennoch verändern insbesondere die in virtualisierten Organisationsformen übliche Heterarchie sowie die Medialisierung die Anforderungen an das Management. So hat bspw. die Gleichberechtigung der Partner zur Folge, dass keine Weisungsbefugnisse bestehen. Daher ist die Fähigkeit, die eigenen Führungsstrategien den neuen Erfordernissen anzupassen, ein wesentliches Moment der veränderten Managementkompetenzen.

Selbstlernkompetenz

Die Selbstlernkompetenz umfasst die Fähigkeit, zu erkennen, welche Bildungsthemen für die eigene Situation relevant und welche Bildungsangebote diesbezüglich passend sind. Aber auch die Verwendung effektiver Lernstrategien sowie die anschließende Kontrolle der eigenen Lernerfolge fallen in diesen Kompetenzbereich. Dies ist in virtuellen Unternehmen besonders bedeutsam, da es zumeist keine institutionalisierte Personalentwicklung gibt und die Akteure eigenverantwortlich für ihre Bildungsaktivitäten, ihren Kompetenzerwerb und damit für ihre Beschäftigungsfähigkeit sind.

Selbstmanagementkompetenz

Moderne Arbeitsformen gewähren den Menschen mehr Handlungsspielräume. Da der einzelne Akteur aufgrund reduzierter Führungsstrukturen und organisationaler Vorgaben bezüglich seines alltäglichen Arbeitshandelns und der Gestaltung seiner Berufsbiografie stärker eigenverantwortlich ist, benötigt er Fähigkeiten der Selbstorganisation und Selbststeuerung. Die Selbstmanagementkompetenz umfasst die Fähigkeiten, eigene Arbeitsprozesse zu steuern sowie emotionalen Beeinträchtigungen aufgrund medialer Entfremdung und geringerer sozialer Einbettung entgegenzuwirken.

Transitionskompetenz

Gerade im Umfeld virtueller Unternehmen ist eine zunehmende Tendenz zu diskontinuierlichen Erwerbsbiografien und unstetigen Auslastungen festzustellen. Dies konfrontiert die Akteure mit Planungsunsicherheiten, Beanspruchungsschwankungen und Gestaltungsspielräumen. Transitionskompetenz umfasst somit Fähigkeiten, die zur Bewältigung krisenhafter Umbruchserfahrungen und von Auftragslücken notwendig sind. Die Betroffenen müssen Umbrüche emotional verkraften, ihre soziale Zugehörigkeit immer wieder neu klären, ihre Identität als Arbeitskraftunternehmer den Kontexten anpassen und durch Networking ihre Existenz als fluides Organisationsmitglied sichern.

Unternehmerische Handlungskompetenz

Akteure virtueller Unternehmen werden oftmals als Unternehmer im Unternehmen bezeichnet, d. h., sie müssen im Rahmen ihrer eigenen Position bzw. Rolle unternehmerisch denken und handeln, um ihre Wettbewerbsfähigkeit zu erhalten bzw. auszubauen. Virtuelle Akteure benötigen daher neben der Fähigkeit, proaktiv, chancenorientiert und risikobewusst zu handeln, ebenfalls die Fähigkeit, sich fokussiert, kostenbewusst und zielbewusst auf ihre Aufgaben und ihren Arbeitsalltag einzustellen. Folglich müssen sie in der Lage sein, systematisch nach Opportunitäten zu suchen, hierfür gezielte Handlungsstrategien zu entwickeln und diese (relativ) rasch umzusetzen, indem sie neuartige Lösungsvorschläge entwickeln. Sie benötigen unternehmerische Handlungskompetenz.

Vertrauenskompetenz

Vertrauen spielt auch in virtualisierten Arbeitskontexten eine elementare Rolle für das Gelingen der Kooperation der beteiligten Akteure. Da in virtuellen Unternehmen aber oft ohne räumliche Nähe zusammengearbeitet und über Medien kommuniziert wird, kann Vertrauen nicht – wie in konventionellen Arbeitszusammenhängen – durch persönliche Vertrautheit entstehen. Alternative Vertrauensmechanismen, die sich auf Verhaltensregeln und Erfahrungen in der Zusammenarbeit stützen, verlangen vom Individuum, sein Verhalten und seine Beziehungssignale professionell zu gestalten, um eine positive Vertrauensspirale in Bewegung zu setzen (vgl. Ripperger 1998).

Work-Life-Balance-Kompetenz

Die modernen Arbeitsformen bedingen flexibilisierte Arbeitszeiten, was ausgedehnte Arbeitsvolumina, eine Verantwortungsverschiebung zum Individuum sowie zu gesteigerter Einsatzbereitschaft führt. Work-Life-Balance-Kompetenz umfasst die Fähigkeit, eigene Kapazitäten zur Vermeidung von Fehlbelastungen und Überbeanspruchung zu regulieren, um so eine nachhaltige Bewahrung der Leistungsfähigkeit zu gewährleisten. Der Akteur in virtuellen Strukturen muss in der Lage sein, Belastung und Entspannung sowie die Lebensbereiche Arbeit und Freizeit dosieren und ausbalancieren zu können.

Resultat dieser Erhebungen ist der Entwurf eines zielgruppenspezifischen, anforderungsadäquaten Kompetenzprofils für Akteure in virtualisierten Arbeitskontexten.

3 Modell beruflicher Handlungskompetenz für Akteure in virtuellen Unternehmen

Im Hinblick auf das Projektziel, ein für virtuelle Akteure spezifisches Modell beruflicher Handlungskompetenz als Basis für die Programmierung des virtuellen Qualifizierungscoachs VICO zu entwickeln und vor dem Hintergrund der sehr unterschiedlich ausgeprägten Virtualität der Arbeitsorganisationen, zeigte sich schnell, dass die sehr abstrakten (gängigen) Modelle beruflicher Handlungskompetenz nicht zweckdienlich sind. Vielmehr bestand die Notwendigkeit, die Kontur dieser Modelle vor dem Hintergrund der spezifischen Anforderungssituationen von Akteuren in virtuellen Unternehmen zu schärfen und die spezifischen Fassetten der Kompetenzfelder herauszuarbeiten.

Zu diesem Zweck wurde eine induktive Modellation der beruflichen Handlungskompetenz für virtuelle Akteure vorgenommen, d. h., sie wurde am empirischen Vorgehen und nicht an einer theoretischen Systematik ausgerichtet. Abbildung 2 spiegelt den derzeitigen Erkenntnisstand im Rahmen des Projektverlaufs wider.

Auf der untersten Ebene finden sich die „Anforderungsbereiche", die in den Erhebungen untersucht wurden. Dabei wurde auf Beschreibungen des Anforderungsprofils in der Fachliteratur aufgebaut. Die extrahierten erfolgskritischen Anforderungsfelder wurden in den Interviews bezüglich der auftretenden Probleme im Arbeitsalltag, den bewährten Bewältigungsmustern und den benötigten Kompetenzen untersucht.

Daraus ergaben sich auf der zweiten Ebene die von den befragten Akteuren benannten „Kompetenzfassetten", zu verstehen als charakteristische Fähigkeiten, die in typischen Arbeitssituationen in virtuellen Organisationsformen benötigt werden. Dabei wurden sehr spezifische Fähigkeiten und Fertigkeiten genannt, die den befragten Akteuren zur Bewältigung ihrer Arbeitssituation bedeutsam erschienen.

Auf der dritten Ebene wurden diese Einzelnennungen aus den Interviews durch die beteiligten Wissenschaftlerinnen in einem Abstraktionsschritt geclustert und mit Oberbegriffen versehen. Diese so genannten „Teilkompetenzen" beinhalten mehrere „Kompetenzfassetten", z. B. wurden die Nennungen „Einfühlungsvermögen", „Umgang mit Ängsten" und „Ausdrucksfähigkeit bezüglich Gefühlen" zu der Teilkompetenz „emotionale Kompetenzen“ zusammengefasst. Diese Bündelung war notwendig, da in den Interviews mehr als 450 spezielle Fähigkeiten genannt worden waren.

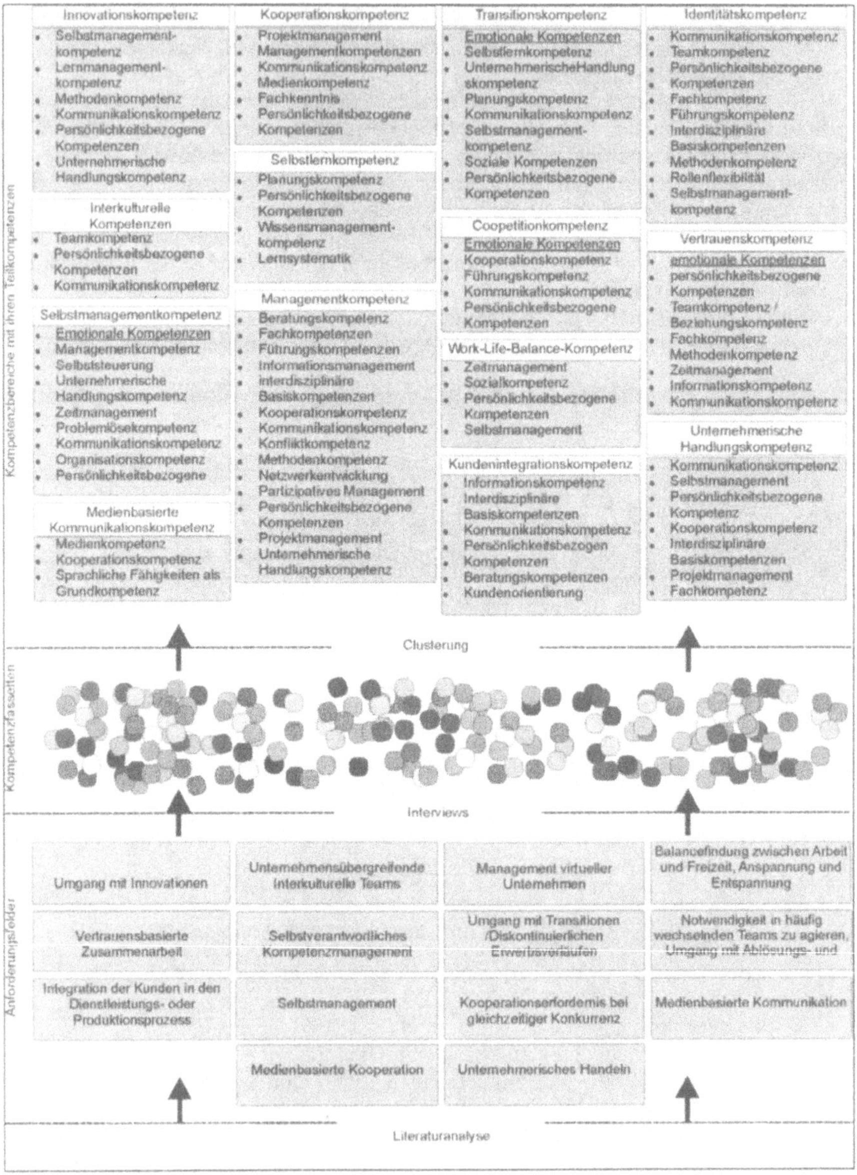

Abbildung 2: Übersicht über die Entwicklung des Kompetenzprofils

Zur Verdeutlichung der Anwendungssituation der Teilkompetenzen wurde die Ebene „Kompetenzbereiche“ eingeführt. Die Kompetenzen, die bspw. im Anforderungsbereich „Kooperationserfordernis bei gleichzeitiger Konkurrenz“ (Coopetition) benötigt werden, wurden unter dem korrespondierenden Begriff der Coopetitionkompetenz zusammengeführt. Dementsprechend wurden die in Bezug auf einen Anforderungsbereich genannten Teilkompetenzen mit einem entsprechenden Kompetenzbegriff versehen.

Bedeutsam für das Verständnis des Zusammenhangs von Kompetenzbereichen und Teilkompetenzen ist die Vernetzung der Teilkompetenzen sowie die Spezifik der Teilkompetenzen bezogen auf die Anwendungssituationen. Betrachtet man die einzelnen Felder, so stellt man fest, dass einige Kompetenzen (wie z. B. die *emotionale Kompetenz*, vgl. Abb. 2) in verschiedenen Bereichen anzutreffen sind. Hierbei handelt es sich nicht um eine simple Doppelung der Kompetenz, sondern dies verweist auf die unterschiedlichen Qualitäten von emotionalen Kompetenzen in den verschiedenen Anwendungszusammenhängen und damit auf die anforderungsbezogene Spezifik. Die Vernetzung zeigt sich darin, dass eine Teilkompetenz in mehreren Kompetenzbereichen relevant für die Bewältigung der Anforderungen sein kann (vgl. *emotionale Kompetenzen* in Abb. 2).

Um diese Komplexität nicht durch die Modellbildung künstlich zu reduzieren, wurde projektintern eine Darstellung in Form von Mindmaps gewählt, die durch ihre Verästelung die Zuordnung von Kompetenzfassetten zu bestimmten Anforderungssituationen ermöglichen und umgekehrt die Ableitung von benötigten spezifischen Kompetenzfassetten in einer bestimmten beruflichen Anwendungssituation ermöglichen. Diese zielgruppenspezifische und situationsadäquate Modellation ist Basis des bedarfsorientierten Unterstützungsinstrumentariums des virtuellen Qualifizierungscoachs.

4 Vorstellung eines Kompetenzbereichs

Zur Verdeutlichung soll anhand der Beispiele der Kompetenzbereiche „Coopetitionkompetenz“ und „Transitionskompetenz“ die Systematik des Modells veranschaulicht werden.

Coopetitionkompetenzen werden in einer Anforderungssituation benötigt, die durch Coopetition, also die potenzielle Konkurrenz zwischen Kooperationspartnern bzw. die Kooperation zwischen Konkurrenten, gekennzeichnet ist. Transitionskompetenzen sind hingegen hilfreich bei der Bewältigung von Umbruchserfahrungen im beruflichen Kontext, wie bspw. Auftragslücken, Teamwechsel oder Statuswechsel.

Zu beiden Anforderungsfeldern wurden die Befragungsteilnehmer eingehend befragt. Anhand der Anzahl der aufgelisteten Teilkompetenzen kann man im Modell erkennen, dass beide Kompetenzbereiche eine hohe interne Komplexität besitzen, da viele Teilkompetenzen in den Anforderungssituationen zum Tragen kommen.

Außerdem kann man dem Modell entnehmen, dass es eine Art Vernetzung zwischen den Kompetenzbereichen Coopetitionkompetenz und Transitionskompetenz gibt, da in beiden Bereichen z. B. die emotionale Kompetenz als Teilkompetenz inhärent ist. Wichtig für das Verständnis des Modells ist allerdings, dass die emotionale Kompetenz in den beiden Kompetenzbereichen sich auf ganz spezifische Kompetenzfassetten bezieht, die auf der darunterliegenden Ebene – mit höherem Auflösungsgrad – nachzuvollziehen sind.

Das bedeutet, dass sich im Kompetenzbereich Coopetitionkompetenz andere Fähigkeiten hinter dem Begriff emotionale Kompetenz verbergen als im Kompetenzbereich Transitionskompetenz. Denn in beiden Anforderungsfeldern werden emotionale Kompetenzen benötigt, aber jeweils situationsadäquate spezifische Kompetenzfassetten. Diese waren in den Untersuchungen von den Befragungsteilnehmern lebensnah beschrieben worden und fließen auf der Ebene der Kompetenzfassetten in das Modell ein, um eine Anbindung an die berufliche Alltagsrealität der anvisierten Zielgruppe zu sichern. Die daraus hervorgegangenen Abstraktionslevel auf den höheren Ebenen des Modells dienen der Systematisierung der genannten Fähigkeiten und der Anbindung an bestehende Begriffssysteme, wie das Referenzmodell der beruflichen Handlungskompetenz.

Um die beschriebene Logik anschaulich zu machen, werden im Folgenden die Coopetitionkompetenz und die Transitionskompetenz vergleichend dargestellt. Vergleicht man beide Kompetenzbereiche, fällt auf, dass sie unterschiedliche Teilkompetenzen subsumieren, aber auch in einigen Aspekten übereinstimmend zu sein scheinen. Dies betrifft z. B. die emotionalen Kompetenzen, die in beiden Teilkompetenzclustern vorkommen. Es wäre jedoch fatal, anzunehmen, diese beiden Teilkompetenzen wären identisch. Da das Modell von den Anforderungen der befragten Akteure her gedacht ist, sind hier unter dem Begriff „emotionale Kompetenz" jeweils die anforderungsspezifischen, emotionalen Kompetenzen zusammengefasst, die von den Befragten genannt oder beschrieben wurden.

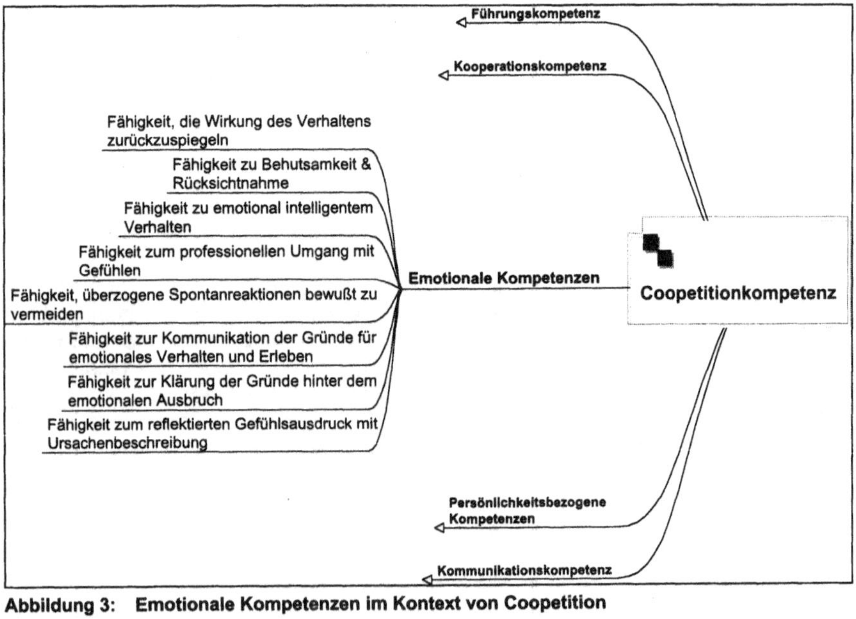

Abbildung 3: Emotionale Kompetenzen im Kontext von Coopetition

So ist bezüglich der Coopetitionkompetenz unter emotionalen Kompetenzen zu verstehen, dass die Akteure in Konkurrenzsituationen oder konkurrenzbelasteten Konstellationen die Fähigkeit benötigen, die Wirkung des Verhaltens des Kooperationspartners zu spiegeln und einen reflektierten Gefühlsausdruck mit einer emotional intelligenten Ursachenzuschreibung zu kommunizieren, wobei ihnen ein professioneller Umgang mit den eigenen Gefühlen, die bewusste Vermeidung spontaner Gefühlsreaktionen und die einfühlsame Klärung von Gründen für emotionales Erleben und Verhalten mit dem Partner abverlangt werden (vgl. Abb. 3).

Ganz anders in der Transitionssituation, in der der Akteur sich mit einem Umbruch in seinem Erwerbsleben oder einem Bruch in seinen Arbeitsroutinen auseinandersetzen muss. In solch einer Anforderungssituation bedeutet emotionale Kompetenz für die Akteure etwas Anderes, nämlich die Fähigkeit, Isolation und Ausgrenzung zu bewältigen, mit den eigenen Ängsten konstruktiv umzugehen, Loslösungs- und Bindungsmechanismen zu beherrschen, die emotionalisierte Identifikation mit einem Team zu wechseln und emotional intelligent mit Gruppendynamiken umzugehen (vgl. Abb. 4). Eine Überschneidung besteht darin, dass in beiden Anforderungssituationen Einfühlungsvermögen und eine reflektierte Ausdrucksfähigkeit eigener Gefühle benötigt werden (vgl. Abb. 5).

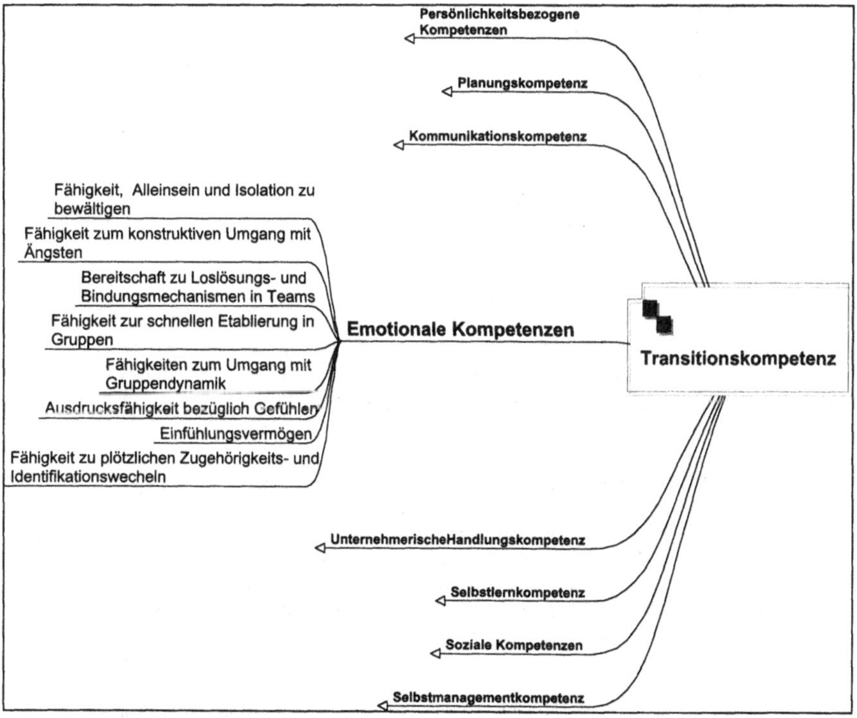

Abbildung 4: Emotionale Kompetenzen im Kontext von Transitionen

Anhand dieses Exempels kann gezeigt werden, dass in verschiedenen Anforderungssituationen ein und dieselbe Teilkompetenz relevant sein kann, darunter aber unterschiedliche Kompetenzfassetten subsumiert sind, die situationsspezifisch zur Entfaltung kommen müssen, um eine Anforderungsbewältigung zu gewährleisten. So benötigen die befragten Akteure in Coopetitionsituationen, aber auch in Transitionssituationen die Teilkompetenz „emotionale Kompetenz", wirksam werden in den beiden Situationen aber sehr unterschiedliche Kompetenzfassetten (vgl. Abb. 5).

Emotionale Kompetenzen im Kontext von...	
Transitionsanforderungen	**Coopetitionanforderungen**
• Gefühle von Isolation und Einsamkeit überwinden • Umgang mit eigenen Ängsten • Loslösungs- & Bindungsmechanismen • Wechsel emotionaler Identifikation • emotional intelligenter Umgang mit Gruppendynamik • Aufrechterhaltung der emotionalen Stabilität	• emotionale Wirkung von Verhalten zurückspiegeln • bewusste Vermeidung spontaner Reaktionen in emotionalisierten Situationen • Klärung der Gründe hinter emotionalem Erleben • reflektierter Gefühlsausdruck mit Ursachenbeschreibung • Vermeidung einer Konflikteskalation
• Ausdrucksvermögen eigener Gefühle • Einfühlungsvermögen • professioneller Umgang mit eigenen Gefühlen	

Abbildung 5: Vergleich kontextspezifischer Kompetenzfassetten

Alle genannten Kompetenzen lassen sich auf der Abstraktionsebene der Teilkompetenzen mit dem Oberbegriff „emotionale Kompetenzen" belegen, auf der Ebene der Kompetenzfassetten ist die Möglichkeit der Zuordnung spezifischer, situationsadäquater Kompetenzfassetten zu typischen Anforderungssituationen der Arbeitsrealität der Akteure in virtuellen Kontexten jedoch notwendig und mit Blick auf die Projektziele zielführend.

5 Fazit und Ausblick

Mit der bisherigen Modellierung des Kompetenzprofils für die Akteure in virtuellen Arbeitskontexten ist es u. E. gelungen, die Basis für die Softwareentwicklung des virtuellen Qualifizierungscoachs (VICO) zu legen. Durch die Integration der Daten des Kompetenzprofils in die Software kann eine bedarfsnahe und zielgruppenspezifische Hilfestellung bei der Identifizierung individueller Problembereiche und Kompetenzbedarfe realisiert werden.

Neben der zielgruppenspezifischen Fundierung von Kompetenzbegriffen durch eine anforderungsbezogene Spezifizierung der situativ benötigten Kompetenzfassetten bildet die Modellierung einen soliden Ausgangspunkt für eine abstraktere Modellbildung. Ein solches heuristisches Modell ganzheitlicher Handlungskompetenz für Akteure in virtuellen Arbeitskontexten gilt es abschließend herauszubilden.

Die ersten Ergebnisse haben gezeigt, dass zwischen den verschiedenen Kompetenzbereichen, Teilkompetenzen und Kompetenzfassetten starke Interdependenzen bestehen. Die Komplexität, Qualität und Intensität dieser Interdependenzen ist so hoch, dass es sinnvoll erscheint, die Modellierung in Form eines Kompetenznetzes zu realisieren, das die Ausprägung und Qualität der verschiedenen Felder und Bereiche sowie deren Referenzialität erfassbar macht und visualisiert.

Literatur

Garrecht, M. (2002): Virtuelle Unternehmen, Frankfurt/Main 2002

Jansen, S. A.; Schleissing, S. (Hg.) (2000): Konkurrenz und Kooperation. Interdisziplinäre Zugänge zur Theorie der Co-opetition, Marburg 2000

Negt, O. (2000): Vortrag beim Jahresempfang des DGB-Bildungswerks NRW e. V. am 10.02.2000

Pindl, T. (2002): Führen und Coachen von virtuellen Netzwerken, Köln 2002

Reiss, O. (2002): Kooperation in virtuellen Organisationsstrukturen, Frankfurt/Main 2002

Ripperger, T. (1998): Ökonomik des Vertrauens. Analyse eines Organisationsprinzips, Tübingen 1998

Kompetenzprofile in diskontinuierlichen Erwerbsverläufen

Rüdiger Klatt, Hartmut Neuendorff, Kerstin Nölle

1 Ausgangslage

Die ökonomischen Rahmenbedingungen für die Gestaltung von Arbeit haben sich in den letzten 20 Jahren grundlegend geändert. Die zunehmende europäische und globale Arbeitsteilung vor dem Hintergrund weitgehend geöffneter Märkte hat Staaten wie Unternehmen in einen Wettbewerb um die Optimierung von Standortfaktoren und Unternehmensstrukturen in Produktion und Dienstleistungserstellung geführt.

Unternehmen stehen deshalb seit längerem unter der Notwendigkeit, sich als Unternehmensnetzwerke oder als Netzwerkunternehmen neu zu erfinden. Zwar sind die ‚Blütenträume' vollständig virtualisierter Unternehmensstrukturen von der Wirklichkeit wieder weitgehend eingeholt worden. Und auch vor einer Überschätzung des von Castells diagnostizierten tief greifenden Wandels zur Netzwerkgesellschaft muss gewarnt werden (vgl. Hirsch-Kreinsen 2002; Howaldt u. a. 2004). Aber unterhalb dieser weitreichenden Erwartungen hat eine Entgrenzung der Arbeit sowie eine Dynamisierung und Flexibilisierung der Unternehmen stattgefunden. Die ehemals festen Koordinaten des deutschen Produktions- und Dienstleistungsregimes sind in Auflösung begriffen. Das fest gefügte System, in der Betriebsstätte, Belegschaft, Arbeitszeit und Arbeitsprozess noch in genau definierten Grenzen lagen, ist zwar noch vorhanden, aber nicht mehr repräsentativ für die meisten Unternehmen. Leitbild und Orientierungsmarke der meisten Unternehmen sind die global vernetzten, dezentral organisierten und hochflexibel komponierten Netzwerke aus selbständigen Unternehmen oder aus selbstorganisierten Unternehmensteilen *im* Unternehmen (vgl. Castells 2001).

Aus der Vision einer vernetzten Ökonomie wird Realität. Dies betrifft den Faktor Arbeit besonders (vgl. Mückenberger 1985, 4). Die viel beschworene „Erosion des Normalarbeitsverhältnisses" kennzeichnet weite Teile des aktuellen Arbeitsmarktes. „Sie drückt sich in einer wachsenden Heterogenität von Beschäftigungsformen und einer Entstandardisierung und Destabilisierung der Erwerbsbiografien aus. Das institutionelle Normengefüge, das sich nach wie vor am herkömmlichen Normalarbeitsverhältnis orientiert, büßt an Regulierungs- und Schutzfunktionen ein; Normalität im Erwerbssystem und die Schutzwirkung rechtlicher Normen fallen immer mehr auseinander, und es setzen sich neue Formen der sozialen Ungleichheit durch." (Dombois 1999, 13) Der häufigere Wechsel von Betrieb und Beruf, Teilzeitarbeit, geringfügiger Beschäftigung, Selbständigkeit und Zeitarbeit tritt neben das Normalarbeitsverhältnis und führt zu neuen erwerbsbiografischen Verlaufsmustern.

Der Begriff der Diskontinuität in Bezug auf den Erwerbsverlauf ist dabei facettenreich und nur schwer einzugrenzen. Aus unserer Sicht bewegen sich die so genannten ‚normalen' Erwerbsbiografien und die diskontinuierlichen in einem Kontinuum, das nur sehr schwer eine eindeutige Grenzziehung erlaubt. Für uns sind die diskontinuierlichen Erwerbsbiografien durch folgende Dimensionen vorläufig zu kennzeichnen:

- Eine längere Arbeitslosigkeit mit Tätigkeits- oder Berufswechsel ist eines der wesentlichen Kennzeichen von Diskontinuität im Erwerbsverlauf.
- Ein Wechsel der beruflichen Tätigkeit, durch den der Großteil der bislang erworbenen Qualifikationen obsolet wird, kann als Bruch verstanden werden.
- Ein Wechsel von einem Unternehmen in das nächste innerhalb eines Berufsbildes kann zu einem Bruch der kontinuierlichen Erwerbsbiografie durch komplette Änderung der Mikrobedingungen der Arbeit führen (vom Groß- zum Kleinunternehmen oder zur Selbständigkeit, vom hochautomatisierten Industriebetrieb zur Werkstatt oder umgekehrt, von der Hierarchie zum vernetzten Arbeiten in virtuellen Strukturen, vom Druckvorlagenhersteller zum Mediengestalter usw.).
- Auf- oder Abstieg in der Hierarchie kann als Bruch in der Tätigkeits- und Berufsbiografie verstanden werden (vom Techniker zum Manager, von der operativen zur dispositiven Tätigkeit und zurück).
- Die Brüchigkeit und Nichtlinearität der Erwerbsbiografie kann durch den Wechsel in einen anderen institutionellen Rahmen (abhängiges Beschäftigungsverhältnis, befristete Beschäftigung, Zeitarbeit, selbständige Tätigkeit, Arbeitslosigkeit, Schwarzarbeit) auch innerhalb eines Berufs- und Tätigkeitsfeldes zustande kommen.

Eine genaue Abgrenzung einer ‚normalen' von einer unsteten Biografie ist vor diesem Hintergrund schwierig. Festzuhalten ist aber, dass mit den Ergebnissen des Mikrozensus 2003 der Anstieg hochgradig flexibler Beschäftigungsverhältnisse und diskontinuierlicher Erwerbsverläufe statistisch betrachtet sehr wahrscheinlich ist – auch und gerade wenn man die Arbeitsmarktpolitik der letzten fünf Jahre mit hinzunimmt.[1] Der Mikrozensus 2003 hat u. a. folgende Fakten ermittelt:

- „Im Zeitraum April 2002 bis Mai 2003 wechselte laut Mikrozensus 2003 jeder zehnte Erwerbstätige (10 %) in Deutschland den Betrieb oder den Beruf. Der Anteil der Betriebs- bzw. Berufswechsler bei den unter 30-Jährigen betrug dabei 22 %, drei Prozentpunkte mehr als im Zeitraum April 1995 bis April 1996."
- Im Frühjahr 2003 stuften nach der Erhebung des Mikrozensus 2003 7,2 Mill. abhängig Beschäftigte in Deutschland ihre Tätigkeit als Teilzeitbeschäftigung ein, 2,4 Mill. bzw. 51 % mehr als im April 1991. „Damit stieg die Teilzeitquote der abhängig Beschäftigten – der Anteil der Teilzeitbeschäftigten an allen abhängig Beschäftigten – gegenüber April 1991 um über acht Prozentpunkte auf

[1] Es gibt deshalb auch kaum noch jemanden, der das Gegenteil behauptet. Demgegenüber konnte Bosch noch in 2003 vermuten, diese Entwicklung hin zu mehr Diskontinuität im Erwerbsverlauf sei statistisch nicht belegbar: „Die Beschäftigungsverhältnisse sind in den letzten Jahren in den meisten industrialisierten Ländern eher stabiler geworden, was insbesondere auf qualifizierte, nicht aber auf unqualifizierte Beschäftigung zutrifft. Für die von Castells formulierte Destabilisierungsthese gibt es keine Belege." (Bosch 2003, 16)

gut 22 %. Die Zahl der abhängig Vollzeitbeschäftigten fiel im gleichen Zeitraum um 15 % auf 24,9 Mill." (Mikrozensus 2003, 44)

- Rund 2,7 Mill. abhängig Erwerbstätige gaben an, in 2003 eine geringfügige Beschäftigung als einzige Tätigkeit ausgeübt zu haben. Und 3,7 Mill. Personen waren selbstständig tätig. Das waren rund 710.000 bzw. 23 % mehr als im April 1991.
- Von einer geradezu dramatischen Brisanz wird die Flexibilisierung der Erwerbsverhältnisse, wenn man die Zahl der Erwerbslosen von aktuell über 5 Mio. hinzunimmt.

2 Risiken und Chancen von Patchwork-Erwerbsbiografien

Die Brüchigkeit und Nichtlinearität der Erwerbsverläufe wird damit aktuell zu einer Erfahrung, die die Bedeutung von Beruf, Betrieb und unbefristeter Vollzeitbeschäftigung als festem Koordinatensystem des Arbeitsmarktes vor allem für die jüngeren Erwerbstätigen deutlich relativiert.

Bislang wurden zwar erhebliche Anstrengungen unternommen, Arbeitnehmern und Arbeitslosen ein Mehr an Flexibilität und Anpassungsbereitschaft abzuringen. Aber die soziale Absicherung in Fällen von Erwerbslosigkeit oder -unfähigkeit, von Kinderbetreuung sowie die Absicherung im Rentenalter ist gerade für Personen mit diskontinuierlichen Erwerbsverläufen nicht gewährleistet.

Für den Einzelnen wird die Gestaltung der eigenen Erwerbsbiografie immer mehr zu einem – oft riskanten – Spiel, bei dem abhängige und selbständige Tätigkeiten, Betriebs- und Berufswechsel, befristete Jobs, Zeitarbeits- und Teilzeitarbeitsverhältnisse einander ablösen. Der von Sennett proklamierte „flexible Mensch" und der von Pongratz und Voß plakatierte „Arbeitskraftunternehmer" „muss sich von der Idee der lebenslangen Loyalität gegenüber einer Firma lösen, er muss sich in seinem Arbeitsmarktverhalten an die ökonomisch gegebenen Netzwerkstrukturen anpassen. Das ist die Botschaft der vom einzelnen geforderten geistigen, seelischen und körperlichen ‚Fitness': Sei bereit, dich auf alles einzulassen!" (Keupp 2004, 10)

Die Risiken nichtlinearer Erwerbsverläufe entstehen dabei vor allem bei mangelhafter sozialer Absicherung. Für ältere Arbeitnehmer kann das (häufig erzwungene) Jobhopping den beruflichen oder sozialen Abstieg forcieren. Und längerfristige Arbeitslosigkeit oder geringe Qualifizierung motiviert auch nicht gerade zur positiven Gestaltung der eigenen Patchwork-Biografie. Risikofaktoren wie Alter und geringe Qualifikation führen zu einer Steigerung sozialer Ungleichheit und zu regelrechten Verlierer-Karrieren.

Auf der anderen Seite bieten sich vor allem für jüngere, gut qualifizierte Arbeitnehmer auch erhebliche Chancen

- für eine optimierte, gegen Flexibilitätszumutungen resistente Kompetenzentwicklung,
- für den Erwerb von so genannten Schlüsselqualifikationen,
- für eine lebenslange Lernorientierung,
- für die selbständige und proaktive Gestaltung der Arbeitsbiografie und
- für eine bessere Balance von Arbeit und Leben.

3 Ziele des Projektes NErVUM

Vor dem Hintergrund dieser Problemlage fördert das BMBF das Forschungsprojekt NErVUM: „Neue Erwerbsbiografien in virtuellen Unternehmen der Medienindustrie", das der Lehrstuhl für Soziologie der Universität Dortmund in Zusammenarbeit mit den Beratungsunternehmen *gaus gmbh* und *ARÖW GmbH* durchführt. Eingebunden in das Projekt sind das Druck- und Medienhaus *Laupenmühlen Druck GmbH & Co. KG* (Bochum) sowie der Softwareentwickler *The e-spirit Company GmbH* (Dortmund).

Das Ziel von NErVUM besteht in der Entwicklung praxisgerechter Modelle für betriebliche wie überbetriebliche Personal- und Organisationsentwicklungen in vernetzten Unternehmensstrukturen, die die Chancen und Potenziale neuer, nichtlinearer Erwerbsbiografien nutzen. Anders als in der aktuellen Diskussion werden nichtlineare Karrieren also nicht als krisenhafte Erscheinungen angesehen, sondern als gestaltbare Optionen für die persönliche wie auch für die Unternehmensentwicklung. Die grundlegende Philosophie von NErVUM ist daher: Wenn nichtlineare Karrieren gerade in der Medienindustrie zunehmen, wie können diese Lebensläufe gezielt unterstützt und damit zu einem Instrument menschengerechter Arbeitsgestaltung gemacht werden.

Um festzustellen, ob dieser Personenkreis über bislang ‚verborgene' Potenziale auf der Ebene der Kompetenzen verfügt, wurden im Projekt von der Universität Dortmund die Kompetenzprofile von Personen mit neuen, nichtlinearen Erwerbsverläufen (im Vergleich zu den ‚Normalerwerbstätigen') ermittelt. Der Lehrstuhl für Soziologie hat dazu in 2003/2004 insgesamt 18 Einzelfallstudien durchgeführt, in denen Betroffene zu ihren Erwerbsverläufen, zu ihren fachlichen und überfachlichen Kompetenzen in leitfadengestützten Interviews befragt wurden. Zum Teil wurden die Interviews multimedial dokumentiert. Parallel dazu wurden vier Experteninterviews mit Personalverantwortlichen in der Medienwirtschaft zu den Potenzialen von Personen mit diskontinuierlichen Erwerbsbiografien aus der Sicht von Unternehmen geführt. Zur Überprüfung der erarbeiteten Hypothesen wurde, auf der Basis der Ergebnisse, eine Onlinebefragung in der Zielgruppe von Beschäftigten in der Medien-/IT-Wirtschaft durchgeführt. Dadurch ist es gelungen, das Kompetenzpotenzial von Personen mit neuen Erwerbsbiografien im Vergleich zu Beschäftigten mit Normalerwerbsbiografien herauszuarbeiten.

In einem zweiten, eng an die Ergebnisse der wissenschaftlichen Arbeit angekoppelten Schritt wurde durch die gaus gmbh ein Online-Instrument zur Unterstützung der Gestaltung diskontinuierlicher Erwerbsbiografien

- für die Personalentwicklung,
- für die Geschäftsfeldentwicklung und
- zur Gestaltung diskontinuierlicher Erwerbsverläufe innerhalb netzwerkartiger Unternehmensstrukturen

erstellt.

4 Methode der Onlinebefragung

Die Erhebung wurde als offene Onlinebefragung im Internet durchgeführt. Hierzu wurde das im Rahmen des Projektes entwickelte Instrument zur Kompetenzdiagnose, der job.profiler (vgl. den Beitrag von Ciesinger, Urdze in diesem Band) zum Onlinefragebogen umgebaut, mit Hilfe dessen Personen mit unterschiedlicher Anzahl bisheriger Erwerbsstationen zu ihren Kompetenzprofilen und Weiterbildungsgewohnheiten befragt wurden.

Der Onlinefragebogen war in fünf Abschnitte geteilt: Begrüßung und Einführung, Erhebung der Kopfdaten (Anzahl und Dauer der Erwerbsstationen, Tätigkeiten, Branchen), fachliches Kompetenzprofil, Schlüsselqualifikationen, Weiterbildungsverhalten. Über eine geführte Navigation wurden diese Bereiche durch den Befragten sequentiell abgearbeitet. Alle Daten wurden durch ungeprüfte Selbsteinschätzung erhoben.

Das fachliche Kompetenzprofil wurde dabei folgendermaßen erfasst: Die Befragten konnten aus einer Datenbank mit ca. 150 Berufen die Tätigkeits- bzw. Kompetenzprofile dieser Berufe anschauen und einzelne Kompetenzitems auswählen und bewerten. Das individuelle Kompetenzprofil wurde durch die Befragten so durch beliebig viele Kompetenzitems aus beliebig vielen Berufen zusammengestellt.[2]

Zur Beschreibung der Schlüsselqualifikationen wurde eine geschlossene Liste von 36 Kompetenzitems[3] vorgegeben, aus der die Befragten auswählen und gewichten konnten.

Das Weiterbildungsverhalten wurde über die Frage nach der Bedeutsamkeit verschiedener Lernformen für die eigene Weiterbildung operationalisiert.

Der Fragebogen stand drei Monate offen im Netz und konnte nach Online-Akkreditierung bearbeitet werden. Die Teilnahme wurde mit einer Preisverlosung gekoppelt, bei der für die Medienindustrie attraktive Sachpreise gewonnen werden konnten.

Die Teilnehmer an der Befragung wurden über verschiedene Kanäle akquiriert: Ansprache von Unternehmen, die die Information an ihre Mitarbeiter weiterleiteten, Bannerwerbung im Internet, Nutzung verschiedener E-Mail-Verteiler, Nachrichten in Foren usw. Bis Ablauf der Befragung konnten so 577 Teilnehmer gewonnen werden, von denen bislang 479 ausgewertet werden konnten (Stand Februar 2005).

Ziel war es insbesondere, ein Profiling der Kompetenzen von Personen mit diskontinuierlichen Erwerbsverläufen zu ermöglichen, das auch die unentdeckten Kompetenzpotenziale dieser Personengruppe erschließen hilft – und zwar im Interesse der Beschäftigten wie der Unternehmen. Damit soll zukünftig die Möglichkeit gegeben werden, diskontinuierliche Erwerbsverläufe, etwa zur Vermeidung von ‚Burn-out' oder zur Entwicklung neuer Geschäftsfelder, gezielt zu planen.

Derzeit wird das Instrument in den zwei Betriebsprojekten erprobt und weiterentwickelt (vgl. dazu die Beiträge Ciesinger, Urdze und Hafkesbrink u. a. in diesem Band).

5 Ergebnisse NErVUM

Im Folgenden stellen wir die Ergebnisse der Befragungen vor, die wir im Rahmen des wissenschaftlichen Leitprojektes durchgeführt haben.

---

2 Das Vorgehen wird im Beitrag von Ciesinger, Urdze in diesem Band detailliert beschrieben, daher wird an dieser Stelle auf weitere Ausführungen verzichtet.

3 Die Liste der Schlüsselqualifikationen wurde hier von der Fachhochschule Hannover aus dem Fachbereich Wirtschaft übernommen (vgl. Fachhochschule Hannover 1999). Diese Systematik wurde gewählt, da sie hinsichtlich Anzahl, Sprachniveau, Selbsterklärungsfähigkeit und Praxisnähe als die für den Erhebungszweck günstigste erschien.

5.1 Ergebnisse der explorativen Erhebungen im Rahmen von Betroffeneninterviews

In der ersten Phase der wissenschaftlichen Erhebungen wurden im Zeitraum von Oktober 2003 bis Mai 2004 achtzehn Personen befragt, die eine nichtlineare Erwerbsbiografie aufwiesen. Zum Teil stammten die Personen aus den am Projekt beteiligten Unternehmen. Etwas mehr als die Hälfte der Betroffenen interpretierte ihre Erwerbsbiografie dabei als erfolgreich. Die befragten Personen mussten mindestens vier Erwerbsstationen von mindestens einjähriger Dauer aufweisen, davon mussten mindestens zwei Erwerbsstationen in unterschiedlichen Berufsfeldern liegen. Eine der Erwerbsstationen sollte in der Medienwirtschaft liegen. Bei dieser vorläufigen, pragmatischen Operationalisierung des Phänomenbereichs nichtlinearer Erwerbsbiografien handelt es sich um Minimalkriterien. Die meisten der Befragten wiesen deutlich mehr Erwerbsstationen auf. Die Kriterien wurden auch in der Onlinebefragung aufgegriffen. Die Interviews wurden mit Hilfe qualitativ-hermeneutischer Methoden empirischer Sozialforschung ausgewertet. Im Rahmen dieses Beitrages können nur einige wenige vorläufige Hypothesen der Arbeit vorgestellt werden.

Das zentrale Ergebnis der Interviews lässt sich in der These bündeln, dass die Diversität im Erwerbsverlauf die Entwicklung komplexer Kompetenzprofile häufig begünstigt. Komplexe Kompetenzprofile zeichnen sich in unserer Definition durch eine Kombination von breiten und differenzierten fachlichen Qualifikationen mit überfachlichen Qualifikationen wie Selbstlernfähigkeit, Anpassungsfähigkeit, Kreativität und Problemlösungskompetenz sowie einem hohen Maß an Selbstverantwortung aus.

- Dass berufsbiografische Diversität die Entwicklung solcher Kompetenzprofile begünstigt, galt auch für diejenigen unter den Interviewten, die ihre Erwerbsbiografie tendenziell als gescheitert ansahen. Dieser Personenkreis hat zwar in der eigenen Wahrnehmung nicht die Wunschbiografie und die Wunschqualifikationen erzielt. Es wurden in der Analyse aber auch für diesen Personenkreis Kompetenzen zur Bewältigung von Krisen oder von unerwarteten Flexibilitätsanforderungen gefunden. Im Unterschied zu den erfolgreichen diskontinuierlichen Erwerbsbiografien waren aber Merkmale wie etwa Motivation und Selbstbewusstsein gering ausgeprägt, die bei den anderen Befragten eine positive Verwertung der Kompetenzen im erwerbsbiografischen Prozess möglich machten. Die generelle Skepsis, die Personalverantwortliche gegenüber „Quereinsteigern“ oft noch haben, wirkt bei diesen Personen noch verstärkend negativ.
- Nach unseren explorativen Analysen wirkt der Zwang widriger Verhältnisse, in denen die Tätigkeit, der Betrieb und das bisher Erlernte durch einen Neuanfang in einem anderen Tätigkeitsfeld zunächst einmal in Frage gestellt werden, nicht immer negativ. Die Krisenerfahrungen können die Persönlichkeitsentwicklung fördern und die berufliche Orientierungskompetenz erhöhen. Die befragten Personen mit relativ erfolgreichem erwerbsbiografischem Verlauf zeichneten sich in ihrer Selbsteinschätzung durch eine hohe Arbeitsmotivation, Selbstlernkompetenz und Anpassungsfähigkeit aus. Diese Einschätzung wurde durch die im Verbund von NErVUM beteiligten Unternehmenspartner sowie in den Experteninterviews mit Personalverantwortlichen in der Medien-/IT-Wirtschaft bestätigt.

- Obwohl mit häufigen Anforderungen zur beruflichen Neuorientierung konfrontiert, entwickeln die Personen mit diskontinuierlichen Erwerbsbiografien trotzdem eine hohe emotionale Bindung an das Unternehmen, in dem sie jeweils tätig sind. Sie sind aber flexibel, offen und krisenresistent, falls Änderungen im Unternehmen einen Austritt oder einen Tätigkeitswechsel notwendig werden lassen.
- Die Weiterbildungsbereitschaft der Betroffenen ist in der Regel sehr hoch. Sie haben sich Strategien angeeignet, die eine schnelle Einarbeitung in neue Zusammenhänge ermöglichen. Dazu zählt etwa, in unvorhergesehenen Arbeitspausen durch Beobachtung und Befragung von Kollegen das eigene Wissen zu erweitern.
- Die organisierte berufliche Weiterbildung spielte für die Kompetenzentwicklung des befragten Personenkreises so gut wie keine Rolle. Sie wurde oft sogar als „unnütz" abgelehnt.
- Gerade die Aneignung komplementärer Kompetenzen wurde in den diskontinuierlichen Erwerbsverläufen besonders unterstützt. Personen, die aus industrieller, großbetrieblicher Fertigung zu kleinen dienstleistungsorientierten Handwerkern wechselten, profitierten in ihrer Kompetenzentwicklung von der Mitarbeit in Produktionsteams (Stichwort: Team- und Kommunikationsfähigkeit) und komplementär dazu von der Nähe zum Kunden in kleinbetrieblichen Strukturen (Stichwort: Kundenorientierung).
- Entgegen unserer Ausgangsvermutung kann Diskontinuität im Erwerbsverlauf auch die Balance von Arbeit und Leben unterstützen, sofern gewollte oder ungewollte Brüche verbunden werden können mit betrieblichen und persönlichen Planungen. In einem Fall wechselte eine angestellte Mediendesignerin mit Unterstützung ihres Unternehmens in die Selbständigkeit, um von zu Hause arbeiten zu können und parallel die Betreuung ihrer Tochter zu ermöglichen. Die verschiedenen Optionen zur Gestaltung des Erwerbsverlaufs wirkten sich in diesem Fall positiv sowohl auf die familiäre als auch auf die berufliche Situation aus. Ein kompletter Austritt aus dem Erwerbsleben wurde vermieden, so dass auch die für Berufsrückkehrer/-innen typischen Anlaufprobleme und Kompetenzlücken bei der Rückkehr ins Erwerbsleben nicht entstehen können.

Als ein erstes Fazit aus den Analysen der Interviews von Betroffenen lässt sich folgende These formulieren: Lernen im Prozess diskontinuierlicher Arbeit erweitert die fachlichen und vor allem die überfachlichen Kompetenzen (z. B. Schlüsselqualifikationen wie Lernfähigkeit, Selbstorganisations- und Selbstmanagementkompetenz, Flexibilität/Anpassungsbereitschaft) – möglicherweise stärker als in Normalbiografien. Dies steht der zunächst auch plausiblen Erwartung entgegen, dass Personen mit unsteten Erwerbsbiografien geringer qualifiziert, weniger motiviert und karrieretechnisch schlechter positioniert sind als Personen mit normalen, stetigen Erwerbsverläufen. Zumindest im Bereich der Qualifikation und Motivation lassen sich diese Erwartungen jedenfalls nicht bestätigen.

In einem nächsten Schritt haben wir versucht, die Hypothesen aus den explorativen Interviews durch eine Onlinebefragung zu überprüfen.

5.2 Erste Ergebnisse der Onlinebefragung

Die Onlinebefragung, die im Rahmen von NErVUM durchgeführt wurde, zielte in erster Linie auf die Analyse der Kompetenzprofile von Personen mit diskontinuierlichen Erwerbsbiografien. Dazu wurden u. a.

- die Erwerbsverläufe (Anzahl, Tätigkeit, Dauer),
- die fachlichen und die überfachlichen Qualifikationen sowie
- die Lernformen

abgefragt. Die Unterscheidung „diskontinuierlicher" bzw. „brüchiger" von „normalen" Erwerbsbiografien setzt eine im Prinzip kontingente Grenzziehung voraus. Wir haben Diskontinuität in der Vorauswertung der Onlinebefragung zunächst nur durch die Zahl der Erwerbsstationen operationalisiert. Biografien von Personen mit mehr als vier Erwerbsstationen wurden vorläufig als diskontinuierlich eingestuft. Die Unterschiedlichkeit der Erwerbsstationen wird erst im Rahmen einer vertieften Auswertung als weiteres Kriterium hinzugezogen.

Schwerpunkt bildete in der ersten, noch vorläufigen Auswertung die Betrachtung der Entwicklung fachlicher und überfachlicher Qualifikationen innerhalb des Erwerbsverlaufs.

5.2.1 Fachqualifikationen

Die Besonderheit unsteter Erwerbsbiografien liegt darin, dass die Kompetenzprofile dieses Personenkreises sich nicht innerhalb eines Berufsprofils abbilden lassen. Das Tätigkeitsprofil dieses Personenkreises hat in der Regel auch keinen unmittelbaren Bezug mehr zum erlernten Ausbildungsberuf. Trotz der Fokussierung der Befragung auf die Medienwirtschaft ergab sich daher die Notwendigkeit, die fachlichen Qualifikationen möglichst vieler verschiedener Berufe abzubilden. Die Befragten konnten auf der Grundlage der ‚idealen' fachlichen Kompetenzprofile aus den BIBB-Ausbildungsverordnungen frei wählen, welche fachlichen Qualifikationen aus welchen Berufen ihren realen Kompetenzen am nächsten kommen. Darüber sollte ein möglichst realistisches Bild von den arbeitsbezogenen Kompetenzanforderungen der Befragten jenseits von Ausbildung und Beruf gewonnen werden.

Mit der Befragung wurde damit auch zum ersten Mal die Grundlage geschaffen, die in den BIBB-Verordnungen idealtypisch unterstellten Qualifikationsanforderungen von Ausbildungsberufen mit den realen Entwicklungen von Kompetenzanforderungen und Kompetenzen zu vergleichen. Darüber lassen sich zukünftig in der vertieften Auswertung Erkenntnisse auch in Bezug auf die Dynamik von Veränderungsprozessen in der Arbeitswelt gewinnen und Reformbedarfe für das System der beruflichen Bildung ableiten.

In erster Linie ging es aber in unserer Befragung darum, die Kompetenzentwicklung in Abhängigkeit vom Erwerbsverlauf zu beleuchten.

Idealtypische Kompetenzprofile liegen bislang nur für Ausbildungsberufe vor. Zudem sind akademische Berufe per se stärker auf Flexibilität und auf die Fokussierung überfachlicher Qualifikationen ausgelegt, tragen also der wirtschaftlichen Dynamik sehr viel stärker als Ausbildungsberufe Rechnung.

Unsere Stichprobe beschränkte sich daher auf die Zielgruppe der Personen mit beruflicher Ausbildung. Die folgenden Ergebnisse beruhen auf einer ersten, noch sehr allgemeinen Auszählung auf der Basis von 476 Fragebögen (Stand: 15.02.05). Sie lassen sich vor diesem Hintergrund zunächst nur begrenzt verallgemeinern.

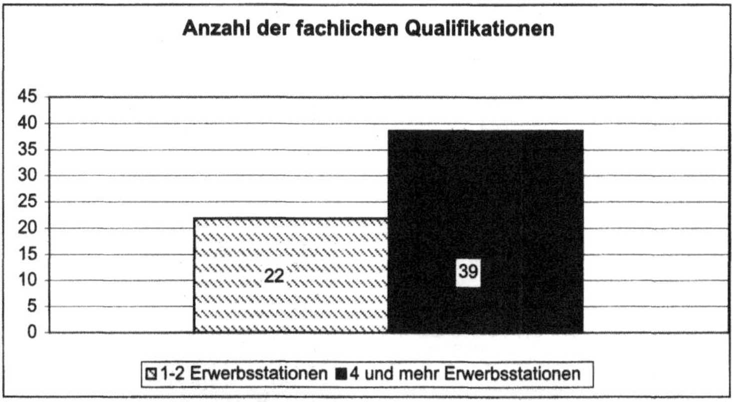

Abbildung 1: Anzahl der fachlichen Qualifikationen

Die obige Abbildung zeigt das Ergebnis der ersten Auszählung vorhandener fachlicher Einzelqualifikationen in Abhängigkeit von der Zahl der Erwerbsstationen.[4] Verglichen wurde der Kreis von Personen mit ein bis zwei Erwerbsstationen mit den Personen, die vier und mehr Erwerbsstationen angegeben haben. Es zeigt sich, dass letztere Gruppe deutlich mehr fachliche Qualifikationen angegeben hat. Während Personen mit bis zu zwei Erwerbsstationen im Durchschnitt 22 einzelne Fachqualifikationen angaben, liegt dieser Durchschnitt bei den Personen mit diskontinuierlichen Erwerbsbiografien bei 39 Fachqualifikationen. Personen, die Beruf und/oder Betrieb häufiger wechseln, verfügen also über ein fast doppelt so breites Spektrum an einzelnen fachlichen Qualifikationen. Zu vermuten war, dass das Kompetenzniveau bezüglich der einzelnen Fachqualifikationen deutlich flacher ist als bei den Personen mit normaler Erwerbsbiografie. Anders formuliert: Die Jobnomaden haben mehr fachliche Qualifikationen, können diese aber aufgrund häufig wechselnder Anforderungen nicht in gleichem Umfang professionalisieren wie diejenigen, die ihren Job seltener wechseln. Doch auch hier zeichnet unsere Befragung ein eher unerwartetes Bild (vgl. Abb. 2).

Das auf einer Skala von 1 – 10 selbst eingeschätzte Kompetenzniveau (1 = sehr geringes Kompetenzniveau; 10 = sehr hohes Kompetenzniveau) der untersuchten Personengruppen zeigt, dass Personen mit vier und mehr Erwerbsstationen im Schnitt ein um 10 % (6,6 gegenüber 6) höheres Kompetenzniveau angeben.[5] Die Analyse des Zusammenhangs von Dauer der einzelnen Tätigkeit und Höhe des selbst eingeschätzten Kompetenzniveaus ist derzeit in Arbeit. Zu vermuten ist, dass die Dauer des Verbleibs in einer Erwerbsstation bei den Personen mit ‚Normalerwerbsverläufen' höher ist – und das Kompetenzniveau dadurch eigentlich höher als bei anderen Personengruppen sein müsste. Die Ergebnisse zeigen das Gegenteil auf. Auch dies spricht dafür, dass sich das Kompetenzniveau durch Kontinuität und

---

[4] Die entsprechende Korrelation zwischen der Anzahl der Erwerbsstationen und der Anzahl der Qualifikationen von 0.334 ist bei einer Stichprobengröße von n = 479 auf dem 1 %-Niveau signifikant.

[5] Die entsprechende Korrelation zwischen der Anzahl der Erwerbsstationen und dem durchschnittlichen Kompetenzniveau von 0.099 ist bei einer Stichprobengröße von n = 479 auf dem 5 %-Niveau schwach signifikant.

Routine nicht höher ausprägen muss als in den Fällen, in denen die Tätigkeit öfter wechselt. Für die Kompetenzentwicklung ist deshalb die Dauer der Tätigkeit allein offenbar nicht ausschlaggebend.

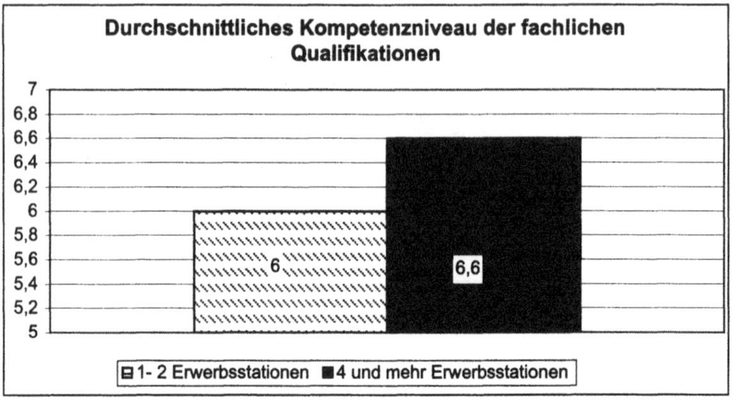

Abbildung 2: Durchschnittliches Kompetenzniveau der fachlichen Qualifikationen

Insgesamt kann vermutet werden, dass diskontinuierliche Erwerbsverläufe zur Aneignung zusätzlicher fachlicher Qualifikationen führen. Jede neue Tätigkeit, jedes neue betriebliche Umfeld ergänzt, so ist zu vermuten, vorhandene durch neue Kompetenzen bzw. Qualifikationen. Dabei ist das Niveau der Kompetenzen von Job-Nomaden mindestens nicht schlechter ausgeprägt als bei den Personen mit Normalerwerbsbiografien. Dies spricht dafür, dass Personen mit ‚unsteten' Erwerbsbiografien über ein breiteres Spektrum an fachlichen Kompetenzen verfügen als Personen mit stetigen Verläufen. Diese Erkenntnis ist gerade im Hinblick auf die weit verbreitete Stigmatisierung von Personen mit erwerbsbiografischen Brüchen von Interesse und sollte auch arbeitsmarktpolitischen Akteuren und Unternehmen Anlass geben, dieser flexiblen, bislang unterschätzten Gruppe auf dem Arbeitsmarkt mehr Aufmerksamkeit zu schenken.

5.2.2 Schlüsselqualifikationen

Nach Schelten (2001) geht das Konzept der Schlüsselqualifikationen auf die Arbeitsmarkt- und Berufsforschung der 70er Jahren zurück. Es verbindet sich mit dem Namen Mertens (1974). Es bezeichnet diejenigen Qualifikationen und Kompetenzen, die die Grundlage für die Nutzung fachlich-spezifischen Wissens bilden. Darüber hinaus ermöglichen Schlüsselqualifikationen die Erweiterung bestehender und den Erwerb neuer Fähigkeiten und Fertigkeiten. Die überfachlichen Qualifikationen sind auf dynamischen Arbeitsmärkten mit stark dynamischen Kompetenzanforderungen von zentraler Bedeutung für die Beschäftigungsfähigkeit der Erwerbstätigen.

Zu den Schlüsselqualifikationen zählen beispielsweise Flexibilität, Anpassungsfähigkeit, Kommunikationsfähigkeit, Kreativität, die Fähigkeit zum Selbstmanagement und Teamfähigkeit. In der berufspädagogischen Forschung wird davon ausgegangen, dass diese Kompetenzen im Rahmen selbstgesteuerten, situierten[6] Lernens erworben werden können. Ausgehend von der im Rahmen der Betroffeneninterviews gewonnenen Hypothese, dass der Wechsel in ein neues Tätigkeitsfeld

- die erforderliche Flexibilität im Umgang mit neuen Arbeitssituationen und betrieblichen Umfeldbedingungen,
- die Notwendigkeit, sich schnell und flexibel auf neue Herausforderungen einzustellen, und
- die Entwicklung von vorhandenen und den Erwerb von neuen Schlüsselqualifikationen innerhalb von neuen, diskontinuierlichen Erwerbsbiografien

begünstigen und fördern kann, haben wir im Rahmen der Onlinebefragung das Kompetenzniveau einer Reihe von Schlüsselqualifikationen abgefragt. Die Befragten konnten auf einer 10-stufigen Skala die Höhe ihres Niveaus angeben und die in ihrer Selbsteinschätzung vorhandenen Schlüsselqualifikationen aus einer Liste von 36 Items auswählen (vgl. Abb. 3). Um ein hohes Maß an Praxisnähe zu gewährleisten wurde eine Zusammenstellung von Schlüsselqualifikationen, die von der Fachhochschule Hannover zur curricularen Beschreibung von Lernzielen allgemein verwendet wird, übernommen. Es bestand die Möglichkeit, diese Liste durch Freitexteingabe zu ergänzen.

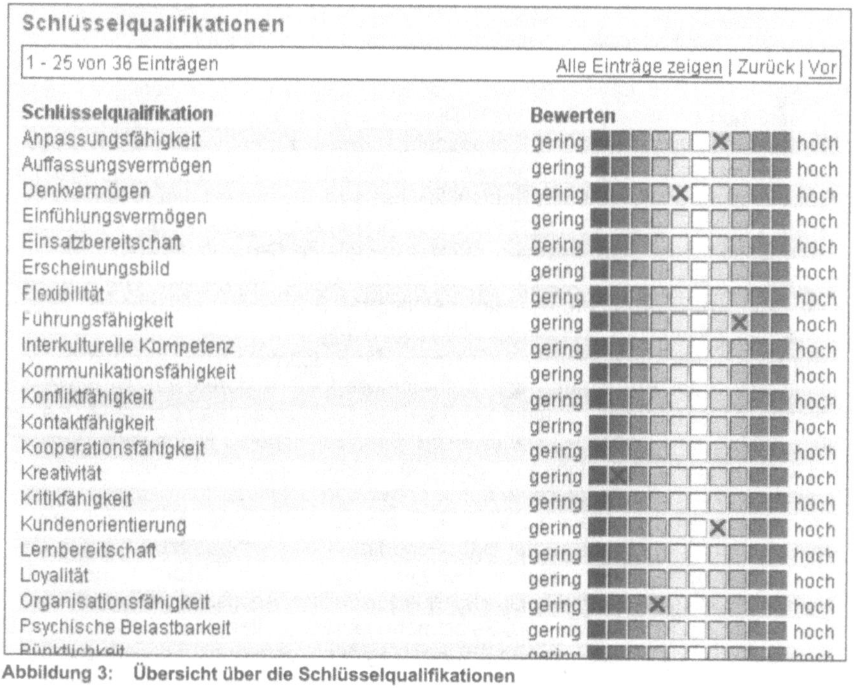

Abbildung 3: Übersicht über die Schlüsselqualifikationen

[6] Situiert anhand authentischer, komplexer, lebensnaher, ganzheitlicher Aufgabenstellungen, in vielfachen Kontexten.

Im Rahmen einer noch sehr allgemeinen ersten Auszählung, in der undifferenziert das durchschnittliche Kompetenzniveau aller angegebenen Schlüsselqualifikationen ermittelt wurde, ist ein um 7 % höheres Niveau bei Personen festzustellen, die mehr als vier Erwerbsstationen angeben.

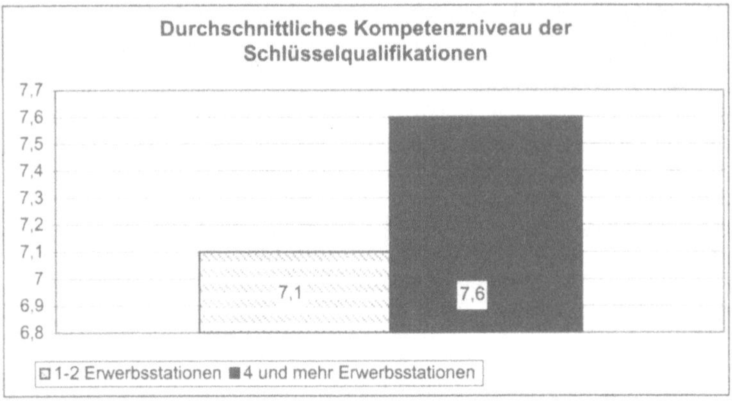

Abbildung 4: Durchschnittliches Kompetenzniveau der Schlüsselqualifikationen

Insgesamt ist das Niveau bei beiden Gruppen mit über 7 (1 = sehr geringes Niveau; 10 = sehr hohes Niveau) relativ hoch. Dies mag damit zusammenhängen, dass die Selbsteinschätzung die soziale Erwünschtheit dieser Kompetenzen widerspiegelt. Hinzu kommt, dass erst eine genauere, auf jede einzelne Schlüsselqualifikation bezogene Analyse diejenigen Cluster identifizieren wird, die eng mit den Anforderungen flexibler Erwerbsverläufe zusammenpassen und insoweit ein höheres Gewicht erwarten lassen. Hier sind, bezogen auf die vorgelegte Gesamtauszählung, Aufhebungseffekte möglich, die die Aussagekraft der obigen Zahlen einschränken. Das heißt: Stärken im Kompetenzniveau bestimmter Schlüsselqualifikationen heben Schwächen bei anderen Schlüsselqualifikationen auf.

Konzediert man die subjektive Verzerrung der Ergebnisse einerseits, die geringe Tiefenschärfe der Auswertung und Aufhebungseffekte andererseits, so muss die Tatsache, dass Personen mit mehr als vier Erwerbsstationen, also Personen, die ein höheres Maß an Diskontinuität aufweisen, über ein höheres Kompetenzniveau in punkto Schlüsselqualifikationen zu verfügen meinen, doch immer noch erstaunen. Personen mit unsteten Erwerbsverläufen entwickeln Schlüsselqualifikationen insgesamt offenbar intensiver als die Vergleichsgruppe mit wenigen Erwerbsstationen. Damit werden die Ergebnisse der Betroffeneninterviews unterstützt. Es bleibt aber der weiteren Analyse der Daten vorbehalten, die Frage zu klären, ob genau die Schlüsselqualifikationen, wie beispielsweise Flexibilität, Anpassungsfähigkeit, Lernbereitschaft und die Fähigkeit zum Selbstmanagement, weiter entwickelt werden, die insbesondere in diskontinuierlichen Erwerbsbiografien ‚gefordert' und ‚gefördert' werden.

6 Schlussfolgerungen

Die bisherigen Ergebnisse der empirischen Untersuchungen zeichnen ein vergleichsweise positives Bild von Personen mit unsteten Erwerbsbiografien.

Anders als bisher vermutet begünstigen offenbar nichtlinear verlaufende Erwerbsbiografien – zumindest in dem von uns untersuchten Objektbereich der Beschäftigten in der Medien/IT-Wirtschaft[7] – häufig die Entwicklung komplexerer Kompetenzprofile mit breiteren fachlichen Qualifikationen. Dort fördert der erwerbsbiografische Prozess mit seinen „Brüchen", so zeigen insbesondere die Ergebnisse der Betroffeneninterviews, häufig auch wichtige Schlüsselqualifikationen, wie die Selbstlernkompetenz, die Eigenverantwortung und die Fähigkeit zur Selbstorganisation. Er führt zu mehr Problemlösungskompetenz und Flexibilität. Zudem wird die Fähigkeit zu Kreativität und ‚Querdenken' gesteigert.

Die komplexeren Kompetenzprofile, in denen vorhandene überfachliche Qualifikationen vertieft und zusätzliche fachliche erworben werden, entstehen im erwerbsbiografischen Prozess als Ergebnis unterschiedlicher Tätigkeiten. Die betriebliche Praxis und die Arbeitssituation als Lernort gewinnen bei Personen mit nichtlinearen Erwerbsbiografien an Bedeutung. Erworbene Kompetenzen aus zurückliegenden Biografieabschnitten werden von den Betroffenen genutzt und im Idealfall neu kombiniert, um die individuelle Beschäftigungsfähigkeit zu erhöhen.

Insbesondere in Kooperationsnetzwerken können Mitarbeiter eines Unternehmens – durch ein Matching von komplexeren Kompetenzprofilen einerseits mit den Unternehmensanforderungen andererseits – potenziell in neue Beschäftigungsfelder eines anderen Unternehmens im Netzwerk vermittelt werden.

Die positiven Effekte von Nichtlinearität im Erwerbsverlauf sind, so zeigen die Betroffeneninterviews, allerdings gebunden an spezifische Rahmenbedingungen. Alter, Geschlecht und die berufliche Ausgangsqualifikation sind dabei zentral. So können etwa jüngere, gut bis sehr gut qualifizierte männliche Beschäftigte von Diskontinuitäten eher profitieren als Frauen, Ältere oder gering Qualifizierte. Ältere gelten bislang auf dem Arbeitsmarkt unabhängig vom Erwerbsverlauf als schwer vermittelbare Arbeitskräfte. Und gering Qualifizierte sowie lernschwache Beschäftigte scheitern oft an den Herausforderungen, die neue Tätigkeiten mit sich bringen. Vor allem eine längere Beschäftigungslosigkeit, die von den Betroffenen nicht zur Kompetenzentwicklung genutzt wird oder genutzt werden kann, schränkt den Aufbau und die Gestaltung einer geplanten Diskontinuität erheblich ein. Langzeitarbeitslose mit einem diskontinuierlichen Erwerbsverlauf leiden dann oft noch zusätzlich an der Stigmatisierung von ‚Quereinsteigern' durch die Personalverantwortlichen in Unternehmen.

Die positive Nutzung der komplexen Kompetenzen von „Jobnomaden" und „Quereinsteigern" erfordert einen Paradigmenwechsel bei fast allen Institutionen der Arbeit (z. B. Arbeitsagenturen/Arbeitsvermittler, Aus- und Weiterbildungseinrichtungen, Unternehmen) hin zu einer ganzheitlichen Betrachtung der im Prozess des lebenslangen Lernens erworbenen Kompetenzen.

Die Institutionen der Arbeit müssten in der Zukunft eine aktivere Unterstützungsfunktion für die Wechselfälle des Erwerbslebens leisten, in der bislang der Verlust

---

[7] Dieser Sektor wurde im Übrigen gewählt, weil er sich durch ein besonders hohes Maß an technologischer Dynamik, konjunktureller Abhängigkeit und überdurchschnittlichem Auftreten von unsteten Erwerbsbiografien charakterisieren lässt.

des Arbeitsplatzes nur als „persönliche" Katastrophe, nicht aber als Chance wahrgenommen wird, zu ‚neuen Ufern aufzubrechen'.

Vor diesem Hintergrund entwickelt das Projekt NErVUM Ansätze, Modelle und PE-Tools für eine lebenslange Lernberatung von Personen mit ‚atypischen' Erwerbsbiografien, die auf der Basis einer ganzheitlichen Betrachtung des individuellen Kompetenzspektrums den Blick auf zukünftige Anforderungen oder Entwicklungsziele der Person ausrichtet.

Aus der Sicht von NErVUM ergeben sich derzeit u. a. folgende Handlungsfelder für eine Modernisierung der Arbeit:

1. Die Gesellschaft und die Erwerbstätigen werden sich zukünftig auf zunehmende Diskontinuität einrichten müssen. Es müssen Institutionen der (sozialen) Absicherung dieses wachsenden Personenkreises aufgebaut werden, die die Risiken solcher Biografien minimieren und die Potenziale zur Entfaltung bringen.
2. Auf der Unternehmensebene fehlen Messinstrumente zur Erfassung, Bewertung und Zertifizierung von Schlüsselqualifikationen (Flexibilität, Lernbereitschaft, Selbstmanagementfähigkeit, Problemlösungskompetenz usw.). Diese Instrumente müssen zukünftig in der Praxis der Personalentwicklung von Unternehmen verankert werden, um die Potenziale von Personen mit atypischen Erwerbsverläufen auszuschöpfen.
3. In Zukunft müssen verstärkt individuelle Instrumente zur lebensbegleitenden Lernberatung entwickelt werden. Ein Beispiel hierfür liefert das Projekt NErVUM mit der Entwicklung des job.profilers (vgl. dazu den Beitrag von Ciesinger, Urdze in diesem Band), der ein Kompetenzprofiling innerhalb der Systematik der Berufsbilder, aber berufsübergreifend ermöglicht.
4. Das duale System der Berufsausbildung muss neue, an der erwerbsbiografischen Praxis und an neuen Formen der Organisation gebundene Modelle der beruflichen Zertifizierung schaffen, in denen die Erfahrungen der Praxis den Ausschlag geben. Diese sind durch berufsbegleitendes Lernen zu ergänzen und müssen im Rahmen von individuellen Prüfungen der Bildungseinrichtungen zertifiziert werden können.

Literatur

Bosch, G. (2003): Das Normalarbeitsverhältnis in der Informationsgesellschaft, in: Institut Arbeit und Technik (Hg.): Jahrbuch 2002/2003, Gelsenkirchen 2003

Castells, M. (2001): Der Aufstieg der Netzwerkgesellschaft, Leverkusen 2001

Dombois, R. (1999): Der schwierige Abschied vom Normalarbeitsverhältnis, in: Bundeszentrale für politische Bildung (Hg.): Aus Politik und Zeitgeschichte. Beilage zur Wochenzeitung Das Parlament, B 37/99, Bonn 1999, S. 13-20

Fachhochschule Hannover (1999): Arbeitspapier 33, http://www.wirth.fh-hannover.de/veroeff/apapier/arb.33.htm, abgerufen am 19.07.2004

Hirsch-Kreinsen, H. (2002): Unternehmensnetzwerke – revisited, in: Zeitschrift für Soziologie, 31. Jg. (2002) 2, S. 106-124

Howaldt, J.; Klatt, R.; Kopp, R. (2004): Neuorientierung des Wissensmanagements. Paradoxien und Dysfunktionalitäten im Umgang mit der Ressource Wissen, Wiesbaden 2004

Keupp, H. (2004): Individuelle Auswirkungen der Globalisierung, Vortrag bei der Tagung „Globalisierung und soziale Arbeit" in der Akademie für politische Bildung, Tutzing am 03.01.2004, S. 10

Mertens, D. (1974): Schlüsselqualifikationen: Thesen zur Schulung für eine moderne Gesellschaft, in: Mitteilungen aus der Arbeitsmarkt- und Berufsforschung (1974) 7, S. 36-43

Mückenberger, U. (1985): Die Krise des Normalarbeitsverhältnisses, in: Mitteilungsblatt der Zentralen wissenschaftlichen Einrichtung „Arbeit und Betrieb" (1985) 11/12

Pongratz, H. J.; Voß, G. G. (2003): Arbeitskraftunternehmer. Erwerbsorientierungen in entgrenzten Arbeitsformen, Berlin 2003

Schelten, A. (2000): Begriffe und Konzepte der berufspädagogischen Fachsprache: Eine Auswahl, Stuttgart 2000

Schelten, A. (2001): „Schlüsselqualifikationen", http://www.lrz-muenchen.de/~scheltenpublikationen/pdf/sqschelten2001.pdf

Sennett, R. (2000): Der flexible Mensch. Die Kultur des neuen Kapitalismus, Berlin 2000

Statistisches Bundesamt (2004): Mikrozensus 2003 – Arbeiten und Leben in Deutschland, Bonn 2004

„ViLMa“ – Virtuelle Unternehmen und Lifestyle-Management

Ein Verbundprojekt des Instituts für angewandte Innovationsforschung e. V., der Unternehmensberatung Capgemini Deutschland GmbH und der Kliniken Essen-Mitte

Stefanie Lamping, Martin Wolff

Die Auflösung von Grenzen prägt unsere heutige Arbeitswelt in einem bislang ungekannten Maß. Mit Hilfe moderner Informations- und Kommunikationstechnologien werden räumliche und zeitliche Distanzen, bspw. zwischen Mitarbeitern an verschiedenen Standorten, zunehmend überwunden. Darüber hinaus werden die Unternehmensgrenzen selbst immer durchlässiger. Virtualisierung im Sinne einer teilweisen Loslösung von realen, begrenzenden Gegebenheiten und Strukturen gilt damit als ein wichtiges Kennzeichen neuer Arbeitsformen. Der technische Fortschritt im Bereich der Informations- und Kommunikationstechnologien ist in diesem Zusammenhang sowohl Voraussetzung als auch Motor der zunehmenden Entgrenzung und Hinwendung zu virtualisierten Formen der Arbeit.

Das Projekt „Virtuelle Unternehmen und Lifestyle-Management“ (ViLMa) beschäftigt sich vor diesem Hintergrund mit den damit verbundenen Konsequenzen für die virtualisiert Arbeitenden. Im Fokus stehen

- die Zusammenhänge zwischen virtualisierten Arbeits- bzw. entgrenzten Lebensbedingungen, Lebensstilen und Gesundheit,
- die Voraussetzungen und Umsetzungsmöglichkeiten eines adäquaten und gesundheitsorientierten Lifestyle-Managements sowie
- die Entwicklung und Erprobung konkreter Instrumente zur Lifestyle-Modifikation.

Der folgende Beitrag skizziert theoretische Grundlagen des Forschungsvorhabens sowie erste empirische Befunde zu virtualisierten Formen der Arbeit und damit verbundenen Lebensstilen am Beispiel von Unternehmensberatungen.

1 Virtualisierte Formen der Arbeit

Die Frage, was im wirtschaftswissenschaftlichen Kontext unter Virtualität zu verstehen ist und wodurch sich virtuelle Unternehmen auszeichnen, kann nicht allgemeingültig geklärt werden.

Unabhängig von der Zielsetzung bzw. von dem Ansatz theoretischer und empirischer Untersuchungen finden sich jedoch wiederkehrende Merkmale, anhand derer virtuelle Unternehmen bzw. das Arbeiten in virtuellen Unternehmen beschrieben wird. Die einzelnen Kriterien lassen sich folgenden Dimensionen zuordnen:

Ort
- (individuelle) räumliche Flexibilisierung des Arbeitsortes,
- räumlich verteilte Zusammenarbeit an einem Standort,
- nationale/internationale Zusammenarbeit,

Zeit
- (individuelle) Flexibilisierung der Arbeitszeit,
- zeitliche Befristung von Zusammenarbeit entsprechend Projektlaufzeiten,
- verteilte Arbeitszeiten,

Status
- besondere vertragliche Regelungen (z. B. Befristungen),
- rechtliche und teilweise wirtschaftliche Selbstständigkeit von Kooperationspartnern bei einheitlichem Auftritt gegenüber Dritten (z. B. Kunden),

technische Infrastruktur
- Homeoffice-Ausstattung,
- mobile Informations- und Kommunikationsmittel (Laptop, Handy etc.),
- Nutzung multimedialer Kommunikationsmittel wie Videokonferenzschaltungen,
- Einrichtung von Internetplattformen.

Die Charakterisierung virtueller Unternehmen beschränkt sich dabei häufig auf die Betrachtung des Arbeitens in Unternehmen, die aus *interorganisatorischer Perspektive* als virtuell zu bezeichnen sind, also auf überbetriebliche Kooperationsverbünde. Dieser enge Fokus soll im Rahmen des Projektes ViLMa am Beispiel der Beratungsbranche erweitert werden, indem ebenfalls *intraorganisatorische Formen* virtualisierter Arbeit betrachtet werden. Hiermit sind alle Unternehmen eingeschlossen, die zumindest in Teilen die internen räumlichen und zeitlichen Grenzen mittels IuK-Technologien überschreiten, ohne die externen Unternehmensgrenzen aufzulösen.

Dies trägt auch der Tatsache Rechnung, dass Unternehmen in der Regel einen *Prozess der Virtualisierung* durchlaufen, der durch ein Zusammenwirken intra- und interorganisatorischer Faktoren gekennzeichnet ist. Dieser Virtualisierungsprozess führt zu einer in der Zeit fortschreitenden Verflüssigung interner und externer Grenzen. Er wird durch eine geeignete IuK-Technologie maßgeblich getragen, mitunter überhaupt erst ermöglicht (vgl. Krystek u. a. 1997, 11).

Zusammenfassend geht es hier also um die *Analyse virtualisierter Formen der Arbeit*, die auf verschiedenen Ebenen in unterschiedlichen Ausprägungen[1] zu finden sind. Folgende Ebenen können unterschieden werden:
- die Ebene einzelner Arbeitsplätze,
- die Ebene von Gruppen oder Teams,
- die Ebene ganzer Abteilungen,
- die Ebene größerer Organisationseinheiten wie Funktionsbereiche/Sparten etc.,
- die gesamte Unternehmensebene,
- die Ebene überbetrieblicher Kooperationsverbünde (vgl. Bea, Jägle 2002, 366).

Bei den ersten fünf Ebenen handelt es sich um intraorganisatorische Formen der Virtualisierung, die Ebene virtualisiert arbeitender überbetrieblicher Kooperationsverbünde trägt der interorganisatorischen Perspektive Rechnung. Hierbei ist es irrelevant, ob ein einzelner Arbeitnehmer oder das gesamte Unternehmen virtualisiert mit

---

[1] Bei der Prozessbetrachtung von virtualisierten Formen der Arbeit wird hier jeweils ein Kontinuum von „kaum virtualisiert" bis „höchst virtualisiert" zugrunde gelegt.

Dritten zusammenarbeitet. Das Differenzierungskriterium ist die Auflösung externer Unternehmensgrenzen.

2 Belastung, Beanspruchung und Ressourcen

Mit virtualisierten Arbeitsformen gehen die folgenden spezifischen Belastungen einher:

- Flexibilität: permanente Anpassung an Veränderungen, keine festen Arbeitszeiten,
- Mobilität: kein fester Arbeitsplatz,
- Technizität: intensive Nutzung von IuK-Technologien,
- Unsicherheit: hinsichtlich Arbeitsplatz/beruflicher Zukunft, arbeiten auf Projektbasis,
- Individualisierung: Abnahme der sozialen Eingebundenheit im beruflichen Umfeld,
- Rollenpluralität: keine zeitliche/räumliche Trennung von Arbeit/Freizeit,
- Selbstmanagement: Selbstdisziplin/-begrenzung/-organisation/-reflexion.

Die Auswirkungen dieser Belastungen sind individuell verschieden und führen nicht unbedingt zu kurzfristigen Beanspruchungen oder sogar zu einer mittel- bzw. langfristigen Beeinträchtigung der Gesundheit. Denn Leistungsfähigkeit und Gesundheit können dauerhaft erhalten und gefördert werden, wenn ausreichend Ressourcen zur Verfügung stehen, um die spezifischen Belastungen auszugleichen. Der Ressourcenbegriff umfasst u. a. die physische und psychische Konstitution, die Verfügbarkeit und die Inanspruchnahme sozialer Unterstützung sowie Handlungs- und Entscheidungsspielräume.

Ist die Balance zwischen Belastungen und Ressourcen jedoch gestört, kommt es zu Beanspruchungssituationen, die sich sowohl in psychischer Hinsicht (Stress, Ermüdung, Burn-out) als auch in physischer Hinsicht (Verspannungen, Schlaflosigkeit, Kopf- und Rückenschmerzen) äußern können.

3 Lebensstil und Lifestyle-Management

Ressourcen können durch das individuelle Verhalten – den Lebensstil – erhalten und aufgebaut werden. Im Rahmen des Projekts wird zwischen beruflichem, privatem, präventivem oder gesundheitsbezogenem und verarbeitendem Verhalten (Coping Strategien) unterschieden. *All diese Verhaltensbereiche umschreiben zusammengenommen den individuellen Lebensstil, der durch bestimmte Rahmenbedingungen geprägt wird* (vgl. Bourdieu 1994, 280; Hillmann 1994). Zu diesen Rahmenbedingungen zählen, neben dem beruflichen Umfeld, das private Umfeld, insbesondere Freunde und Familie, Ehrenämter und Vereinszugehörigkeiten sowie Merkmale der Person selbst, wie physische und psychische Eigenschaften.

Vor dem Hintergrund der Frage, warum der Gesundheitszustand von Menschen bei ähnlichen Arbeits- und Lebensbedingungen variiert, ermöglicht das Lebensstilkonzept einerseits, dem aktiven Part des Menschen im Rahmen der zu analysierenden Zusammenhänge Rechnung zu tragen. Denn das individuelle Verhalten beeinflusst die Wirkungen der Arbeits- und Lebensbedingungen auf Wohlbefinden und Gesundheit im positiven oder auch negativen Sinne.

Die Wahrscheinlichkeit, dass sich der Gesundheitszustand von Menschen mit einem vergleichbaren Lebensstil ähnelt, ist andererseits hoch. Mit der Identifizierung unterschiedlicher Lebensstil-Typen wird es damit möglich, virtualisiert arbeitenden Personen adäquate, d. h. typgerechte Unterstützungsangebote in Hinblick auf ein gesundheitsorientiertes Lifestyle-Management zu machen.

Ein gesundheitsorientiertes Lifestyle-Management ermöglicht es, ein Missverhältnis zwischen Belastungen und Ressourcen zu vermeiden bzw. wieder in Balance zu bringen. *Unter Lifestyle-Management wird die eigenverantwortliche Strukturierung des Lebensstils verstanden*, mit dem Ziel, die körperlichen und seelischen Selbstheilungskräfte zu fördern. Lifestyle-Management umfasst vor allem den gesundheitsfördernden Umgang mit Ernährung und Bewegung sowie die Regulation von An- und Entspannung, berücksichtigt aber ebenfalls die individuellen Coping- bzw. Verarbeitungsstrategien und das Verhalten im beruflichen und privaten Umfeld.[2]

4 Virtualisierte Formen der Arbeit und Lebensstil – Fallstudien bei der Capgemini Deutschland GmbH

Eine erste empirische Untersuchung im Rahmen des Projektes analysiert, wie sich virtualisierte Formen der Arbeit in der Realität, speziell in der Beratungsbranche, gestalten. Insbesondere wird hier geprüft, ob die Annahmen hinsichtlich der Merkmale und spezifischen Belastungen, die mit virtualisiertem Arbeiten verbunden werden, zutreffen. Darüber hinaus werden erste Hinweise auf typische Lebensstile und Beanspruchungen gewonnen.

Der Hintergrund der Untersuchung wird in den folgenden Kernthesen noch einmal zusammengefasst:

- Virtualisierte Formen der Arbeit bringen spezifische Belastungen mit sich.
- Um diese Belastungen meistern zu können, müssen personale/gesundheitliche, soziale und organisationale Ressourcen zur Verfügung stehen.
- Das Vorhandensein dieser Ressourcen ist in erster Linie abhängig von einem nachhaltigen Lebensstil.
- Werden Ressourcen aufgrund des Lebensstils nicht auf-, sondern abgebaut bzw. stehen sie gar nicht zur Verfügung, kommt es zu Beanspruchungen.

5 Methode und Ziel

Im Rahmen der Untersuchung wurde Kontakt zu 22 Mitarbeiter/-innen der Unternehmensberatung Capgemini Deutschland GmbH aufgenommen. Die Teilnehmer/-innen erklärten sich bereit, eine Woche lang ihren Alltag zu reflektieren. Der Erhebungszeitraum schloss ein Wochenende mit ein. Die Teilnehmer/-innen waren dazu aufgefordert, rückblickend alles zu notieren, was ihnen an den einzelnen Tagen hinsichtlich der Stichworte „Arbeitsbedingungen“, „soziale Beziehungen“, „Freizeitaktivitäten“, „Lebensstilfaktoren“, „Wohlbefinden“ und „besondere Umstände“ auffiel. Darüber hinaus stand ihnen ein Feld für Bemerkungen zur Verfügung. Insgesamt wurde darauf verzichtet, den Teilnehmer/-innen konkrete Fragen zu stellen, lediglich einige erläuternde Stichworte zu den einzelnen Bereichen wurden genannt.

Im Anschluss an diese Tagesrückblicke, in deren Rahmen die Teilnehmer/-innen ihre Arbeits- bzw. Lebensumstände selbst skizzierten, wurden bei fünf von ihnen Tagesbegleitungen durchgeführt. Hierbei wurden die Teilnehmer/-innen mindestens ei-

---

[2] Das Verhalten im beruflichen und privaten Umfeld spielt insbesondere unter dem Aspekt der so genannten „Work-Life-Balance“ eine relevante Rolle beim Aufbau und Erhalt von Ressourcen.

nen Tag lang beobachtet, so dass ergänzende Erkenntnisse gewonnen werden konnten, insbesondere hinsichtlich des Lebensstils der Personen sowie der damit verbundenen Auswirkungen auf Ressourcen und Beanspruchungen. Damit wurde eine erste Einschätzung des Zusammenhangs von virtualisierten Formen der Arbeit und Lebensstil(en) möglich.

6 Beobachtete virtualisierte Form(en) der Arbeit

Sowohl die Tagesrückblicke als auch die durchgeführten Tagesbegleitungen haben gezeigt, dass in der Beratungsbranche vor allem die mit virtualisiertem Arbeiten verbundenen Dimensionen *Ort, Zeit und technische Infrastruktur* in besonderer Weise ausgeprägt sind.

Prinzipiell ist es den Teilnehmer/-innen mit Hilfe der technischen Infrastruktur, insbesondere PDA, Handy/Telefon sowie Laptop/Computer und damit verbundenem Inter- und Intranet, möglich, zu jeder Zeit und an jedem Ort zu arbeiten. Je nach Projektphase (von der Projektakquise bis zum Projektabschluss) variiert der Arbeitsort. Während die Akquise häufig noch vom Büroarbeitsplatz des so genannten Heimatstandortes aus betrieben wird, halten sich die Teilnehmer/-innen während der Projektlaufzeit überwiegend beim Kunden auf. Damit verbunden ist unter der Woche in der Regel der Aufenthalt in einem Hotel in der Nähe des Kunden. Hotelzimmer bzw. -lobby sowie die für Hin- und Rückfahrten genutzten Verkehrsmittel dienen ebenfalls als Arbeitsplätze. Am Wochenende wird, wenn möglich – und nötig –, das Büro am Heimatstandort genutzt oder von zu Hause aus gearbeitet. Die Zeiten, zu denen gearbeitet wird, sind ebenfalls abhängig von der Projektphase. Prinzipiell ist aber die Zeit vom Frühstück bis zum ins Bett gehen potenzielle Arbeitszeit und auch das Wochenende ist nicht per se arbeitsfrei. Die technische Infrastruktur wird in erster Linie genutzt, um den Kontakt mit Vorgesetzten, Kollegen und Kunden zu halten. Der intensive Austausch von Informationen via IuK-Technologien zwischen allen Beteiligten ist Basis der beruflichen Tätigkeit.

Insgesamt unterscheiden sich die Arbeitsbedingungen nicht nur nach der Projektphase. Auch die eigene Position im Unternehmen bzw. im Projektteam, die Anzahl der gleichzeitig zu bearbeitenden Projekte und der Kunde nehmen Einfluss auf die Arbeitsbedingungen im Allgemeinen und die Virtualisierung der Arbeit im Besonderen.

7 Beobachtete Belastungen

Die meisten der mit virtualisierten Formen der Arbeit einhergehenden angenommenen Belastungen bestätigen sich im Rahmen der Studie.

Durch den intensiven Kundenkontakt, das Arbeiten in Teams und die starke Angewiesenheit auf technische Hilfsmittel ist ein *hohes Maß an Flexibilität* unerlässlich. Neue Informationen und veränderte Kundenwünsche müssen fortlaufend berücksichtigt, (Zwischen-)Ergebnisse immer wieder abgestimmt und technische Probleme überbrückt bzw. behoben werden.

Mit dem oben beschriebenen häufigen Wechsel des Arbeitsortes geht einher, dass die Mehrheit der Teilnehmer/-innen *äußerst mobil* ist. Sie pendeln zwischen Wohnort, Heimatstandort, Kunde(n), Trainings und Hotels, wobei Tage, an denen mehrere dieser Arbeitsorte aufgesucht werden, keine Seltenheit sind. Zum Teil werden mehrere Stunden Reisezeit in Kauf genommen, um kurzfristig Termine an einem anderen Ort wahrzunehmen, wobei Fahrt- oder Flugzeiten ebenfalls als Arbeitszeit genutzt werden. Die Reisetätigkeit an sich stellt aufgrund des häufigen Sitzens und dem Wechsel zwischen verschiedenen Zeitzonen auch eine rein physische Belastung dar.

Des Weiteren ist die mit virtualisierten Formen der Arbeit verbundene *Technizität* durch den hohen Anteil technisch vermittelter Kommunikation und das technikbasierte Arbeiten eine nicht vermeidbare Belastung. Neben den Anforderungen an die technische Kompetenz der Teilnehmer/-innen fallen auch die sozialen Implikationen, die das Kommunizieren über Medien mit sich bringt, ins Auge. Wichtige Informationen, die im Rahmen eines „Face-to-Face"-Gesprächs über Mimik und Gestik ausgetauscht werden, gehen verloren und können Zeit und Nerven kosten. Letztlich ist auch die physische Belastung, die mit einer Bildschirmtätigkeit verbunden ist, zu berücksichtigen.

Die Belastung durch *Unsicherheit* ist im Rahmen der Studie nur in Hinblick auf das Verhalten, die Wünsche und die Zufriedenheit des Kunden zu beobachten sowie bezüglich der eigenen Position und des Weiterkommens im Unternehmen. Eine quasi kontinuierliche Arbeitsplatzunsicherheit, wie sie mit einer Tätigkeit im Rahmen zeitlich befristeter Projekte bzw. zeitlich begrenzter Kooperationen einhergeht, stellt für die – fest angestellten – Teilnehmer/-innen der Studie keine Belastung dar.

Auch die in Zusammenhang mit virtualisierten Formen der Arbeit häufig diskutierte *Individualisierung* der Arbeit, worunter vor allem eine räumlich und sozial isolierte Tätigkeit verstanden wird, ist hier nicht zu beobachten. Durch die Bearbeitung der Projekte in Teams ist selbst bei standortverteilter Zusammenarbeit die Belastung gering. Darüber hinaus arbeitet keine/-r der Teilnehmer/-innen ausschließlich von zu Hause aus, die Kontakte untereinander werden auch über die aktuellen Teamkonstellationen hinaus gepflegt. In vielen Fällen sind Überschneidungen zwischen dem Kollegen- und Freundeskreis festzustellen, so dass allenfalls von einem „sozialen Ghetto", wie es einer der Teilnehmer ausdrückte, nicht jedoch von sozialer Isolation geredet werden kann.

Die *Parallelität von Rollen*, das so genannte Rollenvolumen, wird selten als Belastung thematisiert bzw. augenfällig. Zwar ist anzunehmen, dass virtualisierte Formen der Arbeit und die damit verbundene Möglichkeit, immer und überall zu arbeiten, eine Entgrenzung zwischen verschiedenen Lebensbereichen und eine zunehmende Parallelität verschiedener Rollen potenziell befördern. Jedoch berichtete nur eine Teilnehmerin der Studie von einer (gleichzeitigen) Mehrfachbelastung als Hausfrau, Mutter und Erwerbstätige. Für alle Teilnehmer/-innen ist aber der häufige und zum Teil schnelle Wechsel zwischen verschiedenen beruflichen Rollen belastend. So ist jemand bspw. in einem Projekt Kollege, in einem anderen Vorgesetzter und beim Kunden der Auftragnehmer.

Auch die konstatierte Notwendigkeit eines verstärkten *Selbstmanagements* im Rahmen virtualisierter Formen der Arbeit stellt für alle Teilnehmer/-innen eine Belastung dar. Obwohl dies selten von den Personen selbst bemerkt wird – vielleicht auch nicht als bemerkenswert gilt –, lässt sich beobachten, dass sowohl die Verantwortung und Organisation der Arbeit als auch die Reflexion und Regulierung des eigenen (Arbeits-)Verhaltens bei jedem Einzelnen liegen.

Ergänzend sei festgehalten, dass sich die Arbeitsbedingungen der Teilnehmer/-innen des Weiteren durch eine hohe *Arbeitsintensität* im Sinne umfangreicher und parallel zu bearbeitender Aufgaben und einen hohen Grad an *Fremdbestimmtheit*, vor allem gekennzeichnet durch die Vorgaben der Kunden, auszeichnen. Auch die

Notwendigkeit, im Rahmen grenzenloser Arbeitsbeziehungen in mehreren *Sprachen* zu kommunizieren, stellt eine weitere Belastung dar.

Die skizzierten Belastungen führen jedoch nicht per se zu Beanspruchungen. Flexibilität, Mobilität und Selbstmanagement, um nur einige zu nennen, können, abhängig von dem jeweiligen privaten Umfeld, physischen und psychischen Eigenschaften sowie dem individuellen Lebensstil als nicht oder kaum beanspruchend, manchmal sogar als erleichternd empfunden werden.

8 Beobachtete(r) Lebensstil(e)

Hinsichtlich des Lebensstils der Studienteilnehmer/-innen wurden sowohl im Rahmen der Tagesrückblicke als auch der Tagesbegleitungen verschiedene relevante Verhaltensweisen betrachtet. Neben den mit Gesundheit unmittelbar verknüpften Bereichen Ernährung, Bewegung und Entspannung wurde das Verhalten im beruflichen und privaten Umfeld analysiert. Im Wesentlichen ging es hier darum, festzustellen, welchen Stellenwert die Teilnehmer/-innen verschiedenen Lebensbereichen beimessen und inwieweit neben der beruflichen Tätigkeit Zeit für das Privatleben bleibt. Denn auch der Ausgleich beruflicher Belastungen durch eine individuell angemessene Work-Life-Balance dient dem Aufbau bzw. der Regeneration von Ressourcen und damit der Gesundheit.

Das *Ernährungsverhalten* der meisten Studienteilnehmer/-innen wird durch permanenten Zeitdruck und die Arbeitsatmosphäre geprägt. So werden Mahlzeiten am Schreibtisch oder in Anwesenheit von Kollegen und/oder Kunden eingenommen. Darüber hinaus werden sie nicht selten ganz ausgelassen und gerade das Abendessen findet, wenn, häufig erst sehr spät statt. Über den Tag ersetzen meist Süßigkeiten kleinere Zwischenmahlzeiten, besonders in oder nach angespannten Situationen. In vielen Fällen wird über den Tag sehr wenig getrunken.

Unter der Woche planen die wenigsten der Teilnehmer/-innen *sportliche Aktivitäten* in ihren Alltag ein, Verabredungen zum Laufen oder der Besuch in einem Fitnessstudio werden darüber hinaus häufig Opfer geänderter Terminplanungen. So genannte Alltagsbewegungen, wie Treppen steigen oder kleinere Spaziergänge, bspw. der Hin- und Rückweg zur Kantine, werden selten bewusst in den Berufsalltag integriert. Alles in allem konzentrieren sich sportliche Aktivitäten auf das Wochenende und werden dann zum Teil sehr exzessiv und leistungsorientiert betrieben.

Die Regulation bzw. der Ausgleich von Anspannung durch *Entspannung* im beruflichen Alltag ist kaum festzustellen. Entspannungsübungen werden im beruflichen Umfeld nicht angewendet und selbst das regelmäßige Einlegen von Arbeitspausen ist nicht für alle Teilnehmer/-innen selbstverständlich. Nicht überraschend ist die Tatsache, dass in erster Linie Raucher/-innen den Arbeitsplatz verlassen, um für einige Minuten abzuschalten. Es scheint, dass die einzige anerkannte Legitimation gesundheits- und leistungsfördernder Pausen gesundheitsgefährdend ist.

Letztlich ist das Leben der Teilnehmer/-innen unter der Woche überwiegend *arbeitsfokussiert*. Für Hobbys, kulturelle oder sportliche Veranstaltungen und Aktivitäten bleibt selten Zeit und auch Abende im Familien- oder Freundeskreis sind, vor allem für jene, die unter der Woche nicht an ihren Wohnort zurückkehren, selten. Zwar zählen einige Teilnehmer/-innen ihre Kolleg/-innen auch zu ihrem Freundeskreis, jedoch ist die Wahrscheinlichkeit, sich gedanklich und emotional weiter mit beruflichen Themen und Ereignissen zu beschäftigen, recht hoch. Nur am Wochenende finden die meisten Teilnehmer/-innen Zeit für *private Aktivitäten*. Die arbeitsfreie Zeit wird dabei vor allem für die Pflege sozialer Kontakte außerhalb des beruflichen Umfelds sowie sportliche Betätigungen oder Bewegung an der frischen Luft genutzt. Da am Wochenende jedoch häufig auch noch liegen gebliebene berufliche Aufgaben erledigt werden oder die neue Arbeitswoche bereits vorbereitet wird, ist die verbleibende arbeitsfreie Zeit manchmal recht knapp. Entspannung und ein Ausgleich zu der häufig anstrengenden Arbeitswoche werden zwar von allen Teilnehmer/-innen angestrebt, ein individuell zufrieden stellendes Gleichgewicht zwischen den verschiedenen Lebensbereichen, und sei es im Sinne einer Trennung von Woche und Wochenende, ist dennoch selten zu beobachten.

Insgesamt beziehen die Teilnehmer/-innen in recht unterschiedlicher Weise Stellung zu dem Thema *Work-Life-Balance*. Während die meisten ein Ungleichgewicht zwischen Berufs- und Privatleben bedauern, sich aber nicht in der Lage sehen, daran etwas zu ändern, bemerkt ein Teilnehmer, dass eine nicht funktionierende Trennung von Woche und Wochenende bzw. Berufs- und Privatleben ein Zeichen von „Unprofessionalität" sei. Ein anderer hingegen stellt die Unterscheidung von verschiedenen Lebensbereichen an sich in Frage und empfindet die Anforderung, ein Gleichgewicht zwischen Berufs- und Privatleben zu finden, entsprechend als irrelevant.

9 Auswirkungen des Lebensstils: Ressourcen und Beanspruchungen

Betrachtet man das Verhalten der Teilnehmer/-innen in ihrem beruflichen und privaten Umfeld sowie ihr präventives Verhalten, zeigen sich im Rahmen der Studie keine gravierenden Unterschiede.

Der überwiegend zu beobachtende Lebensstil, unter Berücksichtigung der Zusammenhänge mit dem jeweiligen beruflichen und privaten Umfeld sowie den zu erkennenden physischen und psychischen Eigenschaften, *zeugt nicht von einem regelmäßigen Aufbau gesundheitlicher Ressourcen*. Zwar versuchen einige der Teilnehmer/-innen, bspw. am Wochenende, durch ausgiebige sportliche Betätigung gesundheitliche Ressourcen rückwirkend oder quasi auf Vorrat aufzubauen, eine regelmäßige gesunde Ernährung oder körperliche Betätigung findet jedoch nicht statt.

Etwas anders gestaltet sich der *Aufbau sozialer Ressourcen*, der im beruflichen Umfeld durch den mehrheitlich starken Rückhalt im Team und aktives Networking gefördert wird. Auch aus ihrem privaten Umfeld berichten viele der Teilnehmer/-innen von entlastenden Situationen und Umständen, bspw. der nicht berufstätigen Partnerin, die sich um die Kinder kümmert, oder guten Freunden, die immer ein offenes Ohr haben. Jedoch ergeben sich aus den Beziehungen zu Personen aus dem privaten Umfeld auch zusätzliche Belastungen, die Ressourcen verbrauchen, wie ein Krankheitsfall in der Familie, zu erfüllende Verpflichtungen oder Erwartungshaltungen.

Grundsätzlich ist anzunehmen, dass die meisten der Teilnehmer/-innen noch von früher aufgebauten Ressourcen zehren. Hinzu kommt, dass das Durchschnittsalter mit 34,5 Jahren niedrig ist und viele die Tätigkeit in der Beratungsbranche nur als einen Schritt und damit begrenzten Zeitraum ihres beruflichen Werdegangs betrachten. So begegnet man häufiger der Auffassung, eine Zeit lang könnten die Belastungen schon „weggesteckt" werden, wobei dies interessanterweise meist mit einem geschärften Bewusstsein für körperliche Veränderungen sowie Einstellungsänderungen, bspw. gegenüber der Arbeit, einhergeht.

Dies ist sicherlich auch darauf zurückzuführen, dass fast alle Teilnehmer/-innen von *physischen und psychischen Beanspruchungen* berichten, die ihnen mehr oder weniger Sorgen bereiten. Die körperlichen Anzeichen einer zumindest situativen Überlastung reichen von Verspannungen in Nacken, Schultern und Rücken über einen nervösen Magen und Appetitlosigkeit, unruhigen Schlaf oder Übermüdung bis hin zu Lidzucken. Viele der Teilnehmer/-innen scheinen darüber hinaus besonders anfällig für Erkältungskrankheiten, was auf allgemein geschwächte Abwehrkräfte schließen lässt. Zu den häufig berichteten psychischen Beanspruchungen zählen vor allem die Tatsache, nicht oder nur schwer abschalten zu können und das Gefühl, aufgrund des hohen Kommunikationsanteils der Tätigkeit und den verschiedensten zwischenmenschlichen Beziehungen ausgelaugt zu sein.

10 Fazit

Zusammenfassend lassen die analysierten Lebensstile erkennen, dass angesichts zahlreicher Belastungen Ressourcen eher abgebaut als aufgebaut werden. Besonders fällt auf, dass präventives Verhalten eine Ausnahme darstellt und sich die Grenze zwischen dem Berufs- und Privatleben nicht auflöst, sondern eher zu Gunsten einer Ausdehnung der Arbeitszeit verschiebt. So lassen sich auch verschiedenste kurzfristige negative Auswirkungen auf das physische und psychische Wohlbefinden feststellen.

Die empirischen Befunde zu virtualisierten Formen der Arbeit in der Beratungsbranche machen damit einerseits deutlich, dass *gesundheitliche Risiken* bestehen, die mittel- und langfristig auch zu Einschränkungen in der Beschäftigungsfähigkeit oder Einbußen in der Lebensqualität führen können. Andererseits weisen sie ebenso darauf hin, dass bekannte Instrumente der betrieblichen Gesundheitsförderung hier an ihre Grenzen stoßen. Insbesondere die zunehmende räumliche und zeitliche Ungebundenheit virtualisiert Arbeitender macht es notwendig, über *neue Formen der Gesundheitsförderung* nachzudenken, die nicht nur das spezifische Arbeitsumfeld, sondern vor allem die individuelle Lebensführung des Einzelnen in den Blick nehmen.

Mit der Analyse der Voraussetzungen und Umsetzungsmöglichkeiten eines gesundheitsorientierten Lifestyle-Managements bei virtualisierten Arbeits- und entgrenzten Lebensbedingungen wird diesem Anspruch Rechnung getragen. Im weiteren Projektverlauf werden darauf aufbauend konkrete Instrumente zur Lebensstil-Modifikation entwickelt und erprobt.

Literatur

Bea, F. X.; Jägle, E. (2002): Virtuelle Unternehmen und Telekooperation, in: Wirtschaftswissenschaftliches Studium 7 (2002), S. 362-367

Bourdieu, P. (1994): Die feinen Unterschiede – Kritik der gesellschaftlichen Urteilskraft, Frankfurt/Main 1994

Hillmann, K.-H. (1994): Wörterbuch der Soziologie, Stuttgart 1994

Krystek, U.; Redel, W.; Reppegather, S. (1997): Grundzüge virtueller Organisationen – Elemente und Erfolgsfaktoren, Chancen und Risiken, Wiesbaden 1997

Neue Selbstständige in der Personalstruktur virtueller Projekte

Birgit Apitzsch, Markus Tünte, Thekla Urspruch

1 Einleitung

Der derzeitige organisationstheoretische Diskurs konstatiert eine voranschreitende Veränderung sowohl der industriellen Produktionsorganisation wie auch des Dienstleistungssektors in Richtung fluiderer und flexiblerer „postbürokratischer" Organisationsformen (vgl. Powell 2001; Heckscher 1994). Mit der Suche nach Formen der Arbeitsorganisation, mit denen Unternehmen flexibler auf wechselnde Marktanforderungen reagieren können, wird der Blick zum einen zunehmend auf weniger hierarchische, dezentralere sowie team- und projektförmigere Arbeitskonstellationen gelenkt (vgl. Powell 2001; Grabher 2002). Zum anderen werden Wettbewerbsvorteile zunehmend in Unternehmenskooperationen gesucht, die auch durch die Möglichkeiten und Fortentwicklungen von Informations- und Kommunikationstechnologien unterschiedlichster Ausprägungen wie strategische Partnerschaften, virtuelle Organisationen (vgl. Picot u. a. 1996; Sydow 2001) oder auch „Projektnetzwerke" (vgl. Sydow 2001; Sydow, Windeler 1999) annehmen können (vgl. Bosch-Sijtsema 2002; Powell 1992).

Projektartige Netzwerke werden dabei einerseits als Organisationsform betrachtet, die sich durch eine Befristung der Zusammenarbeit zwischen Partnern auszeichnet; andererseits wird aber gerade die mögliche Stabilität der dem Projekt zugrunde liegenden sowie der im Projektkontext geknüpften Beziehungen hervorgehoben (vgl. Sydow, Windeler 1999; Grabher 2002).

Die projektbezogene Zusammenarbeit ist auch der Forschungsgegenstand des VIP-NET-Projekts (gefördert vom BMBF; FKZ: 01HU0128). Im Rahmen dieses interdisziplinären Forschungsprojekts wird virtuelles Arbeiten und Lernen in projektartigen Netzwerken aus Sicht der Betriebswirtschaftslehre, der Informatik und der Soziologie untersucht. Im Mittelpunkt der Untersuchungen stehen dabei Fragen der Projektorganisation, der Netzwerkentstehung und -gestaltung sowie schließlich der Lernformen und der nachhaltigen Beschäftigung im Kontext von Projekten. Zudem wird der Stellenwert von Informations- und Kommunikationstechnologien für die Ermöglichung und Unterstützung der Netzwerkentstehung und des verteilten Arbeitens sowie für die Gestaltung von Lernprozessen analysiert.

Der vorliegende Beitrag konzentriert sich auf eine Fragestellung zur Beschäftigung in virtuellen Projekten, die gemeinsam von dem Soziologie- und dem BWL-

Teilprojekt verfolgt wird: Welche Rolle spielen „Neue Selbstständige“ in der Personal- und Organisationsstruktur virtueller Projekte?

Die nachfolgend vorgestellten ersten Hypothesen und Überlegungen zur Einbindung der „Neuen Selbstständigen“ (Gerlmaier, Kastner 2003) in die Personalstruktur virtueller Projekte resultieren aus den Auswertungen der ersten Erhebungen des BWL- und des Soziologie-Teilprojekts. Die Untersuchung der Personalstruktur von virtuellen Projekten erfolgte dabei über zwei Zugänge.

Der erste Zugang zu virtuellen Projekten fokussiert Freelancer als Netzwerkpartner, da sie als Soloselbstständige die kleinstmögliche Unternehmensform in einem Interorganisationsnetzwerk darstellen. Als Freelancer werden Personen verstanden, die wenigstens teilweise ihren Lebensunterhalt als Allein-Unternehmer ohne Angestellte mit einem Arbeitsvertrag verdienen. Die Rechtsform, in der sie ihre Tätigkeit zum Verdienst des Lebensunterhalts ausführen, ist dabei irrelevant. Basierend auf einer Typologie von Freelancern sollen Instrumente zur Unterstützung der Zusammenarbeit mit Freelancern in Projekten und darüber hinaus andauernden Arbeitsbeziehungen entwickelt werden. Die Kriterien für die Typenbildung werden anhand von leitfadengestützten Interviews mit Freelancern und Unternehmensvertretern, die mit Freelancern zusammenarbeiten, im Bereich IT-Dienstleistungen herausgearbeitet, denen eine quantitative, standardisierte Online-Befragung zum Zwecke einer Clusteranalyse von Freelancern folgt. Der Prozess der Typenbildung verläuft in drei Phasen: (1) Inventur des Untersuchungsobjektes, innerhalb derer Wissen über die Vielfältigkeit des Untersuchungsobjektes gesammelt wird, (2) Auswahl und Zusammenstellung der typologischen Merkmale und ihrer Ausprägungen und (3) eigentliche Typenbildung im Sinne einer sinnvollen Kombination von Merkmalen (vgl. Knoblich 1972).

Den zweiten Forschungszugang zu virtuellen Projekten stellten Unternehmen des IT-Dienstleistungs- und des Architekturbereiches dar, die gemeinsam mit mindestens zwei weiteren Partnern ein Projekt bearbeiten, wobei bestimmte Beschäftigungsformen nicht als Auswahlkriterium fungierten. Anhand von Arbeitsplatzbeobachtungen und leitfadengestützten Interviews bei den Projektmitgliedern wurden die Projektkonstitution, die Netzwerkentstehung sowie Aspekte der Techniknutzung untersucht.

Im Folgenden stellen wir erste Zwischenergebnisse zu der Organisation und Koordination der Zusammenarbeit in projektartigen Netzwerken vor. Dabei stehen die Aspekte der personellen Zusammensetzung, insbesondere mit Blick auf die Einbindung von „Neuen Selbstständigen“, sowie der technischen Unterstützung solcher Projekte im Vordergrund.

2 Formen „Neuer Selbstständigkeit“

Projekte im Kontext wissensintensiver Dienstleistungen zeichnen sich häufig durch eine heterogene Zusammensetzung bezüglich der Qualifikation sowie der Beschäftigungsformen aus (vgl. Windeler u. a. 2001; Kalkowski, Mickler 2002). Vor dem Hintergrund der Projekterfordernisse wie zeitlicher und räumlicher Flexibilität, Eigenverantwortlichkeit und wechselnder inhaltlicher Anforderungen kann prima facie vermutet werden, dass Freelancer als eine Form der so genannten „Neuen Selbstständigen“ als Prototyp des Projektarbeiters fungieren.

Im eigentlichen Erhebungsprozess hat sich bestätigt, dass sich die Beschäftigungsverhältnisse in den untersuchten Projekten in ihrer Heterogenität und Komplexität nicht über die einfache Differenzierung zwischen einerseits den in der Organisation fest verankerten, abhängig Beschäftigten und andererseits den autonom agierenden, zeitlich befristet eingebunden Selbstständigen abbilden lassen (vgl. Schulze Buschoff 2004; Gerlmaier, Kastner 2003; Gottschall 1999). Vielmehr müssen die Selbstständigen in virtuellen Projekten stärker hinsichtlich ihrer Einbindung in Entscheidungsprozesse, dem Grad der Standardisierung ihrer Tätigkeiten bzw. dem Anteil an Eigenverantwortung sowie dem Ausmaß der Abhängigkeit vom Auftraggeber unterschieden werden.

Daher haben wir die interviewten Freelancer bezüglich der zwei Dimensionen verortet:

1. *Rollenzuweisung im Projekt („begrenzte Projektmitgliedschaft" vs. „erweiterte Projektmitgliedschaft")*: Die den Freelancern im Projekt zugewiesenen Rollen zeichnen sich durch unterschiedliche Tätigkeitsspektren, Autonomiespielräume und im Projekt zu erbringende Kompetenzen aus. Die Freelancer können in Freelancer mit begrenzter und Freelancer mit erweiterter Projektmitgliedschaft unterschieden werden, insofern sie entweder punktuell, zu Projektspitzen und in eng abgegrenzten Teilbereichen oder frühzeitig, in mehreren Projektphasen und für mehrere Aufgaben eingebunden werden. Dies geht wiederum mit einem unterschiedlichen Wissen über das Projekt einher: Projektbeschäftigte, die an den verschiedenen „Schnittstellen" eines Projekts operieren (Kunde, Partnerunternehmen, eigenes Unternehmen) und frühzeitig sowie umfassend eingebunden werden, zeichnen sich eher durch ein breites Wissen über das Gesamtprojekt aus, wohingegen Projektbeschäftigte, die eher kurzfristig einen eng abgegrenzten Bereich innerhalb des Projekts bearbeiten, über ein größeres Detailwissen in einem Projektteilbereich und weniger über ein Gesamtkontextwissen verfügen.
2. *Intensität der Bindung an ein Unternehmen*: Innerhalb eines Kontinuums zwischen abhängiger Beschäftigung und eigener unternehmerischer Tätigkeit verorten wir die Selbstständigen innerhalb der Grauzone zwischen den rechtlich abgrenzbaren Formen abhängige Beschäftigung und klassischer Unternehmer, wobei allerdings alle Interviewten formal selbstständig sind. Sie sind jedoch hinsichtlich des Grades ihrer wirtschaftlichen Abhängigkeit von einem Unternehmen zu unterscheiden.

Die „Neuen Selbstständigen in virtuellen Projekten" lassen sich vor diesem Hintergrund demnach wie folgt gruppieren:

A Selbstständige mit einer hohen wirtschaftlichen Abhängigkeit von einem Unternehmen und begrenzter Projektmitgliedschaft;

B Selbstständige mit einer geringeren wirtschaftlichen Abhängigkeit von einem Unternehmen und begrenzter Projektmitgliedschaft;

C Selbstständige mit einer hohen wirtschaftlichen Abhängigkeit von einem Unternehmen als Auftraggeber und erweiterter Projektmitgliedschaft;

D Selbstständige mit einer geringeren wirtschaftlichen Abhängigkeit von einem Unternehmen und erweiterter Projektmitgliedschaft.

Wir haben auf Basis der von uns geführten Interviews sieben Selbstständige in projektartigen Netzwerken in einer Matrix entlang der zwei Dimensionen Rollenzuweisung und Bindung an ein Unternehmen wie folgt eingruppiert:

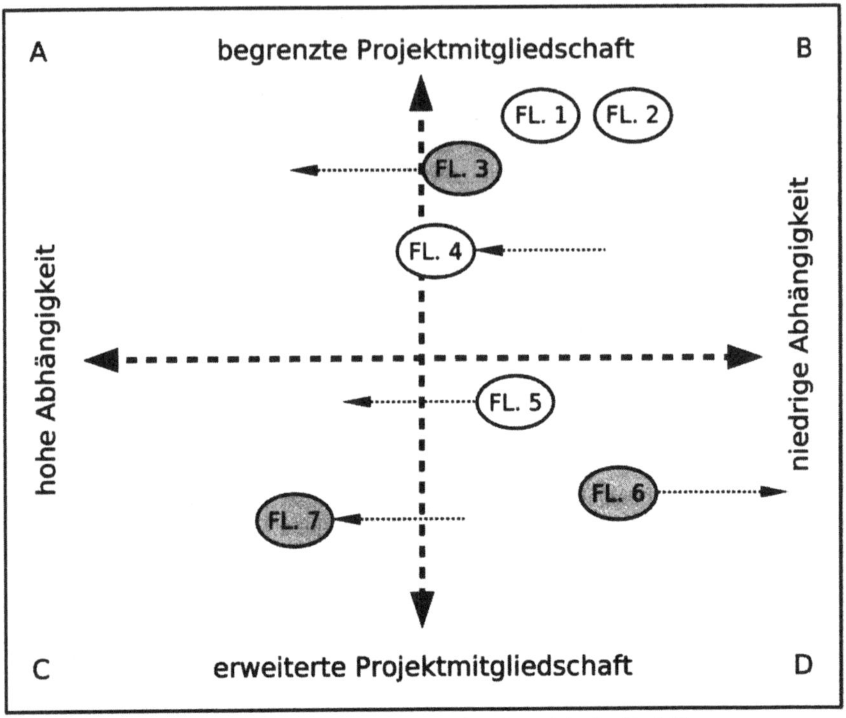

Abbildung 1: „Neue Selbstständige" in der Personalstruktur virtueller Projekte

Wie die Abbildung verdeutlicht, tendieren einige der Freelancer zu dem Status eines abhängigen Beschäftigten, allerdings haben wir in den untersuchten projektartigen Netzwerken keine Selbstständigen mit einer begrenzten Projektmitgliedschaft gefunden, die ausschließlich von einem Unternehmen als Auftraggeber abhängig sind (vgl. Quadrant A der Abbildung).

Demgegenüber ist überraschenderweise ein Großteil der von uns interviewten Freelancer im Quadranten B, also als Selbstständiger mit einer eher geringeren Abhängigkeit von einem Unternehmen und „begrenzter Projektmitgliedschaft" zu verorten. Die Tätigkeiten, die diese Selbstständigen verrichten, sind oft standardisierte sowie klar definierte und abgrenzbare Aufgabenpakete, die als „Fleißarbeiten" bezeichnet werden können. Diese Art der Einbindung in einem bezüglich der Aufgaben und der Projektphasen klar abgegrenzten Teilbereich eines Projekts ist auch der Grund, warum diese Projektbeschäftigten vornehmlich auch nur ein begrenztes Wissen über den Gesamtkontext des Projekts besitzen. Oft sind die Kompetenzen der so eingebundenen Selbstständigen schon im Unternehmen vorhanden, so dass sie eher bei einem hohen Arbeitsaufkommen und weniger in der Konzeptionisierungsphase eines Projekts zum Einsatz kommen. So dienen sie eher der Überbrückung bei Projektspitzen, bei gleichzeitiger Vermeidung von Festanstellungen. Für einige Fälle wurde festgestellt, für andere kann vermutet werden, dass sie die Selbstständigkeit nicht wirklich freiwillig gewählt haben, sondern aufgrund fehlender Perspektiven als Festangestellte.

Im Quadranten C wiederum sind Freelancer einzugruppieren, die, obgleich sie eine erweiterte Projektmitgliedschaft in den untersuchten Projekten aufweisen, von einem Unternehmen stark abhängig sind. Diese Form der „Neuen Selbstständigkeit" haben wir nur bei einem einzigen Freelancer gefunden (vgl. Freelancer 7, Quadrant C der Abbildung).

Dem steht in dem Quadranten D der Selbstständige mit einer geringeren Abhängigkeit von einem Unternehmen und „erweiterter Projektmitgliedschaft" gegenüber, der seinen Selbstständigenstatus freiwillig gewählt hat und von einzelnen Auftraggebern relativ autonom agiert. Die Qualifikationen für die Tätigkeiten, die er im Projekt ausübt, sind selten im Unternehmen vorhanden, wobei er Positionen im Projekt besetzen kann, die ihm einen breiten Projektüberblick ermöglichen. Tendenziell versuchen Unternehmen, diesen Freelancertypus mithilfe lukrativer Angebote fest in ihr Unternehmen zu integrieren. Diese Form der Selbstständigkeit haben wir überraschenderweise relativ selten im Kontext der untersuchten virtuellen Projekte vorgefunden.

Die Präferenzen der Freelancer hinsichtlich ihres Erwerbsstatus sind in dem Schaubild durch Pfeile, die von den Freelancern in eine bestimmte Richtung zeigen, mitberücksichtigt worden. Der Einfluss, den die Unternehmen auf die Erwerbsverläufe von Selbstständigen, beispielsweise in Form von konkreten Angeboten für eine Festanstellung ausüben, ist durch einen Pfeil illustriert, der auf die Freelancer zeigt.

Zur Illustration der Klassifizierung folgen drei Fallbeschreibungen von Freelancern, die die Heterogenität der „Neuen Selbstständigkeit" verdeutlichen.

Freelancer 3 ist selbstständiger Ingenieur mit einem eigenen Büro, jedoch ohne eigene Mitarbeiter. Er akquiriert als selbstständiger Ingenieur zum einen eigene Aufträge, die er vollständig autonom bearbeitet, zum anderen wird er regelmäßig von einem Architekturbüro in Zeiten des kurzfristig erhöhten Personalbedarfs eingebunden. Dann arbeitet er in einzelnen Phasen eines Projekts zur Unterstützung der Angestellten einzelne, abgrenzbare Aufgabenpakete ab, wie beispielsweise eine Ausschreibung für bestimmte Handwerksarbeiten. Seine relativ enge Anbindung an ein Büro und seine Versuche, seine Selbstständigkeit in eine Festanstellung münden zu lassen, deuten darauf hin, dass er den Status als Selbstständiger weniger freiwillig wählte (vgl. Quadrant B der Abbildung).

Freelancer 7, der von uns im unteren linken Feld eingruppiert wurde, ist als so genannter technischer Projektleiter für ein Softwareentwicklungsprojekt akquiriert worden. In diesem Projekt fungiert er als technischer Berater bei Problemen und Fragestellungen, die bei der Programmierung einer Großplattform auftreten können, so dass seine Tätigkeit weniger routinisiert ist und einen gewissen Fundus an Spezial- und Erfahrungswissen voraussetzt. Neben der Betreuung der technischen Ablaufprozesse in dem Projekt ist er sowohl in die Abstimmungsprozesse mit dem Kunden als auch mit den Partnerfirmen involviert. Demzufolge verfügt er, neben einem Detailwissen in bestimmten Gebieten, auch über ein breites Wissen über das Gesamtprojekt (vgl. Quadrant C der Abbildung).

Interessant ist an Freelancer 7 des Weiteren die Art und Weise, wie er zu dem untersuchten Projekt gekommen ist. So ist er aufgrund seiner beruflichen Kontakte zu einem Großunternehmen, für das er seit Jahren fast schon exklusiv als Freelancer tätig ist, in das Projekt an eine andere Großfirma quasi ausgeliehen worden. Die erwähnte jahrelange Tätigkeit für das Großunternehmen schlägt sich auch in dem Verständnis von dem eigenen Berufsstatus nieder. Er sieht sich als Beschäftigter des Großunternehmens, wobei er momentan, ebenfalls wie Freelancer 4, ein konkretes Angebot zu einer Festanstellung vorliegen hat, das er aller Voraussicht nach auch annehmen wird. Dies ist auch der Grund, warum ein Pfeil zum Freelancer 7 entlang der horizontalen Achse in Richtung der Kategorie „Beschäftigte“ weist.

Freelancer 6 ist als freier Produzent für Musik und Computerspiele tätig. Gleichzeitig bietet er auch IT-Dienstleistungen wie Datenbankanwendungen oder Werbespiele als Teil einer Marketingkonzeption an. Nimmt er an einem Projekt zur Vermarktung von Produkten eines Unternehmens durch bspw. ein Computer-Werbespiel teil, so organisiert er den gesamten Erstellungsprozess des Computerspiels. Dazu koordiniert Freelancer 6 ein Team von ca. 20 weiteren Freelancern. Seine Mitgliedschaft innerhalb eines Projekts kann als erweitert angesehen werden, da er die an ihn vergebenen Projekte eigenständig koordiniert. So ist ihm auch sehr viel Wissen über das jeweilige Projekt zugänglich, das er von der Konzeption bis zur Auslieferung des Produktes mit sich eventuell anschließendem Service betreut. Da seine Auftragslage zurzeit sehr gut ist und er bereits für das nächste Jahr seine Projektplanung abgeschlossen hat, mietet er ab Februar 2005 Büroräume an. Weiterhin besitzt er inzwischen ca. 35 Kunden bzw. Auftraggeber, so dass davon auszugehen ist, dass er von einzelnen Auftraggebern wirtschaftlich unabhängig ist. Da er ebenfalls Spekulationen über Anstellungen von eigenen Mitarbeitern in möglicherweise fünf Jahren geäußert hat, ist Freelancer 6 eher als klassischer Unternehmer einzuordnen, was den Pfeil in der Abbildung in Richtung „niedrige Abhängigkeit“ erklärt. Damit wäre er dem Freelancertyp „Selbstständiger mit geringer wirtschaftlicher Abhängigkeit von einem Unternehmen und erweiterter Projektmitgliedschaft“ zuzuordnen (vgl. Quadrant D der Abbildung).

Summa summarum scheint sich im Rahmen der von uns untersuchten projektartigen Netzwerke abzuzeichnen, dass die so genannten neuen Selbstständigen häufig einen eher prekären Status innehaben. Die Mehrzahl der interviewten Freelancer bietet keine Kompetenzen an, die nicht schon in den Unternehmen vorhanden sind und die somit eine hohe Nachfrage und eine stärkere Unabhängigkeit von einem Auftraggeber erwarten lassen würden. Im Falle einer Zusammenarbeit mit Freelancern, die eine gefragte Spezialqualifikation aufweisen, die umfassend in das Projekt eingebunden werden und daher in den von uns untersuchten Fällen ein breites Projektwissen aufwiesen, scheint es aufgrund möglicher Abhängigkeiten Bestrebungen in den Unternehmen zu geben, diese dauerhaft zu integrieren. Dies, so könnte vermutet werden, entspricht dem Flexibilisierungsbedarf von Unternehmen, einerseits über freie Mitarbeiter Auftragsspitzen abzudecken und sich anderseits von Anbietern seltener Spezialqualifikationen mit einem umfangreichen Projektwissen nicht abhängig zu machen.

Bei der Analyse der Relevanz von Freelancern für die Personalstruktur virtueller Projekte ist des Weiteren festzustellen, dass sie zumeist nicht für die gesamte Projektlaufzeit und zudem im Rahmen stark abgegrenzter Aufgabengebiete eingesetzt werden. Ferner bestehen Bestrebungen der untersuchten Unternehmen, den Freelancern vor Ort einen Arbeitsplatz einzurichten, obgleich diese bei dieser Art der Projekteinbindung virtuell mit den Projektbeteiligten zusammenarbeiten könnten. Dies wirft die Frage nach dem Zusammenhang zwischen der Organisation der Projektarbeit und dem Einsatz von Technik auf.

3 Arbeitsorganisation in virtuellen Projekten

Hinsichtlich des Technikeinsatzes im Rahmen der Kommunikation zwischen den Netzwerkpartnern ist zu konstatieren, dass in den untersuchten Projekten Möglichkeiten der technischen Unterstützung verteilten Arbeitens weniger genutzt wurden als erwartet. Dies war nicht nur im Bereich der Architektur, in der traditionell schon projektbezogen kooperiert und daher vermutlich auch eher auf etablierte Abstimmungsformen zurückgegriffen wird, der Fall, sondern auch in der IT-Fallstudie und bei den Projekten der im BWL-Teilprojekt interviewten Freelancer und Unternehmen im Bereich IT-Dienstleistungen. Gerade bei komplexen Projektphasen wird in allen Fällen vor allem auf Face-to-Face-Kommunikation zurückgegriffen. Zur Unterstützung des verteilten Arbeitens werden zudem bevorzugt Telefon und E-Mail eingesetzt, wobei auf elaborierte Tools und webbasierte Plattformen wie z. B. Wissensmanagementplattformen im Projektalltag verzichtet wurde.

Unserer Ansicht nach lassen sich die Gründe für einen geringen Einsatz von innovativen Tools zur Ermöglichung virtuellen Arbeitens auf zwei Ebenen ausmachen. In diesem Kontext muss zum einen zwischen Faktoren auf der Unternehmensebene und zum anderen zwischen Besonderheiten der Projektorganisation unterschieden werden:

1. *Hierarchische Projektstruktur und Wissensteilung:*
   Bezüglich der Unternehmensebene lässt sich feststellen, dass die Informations- und Kommunikationsflüsse hierarchisch strukturiert sind: Fast ausschließlich die Projektleiter sind sowohl für den Kontakt zu Kunden als auch für die firmenübergreifenden Abstimmungsprozesse verantwortlich. Dies geht wiederum mit einer bestimmten Form der Wissensteilung einher: Während die Projektleiter über ein breites Projektwissen verfügen müssen, beschränkt sich das Wissen der Projektmitarbeiter eher auf einen fein abgegrenzten Teilbereich des Gesamtprojekts. Eine hierarchieebenen- und firmenübergreifende, projektweite Ermöglichung des Zugangs zu allen projektrelevanten Informationen ist daher nicht erwünscht, zumal eine webbasierte Wissensplattform noch nicht zufriedenstellend die Funktion übernehmen kann, die für den jeweiligen Projektmitarbeiter relevanten Informationen zu filtern. Diese Einschätzung basiert vermutlich auf der Erfahrung, die zu Projektbeginn, beispielsweise in einer IT-Fallstudie, mit dem Versuch der Implementierung einer projektweiten Wissensaustauschplattform gemacht wurde. Dieser Versuch scheiterte an einer Art „Wissensexplosion“: Informationen wurden unstrukturiert und unkoordiniert in die Plattform eingestellt, so dass die Projektbeteiligten diese angesichts des ständig steigenden Aktualisierungsbedarfs und der zunehmenden Intransparenz ignorierten.
2. *Anforderungen an die Datensicherheit:*
   Ein weiterer Grund, der technische Unterstützung verteilten Arbeitens erschwert, sind die teilweise sehr hohen Anforderungen an die Datensicherheit. Die Tatsache, dass es beispielsweise unerwünscht ist, auf einen Entwicklungsserver von einem externen Standort zuzugreifen, ist ein Motiv für die kooperierenden Unternehmen, die räumliche Nähe zueinander zu suchen.
3. *Investitionsaufwand:*
   Darüber hinaus können auch Kostengründe dafür verantwortlich sein, warum Unternehmen eher auf die konventionellen Informations- und Kommunikati-

onstechnologien zurückgreifen. Gerade für kleinere Unternehmen mit umsatzschwächeren Projekten sind die Anschaffungs- und Vorhaltungskosten für die Nutzung von webbasierten Wissensmanagementsystemen ein Hinderungsgrund.

Neben dem Unternehmenskontext gibt es auch Eigenheiten der Projektarbeit, die bei den Beteiligten einen hohen Bedarf an Face-to-Face-Kommunikation entstehen lassen, welcher bislang offenbar nur schwer durch Technik abbildbar war:

1. *Stellenwert der informellen Kommunikation:*
   So kommt der informellen Kommunikation, zum Beispiel bei zufälligen Flur- und Pausengesprächen, aufgrund des nur bedingt planbaren Projektalltags ein hoher Stellenwert zu. Zu solchen eher zufälligen Anlässen wurden oft sehr aktuelle projektrelevante Informationen ausgetauscht, die weder dokumentiert noch auf einem anderen Wege weitergegeben wurden. Dieser Umstand führte bei einem untersuchten Softwareentwicklungsprojekt dazu, dass ein Projektleiter seinen Telearbeitsplatz nur noch eingeschränkt nutzen kann, da er in die hauptsächlich Face-to-Face stattfindende informelle Kommunikation der Projektmitarbeiter nicht eingebunden war und ihm wichtige und aktuelle Kontextinformationen verloren gingen.
2. *Integrierter Projektablauf:*
   Ein weiterer wichtiger Zusammenhang scheint auch zwischen der Präferenz für räumliche Nähe und der nicht klaren Trennbarkeit von Projektphasen zu bestehen. Der oft als idealtypisch beschriebene Ablauf von Projekten – Konzipierung, Umsetzung, Übergabe an den Kunden, Fehlerbehebung – lässt sich aufgrund der Innovativität und Intensität der zu erbringenden Dienstleistungen sowie der oft starken Kundeneinbindung und den damit verbundenen Änderungswünschen nicht durchhalten. So entstehen im gesamten Projektverlauf immer wieder und unplanbar Notwendigkeiten der Neukonzeption und Fehlerbehebung sowie der Neuverteilung von Zuständigkeiten, für die, so betonen die interviewten Projektbeteiligten, Face-to-Face-Kontakte unerlässlich sind, da es keine ihnen adäquat erscheinenden Tools gibt, die ein verteiltes Arbeiten in diesen Phasen ermöglichen könnten.
3. *Intensität der Zusammenarbeit:*
   Zudem werden in diese Prozesse immer auch die Arbeitsobjekte einbezogen bzw. es wird gemeinsam an diesen gearbeitet, so dass eine rein webbasierte Unterstützung der Zusammenarbeit an dem Objekt als schwierig erscheint.
4. *Fähigkeit zur schnellen Entscheidungsfindung:*
   Ein weiteres, seitens der Interviewpersonen häufig genanntes Argument für die Präferenz der Face-to-Face-Kommunikation ist die Möglichkeit, Abstimmungsprozesse in „Echtzeit“ zu führen. Die zumeist enge Terminierung im Projektgeschäft erfordert klare und schnelle Entscheidungen, wohingegen schriftliche Kommunikation mit Zeitverzug und dem möglichen Verlust von Kontextinformationen verbunden ist.

4 Zusammenfassung und Ausblick

Hinsichtlich der Einbettung der „Neuen Selbstständigen“ in die Personalstruktur virtueller Unternehmen deuten unsere ersten Untersuchungsergebnisse darauf hin, dass die von uns untersuchten Freelancer in ihrem weiteren Berufsverlauf entweder in Richtung einer Festanstellung als regulärer Mitarbeiter oder zu der Gründung eines Unternehmens mit einem eigenen Mitarbeiterstamm tendieren. Der Freelancerstatus scheint damit eher eine temporäre Übergangsform bezogen auf den Erwerbsverlauf der interviewten „Neuen Selbstständigen“ zu sein. Um diese ersten Befunde weiter zu verfolgen, bedarf es sicherlich noch weiterer Daten zu den nach Projektabschluss realisierten berufsbiografischen Werdegängen, die im Rahmen einer Panelstudie von dem Soziologie-Teilprojekt erhoben werden sollen. So ist geplant, dass zu mehreren Zeitabschnitten die in dem Soziologie-Teilprojekt interviewten Projektmitarbeiter in Form eines Fragebogens unter anderem hinsichtlich ihres weiteren Berufsverlaufs befragt werden. Zudem werden in die quantitative Befragung weitere Mitarbeiter der untersuchten Kooperationsprojekte miteinbezogen, da eine Fallzahl von 100 anvisiert ist. Gerade die Einbeziehung weiterer Projektmitarbeiter könnte Aufschluss über die Nachhaltigkeit der Beschäftigung von projektartigen Netzwerken bringen.

Des Weiteren stellten wir in diesem Beitrag heraus, dass die meisten Freelancer in den von uns untersuchten Projekten sich hinsichtlich ihrer im Projekt zu verrichtenden Tätigkeiten im Wesentlichen nicht von dem Tätigkeitsprofil anderer Projektmitarbeiter unterscheiden. Zumeist werden sie für die Abarbeitung von Projektspitzen herangezogen, weil das benötigte Arbeitskräftepotenzial nicht über die Stammbelegschaft abgedeckt werden kann. In dem Fall, dass sie über ein bestimmtes Spezialwissen verfügen, das im Unternehmen überhaupt nicht oder nur marginal vorhanden ist, bestehen auf Seiten der Unternehmen Bestrebungen, Freelancer als feste Mitarbeiter dauerhaft zu integrieren. Obgleich das Tätigkeitsprofil von Freelancern folglich durchaus heterogen sein kann, werden die für die Projekte akquirierten „Neuen Selbstständigen“ prinzipiell in eine hierarchische Projektstruktur eingegliedert. Dabei wird den Selbstständigen durch die unterschiedliche Art der Einbindung in die hierarchische Struktur der Projekte ein unterschiedlicher Zugang zu dem projektrelevanten Wissen ermöglicht: Die eher den Projektmitarbeitern gleichgestellten Freelancer weisen eher ein Wissen über einen Teilbereich des Projekts auf, während demgegenüber wenigen und oft spezialisierteren Freelancern in Projektleiterfunktionen der Zugang zu einem breiten Wissen über das Gesamtprojekt ermöglicht wird.

Entgegen dem Idealtypus des „Arbeitskraftunternehmers“ (vgl. Voß, Pongratz 1998) sind damit den Autonomiespielräumen der meisten von uns interviewten Freelancer engere Grenzen gesetzt und zudem obliegt die Kontrolle über die zu erbringende Arbeitsleistung nicht nur ihnen, sondern vor allem auch den an dem Projekt beteiligten Firmen.

Ein weiterer Aspekt, der hinsichtlich der Projektorganisation von Bedeutung ist, sind auch die Bestrebungen der Projektpartner, trotz des Umstandes, dass sie möglicherweise virtuell miteinander zusammenarbeiten können, vor allem in komplexen Projektphasen die räumliche Nähe zueinander zu suchen. Vor diesem Hintergrund haben wir festgestellt, dass die Möglichkeiten der technischen Unterstützung der verteilten Projektarbeit weniger stark genutzt werden als erwartet. Dies gilt beispielsweise für den Einsatz webbasierter Tools wie Wissensmanagementplattformen mit integrierten Foren oder auch Chatfunktionen. Als Hauptgrund für den geringen Einsatz von Technik zur Unterstützung des räumlich verteilten Arbeitens kann unter anderem die hierarchische Projektstruktur vermutet werden. Aufgrund der bezüglich der Aufgaben und Projektphasen oft begrenzten Integration von Freelancern und Mitarbeitern in das Gesamtprojekt und der damit einhergehenden forcierten Wissensteilung wird der Rückgriff beispielsweise auf Face-to-Face oder auch konventionelle technische Mittel wie Telefon und E-Mail präferiert. Erweiterte webbasierte Tools scheinen dabei nach Einschätzung der Empiriepartner nur unzureichend den Projekterfordernissen (Wissensteilung, reibungslose Kommunikationsflüsse) gerecht zu werden.

Literatur

Bosch-Sijtsema, P. (2002): Knowledge Management in Virtual Organizations. Interorganizational and Interproject Knowledge Transfer, in: Proceedings of third European conference on organizational knowledge, learning and capabilities (OKLC 2002) April, Athens, S. 1-13, http://www.alba.edu.gr/OKLC2002/Proceedings/pdf_files/ID191.pdf

Gerlmaier, A.; Kastner, M. (2003): Was sind Neue Selbstständige?, in: Kastner, M. (Hg.): Neue Selbstständigkeit in Organisationen. Selbstbestimmung, Selbsttäuschung, Selbstausbeutung?, München, Mering 2003, S. 49-75

Gottschall, K. (1999): Freie Mitarbeit im Journalismus. Zur Entwicklung von Erwerbsformen zwischen selbständiger und abhängiger Beschäftigung, in: Kölner Zeitschrift für Soziologie und Sozialpsychologie, 51 Jg. (1999) 4, S. 635-654

Grabher, G. (2002): Cool Projects, Boring Institutions: Temporary Collaboration in Social Context, in: Regional Studies, 36 Jg. (2002) 3, S. 205-214

Heckscher, C. (1994): Defining the Post-Bureaucratic Type, in: Heckscher, C.; Donnellon, A. (Hg.): The Post-Bureaucratic Organization: New Perspectives on Organizational Change, London 1994, S.14-62

Kalkowski, P.; Mickler, O. (2002): Zwischen Emergenz und Formalisierung – Zur Projektifizierung von Organisation und Arbeit in der Informationswirtschaft, in: SOFI-Mitteilungen (2002) 30, S. 119-134

Knoblich, H. (1972): Die typologische Methode in der Betriebswirtschaftslehre, in: WiSt (1972) 4, S. 141-147

Picot, A.; Ripperger, T.; Wolff, B. (1996): The Fading Boundaries of the Firm, in: Journal of Institutional and Theoretical Economics, 152 Jg. (1996), S. 65-72

Powell, W. W. (1992): Weder Markt noch Hierarchie: Netzwerkartige Organisationsformen, in: Kenis, P.; Schneider V. (Hg.): Organisation und Netzwerk. Institutionelle Steuerung in Wirtschaft und Politik, Frankfurt/Main, New York 1992, S. 213-271

Powell, W. W. (2001): The capitalist firm in the twenty-first century: Emerging Patterns in Western Enterprise, in: DiMaggio, P. (Hg.): The twenty-first century firm. Changing economic organization in international perspective, Princeton, Oxford 2001, S. 33-68

Schulze Buschhoff, K. (2004): Neue Selbstständigkeit und wachsender Grenzbereich zwischen selbstständiger und abhängiger Erwerbsarbeit – Europäische Trends vor dem Hintergrund sozialpolitischer und arbeitsrechtlicher Entwicklungen, in: WZB, Diskussionspapier, Juli 2004, S. 1-34, http//:skylla.wz-berlin.de/pdf/2004/i04-108.pdf

Sydow, J. (2001): Zum Verhältnis von Netzwerken und Konzernen: Implikationen für das strategische Management, in: Ortmann, G.; Sydow, J. (Hg.): Strategie und Strukturation. Strategisches Management von Unternehmen, Netzwerken und Konzernen, Wiesbaden 2001, S. 269-296

Sydow, J.; Windeler, A. (1999): Projektnetzwerke: Management von (mehr als) temporären Systemen, in: Engelhard, J.; Sinz, E. J. (Hg.): Kooperation im Wettbewerb. Neue Formen und Gestaltungskonzepte im Zeichen von Globalisierung und Informationstechnologie, Wiesbaden 1999, S. 211-235

Voß, G.; Pongratz, H. (1998): Der Arbeitskraftunternehmer – Eine neue Grundform der Ware Arbeitskraft?, in: Kölner Zeitschrift für Soziologie und Sozialpsychologie, 50 Jg. (1998), S.131-158

Windeler, A.; Wirth, C.; Sydow, J. (2001): Die Zukunft in der Gegenwart erfahren. Arbeit in Projektnetzwerken der Fernsehproduktion, in: Arbeitsrecht im Betrieb, (2001) 1, S. 12-18

Anwendungsszenarien innovativer Werkzeuge zur Unterstützung virtuellen Arbeitens und Lernens

Sam Zeini, Nils Malzahn, Heinz Ulrich Hoppe

1 Einleitung

Während sich die Diskussion um die Virtualisierung von Arbeitsplätzen, Unternehmen und Organisationen mittlerweile und zunehmend – nicht zuletzt durch den Vergleich von Anspruch und Wirklichkeit – innerhalb bestimmter Wissenschaftsdisziplinen und Expertengemeinschaften etabliert, beschränkt sich die technische Unterstützung nach wie vor häufig auf Basistechnologien, wie z. B. Webportale. Dabei ist es sinnvoll, Kompetenzen und deren Entwicklung im Zusammenhang mit Virtualisierung von Arbeit und lebenslangem Lernen zu diskutieren. Insbesondere sind im Bereich von Wissensmanagementsystemen, kreativitätsunterstützenden Werkzeugen sowie Lehr- und Lernsystemen innovative Konzepte und Werkzeuge entstanden, die sinnvoll im Rahmen von virtualisierten Prozessen angewendet werden können.

Ausgehend von empirischen Beobachtungen werden im Folgenden Szenarien des Einsatzes innovativer Werkzeuge zur Unterstützung virtuellen Arbeitens und Lernens vorgestellt.

2 Thesen zur Unterstützung virtueller Arbeitsprozesse

Wissensintensive Arbeit findet häufig innerhalb von Projekten statt, welche in netzwerkartigen Strukturen eingebettet sind. Die Zusammenarbeit in solchen Projekten findet zu einem erheblichen Anteil virtuell statt. Trotzdem wird in den im Rahmen des Projektes „*Virtuelles Arbeiten und Lernen in projektartigen Netzwerken*" (*VIP-NET*[1]) erhobenen Fallstudien die Bedeutung von Face-to-Face-Treffen immer wieder durch die Interview-Partner hervorgehoben. Diese im Kontext von virtuellen Arbeitsprozessen überraschende Erkenntnis führt jedoch bei näherer Betrachtung zu dem Ergebnis, dass solche Face-to-Face-Treffen häufig von Medieneinsatz begleitet werden. Während der Arbeitsplatzbeobachtungen konnten wir bei solchen Zusammentreffen beobachten, dass anhand von Bildschirmmasken bestimmte Sachverhalte zwischen den Geschäftspartnern diskutiert wurden. Auch Powerpoint-Präsentationen oder Flipcharts werden häufig in solchen Zusammenhängen eingesetzt und können als Medien beschrieben werden. Eine Thematisierung als Medium kann insofern sinnvoll sein, dass theoretische Konzeptionen zur Beschreibung solcher Interaktionssituatio-

[1] Gefördert durch das Bundesministerium für Bildung und Forschung, Förderkennziffer: 01HU0128.

nen herangezogen werden können. So existiert beispielsweise in der Interaktionstheorie das Konzept der Grenzobjekte (vgl. Star, Griesemer 1989), welche als Vermittlungsinstanz zwischen Akteuren innerhalb von Interaktionssituationen fungieren können. Solche Objekte lassen sich beispielsweise als Arbeitsobjekte (vgl. Rammert 1999), Wissensobjekte (Knorr-Cetina 1998) oder Lernobjekte beschreiben. Aus medientheoretischer Perspektive kann eine Abhandlung als Artefakten fruchtbar sein. So konnten beispielsweise Dix u. a. (1998) verdeutlichen, dass Artefakte nicht nur das Objekt der Kommunikation, sondern auch ein Medium innerhalb der Kommunikation darstellen können (*communication through the artifact*) und dadurch erheblich zu deren Qualität beitragen können. Explizit richtet sich die Fragestellung nach Objekten und Medien an die Annahme, dass Face-to-Face-Situationen zwar vom Medieneinsatz begleitet werden, dieser Medieneinsatz jedoch in der Regel nicht auf Nachhaltigkeit angelegt ist. Wir gehen deshalb davon aus, dass innovative Werkzeuge durch ihre medialen Funktionen zu einer nachhaltigen Unterstützung solcher Szenarien beitragen können. Gerade im Kontext virtueller Arbeitsprozesse ist es wichtig, dass Ergebnisse solcher Face-to-Face-Interaktionen unabhängig von Zeit und Raum, beispielsweise zu einem späteren Zeitpunkt oder an einem anderen Ort, herangezogen und weiterverwendet werden können.

Empirische Untersuchungen können ferner verdeutlichen, dass wissensintensive Arbeit durch einen erheblichen Anteil an implizitem Wissen gekennzeichnet ist. Während unserer Untersuchungen konnten wir beobachten, dass das Wissen über die Netzwerkstrukturen innerhalb projektartiger Netzwerke zu erheblichen Anteilen perspektivische Merkmale aufweist. Dies führt zu der Annahme, dass das Wissen über das „eigene Netzwerk" vielfach implizit bleibt.

Ferner konnten wir in diesem Zusammenhang das Fehlen einer Systematik von organisationalen Lernprozessen feststellen. Ausgehend von diesen Beobachtungen schließen wir, dass die Externalisierung, der gemeinsame Erwerb und die Angleichung von Wissen durch den Einsatz von informationstechnischen Konzepten und Werkzeugen unterstützt werden können. Kooperationsprozesse können hierdurch unterstützt, dokumentiert und schließlich zu strukturellen Mustern transformiert bzw. objektiviert werden. Das Ergebnis kann ferner zu Reflexions- oder Lernzwecken verwendet werden. Die Spuren des Werkzeuggebrauchs können aufbereitet zur Implementierung von Reflexionsmechanismen herangezogen werden, welche Aufschluss über die Netzwerkstrukturen liefern. Die Ergebnisse können als Orientierungshilfe für organisationale Lernprozesse und Koordination der Kooperationsprozesse herangezogen werden.

Im Folgenden werden Werkzeuge und Konzepte vorgestellt, die aus den hervorgegangenen Überlegungen heraus zum einen Face-to-Face-Situationen nachhaltig unterstützen und zum anderen zur Explikation der Netzwerkstrukturen verwendet werden können.

3 Werkzeuge und Konzepte zur Kooperationsunterstützung

Informationstechnische Werkzeuge können Kooperations- und Kollaborationsszenarien im Kontext von Arbeit und Lernen erheblich unterstützen. Es hat sich jedoch als effektiv erwiesen, die Intelligenz des Nutzers in die Szenarien mit einzubeziehen. Gerade frühe Studien aus dem CSCW-Bereich (*Computer Supported Cooperative Work*) haben verdeutlicht, dass Benutzer Computersysteme häufig anders als vorgesehen benutzen (vgl. Grudin 1988; Robinson 1991). Das hat dazu geführt, dass empirische Erhebungen für das Design solcher Werkzeuge herangezogen werden. Dies führt jedoch zu dem Problem, dass Nutzer häufig Wünsche an die Systementwickler herantragen, welche technisch nicht realisierbar sind. Auf der anderen Seite existieren werkzeugbasierte Konzepte, die der Mehrzahl potenzieller Benutzer nicht bekannt sind. Die Überführung der Diskussion von Werkzeugen auf eine konzeptuelle Ebene kann daher u. E. den Vorteil bieten, dass a) empirische Erkenntnisse für die (Weiter-)Entwicklung der Werkzeuge einfacher operationalisiert werden können und b) innovative Konzepte leichter an die Nutzer herangetragen werden können. Daher wird in diesem Abschnitt das Rahmensystem FreeStyler im Kontext von Nutzungskonzepten und -szenarien vorgestellt.

3.1 Der FreeStyler

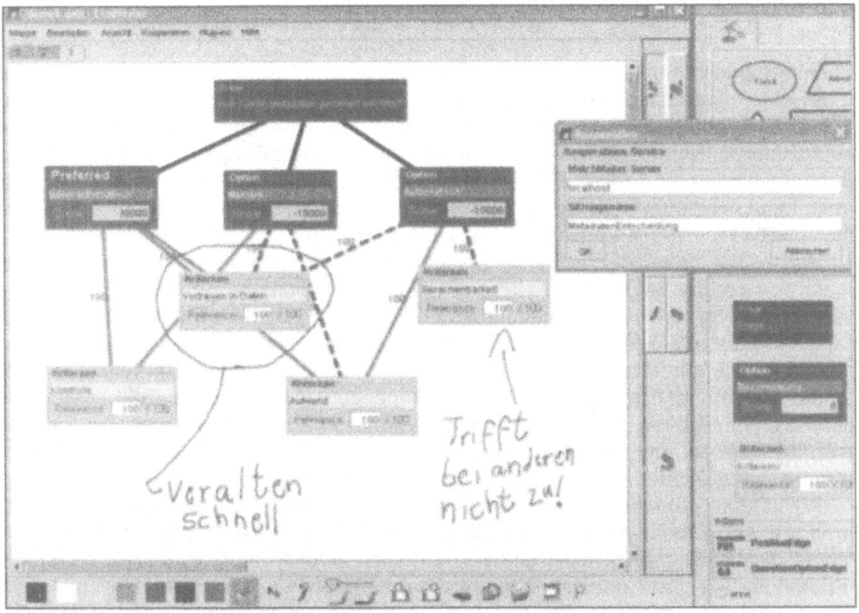

Abbildung 1: Screenshot vom FreeStyler

Das explizite Darstellen von sonst nur implizitem Wissen ist ein zentraler Gegenstand von Wissensmanagement, der für die Unterstützung der alltäglichen Arbeit in wissensintensiven Unternehmen besondere Relevanz trägt. Deshalb soll das entwickelte Tool die folgenden Aspekte unterstützen:

- Externalisierung von Wissen
  - Ideen, Entscheidungen, Begriffe, Informationen sollen Informationsnetze bilden;
  - digitale, handschriftliche Notizen, die auch in Sitzungen erstellt werden können, sind Elemente der Informationsnetze.

- Kommunikation von Wissen
  - technisch angereicherte kooperative Sitzungen sollen möglich sein;
  - Visualisierung der Gesprächsinhalte;
  - bedarfsorientierte Bündelung und (Re-)Strukturieren von Informationen.

Der FreeStyler ist im Rahmen des Projekts *Verbesserung des Innovationstransfers durch die Optimierung des transferorientierten Informations- und Wissensmanagements* entstanden und wird seit November 2003 im Rahmen des VIP-NET-Projekts weiterentwickelt. Der FreeStyler wird vor allem in Hinblick auf eine verbesserte Bewusstheit über die Kooperationspartner im Kreativ- und Kooperationsprozess sowie hinsichtlich einer Verknüpfung asynchroner und synchroner Arbeits- und Lernprozesse erweitert. Zusätzlich wird im Verlauf des Projekts ein Mechanismus zur Reflexion des eigenen Netzwerkkontextes hinzugefügt, um neue Dimensionen der Netzwerkarbeit zu eröffnen.

3.2 Die Verknüpfung von synchronem und asynchronem Arbeiten

Synchrone Kommunikation hat in virtuellen Organisationen den Nachteil, dass alle Beteiligten gleichzeitig mindestens virtuell zugegen sein müssen. Das kann gerade in virtuellen Unternehmen mit loser Kopplung zu Problemen führen, wenn die Betriebe verschiedene Kernarbeitszeiten vorsehen oder die Organisationen so weit räumlich getrennt sind, dass Zeitverschiebungen bei der Terminplanung relevant werden. Zudem kann synchrone Kontaktaufnahme als Belastung empfunden werden, da sie eine Unterbrechung des normalen Arbeitsablaufs darstellt (vgl. Herrmann u. a. 2003).

Wie weiter oben beschrieben, existiert auch im Rahmen virtueller Kooperation nach wie vor das Bedürfnis nach Face-to-Face-Interaktionen. An dieser Stelle können synchrone Werkzeuge unterstützend eingreifen. Gerade in Zusammenhang mit Blended-Learning-Szenarien (vgl. Sauter u. a. 2004) konnten synchrone Werkzeugkonzepte während der Präsenzsituationen ihre medialen Vorteile verdeutlichen. So haben sich interaktive Tafeln, Shared Workspaces (vgl. Bollen u. a. 2003) oder Multiboards (vgl. Rößling u. a. 2004) in diesen Bereichen etablieren können. Der Einsatz von Werkzeugen mit erweiterten und flexiblen medialen Funktionen wird jedoch im Kontext virtualisierter Arbeitsprozesse bisher kaum diskutiert.

Asynchrone Kommunikationswerkzeuge sind innerhalb der Diskussion um Virtualisierung von Arbeit weit verbreitet. Beispiele für solche Werkzeuge stellen webbasierte Diskussionsportale oder das BSCW (*Basic Support for Cooperative Work*) der Fraunhofer FIT[2] dar. Jedoch bringen asynchrone Werkzeuge auch Nachteile mit sich. Eine Gefahr besteht beispielsweise in der Fehlinterpretation von Beiträgen. Unklare Argumente werden in synchronen Sitzungen eher validiert und Fehlinterpretationen vermieden.

Eine angemessene Mischung aus asynchroner und synchroner Kommunikation ist also erstrebenswert, um die geschilderten Vor- und Nachteile der Kommunikationsarten geschickt zu kombinieren. Eine Integration dieser beiden Kommunikationsformen in ein einziges Werkzeug ermöglicht zudem einen Wechsel zwischen ihnen, ohne das Arbeitsobjekt im jeweils anderen Kontext replizieren zu müssen.

---

[2] http://bscw.fit.fraunhofer.de

3.3 Lern- und Wissensobjekte

Sozial- und Interaktionstheorien stellen interessante Konzepte für die Konzeption und Entwicklung interaktiver Systeme bereit. In diesem Zusammenhang gewinnen gerade solche Theorien an Bedeutung, welche explizit Objekte miteinbeziehen.

Innerhalb der CSCW-Forschung haben sich Grenzobjekte teilweise etablieren können. Sie werden als Objekte beschrieben, welche in verschiedenen Gemeinschaften unterschiedliche Bedeutungen annehmen können, um diese Gemeinschaften zeitweilig zu verbinden. Solche Objekte können neben Wissensobjekten, die aus dem Bereich der Technik- und Wissenschaftsforschung entstammen, als Arbeitsobjekte betrachtet werden.

Im CSCL-Bereich (*Computer Supported Collaborative Learning*) wird von „Activity Objects“ oder „Learning Objects“ gesprochen. Wir definieren „Learning Objects“ als „externalisierbare Einheiten“. Sie besitzen eine externe, manipulierbare Repräsentation und sind in sich abgeschlossen, persistent und besitzen eine Identität. Persistenz und Identität bilden die Voraussetzung zur Wiederverwendung von Learning Objects. Sie erlauben es, das erzeugte Objekt in Archiven abzulegen und es dort wieder zu finden. Die Abgeschlossenheit erlaubt es schließlich, sie in einem veränderten Kontext wieder zu verwenden (vgl. Zeini u. a. 2004).

Learning Objects können mit kontextuellen Informationen angereichert und gespeichert werden. Solche Informationen können beispielsweise im Rahmen eines Aktivitätsmodells als Autor, Rolle, Gruppenzugehörigkeit, Aufgaben usw. beschrieben und als Metadaten behandelt werden. Geschieht dies ausschließlich manuell, ist auch der Wartungsaufwand für sie groß. Werden die Daten nicht gepflegt, sinkt die Akzeptanz für sie, weil die Daten nicht verlässlich sind. Ein weiteres Akzeptanzproblem entsteht durch den Eingabeaufwand. Häufig sind Metadaten-Sätze umfangreich und ihre vollständige manuelle Eingabe zu aufwändig. Den Kontrast bildet eine vollautomatische Generierung der Metadaten. Diese ist jedoch schwierig und fehleranfällig. Aus diesem Grund sollte die Generierung der Metadaten semi-automatisch erfolgen. Das bedeutet, dass das System so viele Daten wie möglich automatisch erzeugt, pflegt und zusammen mit den Datenfeldern, die es nicht automatisch generieren kann, dem Nutzer zur Vervollständigung und Kontrolle präsentieren soll.

3.4 Szenarium zur Verknüpfung synchroner und asynchroner Kooperationsmodi unter der Verwendung von Wissens- und Lernobjekten

Um die vorangegangen Konzepte zu verdeutlichen, werden diese beispielhaft im Rahmen eines Szenariums unter der Verwendung des Rahmensystems FreeStyler diskutiert.

Gegeben sei die Situation, dass zwei kleine Unternehmen sich netzwerkartig zusammenschließen, um einen bestimmten Auftrag zu erfüllen, den sie alleine, durch fehlende Kompetenzen und Ressourcen, nicht durchführen könnten. Die in diesem Zusammenhang sich ergänzenden Kompetenzen bieten nun zwar die Grundlage für die Durchführung des Vorhabens, bedürfen jedoch zu Anfang der Kooperation häufiger Präsensinteraktionen, um unter anderem eine gemeinsame Sprache zu finden.

Während einer solchen Interaktion wird nun das Werkzeug FreeStyler eingesetzt. Die Kooperationspartner befinden sich in einem Besprechungsraum, in dem eine interaktive Tafel installiert ist. Alle Partner verfügen des Weiteren über Notebooks. Sowohl auf den Notebooks als auch auf dem Rechner für die interaktive Tafel sind

FreeStyler-Anwendungen geöffnet, welche zugleich über das Netzwerk gekoppelt sind. Nun können die Kooperationspartner sich verschiedener visueller Sprachen bedienen, die verschiedene Formalisierungsgrade der Kommunikation erreichen. Nun wird ein Geschäftskonzept unter der Verwendung der Mindmap-Sprache für das aktive Vorhaben modelliert. Einige in diesem Zusammenhang wichtige Entscheidungen werden mit Hilfe der QOC-Methode (vgl. MacLean u. a. 1991) kollaborativ innerhalb des FreeStylers getroffen. Der Moderator der Sitzung annotiert wichtige Randbemerkungen handschriftlich an der Tafel in das gemeinsam erarbeitete Objekt hinein. Einige technische Details werden zwecks Veranschaulichung für die Beteiligten ohne technische Kompetenzen als UML-Diagramme modelliert und dargestellt. Am Ende der Sitzung wird das Arbeitsobjekt in eine gemeinsame Ablage (*Repository*) gespeichert. Das System schlägt beim Speichern einige Schlagwörter vor, welche von den Teilnehmern akzeptiert oder abgelehnt werden können. Des Weiteren werden die Namen der Beteiligten und die verwendeten Modellierungssprachen und visuellen Sprachen als Schlagwörter hinzugefügt. Das Objekt erfüllt somit die weiter oben definierten Eigenschaften eines Lernobjektes und kann durch seine Abgeschlossenheit später als ein Lern-, Wissens- und Arbeitsobjekt von den Beteiligten herangezogen werden. Die Verschlagwortung erleichtert das spätere Finden des Objektes.

In einem Netzwerkpool, in dem einige Firmen als potenzielle Kooperationspartner für Projekte vorhanden sind, können solche Objekte dazu dienen, dass verschiedene Unternehmen und Gruppen durch thematisch orientierte Suche ergänzende oder ähnliche Unternehmen oder Gruppen finden. Durch diese *Thematic Social Navigation* (vgl. Hoppe u. a. 2005) werden nun Beziehungen zwischen Personen oder Unternehmen in einem Netzwerk gestiftet, die ansonsten nur lose miteinander gekoppelt wären. Dies kann u. E. zu einer Stabilisierung des Netzwerks führen und somit entscheidend für den wirtschaftlichen Fortbestand der Beteiligten sein.

Wir wollen im Folgenden unsere Perspektive von der Betrachtung von Werkzeugen und Wissensobjekten im Kommunikationsprozess auf die Analyse der Kommunikationsbeziehungen selbst verschieben. Dabei werden die „Spuren" des Werkzeuggebrauchs (vgl. Krämer 2000) Basis der Analyse sein.

4 Analytische Betrachtungsweise von Netzwerken

Virtuelle Unternehmen bestehen aus verschiedenen, voneinander rechtlich unabhängigen Einzelunternehmen, die sich zum Zwecke der gemeinsamen Mehrwertschöpfung zusammengeschlossen haben. Ihre innere Struktur kann als Netzwerk aufgefasst werden. Die empirischen Erhebungen des Projekts VIP-NET haben ergeben, dass die Netzwerkteilnehmer das Netzwerk unterschiedlich bewerten und wahrnehmen. Das schließt sowohl die eigene Rolle im Netzwerk als auch die Wichtigkeit bestimmter Verbindungen innerhalb des Netzwerks ein. Das bedeutet, dass das Wissen über die Netzwerkstrukturen innerhalb projektartiger Netzwerke zu erheblichen Anteilen perspektivische Merkmale aufweist. Da einige der befragten Unternehmen angaben, dass der Unternehmensbestand in erheblichem Maße von ihrer Integration in ein Netzwerk abhängt, ist das Wissen über das eigene Netzwerk unternehmenskritisch. Umso wichtiger ist es, dass das Wissen über das Netzwerk expliziert wird. Das explizite Wissen kann zur Selbstreflexion und damit verbunden zur Verbesserung der eigenen Position genutzt werden. Wenn es gewünscht ist, kann es auch zur Wissensteilung genutzt werden. Das kann vor allem dann sinnvoll sein, wenn das Unternehmen zwei oder mehr gleichberechtigte Geschäftsführer hat, wie es vor allem im Bereich von kleinen Start-ups oft zu finden ist, um Fehleinschätzungen und -entscheidungen zu vermeiden.

Neben der Wichtigkeit, das „eigene Netzwerk" kritisch zu betrachten, ist die gemeinsame Reflexion des Projektnetzwerks durch alle Projektbeteiligten für den Projekterfolg bedeutend. Die perspektivische Wahrnehmung des Netzwerks kann sogar das Scheitern der Kooperationsbeziehung herbeiführen, wenn sie Fehldefinitionen der eigenen Rolle und Aufgaben oder die der Partner im Netzwerk verursacht. Die Problematik wird an folgendem Interviewzitat offensichtlich:

„Es ist wichtiger zu wissen, was die Leute nicht tun, als zu glauben, es wird schon jemand machen."

Um einer solchen Verzerrung entgegenwirken zu können, müssen die Projektpartner eine gemeinsame Sicht des Netzwerks erreichen oder zumindest die Sicht der jeweils anderen Partner kennen, um gegebenenfalls Korrekturen vornehmen zu können.

4.1 Einbeziehung perspektivischer Aspekte in die Analyse

Vielfach ist das Wissen über „das eigene Netzwerk" implizit und bietet daher weder die Möglichkeit zur Reflexion noch zur Wissensteilung. An dieser Stelle setzt das Projekt *VIP-NET* an. Aus der Erkenntnis heraus, dass das Wissen um das „eigene Netzwerk" unternehmenskritisch ist, sollen die Externalisierung, der gemeinsame Erwerb und die Angleichung von Wissen durch den Einsatz von informationstechnischen Konzepten und Werkzeugen unterstützt werden.

Die Soziale Netzwerkanalyse ist eine Methode zur Untersuchung von Beziehungsnetzwerken. Sie kann sowohl auf One-Mode- als auch auf Mixed-Mode-Netzwerke angewendet werden (vgl. Wasserman, Faust 1994). Jedoch berücksichtigt sie die perspektivischen Sichtweisen in der globalen Sicht des Netzwerks nicht. Üblicherweise werden Personen direkt zu ihren Beziehungen zu anderen Personen (One-Mode-Netzwerke) oder anderen Objekten (Two-Mode-Netzwerken) befragt. Vor allem in Two-Mode-Netzwerken wird jedoch die Beziehung der Nicht-Personen-Objekte untereinander in der Wahrnehmung der Einzelpersonen nicht erfasst. Die Objekte werden nur als Mittler zwischen den direkt daran arbeitenden Personen erfasst. Oft besteht aber zwischen den Teilobjekten innerhalb eines Arbeitsprozesses ebenfalls ein Beziehungsnetzwerk, welches Auswirkungen auf das Personennetzwerk haben kann. Hinzu kommt, dass die Wahrnehmung, z. B. der Wichtigkeit der unterschiedlichen Arbeitsobjekte und deren Beziehungen zueinander, auch perspektivisch geprägt ist.

Um diese Netzwerke ebenfalls einbeziehen zu können, schlagen wir vor, dass die Methode der sozialen Netzwerkanalyse auf Two-Mode-Netzwerke unter Einbeziehung semantischer Netze erweitert wird. Die Beziehungen im herangezogenen semantischen Netz sollen ihrerseits die perspektivische Wahrnehmung der Einzelpersonen durch die Möglichkeit von Gewichtungen widerspiegeln können. Das Verfahren ist in Malzahn u. a. (2005) beschrieben.

Die Gewichtung bzw. die kollaborative Genese einer aussagekräftigen Ontologie kann dabei durch den synchronen oder asynchronen Kooperationsmodus des *FreeStylers* unterstützt werden.

Neben der Reflexionsunterstützung bietet dieser Ansatz noch einen weiteren Vorteil: Kooperationsprozesse können dokumentiert und schließlich zu strukturellen Mustern transformiert bzw. objektiviert werden. Das bedeutet, dass ausgehend vom Reflexionsprozess gleichzeitig die Möglichkeit der Generalisierung des generierten Netzwerks hin zu „Best Practice"-Falldokumentation besteht. Erfolgreiche Netzwerkverbindungen können so als Beispiel für weitere Netzwerkkonstellationen dienen. Natürlich könnten auch gescheiterte Netzwerke analysiert werden, um für kommende Projekte Misserfolgsfaktoren ausschließen zu können. Letztlich wird die Dokumentation als Initiator für einen Lernprozess genutzt.

Um die perspektivische Sichtweise der Netzwerkteilnehmer zu erhalten, werden dem Nutzer des Analysewerkzeugs Freiheitsgrade bezüglich der Gewichtung der Beziehungen im semantischen Netz eingeräumt.

4.2 Erläuterndes Beispiel

Zur Erläuterung der Möglichkeiten wird nun das in Abbildung 2 gezeigte Netzwerk herangezogen. Zunächst wurde erhoben, dass die Person P300 zusammen mit P76 (Abbildung 2 links oben) an einem Thema T21 arbeitet. Zusätzlich wird unterstellt, dass die in Abbildung 2 links unten gezeigten Ontologiebeziehungen zwischen den gezeigten Themenbereichen gelten.

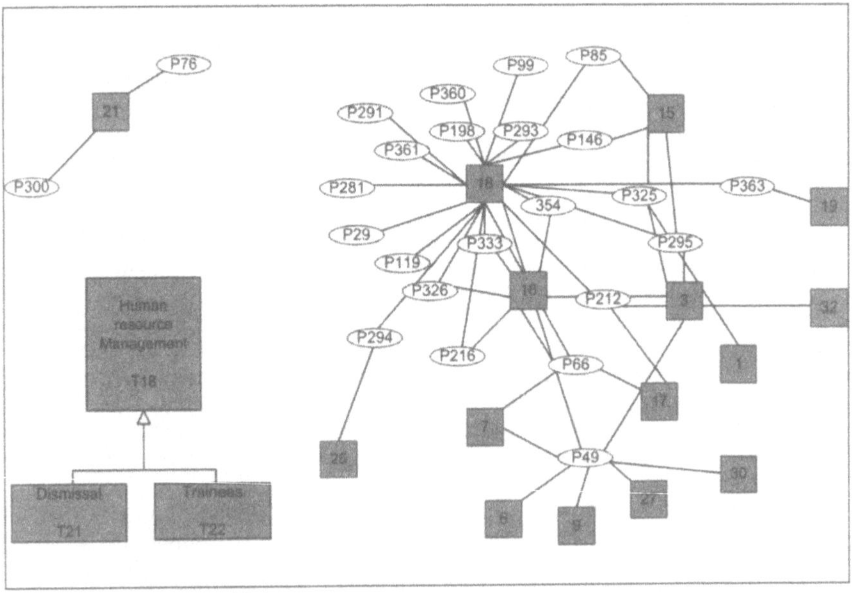

Abbildung 2: Skizze des Einbettungsprozesses

Der Pfeil soll andeuten, dass T21 und T22 Unterthemen des gemeinsamen Oberthemas T18 sind. Ferner ist in Abbildung 2 rechts das erhobene Netzwerk zum Thema T18 dargestellt. Kombiniert man nun die beiden abgebildeten Personen-Themen-Netzwerke mit dem semantischen Themen-Netzwerk, so wird deutlich, dass die Person P300 eigentlich in einem größeren Gesamtnetzwerk arbeitet (vgl. Abb. 3). Dieses Netzwerk war P300 vielleicht gar nicht bewusst, obwohl P300 die Ontologie für seinen Themenbereich erstellen konnte.

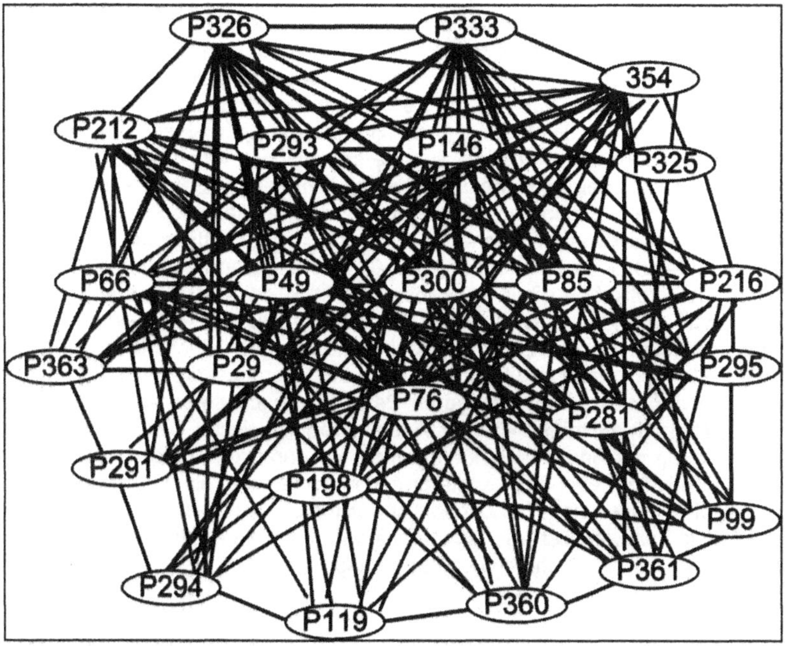

Abbildung 3: Einbettung von P300 ins Gesamtnetzwerk

Auf diese Weise können durch die Verwendung von Ontologien latente Beziehungen aufgedeckt und gefördert werden.

5 Fazit und Ausblick

Ausgehend von der These, dass Face-to-Face-Situationen auch im Rahmen virtualisierter Arbeitsprozesse bedeutend sind, schlagen wir vor, dass diese – vor allem kreative, wissensintensive Prozesse – durch Software unterstützt werden, um sie nachhaltig für den gesamten Projektverlauf und darüber hinaus verfügbar machen zu können. Die beteiligten Personen dürfen in ihrer Ausdruckskraft nicht eingeschränkt werden, weswegen wir unter anderem die Unterstützung von stiftbasierter Eingabe inkl. Handschrifteingabe und den Einsatz visueller Sprachen fordern. Zudem gehen wir davon aus, dass ein Mehrwert durch ein mit Metadaten angereichertes Repository erreicht wird. Die Anwender können so Nutzen aus der Arbeit anderer Personen ziehen und sind eher bereit, selbst Daten ins System einzustellen. Gebündelt mit der Möglichkeit, Wissensobjekte in einem Repository strukturiert abzulegen, können bei Bedarf bewährte Standards in nachfolgenden Projekten wieder verwendet und weiterentwickelt werden. Durch dieses Konzept können somit synchrone Zusammenarbeitssituationen wie z. B. Face-to-Face-Treffen mit asynchronen und räumlich verteilten Arbeitssituationen fließend und nahtlos verknüpft werden, wodurch u. E. ein erheblicher Mehrwert für die Beschäftigten, wie z. B. die Förderung von Kompetenzen, und die beteiligten Unternehmen geschaffen wird.

Ferner haben wir, ausgehend von der These, dass das Wissen über das „eigene Netzwerk" zu erheblichen Anteilen perspektivische Merkmale aufweist, Analysemethoden und -konzepte zur Explikation und Objektivierung bestehender Netzwerkbeziehungen vorgestellt. Das Konzept basiert auf Methoden der Sozialen Netzwerkanalyse (One-Mode und Two-Mode), welche durch die Einbeziehung von Ontologienetzen ergänzt werden. Hierbei sollen die Benutzergruppen eigene ontologische Beziehungsnetze verwenden können, um die spezifischen Merkmale „ihres Netzwerkes" wie z. B. die „gemeinsame Sprache" zu erhalten. Dabei entsteht der Vorteil, dass durch die Verwendung von Ontologiebeziehungen latente Beziehungen aufgedeckt und gefördert werden können. Ferner können Freiheitsgrade der perspektivischen Aspekte durch die Verwendung von Gewichtungsverfahren erhalten bleiben.

Durch die Explikation einer Konsensperspektive der Netzwerke können zudem Beziehungen zu anderen Netzwerkmitgliedern angestiftet bzw. bestehende Verbindungen stabilisiert werden. Diese Ergebnisse können als Orientierungshilfe für organisationale Lernprozesse und Koordination der Kooperationsprozesse herangezogen werden, da sie, neben den beteiligten Personen, auch deren Affiliationen zu bestimmten Themen aufzeigen können. Auch hierbei ist wichtig, dass durch eine nahtlose Anbindung der Analysemethoden an die kooperativen und arbeitsunterstützenden Systeme Nutzer eine eigene Interpretation gemeinsam elaborieren können. Dies kann beispielsweise durch handschriftliche Annotationen geschehen. Das entstandene Produkt kann, ähnlich wie ein Organigramm, für die an dem Netzwerk beteiligten Personen und Unternehmen nutzbar gemacht werden.

Literatur

Bollen, L.; Pinkwart, N.; Kuhn, M.; Hoppe, H. U. (2003): Interaktives Präsentieren und kooperatives Modellieren. Szenarien akademischen Lehrens und Lernens in Informatik und Naturwissenschaften, in: Kerres, M.; Voß, B. (Hg.): Digitaler Campus. Vom Medienprojekt zum nachhaltigen Medieneinsatz in der Hochschule, Münster 2003

Dix, A.; Finlay, J.; Abowd, G.; Beale, R. (1998): Human-Computer Interaction, 2. Aufl., Prentice Hall 1998

Grudin, J. (1988): Why CSCW Applications Fail: Problems in the Design and Evaluation of Organizational Interfaces, in: Proceedings of CSCW'88, S. 85-93

Herrmann, T.; Hoffmann, M.; Kienle, A.; Reiband, N. (2003): Metawissen als Voraussetzung kooperativer Wissensarbeit und seine Unterstützung durch Awarenessmechanismen, in: Mambrey, P.; Pipek, V.; Rohde, M. (Hg.): Wissen und Lernen in Virtuellen Organisationen, Heidelberg 2003

Hoppe, H. U. u. a. (2005): Building Bridges within Learning Communities through Ontologies and „Thematic Objects“, erscheint in: Proceedings of the CSCL 2005, May 30 – June 4, 2005, Taipei 2005

Knorr-Cetina, K. (1998): Sozialität mit Objekten. Soziale Beziehungen in posttraditionalen Wissensgesellschaften, in: Rammert, W. (Hg.): Technik und Sozialtheorie, Frankfurt/Main 1998

Krämer, S. (2000): Das Medium als Spur und als Apparat, in: Dies. (Hg.): Medien, Computer, Realität. Wirklichkeitsvorstellungen und neue Medien, Frankfurt/Main 2000

MacLean, A.; Young, R.; Belloti, V.; Moran, T. (1991): Questions, options, and criteria: Elements of design space analysis, in: Human-Computer Interaction, 6. Jg. (1991), S. 201-250

Malzahn, N.; Zeini, S.; Harrer, A. (2005): Ontology Facilitated Community Navigation – who is interesting for what I am interested in?, erscheint in: Proceedings of CONTEXT'05, the Fifth International and Interdisciplinary Conference on Modelling and Using Context, Paris, France, July 6-8, 2005

Rammert, W. (1999): Produktion von und mit „Wissensmaschinen“. Situationen sozialen Wandels hin zur „Wissensgesellschaft“, in: Konrad, W.; Schumm, W. (Hg.): Wissen und Arbeit: Neue Konturen von Wissensarbeit, Münster 1999

Robinson, M. (1991): Double-Level Languages and Cooperative Working, in: AI and Society, 5. Jg. (1991), S. 34-60

Rößling, G. u. a. (2004): Enhancing Classroom Lectures with Digital Sliding, in: Proceedings of the 9th Annual Conference on Innovation and Technology in Computer Science Education (ITiCSE 2004), Leeds 2004, S. 218-222

Sauter, W.; Sauter, A.; Bender, H. (2004): Blended learning, Neuwied, Kriftel 2004

Star, S. L.; Griesemer, J. R. (1989): Institutional Ecology, ‚Translations' and Boundary Objects: Amateurs and Professionals in Berkley's Museum of Vertebrate Zoology, 1907-39, in: Social Studies of Science, 19 Jg. (1989), S. 387-420

Wasserman, S.; Faust, K. (1994): Social Network Analysis: Methods and Applications, Cambridge 1994

Zeini, S.; Malzahn, N.; Hoppe, H. U. (2004): Kooperationswerkzeuge im Kontext virtualisierter Arbeitsprozesse, in: Engelin, M.; Meißner, K. (Hg.): Virtuelle Organisationen und Neue Medien 2004, Workshop GeNeMe2004 Gemeinschaft in Neuen Medien, TU Dresden, 7. und 8. Oktober 2004, Lohmar, Köln 2004

Training zur Teamentwicklung in virtuellen Strukturen

Joachim Zülch, Nicole Hochfeld

1 Einleitung

Im Zuge der stetig voranschreitenden Internationalisierung und Dezentralisierung der Unternehmen sowie des Fortschritts in der Informations- und Kommunikationstechnologie kommt es in der modernen Arbeitswelt zu einer Um- bzw. Neugestaltung der bisher gewohnten Arbeitsstrukturen (vgl. Senst 2001). Um dem steigenden Konkurrenzdruck standzuhalten und die eigene Marktposition und Wettbewerbsfähigkeit zu sichern, nutzen insbesondere kleine und mittelständische Unternehmen vermehrt die Möglichkeit der organisationsübergreifenden Zusammenarbeit. Der Flexibilitätsgewinn ist dabei das am häufigsten angebrachte Argument für Kooperationen über die Unternehmensgrenzen hinweg. Dauerhafte Innovation bei gleichzeitiger Kostenreduktion kann immer weniger in klassischen Organisationsstrukturen bewältigt werden. Verschlankung und Konzentration auf die Kernkompetenzen sind notwendige Mittel, um am Markt weiterhin bestehen zu können sowie gleichzeitig die immer komplexeren Kundenanforderungen in Bezug auf Individualität, Qualität und Flexibilität der Leistungserbringung erfüllen zu können (vgl. Hofmann 2003).

Durch den Einsatz virtueller Teams können Realisierungsprozesse beschleunigt und Engpässe vermieden werden, es werden Potenziale für die Wahrnehmung von Kernaufgaben freigesetzt bei gleichzeitiger Kostensenkung im administrativen Bereich. Eine Erhöhung der Produktivität erfolgt durch die zusätzlich zur sequentiell laufenden simultane Arbeit. Ebenso ist eine Verbesserung der Arbeitsqualität zu erwarten, denn alle Projektbeteiligten haben aufgrund der modernen Informations- und Kommunikationstechnologie gleichzeitig Zugang zu allen relevanten Informationen (vgl. Block 2000).

Voraussetzung für das Gelingen der virtuellen Zusammenarbeit sind intensive und vertrauensbasierte Kooperationen mit Auftraggebern, Zulieferern und Partnern. Zur Erfüllung dieser Voraussetzungen sehen sich Unternehmen, die organisationsübergreifende Kooperationen eingehen, neuen Anforderungen ausgesetzt. Hierunter fallen Anforderungen an die Organisation wie die Neu- bzw. Umorganisation von Geschäftsprozessen, der Abbau hierarchischer Strukturen und der Aufbau kooperationsfähiger Arbeitsstrukturen sowie Anforderungen an die Mitarbeiter, die in und mit den veränderten Strukturen, wie z. B. in einem virtuellen Team, arbeiten müssen. Zur Gestaltung einer effektiven Kooperation müssen über die Veränderungen im eigenen

Unternehmen hinaus die Prozesse mit den Kooperationspartnern abgestimmt werden. Aufgrund der Vielfältigkeit der Kommunikationsmöglichkeiten müssen Regeln zur Kommunikation untereinander und zum Informationsmanagement getroffen werden. Gemeinsame Normen und Werte sowie gegenseitiges Vertrauen dienen der Erleichterung der Kooperation (vgl. Picot u. a. 2001). Grundsätze zum Verhalten untereinander bedürfen, z. B. im Hinblick auf die Unternehmenskulturen, der Klärung.

Grundlage für den Erfolg einer organisationsübergreifenden Unternehmensentwicklung sind dabei nicht zuletzt die Kompetenzen und die Motivation bzw. das Engagement der Mitarbeiter. Nach Hofmann (2003) können Menschen aus unterschiedlichen Firmenkulturen nicht einfach rasch zusammengestellt und sofort kooperationsfähig gemacht werden; es müssen vielmehr erhebliche Anstrengungen in Bezug auf die Entwicklung der gemeinsamen Auffassung, Arbeitssprache, Methoden und Qualitätsvorstellungen aufgewendet werden. „Menschen sind nicht wie auf dem Steckbrett integrierbar." (Hofmann 2003, 29)

Mit einer zielgerichteten Entwicklung der menschlichen Fähigkeiten und Kompetenzen, beispielsweise im Rahmen eines Trainings zur Teamentwicklung in virtuellen Strukturen, wird die Basis für das erfolgreiche Funktionieren organisationsübergreifender projekt- oder aufgabenbezogener Zusammenarbeit und damit zu einer effektiven und effizienten Kooperation der virtuellen Partnerunternehmen gelegt.

Ein solches Training zur Teamentwicklung in virtuellen Strukturen wird im Rahmen des Projekts InVirtO entwickelt.

Im Folgenden werden, nach einer Skizzierung des InVirtO-Projekts, zunächst die Spezifika virtueller Teams beschrieben. Es folgt die Darstellung der Entwicklung des Teamtrainings sowie die Beschreibung seiner Inhalte. Abschließend erfolgt ein Ausblick auf die Nutzungsmöglichkeiten des Trainings.

2 Das Projekt InVirtO

InVirtO (http://www.invirto.de) steht für die Abkürzung „Synchronisierte Unternehmens- und Kompetenzentwicklung in virtuellen Strukturen". Das Projekt InVirtO beschäftigt sich mit der Anbahnung und Gestaltung virtueller Kooperationen in der Biotechnologiebranche. Themenschwerpunkte sind a) Anbahnung und Partnersuche, b) vertrauensförderliche kooperative Strukturen, c) vertrauensförderliche Zusammenarbeit organisationsübergreifender Teams und d) Projektsteuerung und Erfolgskontrolle. Ziel ist es, geeignete Instrumente zur Unterstützung der Unternehmens- und Kompetenzentwicklung sowie zur Projektsteuerung und Erfolgskontrolle zu entwickeln und einer breiten Öffentlichkeit zugänglich zu machen. Das Vorhaben bezieht sich auf die Zielsetzungen des vom Bundesministerium für Bildung und Forschung, Bundesministerium für Arbeit und Sozialordnung und vom Bundesministerium für Wirtschaft und Technologie vorgestellten Rahmenkonzepts „Innovative Arbeitsgestaltung – Zukunft der Arbeit".

Das Training zur Teamentwicklung in virtuellen Strukturen ist thematisch dem Themenschwerpunkt c) „vertrauensförderliche Zusammenarbeit organisationsübergreifender Teams" zugeordnet und bildet damit ein Instrument zur Unterstützung der Unternehmens- und Kompetenzentwicklung.

Bei der Entwicklung wurden, neben der einschlägigen Literatur zur Teamentwicklung in konventionellen und virtuellen Teams, die Praxiserfahrungen der InVirtO-Partnerunternehmen herangezogen und miteingebunden.

Die nächsten Abschnitte beziehen sich zunächst auf die Definition virtueller Teams und ihre Spezifika, die sie von der Arbeit im konventionellen Team unterscheiden. Unter Kapitel 4 wird dann die Entwicklung des Teamtrainings in InVirtO dargelegt.

3 Virtuelle Teams

3.1 Definition virtueller Teams

Eine einheitliche Definition von virtuellen Teams gibt es nicht (vgl. Kimble u. a. 2000, 3), doch finden sich bei den einzelnen Definitionen durchaus Gemeinsamkeiten. Beispielhaft seien im Folgenden drei Definitionen genannt.

Hofmann (2003, 25) charakterisiert virtuelle Teams durch die aufgaben- oder projektbezogene Integration „von mindestens zwei Personen an verschiedenen Orten aus einem oder verschiedenen Unternehmen mittels Informations- und Kommunikationstechnologien.“ Die Arbeitsplätze können dabei innerhalb des Unternehmens oder organisationsübergreifend, daheim oder mobil sein. Die problemorientierte Zusammenarbeit sei tendenziell zeitlich begrenzt.

Lipnack und Stamps (1998) bezeichnen virtuelle Teamarbeit als interdependenten und zweckgebundenen Arbeitsprozess einer Gruppe von Individuen, die ein gemeinsames Ziel verfolgen und dabei räumliche und/oder zeitliche Hindernisse mit Hilfe von Kommunikationsmedien überwinden.

Konradt und Hertel (2002, 18) definieren virtuelle Teams „als flexible Gruppen standortverteilter und ortsunabhängiger Mitarbeiterinnen und Mitarbeiter, die auf der Grundlage von gemeinsamen Zielen bzw. Arbeitsaufträgen ergebnisorientiert geschaffen werden und informationstechnisch vernetzt sind.“

Betrachtet man diese Definitionen, ergibt sich, dass sie alle die Betonung auf das ergebnisbezogene Arbeiten über räumliche und zeitliche Entfernung („Any-Time-Any-Place-Prinzip“) hinweg legen. Personen eines virtuellen Teams arbeiten demnach hauptsächlich aufgabenorientiert und werden entsprechend der erforderlichen Qualifikationen bestmöglich ausgewählt (vgl. Hofmann 2003).

Neben der heterogenen Teamzusammensetzung nach Kernkompetenzen und der bereits erwähnten hohen Aufgabenorientierung lassen sich aus den Definitionen die weiteren wesentlichen Spezifika virtueller Teams ableiten. Hierzu zählen die Multimedialisierung, d. h. die weitgehende Kommunikation und Information über technische Medien, und die veränderten Rahmenbedingungen im Hinblick auf den Prozess der Teamkoordination, die informelle Kommunikation und die Teamführung (vgl. 3.2.2).

3.2 Spezifika virtueller Teams

3.2.1 Nutzung moderner Informations- und Kommunikationstechnologien

Der gravierendste Unterschied bei der Arbeit im virtuellen Team im Vergleich zum konventionellen Team ist, dass die Kommunikation und der Informationsaustausch hauptsächlich über technische Medien stattfinden. Telekooperation bzw. leistungsfähige Informations- und Kommunikationstechnologien bilden die Basis virtueller Organisationen (vgl. Reichwald u. a. 1998). Durch diese mobilen Vernetzungsmöglichkeiten, durch die Technologie zur Auflösung des Raum- und Zeit-Bezugs ist die Arbeitsorganisation aber massiven Änderungen unterworfen, welche eine medienkonforme Anpassung der Organisation und ihrer Mitarbeiter erfordern. Doch zwischen dem Bedarf für eine multimediale Anwendung und deren tatsächlicher Nutzung liegt immer noch eine große Differenz, welche nicht nur auf finanzielle und technische Gründe zurückzuführen ist, sondern auch auf die natürliche Trägheit und Bereitschaft zur Nutzung durch die Beteiligten (vgl. Hofmann 2003).

Die stärkste Veränderung bei der Kommunikation über technische Medien findet sich in der massiven Reduktion der Face-to-Face-Kommunikation und dem gleichzeitigen Anstieg der Kommunikation über Internet, E-Mail, Telefon etc. Damit entfällt die räumliche Nähe als zentraler Faktor der Zusammenarbeit, der bis heute den Umgang mit Informationen und Kommunikation sowie die Nutzung von Arbeitsmitteln bestimmt (vgl. Hofmann 2003). Die soziale Präsenz des Kommunikationspartners fällt deutlich geringer aus als bei der persönlichen und direkten Kommunikation, z. B. mit seinem unmittelbaren Büropartner. Die soziale Präsenz ist das über die Medien vermittelte Gefühl der Nähe und Anwesenheit des Kommunikationspartners und damit abhängig von der Anzahl der zur Verfügung stehenden Kommunikationskanäle des benutzten Mediums bzw. wie gut darüber soziale Hinweisreize vermittelt werden können (vgl. McGrath, Hollingshead 1994). Bei der Wahl des Kommunikationsmediums ist die Wichtigkeit der sozialen Präsenz einzukalkulieren.

Mit der Reduktion des Face-to-Face-Kontakts – der Blickkontakt fällt weg – und der der sozialen Präsenz geht die Reduktion der nonverbalen Anteile in der Kommunikation einher. „Technisch vermittelte Kommunikationsformen sind gefilterte Kommunikationsformen, sie übertragen nur Sprache oder Text und sind häufig von eingeschränkter Interaktivität, denn alle bis heute üblichen eingesetzten Telemedien müssen explizit aktiviert werden" (Hofmann 2003, 93), so muss bspw. der Telefonhörer abgehoben, die E-Mail aktiv verschickt werden. Die Spontaneität der Kommunikationsinitiierung schwindet und ist bisher auch über technologische Unterstützung nicht replizierbar. Durch die Reduktion der Kommunikation auf die Sprache erfolgt eine Veränderung im Schriftstil, in der Ausdrucksform und der Reaktionszeit, die Ausführlichkeit der Informationen nimmt bspw. über die Kommunikation per E-Mail ab. Damit reduziert sich auch die informelle Kommunikation unter den Teammitgliedern oder fällt komplett weg, soziale Aspekte treten in den Hintergrund, was nach Hofmann (2003) im Team zu einer erschwerten Konsensfindung führen kann.

Die Veränderungen durch die medialen Kommunikationsformen müssen bei der Etablierung von virtuellen Teams berücksichtigt sowie vermittelt und trainiert werden. Der Aufbau von Medienkompetenz wird zur Schlüsselqualifikation in virtuellen Bezügen (vgl. 3.3).

3.2.2 Veränderte Rahmenbedingungen für die Teamkoordination und die Teamführung

Die mediale Kommunikation über Raum und Zeit hinweg führt nicht nur zu Veränderungen in der Kommunikation selbst, sondern auch zu veränderten Bedingungen in der Teamkoordination. Die Konsensfindung ist erschwert, wodurch die Gefahr einer verminderten Effektivität der Zusammenarbeit und des Auftretens von Missverständnissen besteht. Eine effektive Zusammenarbeit im virtuellen Team setzt eine optimale Abstimmung bei Kenntnis der Vor- und Nachteile der einzelnen Kommunikationsmittel untereinander voraus.

Die Effektivität im Team kann bspw. gemindert werden durch ein unzureichendes Informationsmanagement. Die einfachen technischen Möglichkeiten führen dazu, viele Informationen wahllos zu streuen. Fehler oder Mehrkosten können dann durch Missinterpretation oder unausgewogene Verteilung von Informationen bzw. Aufgaben entstehen (vgl. Block 2000).

Ungleichmäßige Verteilungen von Informationen führen einerseits zu unterschiedlichen Informationsständen, andererseits schnell zu Informationsüberlastungen oder dazu, dass Arbeiten parallel oder zu spät ausgeführt werden und dadurch unbrauchbar werden (vgl. Durnell Cramton 1997). Eine Informationsüberflutung trägt ebenso dazu bei, dass Aufgaben ungenau oder gar nicht bearbeitet werden (vgl. Hesse u. a. 1997).

Ein fehlender inhaltlicher wie kontextueller Bezug von eintreffenden Informationen schwächt gleichfalls die Effektivität der Zusammenarbeit. Durch das Überlappen von Kommunikationszyklen kommt es zur Konfusion von eintreffenden und ausgehenden Informationen. D. h. durch zeitliche Verzögerungen im Ablauf der Kommunikation zwischen Teammitgliedern beginnt bereits ein neuer Kommunikationszyklus, während der alte Kommunikationsvorgang noch nicht abgeschlossen ist. Als Folge beziehen sich die ausgetauschten Nachrichten nur wenig oder gar nicht aufeinander. Es treten Verzerrungen im Austausch auf (vgl. Hesse u. a. 1997).

Neben den bisher genannten Gefahren für eine Effektivitätsminderung im virtuellen Team können auch Missverständnisse die Zusammenarbeit erschweren.

Ein fehlendes gemeinsames soziales und arbeitsrelevantes Hintergrundwissen kann die Grundlage für eine mangelhafte Kommunikation der gemeinsamen Wissensgrundlage bilden (vgl. Durnell Cramton 1997). Es empfiehlt sich daher, dass sich die Teammitglieder über gegenseitige Kompetenzen, aktuelle Kenntnisstände und soziale Hintergründe wie Sprache, Kleidung, Kultur und gelebte Werte in der jeweiligen Unternehmung informieren (vgl. Hesse u. a. 1997).

Klassische Gründe für das Auftreten von Missverständnissen sind die unterschiedliche Bedeutungsbeimessung relevanter Teilinformationen einer Nachricht bei Sender und Empfänger sowie die Unklarheit darüber, ob eine Rückmeldung erwartet wird oder nicht (vgl. Senst 2001).

Dies führt zur dritten großen Ursache für das Aufkommen von Missverständnissen: die Interpretation bzw. der Umgang mit Kommunikationsstille. Kommunikationsstille kann Zustimmung oder Abwesenheit bedeuten. Der Empfänger kann aktuell mit Informationen überhäuft werden, was es ihm unmöglich macht, zeitnah zu antworten. Technische Probleme könnten eine Ursache der Kommunikationsstille darstellen oder aber der Empfänger möchte einen Konflikt vermeiden. (Falsche) Interpretationen seitens des Senders können dann ebenfalls die Situation zuspitzen und ein effektives Zusammenarbeiten blockieren (vgl. Durnell Cramton 1997).

Zur Vermeidung dieser und ähnlicher konfliktträchtiger Situationen sollte das Team ein gemeinsam erarbeitetes Informations- und Kommunikationssystem einführen und einhalten (vgl. 3.3).

Die Arbeitsform des virtuellen Teams stellt aber nicht nur neue Anforderungen an die Teammitglieder, sondern auch an das Führungsverhalten des Teamleiters. Da die Mitglieder Distanz und Isolation zu überbrücken haben, kommt dem Teamleiter die Aufgabe zu, über diese Distanz die Motivation und Beteiligung der Mitglieder am Teamarbeitsprozess zu fördern und ohne direkten persönlichen Kontakt die Vertrauensbasis aufzubauen und zu erhalten. Gleichzeitig darf er die Planung und Koordination des Projekts und aufgabenorientierte Ressourcenbereitstellung nicht aus den Augen verlieren (vgl. Senst 2001; Block 2000).

3.3 Voraussetzungen für die Arbeit im virtuellen Team

Aus diesen genannten Spezifika virtueller Teams lassen sich einige Voraussetzungen ableiten, die für das effektive Arbeiten im virtuellen Team notwendig sind.

Um die erwähnten Missverständnisse zu vermeiden und die Koordination im Team zu gewährleisten, muss das Team Regeln zu Interaktion und Kommunikation untereinander vereinbaren. Hierunter fallen Regeln zur Erreichbarkeit, d. h., wann und wie die Teammitglieder zur Zusammenarbeit zur Verfügung stehen und in welchem Zeitraum auf eingehende Nachrichten je nach benutztem Medium reagiert werden soll (vgl. Haywood 1998). Damit soll dem Phänomen der Kommunikationsstille entgegengewirkt werden. Ebenso sind Normen zur Gestaltung und Verteilung von Informationen zu treffen. Sie sollen es den Teammitgliedern ermöglichen, die Bedeutung inhaltlich wie kontextuell einzuordnen, z. B. durch vereinbarte Methoden zur Hervorhebung relevanter Passagen und durch vereinbarte Kennzeichen zur Dringlichkeit, sowie um eine Informationsüberflutung zu verhindern.

Normen zur Kommunikation und Interaktion untereinander tragen damit auch zur kompetenten und zuverlässigen Zusammenarbeit bei, was den Aufbau von Vertrauen im virtuellen Team unterstützt. Denn der Aufbau von Vertrauen über die Zeit, durch gemeinsame Erfahrungen, eine gemeinsame Geschichte, gemeinsam erworbenes Wissen und soziale Kommunikation, wie es in konventionellen Teams der Fall ist, ist aufgrund der Arbeitsbedingungen nicht möglich (vgl. Hofman 2003).

Doch Regeln zur Zusammenarbeit und Gruppenkoordination tragen nicht allein zum Gelingen der organisationsübergreifenden Teamarbeit bei. Zwei weitere Voraussetzungen spielen eine wichtige Rolle: die Kompetenzen und Fähigkeiten der Mitarbeiter und die Art der Teamführung.

Mitarbeiter eines virtuellen Teams müssen aufgrund der Arbeitsstrukturen einerseits eine hohe intrinsische Motivation mitbringen und die Fähigkeit besitzen, auf die Anerkennung von Einzelleistungen zu verzichten und sich gleichzeitig immer wieder selbst motivieren zu können. Ebenso müssen sie selbständiges ergebnisorientiertes Arbeiten bevorzugen. Die Identifikation mit der Aufgabe ist unverzichtbar. Andererseits bilden eine hohe Kommunikations- und Teambereitschaft sowie Medienkompetenz Bedingungen für die Arbeit im virtuellen Team (vgl. Nievergelt 2003).

Die dritte Voraussetzung der Arbeit im virtuellen Team ist eine adäquate Teamführung. Aufgrund der räumlichen, zeitlichen und teilweise auch organisationalen Trennung der Teammitglieder benötigt das virtuelle Team viel mehr Zusammenhalt und Führung als ein konventionelles Team (vgl. Senst 2001). Die ergebnisorientierte Führung, die im Grunde der Eigenmotivation und Selbstverantwortlichkeit der Mitarbeiter entgegenkommt, erscheint aber angesichts der geringen Face-to-Face-Kontakte in ihrer konkreten Umsetzung schwierig. Denn Arbeitsdelegation und Vertrauen – in der ergebnisorientierten Führung die Garantie für eine erfolgreiche Mitarbeiterführung – sind aufgrund der nicht oder selten vorhandenen Sichtkontrolle schlecht möglich (vgl. Hofman 2003). Um einerseits schnell aktionsfähige Teams zu haben, andererseits den vertrauensbasierten Zusammenhalt zu sichern, muss nach Senst (2001) die Führung zwei Rollen übernehmen. Durch die aufgabenorientierte Führung wird die Produktivität des Teams gefördert. Die Aufgabe des Teamleiters besteht hierbei in der Koordination und Planung des Projekts und der Ausstattung des Teams mit den notwendigen Ressourcen. Die zweite Rolle, die soziale Führung, besteht in der Stärkung des Zusammenhalts durch Förderung der Motivation, Integration informeller Aktivitäten, Vermitteln bei Konflikten etc.

Diese Voraussetzungen für eine gelingende Teamkoordination und Teamführung können im Sinne eines schnelleren und effektiveren Zusammenarbeitens in einem Training zur Teamentwicklung in virtuellen Strukturen den Teammitgliedern vermittelt werden. Die Mitarbeiter in virtuellen Teams können auf diese Weise für die Risiken und Chancen, die diese neue Form der Zusammenarbeit mit sich bringt, sensibilisiert werden und in den erforderlichen technischen und sozialen Kompetenzen gestärkt werden.

4 Entwicklung des Teamtrainings in InVirtO

Bei der Entwicklung des Trainings zur Teamentwicklung in virtuellen Strukturen im Projekt InVirtO wurde nicht nur die einschlägige Literatur herangezogen, sondern vor allem die Praxiserfahrung der Partnerunternehmen berücksichtigt. Hierzu wurden in Workshops und in darauf aufbauenden Befragungen der InVirtO-Partner relevante förderliche und hinderliche personale sowie organisationale Faktoren in der organisationsübergreifenden Zusammenarbeit gesammelt und zusammengestellt.

Den Praxiserfahrungen der InVirtO-Partner folgend liegen personale Voraussetzungen für eine erfolgreiche organisationsübergreifende Zusammenarbeit in den Fähigkeiten wie Fachkompetenz, Fähigkeit des Zeitmanagements und Kommunikations- und Konfliktfähigkeit und in Eigenschaften wie Zuverlässigkeit, Kooperationsbereitschaft und Leistungs- bzw. Ergebnisorientierung. Ebenso bildet die Angstfreiheit der Mitarbeiter einen bedeutenden Faktor für deren Handlungssicherheit. Bei den Voraussetzungen, die die Organisation zur effektiven organisationsübergreifenden Zusammenarbeit beisteuern kann, wurden Faktoren einer ausgewogenen Teamgestaltung, der ergebnisorientierten Teamführung, die klare Kompetenz- und Verantwortungsbereiche festlegt und einen horizontalen sowie vertikalen Informationsfluss gewährleistet, genannt. Ebenso erschien eine Teamkultur bedeutend, die eine gegenseitige Unterstützung, Information und offene Kommunikation fördert. Die Organisation sollte weiterhin für ein effektives Informationsmanagement, klare und realistische Zielsetzungen und für die Unterstützung der Teamarbeit durch das Management Sorge tragen.

Aus diesen Ergebnissen wurden die relevanten Inhalte des Teamtrainings festgelegt. Hierzu gehören, entsprechend der Befragungsergebnisse, vor allem die Förderung sozialer und kommunikativer Kompetenzen, der Vertrauensaufbau im Team und der Aufbau eines effektiven Informationsmanagements.

4.1 Der Aufbau des Trainings

Das Qualifizierungskonzept zur Gestaltung vertrauensförderlicher kooperativer Arbeitsbeziehungen besteht nunmehr aus fünf Modulen. Zu jedem der fünf Module wurden entsprechend seiner Inhalte ein Trainerleitfaden, dazugehörende Foliensätze und Übungen sowie Literaturangaben bzw. beiliegende Fließtexte erstellt.

Den Trainerleitfäden sind jeweils tabellarisch das Lernziel mit den entsprechend durchzuführenden Inhalten und die Dauer jeder Einheit zu entnehmen. Weiterhin sind die zugehörigen Foliensätze, Methoden und benötigten Materialien für die jeweiligen Einheiten angegeben. Zur Einarbeitung und Vorbereitung auf das Training sind im Leitfaden ebenfalls die Literaturangaben hinterlegt. Mittels der Bereitstellung dieses Materials soll im Rahmen des InVirtO-Projekts dafür Sorge getragen werden, dass ein Trainer aus dem Bereich der Personalarbeit bzw. der Personalentwicklung sich in das Teamtraining einarbeiten und dieses im Unternehmen durchführen kann.

4.2 Die fünf Module des Trainings zur Teamentwicklung in virtuellen Strukturen

Das Qualifizierungskonzept besteht aus den fünf Modulen *„Einführung in virtuelle Teamstrukturen"*, *„Gruppenarbeitstechniken in virtuellen Strukturen"*, *„Steigerung der organisationsübergreifenden Teaminteraktion"*, *„Gestaltung erfolgreicher Kommunikation im virtuellen Team"* und *„Konstruktiver Umgang mit Konflikten in der organisationsübergreifenden Zusammenarbeit"*.

Das Modul *„Einführung in virtuelle Teamstrukturen"* befasst sich mit der Einführung in das Thema virtuelle Teamarbeit. Es sollen Vor- und Nachteile von Teamarbeit im Allgemeinen und der virtuellen Teamarbeit erarbeitet werden. Besonderheiten virtueller Teams sollen herausgestellt und den Teammitgliedern vermittelt werden.

Im Modul *„Gruppenarbeitstechniken in virtuellen Strukturen"* werden den Teilnehmern Techniken zur effektiven Zusammenarbeit in organisationsübergreifenden Teams näher gebracht. Neben medialen Kommunikations- und Arbeitstechniken geht es aber auch um die zielorientierte Durchführung von Teamsitzungen und um Methoden des Zeitmanagements.

Erfolgsvariablen der Teamarbeit und speziell der virtuellen Teamarbeit sollen den Mitarbeitern im Modul *„Steigerung der organisationsübergreifenden Teaminteraktion"* vermittelt werden. Hier geht es, neben Teamentwicklungsprozessen und Elementen einer Teamkultur, auch um spezielle leistungsförderliche und hinderliche Faktoren in der organisationsübergreifenden Zusammenarbeit, wie Vertrauensbildung und Arbeiten mit und in verschiedenen (Unternehmens-)Kulturen und Zeitzonen. Beispielsweise bekommen die Teilnehmer die Aufgabe, einzuschätzen, welcher Zeitpunkt mitteleuropäischer Zeit optimal für ein virtuelles Teammeeting ist, dessen Mitglieder rund um den Erdball (Australien, Asien, Europa, Amerika) arbeiten, wenn das Meeting bei möglichst vielen Teammitgliedern in der Kernarbeitszeit (8 h –17 h) liegen soll. Der Erkenntnisgewinn soll hierbei darin liegen, sich erstens der Vor- und Nachteile der verschiedenen Lösungen bewusst zu werden und zweitens zu realisieren, dass der Termin für folgende Meetings in der Art wechseln sollte, dass jedes Teammitglied auch mal unangenehme Arbeitszeiten in Kauf nehmen muss. Ebenso spielt innerhalb dieses Moduls das Thema Vertrauen eine Rolle, mit dem sich die Teilnehmer auseinandersetzen und Möglichkeiten zum Vertrauensaufbau im eigenen Team finden sollen.

Im Modul *„Gestaltung erfolgreicher Kommunikation im virtuellen Team"* wird der Prozess der menschlichen Kommunikation anhand von kommunikationspsychologischen Modellen erläutert. Die Bedeutung der nonverbalen Anteile in der Kommunikation und ihre Reduktion bei der medialen Kommunikation sollen den Teilnehmern anhand von Übungen veranschaulicht werden, Möglichkeiten der Fehlinterpretation schriftlicher Kommunikation besprochen werden. Ebenso werden Möglichkeiten zur Kommunikation im virtuellen Raum aufgezeigt und im Sinne der „media richness-Theorie" (vgl. Reichwaldt u. a. 1998) erarbeitet, welches Medium wann in Abhängigkeit von der Situation am sinnvollsten und effektivsten eingesetzt wird. Darüber hinaus haben die Teilnehmer die Aufgabe, in Kleingruppen Regeln zur Kommunikation und Information untereinander zu erarbeiten. Berücksichtigt werden sollen dabei u. a. der Umgang mit Kommunikationsstille, die Verteilung von Informationen und Handhabung dieser zur besseren Verständlichkeit.

Das Modul „*Konstruktiver Umgang mit Konflikten in der organisationsübergreifenden Zusammenarbeit*" schließlich befasst sich mit der Entstehung und Auftretensmöglichkeiten von Konflikten in der organisationsübergreifenden Zusammenarbeit, ersten Konfliktlösungsmöglichkeiten sowie Strategien zur Vermeidung von Konflikten.

Das gesamte Teamtraining wird im Laufe des InVirtO-Projekts bei den Partnerunternehmen eingesetzt und evaluiert sowie daraufhin revidiert. Nach Abschluss des Projekts wird es der breiten Öffentlichkeit über den „Virtuellen Lotsen", der Internetplattform des InVirtO-Projekts, zur Verfügung gestellt.

5 Einsatzmöglichkeiten und Ausblick

Durch Teamtrainings, die die virtuelle Zusammenarbeit einbeziehen, wird Unternehmen eine Möglichkeit an die Hand gegeben, Kooperationsprojekte, die „Any-Time-Any-Place" verlaufen, effizient durchzuführen.

Die Implementation organisationsübergreifender Zusammenarbeit im Unternehmen kann durch den Einsatz solcher Schulungstools kosteneffizient durchgeführt werden, da die Prozesse der Bildung und Entwicklung virtueller Teams sowie der Zusammenarbeit in virtuellen Arbeitsstrukturen optimiert werden. Die Bereitschaft, die vorhandenen technischen Möglichkeiten für ein effizientes Aufgaben-, Team- und Informationsmanagement zu nutzen, kann geweckt werden.

Solch ein Qualifizierungskonzept führt darüber hinaus zu einer innerbetrieblichen Weiterbildung und Stärkung der Human Resources im Unternehmen, was wiederum zu einer besseren Darstellung nach außen führt.

Schulungstools wie das Training zur Teamentwicklung in virtuellen Strukturen helfen Unternehmen nicht nur virtuelle Kooperationen effizient und vertrauenswürdig zu gestalten, sondern dadurch auch die eigene Marktposition im internationalen Wettbewerb zu sichern oder zu verbessern.

Literatur

Block, C. H. (2000): Von der Gruppe zum Team: Wie Sie die Zusammenarbeit in zukunftsorientierten Unternehmen verbessern, München 2000

Durnell Cramton, C. (1997): Auszug aus Information problems in dispersed teams, Academy of Management Best Paper Proceedings, http://www.som.qmu.edu/cramton/orgworkshop/working_across_distance.html

Haywood, M. (1998): Managing virtual teams: practical techniques for high-technology project managers, Boston 1998

Hesse, F. W.; Garsoffsky, B.; Hron, A. (1997): Interface-Design für computergestütztes kooperatives Lernen, in: Issing, L. J.; Klimsa, P. (Hg.): Information und Lernen mit Multimedia, 2. überarb. Aufl., Weinheim 1997

Hofmann, J. (2003): Besser arbeiten in Netzwerken: Wie virtuelle Unternehmen Erfolg haben, Aachen 2003

Kimble, C.; Li, F.; Barlow, A. (2000): Effective Virtual Teams through Communities of Practice, Strathclyde Business School, Management Science: Theory, Method & Practice, ftp://ftp.mentor.strath.ac.uk/mansci/papers/wp0009.pdf

McGrath, J. E.; Hollingshead, A. B. (1994): Groups interacting with technology: ideas, evidence, issues, and an agenda, Sage library of social research, Bd.194, Thousand Oaks 1994

Nievergelt, Y. (2003): Virtuelle Teamarbeit. Problembereiche der grenzenlosen Zusammenarbeit, Diplomarbeit, Universität Zürich, http://www.ifi.unizh.lifiadmin/staff.rofrei/DA/DA_Arbeiten_2003/Nievergelt_Yvonne.pdf

Picot, A.; Reichwald, R.; Wigand, R. T. (2001): Die grenzenlose Unternehmung: Information, Organisation und Management, 4. vollst. überarb. u. erw. Aufl., Wiesbaden 2001

Reichwald, R. (1998): Telekooperation: Verteilte Arbeits- und Organisationsformen, Berlin 1998

Senst, E. (2001): Virtuelle-Teamarbeit. Ein Lernprogramm im Medienverbund zur Einrichtung und Betreuung virtueller Teams, Norderstedt 2001

„vertikult": Ein Internet-Portal zur virtuellen Zusammenarbeit im Kulturbereich

Karin Drda-Kühn

Die Kulturarbeit ist geprägt von arbeitstechnischen und arbeitsökonomischen Veränderungen. Auch hier nehmen virtuelle Arbeitsformen zu. *vertikult*, ein speziell für den Kulturbereich konzipiertes Dienstleistungsangebot, ist eine Antwort auf diese Veränderungen: *vertikult* wendet sich an Kultureinrichtungen und Kulturschaffende in allen öffentlichen und privaten Einrichtungen sowie an alle Personen, die im Kulturbereich Dienstleistungen anbieten.

vertikult bietet neue Möglichkeiten der Arbeitsvermittlung und Projektorganisation. Ein wesentliches Element ist dabei ein Internet-Portal (http://www.vertikult.de) als innovatives Arbeitsinstrument für die Projektarbeit. Über das Portal können Dienstleistungen angeboten und vorhandene Dienstleistungsangebote abgefragt werden. Den Kultureinrichtungen wird damit die Suche nach qualifizierten Auftragnehmer/-innen erleichtert. Für Arbeitssuchende wird der Zugang zu Aufträgen und Beschäftigung eröffnet. Ziel ist es, einen qualitativen und quantitativen Beitrag zur Beschäftigung im Kulturbereich zu leisten. Innovative, zukunftsgerichtete Arbeitsformen mit Unterstützung neuer Kommunikations- und Informationstechnologien sollen im Kulturbereich etabliert werden.

„*vertikult* – Entwicklung eines vertikalen Portals für kulturelle Aufgaben (2002 – 2005)" ist ein Forschungsvorhaben, das mit Unterstützung des Bundesministeriums für Bildung und Forschung sowie des Europäischen Sozialfonds umgesetzt wird. Die Forschungsergebnisse zeigen exemplarisch, unter welchen Voraussetzungen sich virtuelle Arbeitsformen in einem traditionell konservativ agierenden Umfeld entwickeln müssen und unter welchen Bedingungen diese akzeptiert werden.

1 Kultur und Ökonomie

Bis vor wenigen Jahren waren Wirtschaftsaspekte und Aspekte des Arbeitsmarktes im Kulturbereich von zweitrangiger Bedeutung und kaum Gegenstand sozio-kultureller/sozio-ökonomischer Forschung. Tatsache aber ist, dass Wirtschafts- und Beschäftigungsaspekte seit einigen Jahren eine zunehmend wichtigere Rolle im Kulturbereich spielen.

Neu in den entstandenen Diskussionen um einen differenzierteren Kulturbegriff ist, die Beschäftigung im Kulturbereich als „Job-Maschine" zu begreifen, als ökonomisches Potenzial, das bei weitem noch nicht ausgeschöpft ist. Dieser Aspekt ist wichtig im Kontext öffentlicher Budget-Diskussionen, in denen die Legimitierung öffentlicher Ausgaben auch im kulturellen Sektor zunehmend eine Rolle spielt.

2 Der kulturelle Arbeitsmarkt: Datenlage erst im Entstehen

Eine verlässliche Datenlage bezüglich Daten zu Kultur und Beschäftigung ist derzeit im Entstehen begriffen. Seit einer ersten europaweiten Erfassung 2004[1] stehen erstmals überhaupt Daten zur Verfügung, die als wissenschaftlich relevant angesehen werden können. 2002 waren in der Europäischen Union schätzungsweise 4,2 Mio. Menschen, d. h. 2,5 % der Beschäftigten insgesamt, im Kulturbereich[2] tätig. Zwar ergeben sich auf EU-Ebene in Bezug auf die Strukturen nach Geschlecht oder Alter keine größeren Unterschiede zwischen Beschäftigung im Kulturbereich und Gesamtbeschäftigung, beim Vergleich von Bildungsabschlüssen und Arbeitsplatzsicherheit treten allerdings spezifische Charakteristika der Beschäftigung im Kulturbereich zutage. Die im Kulturbereich erwerbstätigen Menschen verfügen im Allgemeinen über eine bessere Ausbildung als die Erwerbspersonen insgesamt: Im Jahr 2002 waren 40 % der Beschäftigten im Kulturbereich Hochschulabsolvent/-innen, bei den Erwerbspersonen insgesamt waren es nur 24 %.

Die Beschäftigungsverhältnisse im Kulturbereich sind unsicher: Im Jahr 2002 hatten 18 % der Arbeitnehmer/-innen im Kulturbereich in der Europäischen Union befristete Arbeitsverhältnisse gegenüber 12 % bei den Arbeitnehmer/-innen insgesamt, 25 % der Arbeitnehmer/-innen im Kulturbereich hatten eine Teilzeitstelle gegenüber 17 % bei den Erwerbspersonen der EU allgemein; 9 % der Arbeitnehmer/-innen im Kulturbereich übten mehr als eine Erwerbstätigkeit aus, dreimal mehr als bei den Arbeitnehmer/-innen insgesamt (3 %). 29 % der Beschäftigten im Kulturbereich waren entweder Arbeitgeber/-innen oder Selbständige; dies steht einem Anteil von 14 % in der Gesamterwerbsbevölkerung gegenüber.

3 Kulturarbeit: Hoher Anteil von Selbstständigen und atypischen Beschäftigungsformen

Der Kulturbereich ist demnach europaweit charakterisiert durch einen hohen Anteil von freischaffenden Expert/-innen und kleinen Unternehmen. Der heutige „Kulturarbeiter“ passt nicht in das Muster eines Vollzeitberufs. Er oder sie nimmt in den Beschäftigungsfeldern viele verschiedene Aufgaben wahr. Diese untypischen Formen

---

1 Zu den Daten vgl. Eurostat (2004). Die Daten wurden in 23 EU-Mitgliedsstaaten erhoben; für Malta und Polen liegen keine Daten vor.

2 Die Beschäftigung im Kulturbereich umfasst in dieser Erhebung sowohl die Beschäftigung in Kulturberufen in der gesamten Wirtschaft als auch die Beschäftigung in kulturellen Wirtschaftszweigen. Kulturberufe sind berufliche Tätigkeiten mit kultureller Dimension, etwa als Bibliothekar/-in, Schriftsteller/-in, darstellende/-r Künstler/-in usw. Die Berufe gehören zu einer Berufsuntergruppe der ISCO-Systematik (*International Standard Classification of Occupations – Internationale Standardklassifikation der Berufe*). Alle diese Berufe werden unabhängig von der Haupttätigkeit des Arbeitgebers berücksichtigt. Kulturelle Tätigkeiten werden in der NACE-Systematik (*Statistical Classification of Economic Activities in the European Community* – Allgemeine Systematik der Wirtschaftszweige in den Europäischen Gemeinschaften) geführt und umfassen Verlags- und Druckgewerbe, Film- und Videofilmgewerbe sowie Groß- und Einzelhandel mit Kulturprodukten. Bei diesen Wirtschaftstätigkeiten werden alle Arbeitsplätze berücksichtigt, unabhängig von der Beschäftigung (künstlerisch, technisch, administrativ, Management), denn für den Betrieb der „Kulturindustrie“ sind sie alle erforderlich.

von Beschäftigung sind charakterisiert durch Flexibilität, Mobilität, Projektarbeit, Kurzzeitverträge, Teilzeitarbeit, ehrenamtliche Tätigkeiten oder solche, die weit unter Niveau bezahlt werden.

Die Zahl von Menschen in freien Kulturberufen, die diesen atypischen Beschäftigungsformen nachgehen, ist steigend, was einerseits zusammenhängt mit der rückläufigen Zahl fester Stellen im öffentlichen Bereich, andererseits aber auch Ausdruck eines Marktes ist, der im Begriff ist, sich zu etablieren. So stieg allein in Deutschland die Zahl der Selbstständigen in freien Kulturberufen innerhalb der letzten Jahre auf fast das Doppelte, nämlich von 82.300 (1995) auf 160.500 (2001).

Dass der Kulturmarkt unter Beschäftigungsaspekten ein Wachstumsmarkt ist, gilt zwischenzeitlich als gesichert. Nach letzten Erhebungen des Zeitraums von 1995 – 1999, gestützt durch jüngere Studien (Stadt Wien, Wirtschaftskammer Wien 2004), betrug die jährliche Wachstumsrate in einzelnen Sparten des Kulturbereichs rund 2,1 %.

4 Veränderungen im Kulturbereich erfordern Anpassungen

Der kulturelle Arbeitsmarkt ist gleichzeitig charakterisiert durch Veränderungen wie sie in Wirtschaft und Gesellschaft bereits seit einiger Zeit bekannt sind, beispielsweise durch:

- verschärften Wettbewerb und wachsendes Innovationstempo,
- beschleunigte Entwicklung und Verbreitung neuer Informations- und Kommunikationstechnologien,
- Aufbrechen der Grenzen zwischen Unternehmen, Branchen und Sektoren,
- Wertewandel mit geänderten Lebensstilen und Verhaltensmustern, veränderten Erwerbsbiografien sowie gestiegener Frauenerwerbstätigkeit,
- Verschwimmen der Grenzen zwischen Arbeit und Privatleben.

Noch ist nicht deutlich absehbar, wie der Beschäftigungsmarkt im Kulturbereich mit diesen Erfordernissen umgehen wird. Doch in der Folge der beschriebenen Entwicklungen ist es notwendig, die Anpassungsfähigkeit der darin arbeitenden Menschen zu unterstützen, um damit nachhaltig Beschäftigungspotenziale zu erhalten und neu zu erschließen. Das Interesse der öffentlichen Hand an diesen Entwicklungen ist erheblich, da damit die Arbeitssicherung in einem ganzen beschäftigungspolitischen Bereich eng verknüpft ist. Strukturelle Voraussetzungen dafür sind die Förderung der Menschen, die im Kulturbereich arbeiten und von dort ihre Existenzgrundlage erzielen. Der Strukturwandel ist erfolgreich nur zu bewältigen, wenn es gelingt, den Beteiligten Wege aufzuzeigen, wie mit Strukturveränderungen produktiv umzugehen ist.

5 Neue Beschäftigungsformen als neue Anforderungen an Arbeitnehmer/ -innen und Arbeitgeber/-innen

Die beschriebenen neuen Beschäftigungsformen sind nur auf den ersten Blick ungewöhnlich; im Grunde hat es sie im Kulturbereich schon immer gegeben. Der Unterschied besteht darin, dass sie von den Kulturschaffenden selbst immer nur als Übergangsformen zu einer „eigentlichen" Beschäftigung, das heißt in der Regel einer festen Stelle, gesehen wurden. Tatsache ist jedoch, dass sie zum Regelfall der Beschäftigung im Kulturbereich geworden sind.

Das heißt nicht, dass der Kultur-Arbeitsmarkt mit diesen neuen Beschäftigungsformen bereits umzugehen weiß. Klärungsbedarf besteht beispielsweise bei Fragen um neue Qualifikationen, Handlungsspielräume und den Status künftiger Arbeitsverhältnisse:

- Welche Qualifikationen/Kompetenzen sind für Arbeitssuchende – auch auf längere Sicht gesehen – erforderlich, und auf welche Weise können sie vermittelt/erworben werden?
- Welche Handlungsspielräume für eine menschengerechte Gestaltung von Erwerbsarbeit sind möglich, um der Gefahr der Selbstausbeutung durch permanent unterbezahlte Tätigkeiten oder der Ausschließlichkeit ehrenamtlicher Tätigkeiten zu entgehen?
- Welche Auswirkungen gibt es auf den Status der Arbeitsverhältnisse unter dem Aspekt der sozialen Absicherung?
- Welche Formen einer Interessenvertretung sind denkbar?

Auch öffentliche Kultureinrichtungen, die es gewohnt sind, als klassische „Auftraggeber" zu fungieren, stehen vor neuen Aufgaben. Es wird in Zukunft immer weniger die „feste Stelle" sein, über die anstehende Aufgaben abgewickelt werden. Die Zukunft wird von Projektarbeit geprägt sein, von der Umsetzung temporärer Aufgaben.

6 Projektarbeit und Flexibilisierung öffentlicher Budgets

Ein Weg, der sich in der Kulturpolitik der europäischen Länder im Trend zunehmend abzeichnet, ist die Flexibilisierung der öffentlichen Budgets. Dahinter verbirgt sich eine Lockerung inhaltlicher Vorgaben zur Verwendung von Mitteln, um damit kosten- und arbeitseffiziente Effekte zu fördern. Die Folge ist ein bereits nachvollziehbarer Trend zu mehr Projektmitteln, was für öffentliche Kultureinrichtungen neue organisatorische Fragen aufwirft:

- Wie können Kommunikation, Kooperation und Koordination mit wechselnden Aufgaben und Zusammensetzungen verschiedener Dienstleister effektiv gestaltet werden?
- Wie verträgt sich die Einbindung von autonomen, an örtlich verschiedenen Arbeitsplätzen wirkenden Auftragnehmer/-innen mit dem Selbstverständnis einer Kultureinrichtung (beispielsweise „Kultur einer Region")?
- Wie kann die effektive Erarbeitung einer Gesamtaufgabe durch mehr oder weniger autonome Akteure oder Teams gewährleistet werden?
- Welche neuen, auch von den öffentlich Beschäftigten nutzbaren, ausreichend flexiblen Controlling-Instrumente für die Arbeit in einer solchermaßen „virtuellen Arbeitsorganisation" sind erforderlich, damit Planung, Steuerung und Kontrolle ermöglicht werden?
- Welche Formen einer „Arbeitskultur" sind überhaupt möglich in einer Organisationsform, die von hoher Flexibilität geprägt ist?
- Wie können die richtigen Partner für Aufgaben gefunden werden? Welche organisatorischen Möglichkeiten gibt es für die Unterstützung bei der Partnersuche?

7 *vertikult* – ein Internet-Portal für neue Herausforderungen in der Kulturarbeit

Sicher scheint bisher nur eines: Mittelfristig wird sich das Verhältnis Fixkosten zu Projektmitteln hin zu Projektmitteln verschieben, was wiederum bedeutet, dass Instrumente zu deren Verwaltung und Abwicklung umso wichtiger werden. In Rheinland-Pfalz wird mit *vertikult* ein solches Instrument derzeit erprobt. Mit *vertikult* gibt es damit ein Internet-Portal, das als „virtuelles Kompetenzzentrum“ Daten von kulturellen Einrichtungen und potenziellen Dienstleister/-innen miteinander vernetzt. So werden dort Daten von fachlich ausgewiesenen Expert/-innen erfasst, anstehende Projekte vorgestellt und seitens potenzieller Auftraggeber/-innen Anforderungsprofile für Dienstleistungen definiert.

vertikult ist als innovatives Instrument konzipiert, das es Auftraggeber/-innen wie Auftragnehmer/-innen ermöglicht, kosten- und zeiteffizient anstehende Aufgaben umzusetzen. Über das Portal finden Arbeitssuchende und Arbeitbietende zueinander, mit minimalem Aufwand der Arbeitgeber/-innen und größtmöglicher Passgenauigkeit in Aufgabenzuschnitten und Leistungsprofilen seitens der Dienstleistungsanbieter.

8 Elektronische Hilfsmittel für den Kulturarbeitsmarkt der Zukunft

Im Rahmen des *vertikult*-Projekts wurde gemeinsam mit dem italienischen MEDICI-Netzwerk[3] am Politecnico di Milano erfasst, welchen konstruktiven Beitrag neue Informationstechnologien für die Organisation der Kulturarbeit leisten können (vgl. Dokumentation in *vertikult*-Projektbüro, Drda-Kühn 2004). Das Interesse galt dabei neuen Möglichkeiten, aber auch Grenzen einer zukünftigen (Projekt-)Arbeit von Kulturschaffenden mit Hilfe neuer Technologien und der Frage, wie ein künftiger europaweiter Markt nutzbar gemacht werden kann

- für Kultureinrichtungen, die künftig aus einem europaweiten Potenzial qualifizierter Mitarbeiter/-innen werden schöpfen können und
- für Anbieter/-innen kultureller Dienstleistungen, die über das Internet an neuen Arbeitsmöglichkeiten teilhaben werden.

Zwar gibt es in Ländern wie Finnland, Großbritannien und Österreich Initiativen zur Nutzung des Internets für kulturelle Dienstleistungen,[4] doch es fehlt noch an einer systematischen und vergleichenden Evaluierung der Ergebnisse. Zu wenig geklärt ist beispielsweise bisher, welchen konstruktiven Beitrag Job-Portale im Kulturbereich zu

---

3 MEDICI (Multimedia for EDucation and Employment through Integrated Cultural Initiatives) ist ein EU-gefördertes Netzwerk zur Förderung von Multimedia im Bildungs- und Beschäftigungsbereich durch integrierte Kulturprojekte. Das MEDICI-Ziel ist es, den innovativen Umgang mit Informations- und Kommunikationstechnologien zu fördern und Multimedia für den Zugang zum und die Nutzug des europäischen Kulturerbes nutzbar zu machen. Dabei unterstützt MEDICI Partnerschaften zwischen Museen, Kultureinrichtungen, Universitäten und Industrie und zielt auf den Austausch von Erfahrungen und den Aufbau von Kooperationen unter den Mitgliedern: http://www.medicif.org.

4 Drei Beispiele: Das finnische ARSNET-Projekt bietet eine Datenbank künstlerischer Dienstleistungen, die über das Internet gebucht werden können: http://www.arsnet.net; das Londoner Centre for the Creative Arts/London College of Printing bietet seinen Absolvent/-innen professionelle Unterstützungen für den Berufseinstieg: http://www.creatingaliving.org; das österreichische ARTWORKS-Projekt überprüfte die Möglichkeit, künstlerische Dienstleistungen in der Sozialarbeit und dem Gesundheitsbereich nutzbar zu machen mit dem Ziel, den Arbeitsmarkt für Künstler/-innen zu vergrößern: http://www.equal-artworks.at.

Regionalentwicklung und Beschäftigungsförderung leisten können. Die Vor- und Nachteile der Inserierung von Stellen wie der Jobsuche über das Internet sind noch kaum erfasst, geschweige denn gibt es einen „Leitfaden" speziell für Kulturschaffende, wie sie bestmöglich profitieren können. Die Bedeutung eines künftigen europäischen „Kulturarbeitsmarktes" wird noch kaum diskutiert, die Prämissen dieses Arbeitsmarktes werden allenfalls rudimentär und in einem allgemeinen Kontext behandelt.

Aussagen zur künftigen Qualifizierung von Kulturschaffenden, um neue Informationstechnologien bestmöglich nutzen zu können, gibt es in Ansätzen. Die Frage nach den arbeitsorganisatorischen Notwendigkeiten dafür ist bislang nicht ausreichend beantwortet, auch wenn die Arbeitswissenschaften dies zunehmend als Forschungsthema entdecken,[5] *vertikult* zielt auf Antworten auf diese Fragen.

9 Ziele: Netzwerke, Marktorientierung, Qualitätssicherung und Qualifizierung

Einige zentrale Voraussetzungen für die Kulturarbeit der Zukunft lassen sich bereits formulieren, diese sind die *Zusammenarbeit von Kulturschaffenden*, *Marktorientierung*, *Qualitätssicherung* und *berufliche Qualifizierung*.

Wesentlich für die *Zusammenarbeit der Kulturschaffenden* sind bereits bestehende europaweite Bemühungen und Ansätze, das Beschäftigungspotenzial im Kulturbereich mit Hilfe neuer Informationstechnologien zu verbessern. Diese Initiativen arbeiten meist unkoordiniert, obgleich in der Beschreibung der Nutzervoraussetzungen und der Zielsetzungen weitgehend Einigkeit herrscht. Netzwerke wie MEDICI können hier wesentlich und vor allem kontinuierlich zum Erfahrungsaustausch beitragen.

Elektronische Medien unterstützen durch die Informationsvielfalt eine *Marktorientierung* auch bei der Kulturarbeit. Doch der Kulturarbeitsmarkt begreift sich derzeit nur teilweise als „Markt der Dienstleistungen", und seine Protagonist/-innen insistieren noch zu sehr auf einer großzügigen Alimentierung durch den Staat, auch wenn staatliche Kulturbudgets seit Jahren im Abwärtstrend begriffen sind. Was den Einsatz neuer Informationstechnologien – und damit Internet-Portale im Kulturbereich – anbelangt, so ist die Bereitschaft des Marktes, Dienstleistungen von elektronischen Portalen finanziell zu honorieren, europaweit noch unbefriedigend, auch wenn ein Potenzial klar ersichtlich ist. Die Entwicklung von Geschäftsmodellen mit Geschäftsplänen steht erst ganz am Anfang.

Auch eine Orientierung in Richtung eines europäischen Marktes und nicht mehr ausschließlich auf einen regionalen oder nationalen Markt, steckt noch in den Kinderschuhen. Transferfähige Modelle könnten beispielsweise die in einem nationalen Kontext entwickelten Serviceleistungen im Sinne einer „exportfähigen Dienstleistung" europaweit marktfähig machen. Dazu gehört auch die Entwicklung gemeinsamer Finanzierungsstrategien für länderübergreifende Kulturprojekte.

Die *Qualitätssicherung* in Internet-Portalen wirft noch viele Probleme auf und bedarf eines Verständigungskonzeptes, vergleichbar einem „Gütesiegel". Gerade die Zielgruppe der Kulturschaffenden legt Wert auf Qualitätsstandards beim Content und straft mangelnde Qualität sensibel ab. Nur ein für die Nutzer/-innen von IT-Angeboten transparentes und nachvollziehbares Qualitätsmanagement wird langfris-

[5] Im Rahmen des *vertikult*-Projekts wird eine arbeitswissenschaftliche Begleitung durch das Institut für Technologie und Arbeit an der Universität Kaiserslautern durchgeführt: http://www.ita-kl.de.

tig die Akzeptanz und damit Marktfähigkeit von Angeboten erhöhen. Zur Qualitätssicherung gehört auch die Entwicklung zusätzlicher Dienstleistungen, die für die Nutzergemeinden von Kulturportalen einen deutlichen Mehrwert für ihre eigene Arbeit darstellen. Dazu gehören beispielsweise individualisierte Informationsangebote, eigene Arbeitsbereiche und praktikable Tools für das Projektmanagement.

Die Notwendigkeit zur *beruflichen Qualifizierung* ist im Umgang mit elektronischen Medien von besonderer Relevanz, auch wenn gerade Kulturschaffende hier oft die Schmerzgrenze leidvoller Erfahrungen kennen lernen. War es früher die fachliche Qualifizierung und Weiterbildung, ist es heute nicht minder die Qualifizierung in Arbeitstechniken und -tools. Zum Handwerkszeug gehören inzwischen Kenntnisse im Projektmanagement, im Rechnungswesen und im professionellen Umgang mit PC und Internet dazu. Noch ist offen, inwieweit sich Qualifizierungsangebote über das Internet (E-Learning und Blended Learning) im Kulturbereich durchsetzen werden, doch es gibt sie bereits, und in ihre Verbesserung wird seitens seriöser Anbieter laufend investiert.

10 *vertikult* – ein zukunftsfähiges Internet-Portal für die Kulturarbeit

Seit Dezember 2004 ist *vertikult* (http://www.vertikult.de) online, um den Strukturwandel im Kulturbereich zu begleiten und explizit dafür entwickelte Hilfestellungen zu bieten. Teil des Angebots ist eine kulturspartenübergreifende Jobbörse, redaktionell aufbereitete Informationen, Weiterbildungsangebote[6] und eine Kooperationsbörse für Kulturprojekte. Im deutschen Sprachraum einmalig sind folgende Funktionen:

- Die Jobbörse ermöglicht ein branchenspezifisches „Matching“ von Angebot und Nachfrage.
- Über eingegebene Profildaten werden im System bereits individualisierte Angebote erstellt („Lebenslagenkonzept“).
- Die Kooperationsplattform ist im deutschsprachigen Raum das erste elektronische Instrument, um Projektarbeit direkt zu unterstützen.

10.1 Evaluierung der ersten Forschungsergebnisse

Eine erste qualitative Analyse der Akzeptanz des Portals lässt deutlich werden, dass virtuelle Arbeitsumgebungen maßgeschneidert für kulturelle Zielgruppen sein müssen. Auffallend ist, dass Nutzerfeedbacks sehr ernsthaft, detailliert und deutlich bemüht sind, zur Verbesserung des Portals beizutragen. Im Rahmen der Evaluierung werden diese Rückmeldungen der Nutzer/-innen kontinuierlich analysiert, um ebenso kontinuierlich Systemverfeinerungen zu implementieren. Eine arbeitswissenschaftliche Evaluierung wird zum Ende des Projekts, im August 2005, vorliegen.

Es zeichnet sich bereits ab, dass eine virtuelle Arbeitsumgebung wie *vertikult* offensichtlich Gruppen mit speziellen Interessen besonders entgegenkommt:

- *Menschen mit Behinderungen*: Informationsaustausch, themenbezogene Kontaktsuche, Informationen zu gesetzlichen Regelungen zur Förderung der Teilhabe am Arbeitsleben, Teilhabe am Kulturleben;

---

[6] Erarbeitet von poppke & broos GbR, Huswertstr. 17, 60435 Frankfurt, http://www.internet-expertin.de.

- *Kulturgemeinschaften/Minderheitengruppen*: Identitätsstiftung und -erhalt, schnelle und unkomplizierte Zusammenarbeit auch in geographisch unzusammenhängender Lage;
- *Kulturinitiativen im ländlichen Raum*: vernetztes Arbeiten ohne Reiseaufwand.

Ebenfalls offensichtlich ist, dass virtuelle Arbeitsumgebungen hoch-qualitativen Content benötigen:

- Die Qualität der Arbeitsumgebung ist dicht verknüpft mit der Qualität des Content.
- Es besteht dafür eine hohe Sensibilität bei den kulturellen Nutzergruppen.
- Qualitativ hochwertiger Content erlaubt unterschiedliche Nutzungen durch unterschiedliche Bedarfe von Nutzer/-innen und wird von diesen honoriert.
- Personalisierte Zugänge und Bereiche, die es erlauben, Inhalte individuell zu strukturieren („Lebenslagenkonzept"), sind Belege für qualitativ hochwertigen Content.

Es zeichnet sich weiter ab, dass Anforderungen an virtuelle Arbeitsumgebungen steigen, je unbedarfter die Nutzer/-innen dieser Umgebungen sind:

- Der Beratungs- und Unterstützungsbedarf ist immens und personalintensiv.
- Unterstützungen durch das System werden nur partiell angenommen, ein personalisierter Helpdesk dagegen sehr.
- Die Bereitschaft der Auseinandersetzung mit technischen Problemen ist gering, die Toleranzschwelle ist extrem niedrig.

Bei virtuellen Arbeitsumgebungen müssen offensichtlich auch die technischen Voraussetzungen der Nutzer/-innen mitbedacht werden, da diese in der technischen Ausstattung sehr heterogen sind. Veraltete Hardware und Software unterstützen bestimmte Funktionen nicht, d. h. es gehen Vorteile wie beispielsweise Barrierefreiheit verloren.

10.2 Umsetzung durch ein Partnerkonsortium

Technisch umgesetzt wird das *vertikult*-Portal vom Fraunhofer-Institut für Graphische Datenverarbeitung (Fraunhofer IGD)[7] in Zusammenarbeit mit dem Institut für Graphische Datenverarbeitung (ZGDV).[8] Ein eigenes *vertikult*-Servicebüro[9] steht allen Kulturschaffenden (vor allem aus der Pilotregion Rheinland-Pfalz) zur Verfügung, die mit dem Portal arbeiten möchten.

vertikult soll nicht zuletzt auch Müttern und Vätern in der Familienphase ermöglichen, mit den Anforderungen ihres Kulturberufes Schritt zu halten sowie temporäre und mit der Familienarbeit vereinbare Jobs zu erhalten. Über das Forschungsinstitut Technologie Behindertenhilfe, Wetter/Ruhr,[10] ist zudem sicher gestellt, dass die *vertikult*-Angebote auch Menschen mit Behinderungen offen stehen und deren Partizipation am Kulturarbeitsmarkt bestmöglich gefördert wird.

Letztlich bleibt es bei zwei zentralen Zielen: die Qualität der Kulturarbeit auch in Zukunft mit Hilfe neuer Informations- und Kommunikationstechnologien zu sichern

---

[7] Fraunhoferstraße 5, 64283 Darmstadt, http://www.igd.fhg.de

[8] Fraunhoferstraße 5, 64283 Darmstadt, http://www.zgdv.de

[9] *vertikult* Servicebüro Rheinland-Pfalz, c/o media k GmbH, Heidelbergerfassgasse 20, 55116 Mainz, Tel. +49-6131-9718080, Fax +49-6131-9722830, E-Mail: info@vertikult.de, http://www.vertikult.de

[10] Forschungsinstitut Technologie-Behindertenhilfe, Grundschötteler Straße 40, 58300 Wetter/Ruhr, http://www.ftb-net.de

und einen Beitrag zu leisten zur Existenzsicherung der im Kulturbereich agierenden Kulturschaffenden.

Literatur

Eurostat (2004): Eurostat-Veröffentlichung vom 26.05.2004 zur Beschäftigung im Kulturbereich in Europa, http://europa.eu.int/comm/eurostat

Stadt Wien, Wirtschaftskammer Wien (2004): Untersuchung des ökonomischen Potenzials der Creative Industries in Wien, Wien 2004

vertikult-Projektbüro; Drda-Kühn, K. (Hg.) (2004): Kultur: Neue Jobs und Arbeitsformen durch neue Informations- und Kommunikationstechnologien/Culture: New jobs and working conditions through new information technologies, Dokumentation des vertikult-Workshops anlässlich der MEDICI-Jahrestagung 13.-14. November 2003 in Mailand/Italien/Proceedings of the vertikult workshop at the annual MEDICI conference 13-14 November 2003 in Milan/Italy, Mainz 2004

Ein Ansatz zum Erleben und Erlernen von Kooperationen durch ein simulationsbasiertes Planspiel

Ernesto Morales Kluge, Jannicke Baalsrud Hauge, Wolfgang Echelmeyer, Klaus-Dieter Thoben

Zusammenfassung

Die steigende Globalisierung hat heutzutage mehr denn je dazu geführt, dass Industrieunternehmen sich kurzfristig auf Veränderungen des Marktes einstellen müssen (vgl. Scheer u. a. 2002). Häufig müssen auftragnehmende KMU Auftraggeberwünschen folgen und sind deshalb gezwungen, Änderungen zu akzeptieren und durchzuführen. Diese kurzfristigen Änderungen können bisher oft nur durch Kooperationen mit ortsansässigen Firmen schnell genug und ökonomisch vertretbar realisiert werden. Da das Eingehen auf eine neue Kooperation für die Mitarbeiter der kooperierenden Unternehmen eine Änderung oder Anpassung ihrer Verhaltensweise auf die Gepflogenheiten der Kooperationspartner bedeutet, erfordert dies wiederum, dass die Mitarbeiter zuerst verstehen müssen, weshalb sie sich, je nach Kooperationspartner, unterschiedlich verhalten müssen, und zum Zweiten erfordert das auch, dass sie Beschlüsse der Unternehmensführung, die sie oft nicht nachvollziehen können, verstehen und mittragen können. Treten Unternehmen in eine überregionale oder internationale Kooperation ein, so werden die eben geschilderten Hürden für die beteiligten Mitarbeiter erhöht.

Die gerade geschilderten Unsicherheiten der Mitarbeiter im sich ändernden Umfeld bilden den Ansatzpunkt des SPIKO Projekts, in dem die These vertreten wird, dass ein Vorerleben innerhalb eines Planspiels die adäquate Antwort auf die geschilderte Umgebung ist. Im Rahmen des Projekts wird ein simulationsbasiertes Planspiel entwickelt, welches in hinreichender Weise die Darstellung und das Verständnis komplexer Zusammenhänge einer Kooperation erlaubt (vgl. VDI 1993). Um der Zielgruppe der Anwender gerecht zu werden, wird die Basis des Simulationsspiels durch eine Analyse der betreffenden Geschäftsprozesse und eine Anforderungsanalyse dreier Industrieunternehmen unterschiedlicher Branchen gebildet. Mit dem entwickelten System wird es nicht nur Mitarbeitern der Industriepartner möglich sein, Kooperationen zu simulieren und dadurch indirekt ihre „hard skills" zu verbessern, sondern, vor allem durch die Entwicklung eines entsprechenden Curriculums, die durch Simulation erheblich schwieriger abzudeckenden, aber für eine gelungene Kooperation sehr wichtigen „soft skills" zu schulen.

1 Einleitung

Durch die zunehmende Globalisierung, fortschreitende informationelle Vernetzung, verringerte Produktionstiefe, kürzer werdende Produktzyklen sowie steigende Kundenanforderungen (vgl. Sherman 1996) unterliegen Unternehmen heute mehr denn je der Notwendigkeit, sich kurzfristig auf Veränderungen des Marktes einzustellen. Die Rahmenbedingungen sind nicht nur dynamisch, sondern auch mit sehr großen Unsicherheiten verbunden und haben zu einem Innovationsdruck in den Unternehmen geführt, der einen Transformationsprozess traditioneller Unternehmensstrukturen ausgelöst hat. Der Transformationsprozess der Organisationsstruktur ist durch die neuen Möglichkeiten der Informations- und Kommunikationstechnik zu einer effizienteren Koordinationsgestaltung zwischen Unternehmen und deren Partnern beeinflusst worden. Aus Wettbewerbsgründen ist eine flexible Anpassung betrieblicher Strukturen bzw. des gesamten Wertschöpfungsprozesses an die veränderten Rahmenbedingungen unerlässlich. Malhotra stellt hierzu fest: „The increasing global interdependencies and the accelerating pace of change demand more flexible and adaptive organizations." (Malhotra 1993, 2)

Einen besonders großen Stellenwert nehmen dabei die Mitarbeiter eines Unternehmens ein, die im eigentlichen Sinne die Organisationsstruktur bilden und durch ihr Handeln maßgeblich Einfluss auf den Erfolg des Unternehmens ausüben. Um die Organisation (die Mitarbeiter) flexibel, adaptiv und in Kooperationsnetzwerken handlungskompetent zu gestalten, sind Werkzeuge notwendig, die den Mitarbeitern diese Kompetenz vermitteln.

2 Ziele des Projektes

Das oberste Projektziel ist die Entwicklung eines Werkzeuges, dessen Zweck es ist, Mitarbeitern von in Kooperationsnetzwerken agierenden KMU die Möglichkeit zu bieten, die erforderliche Handlungskompetenz zu erlangen. Ansätze und Konzepte zur betrieblichen Qualifizierung und Kompetenzsteigerung von Mitarbeitern reichen von Ansätzen des impliziten Lernens, des organisationalen Lernens bis zu konstruktivistischen Ansätzen. Innerhalb des SPIKO-Projekts wird ein Ansatz verfolgt, der im Wesentlichen dem konstruktivistischen folgt und aus der Planspielmethodik bekannt ist und im Weiteren erläutert wird. Den teilnehmenden Mitarbeitern soll innerhalb eines simulationsbasierten Planspiels einerseits ein möglichst realistisches Umfeld ihrer Arbeitsumgebung bereitgestellt werden, gleichzeitig soll aber auch das Reflektieren und Erproben des eigenen Verhaltens in einer geschützten, fehlertoleranten Umgebung ermöglicht werden.

Der zugrunde liegende Ansatz kann dabei folgendermaßen formuliert werden: Lernen durch Erleben, und Erleben durch Spielen.

Zielsetzung des simulationsbasierten Planspiels ist es dabei nicht, primär Unternehmen zu verändern oder die Erhaltung und die Optimierung quasistabiler Strukturen. Vielmehr ist die Qualifizierung der Mitarbeiter für das Agieren in einer dynamischen Arbeitsumgebung in virtuellen Unternehmen durch organisatorisches und individuelles Lernen zu fördern.

Zur angemessenen Reduzierung der Gesamtkomplexität der in der Praxis auftretenden Kooperationsbezüge in virtuellen Unternehmen zielt das vorliegende Vorhaben schwerpunktmäßig auf die Betrachtung von unternehmensübergreifenden Kooperationsbezügen der Bereiche Entwicklung, Planung und Steuerung, in denen eine abgestimmte Entscheidungsfindung gefordert ist, die für den weiteren Verlauf der Kooperation prägenden Charakter hat.

Die Entwicklungspotenziale des Simulationsspiels liegen vor allem in der Übertragbarkeit des Konzeptes auf weitere Anwender verschiedener Branchen. Erfahrungen aus den beispielhaften Szenarien der Anwender im Projekt SPIKO können dabei die zukünftige Implementierung weiterer Szenarien unterstützen. Weitere Potenziale sind in der Mitarbeitereinschätzung (Bewertung von Teamzusammensetzungen) und in der Realisierung von Profilen im Sinne von elektronischen Personen- und Gruppen-CVs zu erkennen.

3 Ausgangspunkt und Vorgehen zum Erreichen der Ziele

Der spielerische Ansatz für die Vermittlung von Wissen innerhalb situativer Umgebungen (bspw. Planspiel) hat sich besonders in solchen Fällen als sehr nützlich erwiesen, in denen vorrangig weiche Faktoren und organisationale Aspekte vermittelt werden sollten, die nur schwer durch Unterrichtskonzepte mit hergebrachten Methoden vermittelt werden konnten (vgl. Windhoff 2001). Planspiele werden seit langem als eine effiziente Unterrichtsmethode empfohlen, da sie ein experimentelles, spielerisches und wettbewerbsorientiertes Lernen ermöglichen (vgl. GiMA 2000). Aufgrund ihrer lernspezifischen Eigenschaften wie der Realitätsnähe, der Eigenaktivität und der beobachteten hohen Lernmotivation der Teilnehmer erscheinen Planspiele besser als andere Unterrichtsmethoden geeignet, die Entwicklung einer beruflichen Handlungskompetenz bei den Lernenden zu fördern (vgl. Orth 1999, 1).

Der Hintergrund für die Entwicklung der Planspielmethodik liegt in der Erkenntnis, dass das Lernen immer etwas mit der Auseinandersetzung des Individuums mit seiner Umgebung zu tun hat. Es wird nur das gelernt, womit sich der Lernende aktiv auseinandersetzt: „Gelernt wird nur das, was vom Individuum aktuell vollzogen wird." (Straka 1986, 51) Die Vorstellung vom Lernen als aktivem Prozess des Lernenden weist große Parallelen zum Konstruktivismus auf (vgl. Virtueller Hochschulverbund Karlsruhe 2000). Nach konstruktivistischen Überlegungen lässt sich „Träges Wissen" durch situiertes Lernen in authentischen Lernumgebungen vermeiden. Das „Träge Wissen" wird dadurch charakterisiert, dass es passiv vorhanden ist, aber im konkreten Fall nicht abgerufen oder angewendet werden kann. Um die Trägheit von Wissen zu vermeiden, empfiehlt es sich, Lernprozesse mit Eindrücken, Gegebenheiten und Sinnesreizen zu verknüpfen, die jenen der Anwendungssituation entsprechen (Situiertheit) (vgl. Mandel o. J., zitiert in Virtueller Hochschulverbund Karlsruhe 2000).

3.1 Bedeutung für SPIKO

Insbesondere der Aspekt der Situiertheit soll im SPIKO-Simulationsspiel durch eine entsprechend an die Partnerunternehmen angepasste Spiellogik hervorgehoben werden und stellt den Hintergrund für die Gestaltung des Simulationsspiels auf der Basis der Planspielmethodik dar.

Durch die iterative Anwendung sowohl der Modellierung des Aufgabenfeldes als auch der Simulation dieses Modells wird neben der partizipativen Gestaltung des Arbeitsumfeldes durch die betroffenen Mitarbeiter auch eine evolutionäre Entwicklung aufgabenangemessener Organisationsstrukturen in virtuellen Unternehmen und vergleichbaren Unternehmensstrukturen grundsätzlich unterstützt.

3.2 Vorgehen im Überblick

Das Vorgehen innerhalb des SPIKO-Projekts kann grob in vier Abschnitte aufgegliedert werden, diese sind:

- Analyse der zurzeit in verschiedenen Anwendungskontexten bestehenden Kooperationsbezüge und -fälle. Hierzu werden im Projekt drei verschiedene Anwendungsszenarien unterschiedlicher Industriebranchen betrachtet.
- Aufbauend auf die Analyse bestehender Kooperationsfälle wird eine Spezifikation einer Bibliothek mit charakteristischen Aufgabenelementen der unternehmensübergreifenden Kooperation erarbeitet.
- Gestaltung von fallspezifisch verbindlichen, überbetrieblichen Geschäftsprozessmodellen.
- Einführung/Realisierung/Sicherung der geänderten Abläufe.

Eine aggregierte Darstellung des Vorgehens zeigt Abbildung 1. Neben dem Hauptstrang der Entwicklung von Modellierung bis zur Verbesserung zeigt die Übersicht auch den zeitlichen Zusammenhang zwischen Entwicklung und Qualifizierung sowie die permanent begleitenden Maßnahmen.

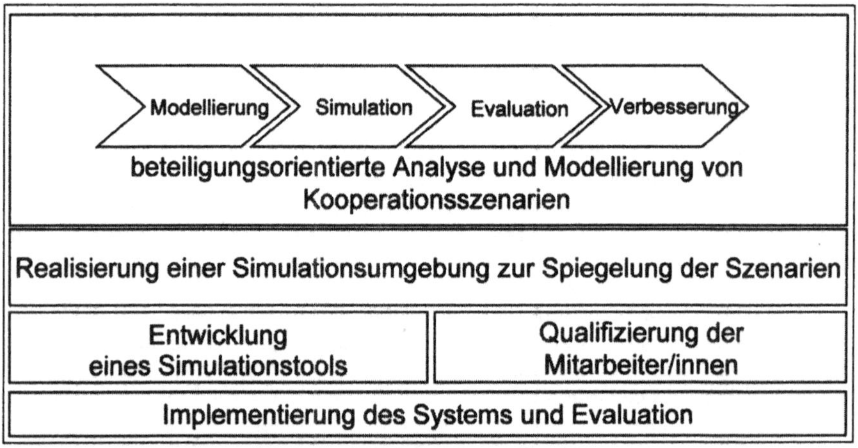

Abbildung 1: Vorgehen innerhalb des SPIKO-Projekts im Überblick

4 Zur Analyse der Industrieunternehmen

Die Ist-Analyse, welche ein vertieftes Verständnis der bestehenden Geschäftsprozesse ermöglichen soll, bildet die Grundlage für die Entwicklung der Simulationsprozesse. Hierbei war der Fokus stark auf die Herausarbeitung der kritischen Prozesse und des Handlungsbedarfs für eine Neugestaltung gerichtet.

In einem ersten Schritt wurden mit Hilfe der Industriepartner deren Kooperationsszenarien identifiziert und analysiert, um einerseits eine Übersicht der unterschiedlichen Ausprägungen von Kooperationsszenarien innerhalb der Unternehmen zu erhalten und um anderseits deren Anforderungen und Bedürfnisse am Spiel genau zu untersuchen. Bedingt durch die unterschiedlichen Märkte als auch durch die unterschiedlichen Positionen der Partner innerhalb der Märkte ergaben sich erwartungsgemäß unterschiedliche Kooperationsformen. Aus dieser Grundmenge an identifizierten Kooperationsfällen resp. Kooperationsszenarien wurden für das Projekt entsprechend nutzbare Fälle ausgewählt, die durch eine Modellierung tiefer gehend analysiert wurden.

Um auch ein für andere Industriebranchen einsetzbares Spiel entwickeln zu können, ist ein abstrahiertes Modell der bei den Industriepartnern identifizierten Kooperationsprozesse notwendig. Bei der Abstrahierung der spezifischen Partnermodelle hin zu einem aggregierten Gesamtmodell konnte festgestellt werden, dass vor allem bei der Kooperationsanbahnung hinreichende Übereinstimmungen zwischen den untersuchten Partnern vorlagen. Bei der Durchführung konnte hingegen kein aggregiertes Gesamtmodell gefunden werden.

Die bei den Industrieunternehmen durchgeführten Anforderungsanalysen bilden in Kombination mit den abstrahierten Modellen der Kooperationsprozesse die Basis der zu realisierenden Kooperationsszenarien für das Planspiel.

5 Anforderungen an das simulationsbasierte Planspiel

Aus den eingangs geschilderten Betrachtungen zu den Rahmenbedingungen von KMU, ihren spezifisch erhobenen Anforderungen und Lernzielen sowie aus lerntheoretischer Sicht ergibt sich ein Bündel an Anforderungen für die Entwicklung und Umsetzung des Simulationsspiels. Technische Aspekte finden hier keine Erwähnung, da sie lediglich als Mittel zum Zweck angesehen werden (Werkzeuge). Die Ermittlung der Anforderungen ist mittels Interview und Auswertung der modellierten Geschäftsprozesse durchgeführt worden. Als zentrale Anforderungen, die das Spiel leisten soll, ließen sich folgende Punkte herauskristallisieren:

- exemplarisches Erfahrungslernen,
- Trainieren von Soft Skills bzw. Prozessfähigkeiten,
- Hintergrundwissen aneignen,
- sich in einem realistischen Umfeld bewegen,
- Antizipation der Wirkungsweise, des (kreativen und wirtschaftlichen) Potenzials und der Grenzen von Unternehmenskooperationen,
- Kooperationsszenarien durchspielen.

Diese weitreichenden Anforderungen lassen sich gebündelt in einem Spielkontext realisieren, der sich in den Grundansätzen folgendermaßen gestaltet:

6 Gestaltung des Simulationsspiels

Ein „Spiel“ erstreckt sich immer von der ersten Idee einer Kooperation bis zur konkreten Durchführung einer Sequenz der zugrunde liegenden Geschäftsprozesse. In Ausnahmefällen kann eine gravierende Fehlentscheidung des Spielers zu einem frühzeitigen Abbruch (z. B. Scheitern der Kooperationsanbahnung) führen. Ein tatsächliches Lernen kann stattfinden, indem sich das Lernen an den Konsequenzen des eigenen Handelns ausrichtet und der Spieler sich an eine Problematik herantasten kann. In der Realität werden die Schritte von der ersten Idee einer Kooperation (angestoßen von außen oder aus der inneren Notwendigkeit) in sehr unterschiedlicher zeitlicher Ausdehnung stattfinden; im Spiel selbst werden diese in jeweils gleiche Phasen aufgeteilt und zusammengefasst. Der Hintergrund dieser Zusammenfassung besteht darin, dass durch eine klare Gliederung und Strukturierung dem Spieler das Spielumfeld klarer wird und die Benutzbarkeit des Spiels sich erhöht. Der Nachteil besteht darin, dass einige Prozesse und Entscheidungen verkürzt werden und der zugrunde liegende Ansatz des konstruktivistischen Lernens nicht durchgängig verfolgt werden kann.

Die Spannung des Spieles entsteht daraus, dass viele variable Elemente auf den Verlauf Einfluss nehmen. Dazu gehören

- gewisse grundsätzliche Zielvorgaben,
- Persönlichkeitselemente der vom Spieler gewählten Rolle,
- seine Entscheidungen im Spielverlauf,
- verschiedene „Ereignisse", die sich auf die Situation auswirken
- und computergenerierter Zufall.

Hinter diesen Faktoren ist eine komplexe Logik hinterlegt, die dem Spieler sinnvolle Reaktionen auf sich (Rolle), seine Entscheidungen und weiteren Ereignisse anbietet und damit einen hohen spielerischen Lerneffekt erreicht. Neben diesem erfahrungsorientierten Ansatz sind in einem Wissensbereich beliebige Lernthemen weiter zu den entsprechenden Spielsequenzen hinterlegt, so dass auch Hintergrundinformationen und „Lernstoff" vermittelt werden können.

6.1 Grundaufbau – Szenarien und Fälle

Die Simulation bietet in der ersten Fassung drei verschiedene Szenarien an, wobei ein Szenario die Struktur, Vorgehensweise und Prozesse einer Typisierung der Kooperation umschließt. Diese Szenarien sind jeweils mit zwei bis drei spezifischen Fällen hinterlegt. Mit den Fällen besteht die Optionen, verschiedene Branchen zu adressieren.

Zum Erlernen der grundsätzlichen Fähigkeiten im Umgang mit den wichtigsten Komponenten und der Bewältigung der komplexen Reflexions- und Kommunikationsaufgaben bei Unternehmenskooperationen kann jedes Szenario lehrreich sein.

6.2 „stage" – verschiedene Bühnen des Spieles

Die „Bühnen" („stage"-Modell) sind im Spieldesign Bereiche, die der Spieler wahlweise aufrufen kann. Je nach „Bühne" erfährt er hier etwas über die Situation, seine Entscheidungsmöglichkeiten, Hintergrundwissen, den bisherigen Ablauf oder seine Grundeinstellungen für seinen Rollencharakter:

s – situation (Situation),
t – training (Training),
a – act (Aktion),
g – generate (Grundeinstellungen),
e – elaborate (Ergebnisse).

Situation: In der ersten Spielrunde werden in diesem Bereich die Ausgangssituation – das Unternehmen, die Position der handelnden Person und die Grundüberlegungen für eine mögliche Kooperation – geschildert, illustriert und erläutert. In den weiteren Zügen werden die Ergebnisse und die Aktionen unter verschiedenen Aspekten (z. B. Wirkung innerhalb des Unternehmens, gegenüber Partnern, Aktionären etc. – vgl. unten) dargestellt. Auch besondere Ereignisse finden sich hier.

Training: Innerhalb dieser Bühne werden verschiedenste Materialien angeboten, die als Hintergrundwissen, zur Vertiefung oder einfach zur Unterstützung für den nächsten Spielzug dienen. Intendiert ist, dass der noch unerfahrene Spieler hier Anregungen erhält, sein Wissen erweitert, praktische Tipps erhält oder auch Theorien bearbeitet, die er zur Reflexion seiner Entscheidungen braucht. Die Materialien beziehen sich nicht direkt auf den konkreten Fall, sondern reflektieren die grundsätzlichen Themen hinter den Entscheidungen und den anvisierten Prozessen. Denkbar sind sehr verschiedene Materialien:

- Checklisten (z. B. für die Unternehmensbewertung),
- theoretische Darstellungen,
- Wissenssequenzen (Hintergrundmaterial),
- Einübung in bestimmte Kompetenzen (Reaktionen in der Kommunikation),
- Links,
- Tests (drag & drop; Multiple-Choice).

Act: Die Aktionsmöglichkeiten bestehen aus einem Bündel an Entscheidungen für den nächsten Schritt. Dabei gibt es verschiedene Formen, die dafür genutzt werden können:

Einschätzung: graduelle (z. B. fünf Stufen) Einstufung der Wichtigkeit bestimmter Maßnahmen:

- Bewertung der weiteren Vorgehensweise nach Kategorien (z. B. Kommunikation nach außen, eigene Projektplanung etc.),
- Auswahl aus einem Maßnahmen- bzw. Handlungskatalog,
- Single-Choice: Reaktion auf ein bestimmtes Ereignis.

Die Aktionen bestehen bei einem Spielzug nie nur aus einer Entscheidung, sondern immer aus mehreren sinnvoll aufeinander abgestimmten – in Abhängigkeit der dahinter angelegten logischen Matrix wird der Folgeschritt mit z. T. anderen Maßnahmen bzw. Entscheidungen belegt sein. Die sachlichen Elemente, auf die sich die Aktionen erstrecken, sind in der Fachdidaktik beschrieben, die dahinter liegende Logik bzw. Entscheidungsmatrix unter Systemlogik.

Generate: Der Spieler kann seine „Rolle" durch einige Grundparameter individuell gestalten. Er ist zwar immer in der Rolle des Entscheiders, die durch den Fall jeweils festgelegt ist. Über die vier Faktoren Persönlichkeit, Kompetenzen, Ziele und Kommunikation mit den dazugehörigen Untereigenschaften kann er den Spielverlauf und die vom System simulierten Reaktionen auf ihn durchaus beeinflussen. Beispielsweise kann der Spieler unter Persönlichkeit einstellen, wie sehr er alles „kontrollieren" muss oder auch „delegieren" kann. Beide Stile werden nicht grundsätzlich höher oder niedriger bewertet, aber in bestimmten Situationen ergeben sich daraus Konsequenzen.

Elaborate: Auf dieser Bühne werden die Lernsequenzen und der Ablauf des bisherigen Spieles dokumentiert hinterlegt. „Lernsequenzen" zeigt ein Inhaltsverzeichnis mit allen Unterkapiteln und jeweiligen Materialien, die bereits besuchten „Seiten" (bzw. Materialien) sind dabei besonders gekennzeichnet, um einen Überblick des bereits trainierten Stoffes zu erhalten. Als Dokumentation des Ablaufs lassen sich über eine Liste alle bereits vollzogenen Spielzüge einer Rolle (innerhalb eines Falles) anzeigen. Die getroffenen Entscheidungen sind dabei ebenfalls markiert. Zusätzlich kann der Spieler Kommentare und seine eigenen Lernideen und Fortschritte in einem Dokument niederlegen, das sich jederzeit einsehen lässt.

7 Ausblick

Im derzeitigen Projektstand sind mit Hilfe der Industriepartner deren Kooperationsszenarien identifiziert und analysiert worden, die in unterschiedlichen Ausprägungen in den Unternehmen auftreten. Prinzipiell werden diese durch die Rolle der Unternehmen am Markt charakterisiert. Aus dieser Grundmenge an Kooperationsfällen resp. Kooperationsszenarien sind die entsprechend nutzbaren Fälle herausgefiltert worden, um im Anschluss daran eine detaillierte Ist-Analyse für die betreffenden Fälle durchzuführen. Die Aufnahme des Ist-Zustandes erfolgte durch Interviews mit den verantwortlichen Personen in den Betrieben, wodurch sich sowohl ein Überblick über die aktuellen Kooperationsformen als auch über die Schwachstellen und Probleme in den damit verbundenen Prozessen ergab.

Der erste Modellierungsschritt wurde hierbei mit Absicht mit einem prozessorientierten Modellierungsformalismus durchgeführt. Die Wahl einer prozessorientierten Beschreibung ergab sich aus der Tatsache heraus, dass innerhalb der Betriebe in Abläufen und Prozessen „gedacht" wird und somit darin eine gute Grundlage für eine gemeinsame Entwicklung mit den Industriepartnern gesehen wurde. Im weiteren Projektverlauf wird der didaktische Rahmen verfeinert, um diesen dann in einer ersten Version softwaretechnisch umzusetzen. Daran werden sich eine Evaluierung und ein Redesign anschließen, die dem Feedback der Nutzer Rechnung tragen werden.

Literatur

Baumann, K. (1999): Weltweite Produktionsnetzwerke der Automobilindustrie, in: Bundesvereinigung Logistik (Hg.): 15. deutscher Logistikkongress, München 1999

GiMA (2000): Gesellschaft für integrierte Management-Ausbildung mbH, Definition und Geschichte – Was ist ein Planspiel?, http://www.planspiel.de/planspiel/defi.htm, Abruf vom 9.8.2000

Jank, W.; Meyer, H. (1994): Didaktische Modelle, 3. Aufl., Frankfurt/Main 1994

Malhotra, N. (1993): Marketing research: an applied orientation/Organizational Change, Englewood Cliffs 1993

Mandl, H.; Gruber, H.; Renkl, A. (1997): Situiertes Lernen in multimedialen Lernumgebungen, in: Issing, K. (Hg.): Information und Lernen mit Multimedia, 2. Aufl., Weinheim 1997, S. 167-177

Orth, C. (1999): Unternehmensplanspiele in der betriebswirtschaftlichen Aus- und Weiterbildung – Entwicklung eines Planspiels mit variabler Modellkomplexität, zugl. Diss. Univ. Göttingen 1998, Köln 1999

Scheer, A.-W.; Grieble, O.; Hans, S.; Zang, S. (2002): Geschäftsprozessmanagement – The 2nd wave, in: Information Management & Consulting (2002) 17, S. 9-14

Sherman, H. (1996): Globalisierung: Transnationale Unternehmen auf dem Vormarsch, in: ifo Schnelldienst (1996) 23

Straka, G. A. (1986): Lehr-Lern-Theoretische Didaktik, in: Twellmann, H. (Hg.): Handbuch Schule und Unterricht, Band 8.1, Düsseldorf 1986

VDI (1993): Richtline 3633, Blatt1: Simulation von Logistik-, Materialfluß- und Produktionssytemen, Düsseldorf 1993

Virtueller Hochschulverbund Karlsruhe (2000): ViKar: Seminar Konstruktivismus, http://vikar.ira.uka.de/teilprojekte/tp31/Konstruktivismus/k_index.htm, Abruf vom 31.05.2000

Windhoff, G. (2001): Planspiele für die verteilte Produktion, Bremen 2001

Kompetenzprofiling als Grundlage des Managements diskontinuierlicher Erwerbsbiografien

Kurt-Georg Ciesinger, Sigita Urdze

Die Netzwerkökonomie stellt die Kompetenzentwicklung von Erwerbstätigen vor neue Herausforderungen: Nicht nur die Unternehmensorganisationen verändern sich durch Dezentralisierung und Vernetzung, auch die Normalerwerbsbiografie verliert dramatisch an Bedeutung. Nichtlineare Erwerbsverläufe und Patchwork-Erwerbsbiografien werden zunehmend relevanter und verbreiteter. Im Projekt NErVUM („Neue Erwerbsbiografien in virtuellen Unternehmen der Medienindustrie") werden unter anderem Instrumente zur Unterstützung der Kompetenzentwicklung von Personen mit nichtlinearen Erwerbsbiografien erstellt. In diesem Beitrag stellen wir erste Ergebnisse aus der betrieblichen Erprobung des innerhalb von NErVUM entwickelten Instruments *job.profiler* vor.

1 Hintergrund

Noch immer wird die Diskussion um berufliche Entwicklungen und Karriereverläufe durch das Bild der klassischen Normalerwerbsbiografie dominiert: Sie beginnt mit einer Schullaufbahn, eine betriebliche oder Hochschulausbildung mit einem formalen Abschluss schließt sich nahtlos an. Ein Beschäftigungsverhältnis wird aufgenommen und bleibt langfristig stabil: Arbeitgeberwechsel sind nicht die Regel, sondern Ausnahmesituationen, eine innerorganisatorische Karriere steht im Vordergrund. Die Erwerbstätigkeit wird flankiert von (eher seltenen,) extern induzierten Anpassungsweiterbildungen bzw. punktuellen Aufstiegsfortbildungen. Der Arbeitsmarktwerkt erhöht sich dabei mit zunehmender Berufserfahrung. Man erreicht eine Endposition knapp unter- oder oberhalb der eigenen Kompetenzgrenze und „settlet" sich in dieser Position. Zunehmend werden die Erfahrung und Routine ausgespielt, um die Arbeit angenehmer zu gestalten, was Freiräume schafft für die Vorbereitung auf den Berufsausstieg.

Die beschriebene Linearität und Stetigkeit der klassischen Erwerbstätigkeit und damit verbundener Karriereverläufe setzt jedoch eine Kontinuität des Umfelds voraus, die heute insbesondere im Medien- und IT-Bereich nicht mehr gegeben ist. In diesen hochinnovativen Wirtschaftsbereichen verlaufen Erwerbsbiografien heute unter neuen, veränderten Rahmenbedingungen. Zu nennen sind dabei vor allem die folgenden Aspekte:

- Die technische Dynamik hat drastisch zugenommen, Innovationszyklen verkürzen sich noch immer.
- Die Arbeit in der Informationsgesellschaft wird durch Virtualisierungstendenzen verändert.
- Die Orientierung an klassischen, stabilen Berufsbildern wird immer problematischer, Berufsbilder verfallen.
- Neue Arbeitsverhältnisse außerhalb der traditionellen, abhängigen Beschäftigung nehmen an Attraktivität zu.

Das Ergebnis sind hier so genannte diskontinuierliche Erwerbsbiografien, die nicht mehr dem oben geschilderten Muster folgen, sondern sich – zumindest an der Oberfläche – als lose Folge berufsbiografischer Episoden darstellen: Phasen der abhängigen Beschäftigung wechseln sich ab mit Phasen der Selbständigkeit und Arbeitslosigkeit, Arbeiten in verschiedenen Tätigkeits- und Berufsfeldern werden ausgeübt und je nach Lebens- und Arbeitsmarktsituation unterschiedliche Formen der Erwerbstätigkeit (Teilzeit-, Leih-, Freelance-, Telearbeit usw.) erprobt.

Diese neuen, diskontinuierlichen Erwerbsbiografien werden in der Literatur oftmals beklagt, unstreitig ist jedoch ihre zunehmende Verbreitung und Bedeutung in innovativen Branchen (vgl. auch den Beitrag von Klatt u. a. in diesem Band). Ohne eine grundsätzliche Bewertung neuer Arbeitsverhältnisse vorzunehmen, ist doch festzustellen, dass sie eine subjektiv tragfähige Option für Arbeitnehmer und Arbeitgeber darstellen können, wenn sie entsprechend geplant und gestaltet werden.

Dementsprechend sind auch potenzielle Vorteile mit einer flexibleren Karriere verbunden, die über die Bewertung einer neuen Erwerbsbiografie als „Notlösung des Verlierers" weit hinausgehen:

- Die individuellen Kompetenzen können in nicht-linearen Karrieren besser eingesetzt werden, die Kompetenzentfaltung muss nicht an der Grenze der einmal gewählten Tätigkeit oder des Berufsbildes Halt machen. Ein „Aufstieg bis zum Erreichen der Inkompetenzschwelle" wird verhindert.
- Es entstehen breitere Beschäftigungsmöglichkeiten, die das Risiko der Erwerbslosigkeit reduzieren, der Einzelne verfügt über mehr Handlungsoptionen, „sein eigenes Schicksal in die Hand zu nehmen".

Die Grundlage für die positive Gestaltung diskontinuierlicher Erwerbsbiografien und die Nutzung der oben beschriebenen Potenziale ist jedoch die umfassende Beschreibung der individuellen Kompetenzen, um diese sichtbar und für den Arbeitskontext nutzbar zu machen.

Vor dem geschilderten Hintergrund ist auch das Interesse der Wirtschaft an Modellen kompetenzintegrierender Karriereplanung erheblich, da jeder Austausch von Personal mit Kompetenzverlusten für die Organisation einhergeht. Auch wenn der Mitarbeiter an seinem aktuellen Arbeitsplatz nicht mehr so leistungsfähig ist wie z. B. ein jüngerer, so verfügt er doch in der Regel über zentrales Erfahrungswissen (z. B. über Kunden oder Abläufe), das dem Unternehmen verloren geht. Ein für die Unternehmen ökonomisch sinnvoller Weg ist es daher, „leistungsgewandelte" Mitarbeiter in neue Positionen zu setzen, in denen sie ihre vorhandenen Kompetenzen ausspielen können und mit bestimmten Leistungsanforderungen, die sie nicht mehr erbringen können oder wollen, nicht mehr konfrontiert sind. Eine zweite Karriere in der Firma ist daher der Königsweg für Mitarbeiter wie Unternehmen.

Gerade in KMU ist jedoch die Möglichkeit von internen Karriereplanungen begrenzt, da weder die organisatorische Masse noch das nötige breite Aufgabenspektrum für sinnvolle neue Karrierewege einzelner Mitarbeiter gegeben ist.

Dies ist in virtuellen Unternehmen gerade im Medienbereich anders: Sie bieten extrem breite Einsatzspektren, in denen überbetriebliche Personaleinsatz- und Karriereplanung bis dahin möglich erscheinen, innerhalb des virtuellen Verbundes zwei oder mehr unterschiedliche Karrieren nacheinander zu durchlaufen. Das Vorhandensein dieser Möglichkeit hat jedoch nicht notwendigerweise zur Folge, dass die Möglichkeit auch tatsächlich ausgenutzt wird. Häufig ist den Personalverantwortlichen nicht bewusst, über welche Zusatzfähigkeiten und -kenntnisse ihre Mitarbeiter verfügen. Statt die vorhandenen Potenziale zu nutzen, werden – unter hohem Zeit- und Kostenaufwand – neue Mitarbeiter eingestellt. An dieser Stelle, der Offenlegung vorhandener Potenziale, setzt das Projekt NErVUM („Neue Erwerbsbiografien in virtuellen Unternehmen der Medienindustrie“) an.

2 Das Projekt NErVUM

Das vom Bundesministerium für Bildung und Forschung geförderte Projekt NErVUM hat es sich zum Ziel gesetzt, die menschengerechte Gestaltung brüchiger Erwerbsbiografien zu unterstützen. Ergebnis soll u. a. sein,

- verschiedene Erwerbsformen als sich ergänzende Optionen innerhalb des Erwerbslebens zu definieren – wie sozialversicherungspflichtige Beschäftigung, Qualifizierungsphasen, Selbständigkeit, Freelancearbeit;
- rechtzeitig neue Karriereoptionen vorzubereiten, bevor ein Scheitern (z. B. durch Burn-out) in der alten Beschäftigung eintritt;
- die Übernahme vollkommen neuer Aufgabenkomplexe und damit Karriereoptionen in neuen Kontexten vorzubereiten, in denen vorhandene und zu erwerbende Kompetenzen neu kombiniert werden können.[1]

Bezogen auf die oben beschriebenen speziellen Bedingungen von Personen mit neuen Erwerbsbiografien, insbesondere von in der Medienbranche tätigen Personen, ist im Projekt NErVUM mit dem *job.profiler* ein Frühwarnsystem für Unternehmen und Betroffene entwickelt und erprobt worden, das zu einer Verstetigung von zunehmend nichtlinearen Karrieren und Kompetenzakkumulationsprozessen beiträgt. Der *job.profiler* ist ein internetgestütztes Tool der Organisations- und Personalentwicklung, das sich auch zur Unterstützung von Personen mit atypischen Erwerbsbiografien eignet.[2]

Das Ziel ist es, die umfassenden Kompetenzen einer Person zu beschreiben, die sich aus fachlichen und überfachlichen Qualifikationen zusammensetzen, die in verschiedenen berufsbiografischen Phasen oder auch im Privatleben erworben wurden. Erst mit dieser Beschreibung der individuellen, biografie- und berufsübergreifenden Kompetenzen (gegenüber der Dokumentation von Bildungszertifikaten) ist die

---

1 Weitere Informationen zum Projekt NErVUM unter http://www.nervum.de.

2 Unter http://www.jobprofiling.gaus.de ist der *job.profiler* im Internet allgemein zugänglich. Die meisten der aktuell vorhandenen Funktionen sind bei dieser Version aktiviert. Da es sich bei der Version jedoch um eine Arbeitsversion handelt, an der in regelmäßigen Abständen Änderungen vorgenommen werden, kann nicht von einer dauerhaften Speicherung der Daten auf der Website ausgegangen werden.

Grundlage für eine betriebliche wie individuelle Karriere- oder Biografieplanung gegeben.

3 Der *job.profiler*

Der *job.profiler* basiert auf einer umfangreichen Datenbank von aktuell ca. 150 Basisprofilen zur Beschreibung fachlicher Kompetenzen. Als Grundlage dieser Basisprofile dienten die Ausbildungsordnungen der entsprechenden Berufe. Der Schwerpunkt der Basisprofile liegt – entsprechend der Ausrichtung des Projekts – auf nichtakademischen Berufen im Medienbereich. Akademische Berufe konnten bislang nur in Einzelfällen einbezogen werden, da für diese, aufgrund der Vielfalt der damit verbundenen Tätigkeiten, keine einheitlichen Beschreibungen vorliegen, die als Grundlage für die Profile dienen könnten.

Die Entscheidung für Ausbildungsordnungen als Grundlage für die Basisprofile wurde im Projekt NErVUM aus pragmatischen Gründen getroffen. Es galt, ein umfassendes Begriffssystem zu entwickeln, das geeignet ist, das komplexe Problem der Beschreibung fachlicher Kompetenzen zu unterstützen. Dabei wurde auf die Berufsordnungen rekurriert, da sie ein geschlossenes, strukturiertes und gut dokumentiertes Beschreibungssystem für Ausbildungsinhalte (d. h. zu erwerbende Kompetenzen) darstellen. Ein weiterer Vorteil der Ausbildungsordnungen ist, dass die darin verwendete Begriffswelt den Nutzern aus ihrer eigenen Ausbildungszeit vertraut ist. Nachfragen in Bezug darauf, was im Einzelnen mit bestimmten Tätigkeitsbeschreibungen gemeint ist, entfallen weitgehend. Der *job.profiler* bleibt jedoch, wie im Weiteren gezeigt wird, nicht bei einzelnen Berufen stehen, sondern sieht sich als berufsübergreifendes Instrument zur Kompetenzerfassung und -darstellung.

Bevor nun auf Anwendungsbereiche des *job.profilers* eingegangen wird, soll zunächst ein kurzer Abriss der Funktionalitäten des Instrumentes gegeben werden. Hierzu wird im Folgenden ein prototypischer Nutzungsprozess dargestellt.

Zu Beginn legt der Nutzer fest, ob es sich bei dem zu erstellenden Profil um ein Soll- (= Stellen-) oder Ist- (= Kompetenz-)Profil handeln soll. Prinzipiell kann ein Nutzer beliebig viele Soll- bzw. Ist-Profile erstellen: beispielsweise das aktuelle Ist-Profil, ein Soll-Profil für den Zeitraum von sechs Monaten, ein weiteres für den Zeitraum von zwölf Monaten usw.

Um mit der Profilerstellung zu beginnen, wählt der Nutzer als erstes ein Referenzprofil (z. B. ein Berufsprofil), das dem zu erstellenden am nächsten kommt (vgl. Abb. 1). Hier bewertet er, wie wichtig die einzelnen Tätigkeiten oder Kompetenzen für die Stelle sind. Oftmals gehen die Anforderungen einer Stelle jedoch über die eigentlichen Berufsbilder hinaus. In einem nächsten Schritt kann sich der Nutzer daher das Profil eines oder mehrerer weiterer Berufe aufrufen und in diesem mit der Kennzeichnung der Tätigkeiten und Kompetenzen genauso verfahren. Zusätzlich besteht die Möglichkeit, über eine freie Qualifikationssuche nach speziellen Qualifikationen zu suchen. Es handelt sich hierbei um eine Volltextsuche, die alle diejenigen Qualifikationen ausgibt, bei denen das eingegebene Suchwort Bestandteil ist. Um diese besser einordnen zu können, kann sich der Nutzer anzeigen lassen, welchen Berufen diese Tätigkeit oder Kompetenz laut Ausbildungsordnung zugeschrieben wird. Genauso wie oben beschrieben, wird auch in diesem Fall wieder eine Wertung vorgenommen. Auf diese Weise entsteht ein individuelles Profil, das berufsübergreifend genau die Anforderungen einer Stelle auf der fachlichen Ebene beschreibt. Im fertigen Profil ist nicht mehr erkennbar, aus welchen oder wie vielen Berufsordnungen die Qualifikationen entstammen. So ergibt sich ein Profil, das in dieser Form nur auf diesen Nutzer bzw. auf die von ihm beschriebene Stelle zutreffend ist und sonst auf keine(n) andere(n).

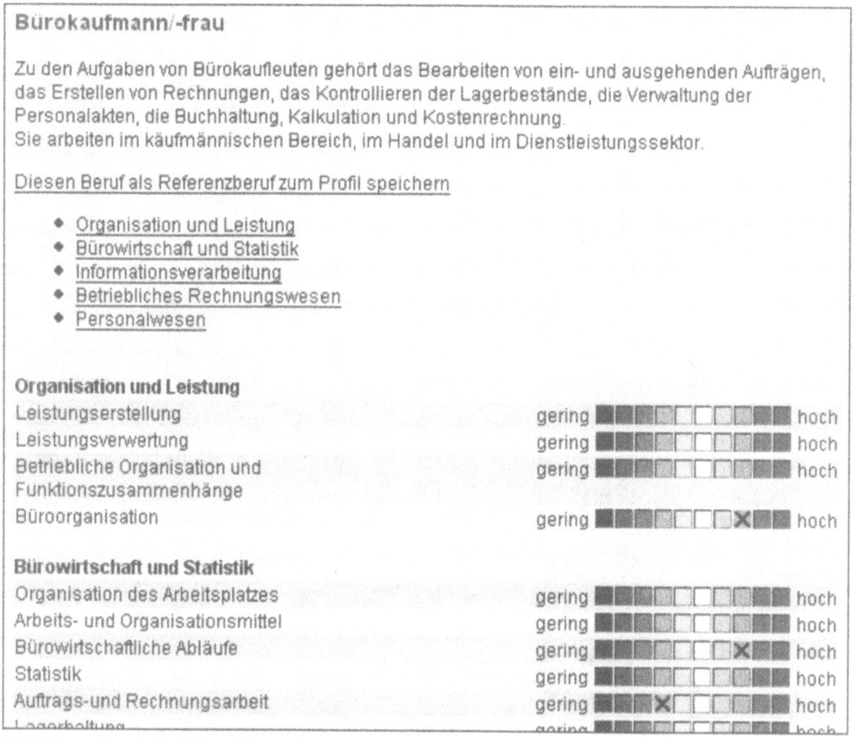

Abbildung 1: Beispielprofil aus dem *job.profiler*

Im nächsten Schritt werden die so genannten Schlüsselqualifikationen, die für die Ausübung der Stelle wichtig sind, hinzugenommen – z. B. Teamfähigkeit, Belastungsfähigkeit etc. (vgl. Abb. 2).

Die Liste der Schlüsselqualifikationen wurde zur Sicherung durchgängiger Ergebnisse im Projekt direkt aus dem NErVUM-Instrumentarium übertragen. Übernommen wurde sie von der Fachhochschule Hannover aus dem Fachbereich Wirtschaft (vgl. Fachhochschule Hannover 1999). Es wurde bewusst eine Liste gewählt, die mit insgesamt 36 Einträgen eine vergleichsweise große Übersichtlichkeit bietet und Überschneidungen vermeidet. Wie weiter unten dargestellt wird (vgl. Abschnitt 5) liegt der Schwerpunkt des *job.profilers*, anders als der anderer Kompetenzmessungsinstrumente, auf den fachlichen Qualifikationen.

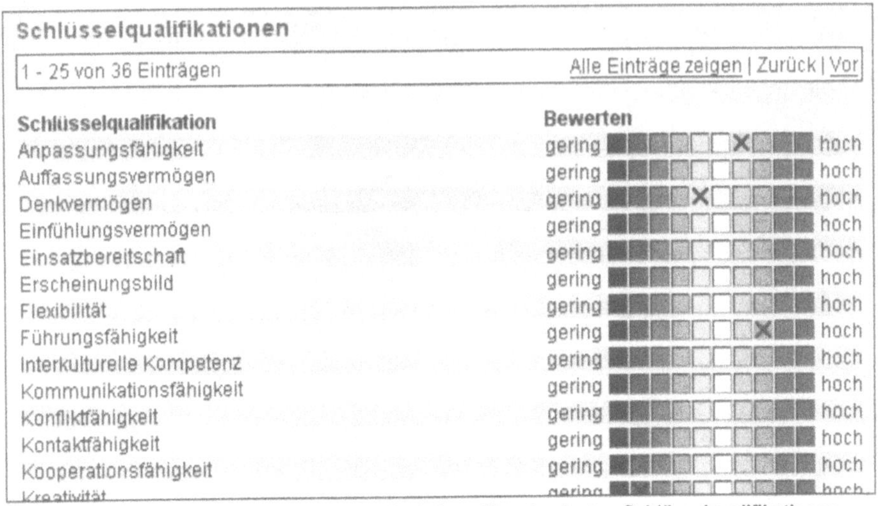

Abbildung 2: **Ausschnitt aus der Liste der im *job.profiler* abgelegten Schlüsselqualifikationen**

Fachliche und Schlüsselqualifikationen zusammengenommen ergeben in der Summe nun ein Profil, das sehr genau alle Anforderungen an eine Stelle in fachlicher und überfachlicher Hinsicht beschreibt (vgl. Abb. 3).

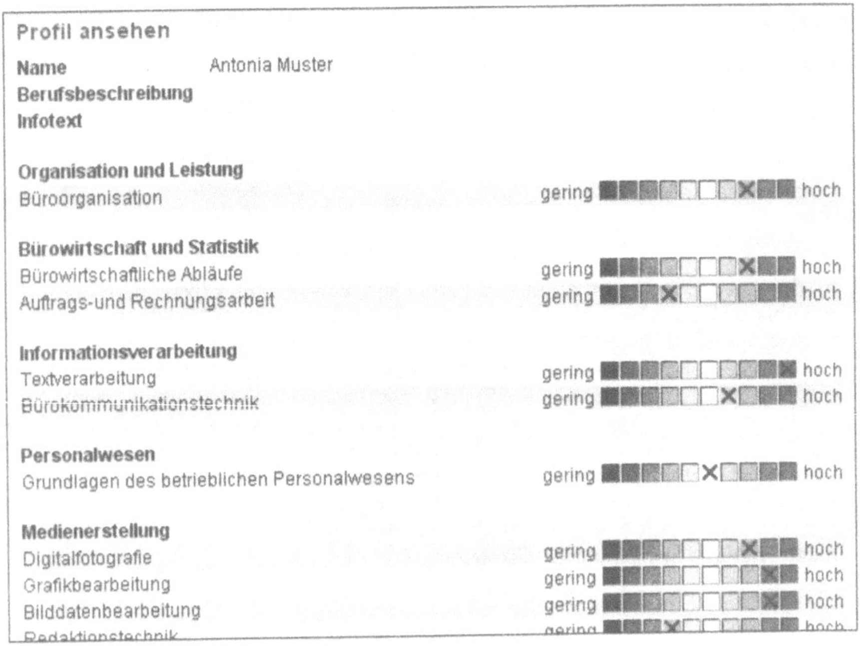

Abbildung 3: **Fertiges Beispielprofil**

Analog zur Beschreibung der Stelle kann nach Erstellung dieses ersten Soll-Profils nun ein Ist-Profil des Mitarbeiters erstellt werden, also eine Beschreibung seiner Kompetenzen vorgenommen werden. Anschließend bietet der *job.profiler* die Möglichkeit, beide Profile „übereinanderzulegen“ (vgl. Abb. 4). Die Differenzen zeigen die Bereiche auf, in denen Qualifikationsbedarf besteht. Es ist aber auch das Gegenteil möglich: Die Gegenüberstellung von Soll und Ist kann auch unbekannte Potenziale eines Mitarbeiters aufdecken, die betrieblich genutzt werden können.

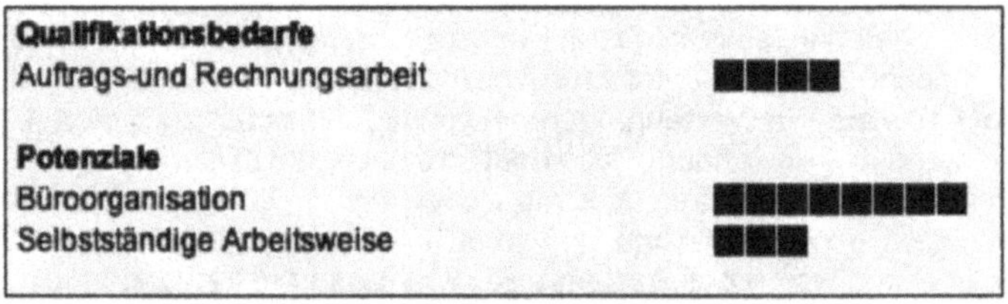

Abbildung 4: Vergleich der Qualifikationsbedarfe und Potenziale

4 Anwendungsbereiche des *job.profilers*

Im hier beschriebenen Kontext war der *job.profiler* ursprünglich angedacht zum einen als System zur Unterstützung der mit neuen erwerbsbiografischen Berufsverläufen einhergehenden Brüche und zum anderen – eng damit verbunden – als Möglichkeit, Organisations- und Personalentwicklungsmaßnahmen einzuleiten, wenn sich „Karriereknicke“ abzeichnen. In den Präsentationen des Systems bei den betrieblichen Partnern wurde jedoch deutlich, dass dies nur einen kleinen Teil der Anwendungsmöglichkeiten ausmacht.

Aus der Beschreibung des *job.profilers* geht hervor, dass er zwei Grundoptionen bietet: Stellenbeschreibungen und die Erstellung vom Kompetenzprofilen von Mitarbeitern/Bewerbern. Generell können dabei vier verschiedene Arten von Profilen generiert werden: Ist- und Sollprofile, jeweils aus Sicht eines Mitarbeiters und der Führungskraft, die gegenübergestellt werden können. Neben der konkreten Qualifikationsbedarfsermittlung sind somit weitere Anwendungsmöglichkeiten im Unternehmen sinnvoll und denkbar:

- Vorbereitung von Personalgesprächen (Vergleich der Einschätzungen von Mitarbeiterkompetenzen zwischen Führungskraft und Mitarbeiter),
- Auswahl von Bewerbern für eine beschriebene Stelle,
- Organisationsanalysen (Vergleich der Stellenbeschreibungen, die Führungskräfte und Mitarbeiter abgeben),
- Aufdeckung ungenutzter Mitarbeiterpotenziale,
- Formulierung von Stellenausschreibungen,
- Organisation von Freelancer- oder Jobbörsen,
- Selbstbewertung von Mitarbeitern zur eigenen Karriereplanung und Weiterbildungsbedarfsbestimmung.

Die (nicht einmal vollständige) Liste der Anwendungsszenarien zeigt, dass der *job.profiler* offensichtlich ein Problem der Unternehmen aufgreift, nämlich die Beschreibung und Dokumentation von Kompetenzen der Mitarbeiter. Das System ist dabei prinzipiell in der Lage, alle diese Anwendungen abzubilden.

Allerdings zeigte sich auch, dass das System immer wieder auf die verschiedenen Anwendungsfälle angepasst werden musste. Zum Teil waren Funktionen neu anzulegen, z. T. Benutzerführungen zu optimieren, damit die Anwendung weithin leicht und intuitiv erfolgen konnte.

Die größte Stärke des *job.profilers*, die Multifunktionalität, ist damit auch seine größte Schwäche. Jedes Anwendungsszenario lässt sich zwar prinzipiell umsetzen, hierzu sind jedoch technische Veränderungen notwendig, die die Kosten für den betrieblichen Einsatz erheblich erhöhen. Ziel zukünftiger Entwicklungen des *job.profilers* ist es nun, eine flexiblere Benutzerführung umzusetzen, die für verschiedene Anwendungsbereiche unterschiedliche Oberflächen zur Verfügung stellt. Hierzu sind jedoch weitere Praxiserfahrungen notwendig, um sicher zu stellen, dass zumindest annähernd alle Anwendungsfälle der Praxis bekannt sind.

Ein weiteres Problem waren z. T. die Bedenken der Belegschaften und Betriebsräte hinsichtlich des Datenschutzes. Die in den Profilen gespeicherten Daten sind hoch sensibel und wären ggf. geeignet, Rückschlüsse auf Eignungen und Leistungsvermögen bis hin zur Eingruppierung in Tarifrubriken zu ermöglichen.

Diese generelle Problematik wurde durchaus im Vorfeld gesehen und dadurch angegangen, dass jeder Benutzer einen eigenen, geschützten und nur ihm zugänglichen Account erhält. Profile müssen grundsätzlich vom Ersteller freigegeben („versendet") werden, damit andere Nutzer mit ihnen weiterarbeiten können.

Es zeigte sich jedoch, dass – je nach Klima in den Unternehmen – erhebliche Ängste, auf Halbwissen begründete Vermutungen über Möglichkeiten des unerlaubten Zugangs zu Daten und allgemeines Misstrauen gegenüber der Nutzung elektronischer Systeme bestanden.

Die Lösung für dieses Problem ist dabei nicht unbedingt eine technische: Die Argumentationen der misstrauischen Mitarbeiter waren durch technische Argumente nicht zu beheben. Vielmehr müssen hier Maßnahmen greifen, die eine Vertrauenskultur in den Unternehmen herstellen, um die sinnvolle Nutzung des Systems zum beiderseitigen Vorteil zu ermöglichen. Aktuell werden diese Probleme in einer Arbeitsgruppe aus Betriebsräten und Technikern diskutiert.

In der Summe muss jedoch festgehalten werden, dass mit dem *job.profiler* ein System zur Verfügung steht, das in den Unternehmen akzeptiert wird und eine Vielzahl von Problemstellungen angeht, für deren Lösung aktueller und dringender Handlungsbedarf besteht.

5 Der *job.profiler* im Vergleich zu anderen Kompetenzmessinstrumenten

Ein hervorragender Überblick über gängige Kompetenzmessungsinstrumente findet sich bei Ridder u. a. (2004). Diese haben im Rahmen einer Studie über Online- und Multimediainstrumente zur Kompetenzerfassung eine ausführliche Beschreibung und Bewertung entsprechender Instrumente geliefert, die an dieser Stelle nicht wiederholt werden kann und soll. Stattdessen soll in wenigen Worten deutlich gemacht werden, wodurch sich der *job.profiler* von anderen Kompetenzmessungsinstrumenten unterscheidet.

Die von Ridder u. a. erfassten Kompetenzmessungsinstrumente haben gemeinsam, dass sie sich durchgängig *nicht* mit fachlichen Qualifikationen auseinandersetzen. Der Schwerpunkt liegt in der einen oder anderen Weise bei allen Instrumenten auf den Schlüsselqualifikationen bzw. vergleichbaren Qualifikationen, die – je nach

Instrument – auch als Kernkompetenzen, Motivkomponenten, Leistungsmotivation usw. bezeichnet werden (vgl. Ridder u. a. 2004, 177 ff.).

Hiervon hebt sich der *job.profiler* deutlich ab. Wie oben gezeigt wurde, fokussiert der *job.profiler* auf die fachlichen Qualifikationen. Schlüsselqualifikationen geraten zwar auch ins Blickfeld, werden aber eher als Ergänzung zu den fachlichen Qualifikationen abgefragt und bilden damit nicht den Schwerpunkt des Fragebogens. Diese Herangehensweise ist ein Ergebnis der von den Projektpartnerunternehmen formulierten Bedürfnisse und wird auch durch den Einsatz des *job.profilers* in anderen KMU bestätigt. Diese äußerten durchgängig den Wunsch nach einem Instrument mit hohem Bezug zum betrieblichen Alltag.

Eng verbunden mit diesem ersten Punkt ist ein weiterer Unterschied des *job.profilers* zu anderen Instrumenten. So liegt hinter dem *job.profiler* eine Datenbank in einem Umfang, wie sie in kaum einem der anderen Instrumente vorhanden ist. Da es sich dabei nicht um sich regelmäßig verändernde Daten handelt, ist der Pflegeaufwand der Datenbank trotz ihrer Komplexität vergleichsweise gering. Vielmehr lässt sie sich beliebig für neue Berufsfelder ausweiten bzw. es lassen sich firmenspezifische Anpassungen des *job.profilers* vornehmen. So ist es beispielsweise möglich, firmenindividuelle Tätigkeitsbeschreibungen zu erstellen, die in der Datenbank genauso hinterlegt werden wie alle anderen Tätigkeitsbeschreibungen auch.
Trotz dieser tätigkeits- bzw. berufsspezifischen Herangehensweise ist die Blickrichtung übergreifend. Der *job.profiler* zielt gerade darauf, dass aus verschiedenen Bereichen Tätigkeiten aufgeführt werden und der Einzelne auf diese Art, anders als bei herkömmlichen Tätigkeitsbeschreibungen, die Möglichkeit erhält, ein passgenaues Bild der von ihm ausgeübten Tätigkeiten aufzuführen. Ziel ist somit die Erstellung eines Profils, das zwar in erster Linie auf fachlichen Qualifikationen basiert. Diese werden aber berufsübergreifend gesehen, so dass jeder Nutzer die Möglichkeit hat, seine spezifischen Fähigkeiten zu erfassen, unabhängig von dem, in welcher Funktion er derzeit arbeitet. Bewusst offen gehalten ist dabei auch die Möglichkeit, eigene Potenziale aufzuführen. So muss eine niedrige Bewertung bei einer bestimmten Qualifikation nicht automatisch eine negative Bedeutung haben. Vielmehr kann ihre Existenz für den Arbeitgeber einen Hinweis auf ein zu entwickelndes Potenzial darstellen.

Unbestritten hat der *job.profiler* im Gegensatz zu den bei Ridder u. a. beschriebenen Kompetenzmessungsinstrumenten auch einige Nachteile. Ein Kritikpunkt ist, dass die Aktualität einiger der Berufsbeschreibungen zweifelhaft ist, besonders in dem dynamischen Feld der Medien. Dieser Kritikpunkt kann zwar nicht ohne weiteres entkräftet werden, auch wenn sich die Vorlaufzeit der Entwicklung neuer Berufe bzw. der Aktualisierung ihrer Beschreibungen – entgegen den gängigen Vorurteilen – erheblich verkürzt hat. Es lässt sich aber entgegnen, dass dies eine Schwäche ist, die um der Komplexität der Datenbasis willen in Kauf genommen werden muss. Es ist bei der Erstellung der Profile nicht möglich – in vertretbarem Zeit- und Kostenrahmen –, tagesaktuell zu bleiben. Jeder Nutzer hat jedoch die Möglichkeit, sich aus der Vielzahl der Tätigkeitsbeschreibungen diejenigen Qualifikationen zusammen zu suchen, die auf ihn zutreffen. Nicht passende können einfach weggelassen werden, ohne dass dies im Rahmen des *job.profilers* automatisch zu einer Negativbewertung führen würde.

Eine weitere Schwäche des *job.profilers* liegt in dem bereits weiter oben erwähnten Fehlen der Tätigkeitsbeschreibungen akademischer Berufe. Wie dargestellt, liegt dies an der derzeit im Rahmen des *job.profilers* noch nicht fassbaren Komplexität der akademischen Berufe. An einer Lösung dieses Problems, zumindest im Hinblick auf die Medienbranche, wird derzeit jedoch gearbeitet.

6 Fazit

Zusammenfassend ist erkennbar, dass der *job.profiler* von seiner Grundidee her einen weniger elaborierten Hintergrund hat als die meisten der bei Ridder u. a (2004) dargestellten Kompetenzmessungsinstrumente. Dieser bewusste Verzicht auf einen theoretischen Hintergrund ermöglicht jedoch eine flexiblere Anpassung an die Bedürfnisse der Praxis und entspricht damit den Wünschen von KMU, die ihn einsetzen. Wie gezeigt, wird der *job.profiler* bereits kurze Zeit nach seiner Entwicklung in verschiedenen Bereichen eingesetzt, u. a. im Bereich der Qualifikationsbedarfsermittlungen, im Bereich des Kompetenzmonitorings sowie bei der Zusammenarbeit von virtuellen Teams.

Da das Projekt NErVUM, in dessen Rahmen der *job.profiler* entwickelt wurde, eine Laufzeit bis einschließlich Mai 2006 hat, besteht noch die Möglichkeit, zurückgemeldete Anmerkungen und Kritik als Verbesserungen einzuarbeiten sowie noch weitere Optionen einzubauen. Aktuell ist die Anpassung des *job.profilers* an die Anforderungen der Geschäftsfeldentwicklung in der Druckindustrie in Vorbereitung. Ziel ist es, die Bewältigung der komplexen Anforderungen von Markt-, Akteurs- und Organisationsstrukturen durch eine Verzahnung mit der Personal- und Kompetenzentwicklung zu unterstützen (vgl. dazu den Beitrag von Hafkesbrink u. a. in diesem Band).

Literatur

Fachhochschule Hannover (1999): Arbeitspapier 33, http://www.wirth.fh-hannover.de /veroeff/apapier/arb.33.htm, Abruf vom 19.07.2004

Heyse, V.; Erpenbeck, J.; Michel, L. (2002): Kompetenzprofiling. Weiterbildungsbedarf und Lernformen in Zukunftsbranchen, Münster 2002

Ridder, H.-G.; Bruns, H.-J.; Brünn, S. (2004): Online- und Multimediainstrumente zur Kompetenzerfassung, QUEM-report, Schriften zur beruflichen Weiterbildung, Heft 86, Berlin 2004

Virtuelles Coaching – Elemente einer mediengestützten, persönlichen Kompetenzentwicklung

Björn Fisseler, Matthias Heiner, Sebastian Menge, Stefan Dissmann

In diesem Beitrag wollen wir unsere Vision von einem virtuellen Coach – ViCO im Anschluss an die vorangegangenen empirischen Forschungen im Projekt darstellen. Dazu werden wir in den ersten beiden Abschnitten anhand eines Fallbeispiels das Vorhaben veranschaulichen sowie eine erste Einordnung in den wissenschaftlichen Kontext vornehmen. In den darauf folgenden Abschnitten gehen wir näher darauf ein, was wir unter virtuellem Coaching verstehen und entwickeln dabei die Vorstellungen von didaktischer Meta-Modellierung als Selbstcoaching und Kompetenzentwicklung auf Grundlage von Kompetenzmustern. Da im Rahmen des BMBF-Projekts ViCO ein marktfähiger Prototyp erstellt werden soll, werden die dargestellten Entwürfe als erste Anforderungen an eine Software beschrieben. Aus diesen leiten wir dann eine flexible und erweiterbare Softwarearchitektur ab. Schließlich geben wir noch einen kurzen Ausblick auf die Perspektiven von ViCO.

1 Ein (fiktives) Beispiel aus dem Arbeitsalltag in einem virtuellen Unternehmen

Um einen Eindruck davon zu vermitteln, mit welchen Problemen und Schwierigkeiten Mitarbeitende in virtuellen Unternehmen konfrontiert sind, skizzieren wir folgende Situation:

> Eine Mitarbeiterin eines virtuellen Unternehmens telefoniert mit einem Kunden, da noch einige Details des fast abgeschlossenen Projekts geklärt werden müssen. Das Gespräch entwickelt sich anders als es sich die Mitarbeiterin vorgestellt hat. Der Kunde ist mit der Projektabwicklung weitgehend zufrieden, aber die Kommunikation mit den Mitarbeitenden des virtuellen Unternehmens wird von ihm kritisiert. Mit dieser überraschenden Wende im Gespräch hat die Mitarbeiterin nicht gerechnet. Sie fühlt sich persönlich angegriffen und beendet das Gespräch abrupt.
>
> Die Mitarbeiterin ist nach dem Telefonat über diese Entwicklung und den Mangel an Souveränität im Gespräch unzufrieden. Warum ist das Gespräch so verlaufen? Was störte den Kunden, und warum konnte sie nicht souverän mit der Kritik umgehen? Demnächst steht die Kundenakquise für ein neues Projekt an. Wie soll sie sich verhalten? Es bleibt ein diffuses Gefühl der Unzufriedenheit. Die Mitarbeiterin möchte sich gerne auf die neu anstehende Kundenakquise vorbereiten. Aber wie? Sie kommt auf die Idee, eine Weiterbildung wahrzunehmen. Dabei stellt sich aber die Schwierigkeit, dass sie nicht genau weiß, wie sie ihr Problem und ihren Weiterbildungswunsch umschreiben soll. Eine erste Recherche mit Google, Yahoo und anderen Internetsuchmaschinen bringt eine Vielzahl von Treffern. Bei genauerer Durchsicht der Trefferlisten stellt die Mitarbeiterin aber fest, dass sie mit ihrer Anfrage keine passenden Ergebnisse erzielt und offenbar für eine erweiterte, zielgenaue Suche andere Begriffe eingeben müsste. Ih-

re persönliche, umgangssprachliche Beschreibung ist nicht anschlussfähig an die Arbeitsweise von gängigen Suchmaschinen und passt auch nicht zu den Beschreibungen der Anbieter von Weiterbildungs- und Qualifizierungsangeboten.

Von einer Bekannten hat sie irgendwann einmal gehört, dass es im Internet sog. Weiterbildungsmärkte gibt, Verzeichnisse, in denen Seminarveranstalter ihre Kurse und Weiterbildungsveranstaltungen präsentieren. Der Besuch eines dieser Verzeichnisse stellt sie aber vor ein weiteres Problem. Die Angebote sind in einer bestimmten Systematik angeordnet und in einer Weise verschlagwortet, die nicht unmittelbar ihr Problem abbildet. Und braucht sie wirklich einen mehrtägigen Workshop oder reicht vielleicht ein zielgenaues, eintägiges Training, ein Modul aus einem Workshop, oder passte sogar ein E-Learning-Modul viel besser?

Dieses Beispiel skizziert, auf welche Schwierigkeiten und Probleme Mitarbeitende virtueller Unternehmen treffen können. Die Wahrnehmung einer problematischen Situation und deren Interpretation, die Bilanzierung vorhandener persönlicher Ressourcen und die Ermittlung notwendiger Kompetenzen zur erfolgreichen Bewältigung stellen eine erste Hürde dar. Deren Beschreibung und die Umsetzung in eine Suchanfrage einer Suchmaschine eine zweite Hürde. Die Differenz zwischen der umgangssprachlichen Beschreibung von Weiterbildungswünschen und professionellen oder kommerziellen Weiterbildungsangeboten stellt schließlich eine dritte Hürde dar. Auch spezialisierte Verzeichnisanbieter sortieren Seminarangebote häufig nach Schlagwortkatalogen, die für das schnelle Auffinden von passenden Angeboten ungeeignet sind, wenn das Problem und der konkrete Bedarf noch unklar sind. Auch die Frage, wie gelernt werden soll, die Lernsituation und persönliche Präferenzen hinsichtlich Veranstaltungstypus und zeitlicher Gestaltung der Weiterbildung bleiben bei einer Recherche entlang von fremdbestimmten Schlagworten unberücksichtigt und können erst bei einer Detailrecherche miteinbezogen werden.

2 Weiterbildung als Kompetenzentwicklung von Akteuren in virtuellen Unternehmen

Ein System wie der im Folgenden skizzierte virtuelle Coach ViCO ist besonders für Akteure in virtuellen Unternehmen interessant. Im Folgenden soll ViCO als ein spezialisierter Suchassistent vorgestellt werden, der als „medialer Akteur" zwischen den Bedürfnissen von Weiterbildungsinteressierten auf der einen und den Angeboten eines Weiterbildungsmarkts auf der anderen Seite vermittelt.

Diese Klientel kann in der Regel nicht auf eine Human-Ressource-Abteilung zurückgreifen, die sich um die Weiterbildung des einzelnen Arbeitnehmers kümmert und in der idealerweise die Expertise für Qualifizierung und Weiterbildung gebündelt abrufbar ist. In einem virtuellen Unternehmen ist der Einzelne für seine Weiterbildung verantwortlich und muss sich selber um Bedarfsermittlung, Angebotsrecherche und Weiterbildungsplanung kümmern.

In der bisherigen Forschungsarbeit im Rahmen des Projekts ViCO konnte gezeigt werden, dass fachliche Kompetenzen von Akteuren in virtuellen Unternehmen vorausgesetzt werden und nachweislich hoch sind (vgl. dazu den Beitrag von *Kehl*, *Kunzendorf* und *Wolf* in diesem Band), Akteure in virtuellen Unternehmen aber noch andere, weitergehende Kompetenzen benötigen als z. B. fest angestellte Arbeitnehmer. Die Beschreibung von Fähigkeiten, Fertigkeiten und Haltungen als Kompetenzen resultiert aus der veränderten Beruflichkeit, der Mitarbeitende in virtuellen Unternehmen unterworfen sind. Die Diskussionen um diskontinuierliche und flexibilisierte Erwerbsbiografien und um die Notwendigkeit des lebenslangen Lernens haben zu dem Entwurf eines Bildungskonzeptes geführt, das arbeitsplatznahes und stark subjektorientiertes Lernen fordert (vgl. Brödel 2004, 26 ff.). Die Orientierung am Qualifikationsbegriff wird durch das Paradigma Kompetenzen, die als Selbstorganisationsdispositionen situationsgebunden sind und in veränderten Berufs- und Lebenssituationen neu entwickelt werden oder angepasst werden müssen, ersetzt. Kompetenzen werden definiert als Selbstorganisationsdispositionen des Individuums und umfassen Fach-, Methoden-, Sozial-, Individual- und Handlungskompetenz (vgl. Erpenbeck, Heyse 1999, 156). *Erpenbeck*, *Heyse* formulieren mehrere, für die Entwicklung von Kompetenzen relevante Voraussetzungen, wie bspw. Wissen, Werte, Erfahrungen und Fähigkeiten. Den Zusammenhang zwischen diesen Voraussetzungen fassen sie wie folgt zusammen: „Kompetenzen werden von Wissen fundiert, durch Werte konstituiert, als Fähigkeit disponiert, durch Erfahrungen konsolidiert [und] auf Grund von Willen realisiert." (Erpenbeck, Heyse 1999, 162) Aus diesen Überlegungen schlussfolgern sie für die Kompetenzentwicklung, dass diese in ihrem Verlauf eben den Strukturzusammenhängen folgt, somit bei der Verfügbarkeit von Wissen beginnt und mit einer Abschätzung der entwickelten oder entwickelbaren Leistungsstufe der Kompetenz in qualitativer und/oder quantitativer Hinsicht abschließt. Aber auch die Diskussion um die zunehmende Entgrenzung von Berufsprofilen spiegelt sich in der Diskussion um Qualifikation und Kompetenz wider (vgl. Naevecke 2002). „Klassische" Berufsbilder passen immer weniger zu den komplexen Anforderungen, mit denen die einzelnen Individuen in der Wirtschaft konfrontiert sind. So verwundert es auch nicht, dass manche Teilnehmer dieses Diskurses Berufsbilder durch Qualifikationsbündel durch Kompetenzprofile ersetzen wollen.

An dieser Stelle soll die Diskussion um eine sich verändernde Beruflichkeit nicht weitergeführt werden. Es bleibt lediglich festzustellen, dass Akteure in virtuellen Unternehmen angesichts der Aufgaben- und Problemvielfalt, mit der sie in ihrem beruflichen Alltag konfrontiert sind und die sie erfolgreich bewältigen müssen, ihre Fähig- und Fertigkeiten nicht mit – wohldefinierten – Berufsprofilen beschreiben können. Wir greifen daher für die Entwicklung von ViCO auf das Idealprofil eines Akteurs in virtuellen Unternehmen zurück, welches *Kehl*, *Kunzendorf* und *Wolf* im ersten Arbeitspaket des Projekts entwickelt haben.

3 Didaktische Modellierung als Modellierung von Kommunikation über Didaktik

In der Tradition der Begründung von allgemeinen Didaktiken stehen Kognitionswissenschaften, Erkenntnis- und Lernpsychologien, Lerntheorien oder Sozialisationstheorien im Vordergrund. Sie stehen Pate für eine anwendungsorientierte Theoriekonzeption für die Lehr-Lern-Kommunikation und -Interaktion. Lehrende und Lernende sind in dieser Architektur von Theorie und Handlungswissenschaft Adressaten und die Begründung und Gestaltung von Lehr-Lernumgebungen das Ziel. Was, wer, wie, wo, mit welchem Ziel, unter welchen Bedingungen, wie zu beobachten usw. ist der Fokus dieser Konzeption.

Eine solche Theoriekonzeption von Didaktik ist hochgradig voraussetzungsreich in Bezug auf eine homologe Kommunikation, die systemische und institutionelle Geschlossenheit sozialer Systeme und ihrer Kommunikation und Interaktion und an die Gestaltbarkeit aller ihrer Bedingungen gebunden.

Was jedoch geschieht, wenn die Kommunikation über Didaktik hochgradig heterogen ist, systemische und institutionelle Offenheit vorherrschen und Kommunikation und Interaktion sich weitgehend einer theoriegeleiteten Gestaltbarkeit entziehen, wenn informations- und kommunikationsmediale Arrangements anderen Paradigmen gehorchen als didaktischer Theorie? Welche Theoriekonzeption ist einer Wirklichkeit angemessen, die nicht bedeutungs- und sinnverstehend in sozialer Interaktion kommunikativ ausgehandelt wird, die stattdessen sich nach Parametern formaler Konstrukte ordnet und der Steuerung durch iterative Interaktionen und der Zufriedenheit durch Viabilität folgt?

Didaktik ist unter die Räder der Kommunikation gekommen – oder genauer: Die Theorie allgemeiner Didaktik steht einer nicht von ihr gesteuerten Kommunikation über Didaktik gegenüber, die sich als Aushandlungsprozess zwischen interessierten Nachfragen und bildungsinstitutionellen und -kommerziellen Angeboten gestaltet. Sie stellen sich als Aggregierungen eines komplexen Prozesses ihrer Herausbildung dar, vor dem didaktische Theorie ohnmächtig bleibt, weil sich dessen Bestandteile in heterogene Sprachen und Sprechweisen verflüssigen, sich theoriegeleiteter Kontrolle und institutioneller Absicherung entziehen, professionelle, dilettantische und interessierte Annäherungen sich mischen.

Die Ver-Google-ung der Didaktik ist eine neue Herausforderung. Denn inzwischen ist das, was sich über die Algorithmen der Suchmaschinen auf dem Kommunikationsmarkt als Matching von Angebot und Nachfrage vorrangig, nachrangig oder nicht mehr sichtbar rankt, didaktisch vermittelt, schlecht vermittelt oder ausgeschlossen.

Die Modularisierung von Qualifizierung, die internationale Standardisierung mit dem Ziel der Vergleichbarkeit, Gesichtspunkte der formalen Verrechenbarkeit tun ihr Übriges dazu, Kohärenz, Inhaltsorientierung, soziale Vergewisserung sowie kommunikative und interaktive Steuerung zu einem – neuen – Problem zu machen.

Ein Lösungsweg für das Problem der Kommunikation über heterogene Daten sind die Bemühungen um Metadatenerfassung und Standardisierung (IMS Learning Design, SCORM, LOM) (vgl. Arnold u. a. 2003). Diesem archivarisch-traditionellen Weg haften, neben unumgehbaren Schwierigkeiten der Komplexitätsreduktion, vor allem im pädagogischen Bereich auch Probleme der Aushandlung der Standards, ihrer Geltung und Umsetzung an. Wenn dies auch für Fach-Communities der effizienteste Weg des Informationsmanagements sein mag, ist er hochgradig voraussetzungsreich und für das Informationsmanagement heterogener, nicht professioneller und nicht standardisierter Bestände ungeeignet.

Didaktische Modellierung als Metasprache nach dem Modell von EML (vgl. Koper 2001) oder didaktische Meta-Modellierung als Ontologie wie L3 (vgl. Meder, Ehlers 2003) steuern über modellierte Lernumgebungen starr oder dynamisch die homologisierende Einbindung von Datenbeständen in heterogene Environments. Sie sind wirkmächtig in dafür vorgesehenen und aufbereiteten Datenbeständen und damit auch mehr oder weniger an Standards gebunden. Daran ändert auch eine didaktische Komplexitätssteigerung nach dem Vorbild der Didaktik als kommunikativem Handeln im Projekt „CampusContent“ (vgl. Baumgartner 2005) grundsätzlich nichts.

Desideratum bleibt eine Lösung für heterogene Kommunikation über heterogene Datenbestände, wie sie konstitutiv und typisch für das Klientel virtueller Unternehmen und den Weiterbildungsmarkt adäquater Qualifizierungsangebote sind. Mitarbeitende in virtuellen Unternehmen stehen vor dem Problem, beschreiben zu müssen, wie sie ihre Kompetenzen einschätzen und welche Kompetenzerweiterung sie brauchen. Sie haben hierfür eine eigene Sprache, die zwischen alltäglich-umgangssprachlichen und durch Bildungserfahrung elaborierten Sprechweisen schwankt, deren Affinität zu semiprofessionellen und professionellen Sprechweisen als Beschreibungen des Weiterbildungsmarktes in Beziehung zu setzen äußerst problematisch und in der Regel eher unzutreffend ist. Die Abbildung von Kompetenzbeschreibung, Kompetenzerwartung und Kompetenzaneignung wird zum unüberwindbaren Problem.

Mit einem „virtuellen Coaching“ für dieses Unterfangen ist ein Medium gefordert, das situiertes Sprechen über Didaktik vermittelt, ohne selbst auf „bezeichnende“, „verstehende“ und „deutende“ Fähigkeiten der Vermittlung zurückgreifen zu können.

Hier soll der Versuch unternommen werden, Didaktik über einen Kommunikationsprozess jenseits des Verstehens als Metamodellierung der Kommunikation über Didaktik zu entwerfen. Das bedeutet: Didaktische Probleme sind über einen – formal konstituierten – Kommunikationsprozess zu modellieren. Die Unterstützung der Konstruktion von Anfragesemantiken durch didaktisches Mapping, formale Algorithmen der Bewertung von Angebotspräsentationen und die Zufriedenstellung der Nutzenden durch Abschluss eines iterativen Prozesses ersetzen den bedeutenden – semantischen – Abgleich heterogener didaktischer Sprechweisen. Der „virtuelle Coach“ ViCO als Medienmaschinerie erzeugt durch iterative Prozesse des Suchen-Finden-Bewerten ein Surrogat für den semantischen Abgleich.

Didaktik wird hier als didaktische Metamodellierung einer Kommunikation aufgefasst, die sich sowohl auf die soziale Interaktion der Aushandlung von Nachfrage und Angebot didaktisch strukturierter Weiterbildung bezieht als auch auf die Kompetenzentwicklung in medialer Interaktivität über das Artefakt ViCO. Didaktik als Kommunikation über Didaktik gestaltet ersetzt durch medial unterstützte Kommunikation „Verstehen“ durch „Viabilität“. Viabilität ermöglicht schließlich, dass heterogene Sprechweisen sich aufeinander abbilden, einander treffen – als Treffer von Suchanfragen.

4 Daten für eine didaktische Modellierung

Für die didaktische Modellierung greifen wir die Ergebnisse aus der bisherigen Projektentwicklung auf. *Auffermann* hat Geschäftsprozesse in virtuellen Unternehmen erforscht und idealtypisch modelliert. In diesem Modell hat sie außerdem kritische Phasen identifiziert, deren erfolgreiche Bewältigung den Erfolg eines virtuellen Unternehmens entscheidet.

Kehl, *Kunzendorf* und *Wolf* haben auf der Grundlage qualitativer empirischer Untersuchungen (Selbstbeschreibungen in fragegeleiteten Interviews) ein idealtypisches Kompetenzprofil von Akteuren in virtuellen Unternehmen entwickelt. Dieses umfasst als Idealprofil Teilkompetenzen und Kompetenzfacetten sowie darüber hinaus Angaben zu Fähigkeiten, Fertigkeiten und Einstellungen, Beziehungen von Kompetenzfacetten und Teilkompetenzen untereinander, die für eine erfolgreiche Arbeit in einem virtuellen Unternehmen wichtig sind.

Die Daten des Klienten werden in einem *Portfolio*, das auch persönliche Daten des Klienten (wie z. B. E-Mailadresse und Anschrift) enthält, zentral gespeichert. Mit der Speicherung der Interaktionen zwischen Klient und ViCO kann in weiteren Sitzungen auf die bisherigen Ergebnisse aufgebaut werden und können die Daten vorangegangener in weiteren Interaktionen produktiv genutzt werden. Individuelle Ist- und Sollprofile von Kompetenzen sind unterschiedliche Ausschnitte aus dem entwickelten Idealprofil und werden als situationsgebundenes *Kompetenzmuster* abgespeichert. Diese Muster bilden die Grundlage für die Auswahl geeigneter Lernangebote, mit denen notwendige Kompetenzen entwickelt werden sollen. Um auch die

Frage nach den situativen Bedingungen – *Wie* (gelernt werden soll) – zu beantworten, werden neben den Kompetenzprofilen auch Angaben zu Lernerfahrungen, Lernstilen und bevorzugten *Lern- und Sozialformen* einbezogen.

Komplettiert werden diese Angaben durch die Referenz auf mehrere Zeitleisten, mit denen die Abfolge der Lernangebote festgelegt wird. Diese Zeitleisten dienen der individuellen Planung der Kompetenzentwicklung. Diese Zeitleisten bieten unterschiedliche Qualifizierungsperspektiven. So könnte z. B. eine Zeitleiste sich am Geschäftsprozessmodell von virtuellen Unternehmen orientieren. Kritische Phasen innerhalb dieses Modells werden von ViCO markiert und sichtbar gemacht. Der Klient kann Lernangebote zeitlich so anordnen, dass fehlende Kompetenzen rechtzeitig entwickelt werden können, um diese Schwierigkeiten zu meistern. Eine weitere Zeitleiste bildet die persönliche Karriereplanung ab, um längerfristige Entwicklungsziele festzuhalten und deren Erreichen zu dokumentieren.

Für die Auswahl und die Präsentation von Lernangeboten werden zumindest Daten über Kompetenzmuster und Zeitleisten obligatorisch sein. Denn nur auf Grundlage von individuellen Kompetenzmustern kann ViCO Lernangebote machen, die der Klient entlang einer Zeitleiste anordnen und so zeitlich planen kann.

5 Selbst-Coaching als Prozessmodell der Interaktion zwischen Klient und ViCO

Selbst-Coaching soll als Prozessmodell die Interaktion zwischen Klient und ViCO gestalten.

Die personale Interaktion zwischen einem menschlichen Coach und dem Klienten kann durch eine Software wie ViCO nicht nachgebildet werden. Wir verstehen Coaching in diesem Kontext daher, in Anlehnung an *Rauen*, als unterstütztes Selbst-Coaching. *Rauen* definiert Selbst-Coaching als „Vorgehensweisen [...], die eine Person in die Lage versetzen sollen, sich die Vorteile eines Coachings ohne die Hilfe eines Coachs zu erschließen (Rauen 2002a, 88)." Für das Selbst-Coaching benötigt der Klient geeignete Coachingmethoden, die es ihm erlauben, die eigene Situation, das eigene Verhalten und die persönlichen Einstellungen zu reflektieren. Für diese Interaktion zwischen Klient und ViCO werden für die Selbstreflexion aus verschiedenen Blickwinkeln geeignete Instrumente und Sichten auf Kompetenzmuster zur Verfügung gestellt.

Mittels eines Coachingprozesses sollen die Wahrnehmung, das Erleben und das Verhalten des Klienten erweitert bzw. verbessert werden. Ziel ist die Förderung der Selbstreflexion und -wahrnehmung. Der enge Zuschnitt von ViCO grenzt diese Funktion auf den Bereich der beruflichen und berufsnahen Kompetenzen ein. Der Klient soll seine vorhandenen Kompetenzen benennen, aber auch notwendigerweise zu entwickelnde Kompetenzen erkennen können. Dies geschieht, indem ViCO versucht, für umgangssprachliche Beschreibungen von Fähigkeiten, Strategien und Merkmalen anschlussfähige Kompetenzbeschreibungen zu finden. Der Klient hat zu jeder Zeit aber die Möglichkeit, die Vorschläge von ViCO zu bewerten und als zutreffend anzunehmen oder sie als unzureichend zurückzuweisen.

Mit „Coaching" wird im Bereich der Beratung und Weiterbildung auf Führungs- und Leitungsebene ein Beratungsformat bezeichnet, das auf die Lösung individueller, aktueller oder subaktueller Problem- oder Krisen-Situationen abzielt. Der Coach geht auf den Klienten und dessen Bedürfnisse ein und versucht, mit geeigneten Instrumenten eine Lösung mit dem Klienten zu erarbeiten. Im Unterschied zu anderen Beratungsformaten ist es nicht der Coach, der Lösungen präsentiert. Vielmehr will der Coach mit dem Klienten unterschiedliche Perspektiven auf ein Problem einnehmen. Durch diese (Selbst-)Reflexion soll der Klient selber die Lösungen entwickeln. Coaching geht also von der Grundannahme aus, dass der Klient die Lösungen für seine Probleme bereits in sich trägt und nur noch finden muss.

Für die Zielerreichung werden dann in enger Zusammenarbeit und Absprache mit dem Klienten Zielvereinbarungen entwickelt und die Einhaltung bzw. Verwirklichung dieser Ziele fortlaufend überprüft. Im Mittelpunkt stehen die Stärkung der Selbstorganisation und -steuerung und die Optimierung der Leistungsfähigkeit.

Rauen unterteilt den Coachingprozess in Vorphase, Hauptphase und Abschlussphase (vgl. Rauen 2002b, 234 ff.). Um die Interaktion zwischen Klient und ViCO besser steuern zu können und den Prozess auch für den Klienten transparent zu machen, übernehmen wir Teile der Hauptphase für die Steuerung von Kompetenzerfassung und Angebotspräsentation. *Rauen* unterteilt die Hauptphase des Coachingprozesses in „Klärung der Ausgangssituation", „Zielbestimmung" und „Interventionen" (Rauen 2002b, 235). Für unser Modell des Coachingprozesses wollen wir davon abweichend die Evaluation, also die Überprüfung der Zielerreichung, mit in die Hauptphase nehmen. Damit kann gewährleistet werden, dass in ViCO auch eine Kompetenzentwicklung des Klienten nachvollzogen werden kann. Außerdem lassen sich über entsprechende Feedback-Mechanismen Anpassungen des Softwaresystems vornehmen, die die Angebote passgenauer gestalten können und ViCO damit „lernfähig" werden lassen.

Eine erste Interaktion mit ViCO setzt die Wahrnehmung des Coachingbedarfs auf Seiten des Klienten voraus. Dieser nimmt ein Problem im beruflichen Alltag wahr, das mit den vorhandenen Kompetenzen nicht gelöst werden kann. Erster Teil der Interaktion mit dem virtuellen Coach ist daher das, was *Rauen* die „Klärung der Ausgangssituation" nennt (Rauen 2002b, 235). Hier modelliert der Klient den persönlichen – individuellen Ist- und Soll-Zustand seiner Kompetenzen, unterstützt durch geeignete Interfaces, Instrumente und Sichten. Die so angelegten Kompetenzmuster werden unter dem Nutzerprofil des Klienten im System gespeichert und stehen für eine spätere Bearbeitung und Präzisierung zur Verfügung.

Der nächste Schritt im Coachingprozess ist die Zielbestimmung. Darunter verstehen wir in diesem Kontext die Bestimmung von passenden Maßnahmen zur individuellen Kompetenzentwicklung. Dies werden Lernangebote sein, die ViCO auf Grundlage der Kompetenzmuster des Klienten auswählt und vorschlägt. Der Klient kann die Vorschläge des Systems annehmen oder ablehnen und diesen Aushandlungsprozess solange durchlaufen, bis möglichst passende Angebote vorliegen. Die ausgewählten Angebote können nun zeitlich passend arrangiert werden. In der anschließenden Phase der Intervention könnte ViCO z. B. regelmäßig über neue Weiterbildungsangebote informieren oder zu einer Aktualisierung des Nutzerprofils auffordern, um Veränderungen des Kompetenzmusters abzubilden.

Gegenstand der Evaluation ist dann die Überprüfung des erreichten Ist-Zustandes mit dem Soll-Zustand zu Beginn der Hauptphase. Zudem könnte der Klient dem virtuellen Coach die Passung des wahrgenommenen Angebotes rückmelden, damit diese Informationen zukünftig für eine genauere Angebotspassung zur Verfügung stehen.

Jede Interaktion zwischen Klient und ViCO stellt lediglich eine Unterstützung bei der Entscheidungsfindung dar. Durch geeignete Darstellungsformen soll der Coachingprozess transparent gemacht werden.

Coaching findet kontinuierlich über einen begrenzten Zeitraum statt. Dazu werden in ViCO unterschiedliche zeitliche Perspektiven zugrunde gelegt. Diese sind das Modell des Geschäftsprozesses in virtuellen Unternehmen mit den markierten kritischen Phasen.

Jedes Coachingangebot richtet sich an eine genau definierte Zielgruppe bzw. an eine bestimmte Person, in diesem Fall sind es Akteure in virtuellen Unternehmen. Die Ergebnisse des ersten Arbeitspakets erlauben es, im Sinne eines Idealprofils die Teilkompetenzen und Kompetenzfacetten für diese Zielgruppe umfassend abzubilden. Auf diesen Aspekt der Modellierung von Kompetenzen gehen wir im folgenden Abschnitt näher ein.

6 Modellierung von persönlichen Kompetenzmustern

Der erste Schritt in der Interaktion mit ViCO wird die Erfassung und Bewertung der individuellen Kompetenzen sein. Dabei gibt es bisher keine allgemein akzeptierten Instrumentarien und Vorgehensweisen, um Kompetenzen möglichst detailliert und genau zu erfassen und zu bewerten. *Erpenbeck*, *Heyse* plädieren für ein Verfahren, das sich an psychologischen Persönlichkeitstests orientiert (vgl. Erpenbeck, Heyse 1999, 174 ff.) und einzelne Kompetenzen und Kompetenzfacetten isoliert und in Listenform anordnet. Die Zerlegung in einzelne Items und deren Bewertung bieten den Vorteil einer sehr übersichtlichen Darstellung. Eine solche Beschreibung von individuellen Kompetenzen suggeriert zugleich aber eine objektive Erfassung, die nicht vollständig möglich ist. Zudem bleibt die Situationsgebundenheit unberücksichtigt. Zugleich erweckt diese Aufbereitung auch den Eindruck, Kompetenzen seien isoliert zu handhabende Persönlichkeitsmerkmale. Dagegen bleibt festzuhalten, dass eine Beschreibung von Kompetenzen zugleich situationsspezifisch und am Subjekt orientiert sein muss. In den Ergebnissen der Untersuchung von *Kehl*, *Kunzendorf* und *Wolf* werden die subjektive Dimension und die Situationsgebundenheit bestätigt.

Hof argumentiert, dass für die Beschreibung von Kompetenzen neben dieser situativen Komponente zudem noch *„eine detaillierte Beschreibung kompetenter Verhaltensweisen"* (Hof 2002, 162) notwendig sei.

Wir operationalisieren Kompetenzprofile nicht als Listen von Ausprägungen, sondern als Muster. Damit begreifen wir Kompetenzprofile als strukturgebend, in die hinein situativ verortet und subjektiv geschrieben wird; als Struktur sind sie handlungsleitend für die erfolgreiche Bewältigung einer Problemsituation, da sie notwendige Fähigkeiten und Fertigkeiten sowie erfolgreiche Strategien aufzeigen. Wenn Kompetenzen als *Selbstorganisationsdisposition* des Individuums beschrieben werden können (vgl. Erpenbeck, Heyse 1999, 155), dann können die individuellen Kompetenzen auch als Muster beschrieben werden. Muster entstehen durch Selbstorganisation in offenen Systemen und bilden (wieder)erkennbare Strukturen. Individuen als autopoietische Systeme können vorhandene und noch zu entwickelnde Kompetenzen selbständig beschreiben und benennen. Im Unterschied zur Darstellung in Listenform wird nicht der Eindruck erweckt, dass Kompetenzen angesammelt werden können. Weiterhin nehmen wir an, dass sich Kompetenzmuster nicht nur für Individuen bestimmen lassen, sondern durch Selbstorganisation sich Kompetenzmuster für vergleichbare Problemsituationen herausbilden.

Im ersten Teil der Arbeit am Projekt „Virtueller Coach – ViCO" wurde ein Idealprofil eines Akteurs in virtuellen Unternehmen entwickelt. Dieses orientiert sich an den fünf Basiskompetenzen (Fach-, Methoden-, Sozial-, Handlungs- und Individualkompetenz/personale Kompetenz) und differenziert diese für Akteure in virtuellen Unternehmen in verschiedene Teilkompetenzen aus. Die einzelnen Kompetenzen wurden darüber hinaus auf die notwendigen Fähigkeiten, Fertigkeiten und Einstellungen/Werte hin untersucht und in Kompetenzfacetten ausdifferenziert. Da die Ergebnisse auf Interviews mit Akteuren in virtuellen Unternehmen beruhen, stellen die einzelnen Fähigkeiten, Fertigkeiten und Einstellungen also aggregierte subjektive Aussagen von Individuen dar.

7 Interfaces und Schnittstellen zur Interaktion mit ViCO

Ein wesentlicher Aspekt, der entscheidend zur Akzeptanz eines medial unterstützten Selbst-Coachings beitragen kann, ist der Entwurf und die Realisierung von Interfaces und Schnittstellen. Diese ermöglichen die Eingabe von Daten durch den Klienten, machen die Entscheidungen des Systems für den Klienten transparent, indem sie Ergebnisse darstellen, und stellen dadurch die Verbindung des Klienten mit den Angeboten des Weiterbildungsmarktes her. Auch zur Verbindung von ViCO mit dem Weiterbildungsmarkt müssen geeignete Schnittstellen entwickelt werden, die Angebote in bestehenden Datenbanken recherchieren und Interfaces zur direkten Eingabe von Angeboten zur Verfügung stellen.

Die im Folgenden skizzierten Interfaces und Schnittstellen sind mögliche Formen der Interaktion. Im welchem Umfang diese in dem zu entwickelnden Prototyp realisiert werden, wird sich im Laufe der Projektarbeit zeigen.

Einen Einstieg für die Erstellung von Kompetenzmustern als Ist- und Soll-Profilen stellen *Assistenten* dar, die den Klienten besonders in der Anfangsphase des Selbst-Coachings unterstützen könnten. Diese Form der medial geleiteten Selbstreflexion führt in einen Prozess der Selbstüberprüfung und Selbstvergewisserung, der schließlich in die Modellierung eines Kompetenzmusters übergeht. Dazu skizzieren wir Situationen, Aufgaben und Probleme, die aus dem Arbeitsalltag von Akteuren in virtuellen Unternehmen stammen. In mehreren Schritten, die reversibel sein können, um neue Einsichten und Überlegungen aufzunehmen, wird der dargestellte Ausschnitt immer differenzierter. Weitere Möglichkeiten wären *Assessments*, um schnell und unkompliziert zu Ergebnissen in Form von Kompetenzmustern zu kommen.

Ergebnis jeder Form der Interaktion in der Einstiegsphase wird ein Kompetenzmuster sein, das mit geeigneten Werkzeugen nachträglich verfeinert und ausdifferenziert werden kann. Nachdem ein erstes Kompetenzmuster für die individuelle Problemsituation erstellt wurde, kann dieses nachbearbeitet werden. Dazu wird das Kompetenzmuster als Netz, die sog. *Kompetenzlandkarte*, dargestellt. Wie eine geographische Karte zeigt dieses relevante Teilkompetenzen und Kompetenzfacetten und die Verbindungen dieser Elemente untereinander. In dieser Darstellungsform kann der Klient auf verschiedene Werkzeuge zurückgreifen und das Kompetenzmuster ausdifferenzieren. Mittels *direkter Manipulation* können einzelne Knoten für Teilkompetenzen und Kompetenzfacetten erzeugt, verschoben oder gelöscht werden. Eine *Magic Lens* (vgl. Stone u. a. 1994) als Interfaceelement kann die Kompetenzlandkarte und deren Teilelemente mit relevanten Informationen anreichern. Für die Magic Lens sind dabei verschiedene Operatoren denkbar, die z. B. umgangssprachliche Beschreibungen für Kompetenzen oder Angaben zu Fähigkeiten, Fertigkeiten und Werten einblenden. Auch der Vergleich des eigenen Kompetenzmusters mit dem anderer Klienten, die ähnliche Probleme haben, wäre denkbar und mit einem solchen Interfaceelement zu realisieren. Mit der Einblendung von zusätzlichen Informationen wird die Selbstvergewisserung des Klienten unterstützt, der seine persönliche Einschätzung mit denen von anderen Nutzern abgleichen kann.

Daneben bieten sich noch weitere Funktionalitäten an, um den Prozess der Selbstreflexion und der Selbstvergewisserung durch *Vergleiche*, z. B. mit Kompetenzmustern anderer Nutzer oder durch Abgleich mit Ist-Soll-Mustern, zu unterstützen. Der Klient kann durch Überlagerung des eigenen Musters mit bereits existierenden Kompetenzmustern seine eigene Einschätzung der Situation überprüfen. Aus der Differenz zwischen persönlichem Kompetenzmuster und den überlagerten Mustern erhält er Anregungen, sich mit den Aspekten anderer Teilkompetenzen und Kompetenzfacetten auseinanderzusetzen.

So wird für den Klienten ein Mehr an Information sichtbar, er erhält andere Eindrücke, andere Sichtweisen auf sein Problem und mögliche notwendige Kompetenzen, um das Problem erfolgreich zu bewältigen. Dieser Prozess wird in einem Coaching durch die Interaktion zwischen Klient und Coach realisiert. Beim medial unterstützten Selbstcoaching, wie es mit ViCO für einen ausgewählten Problembereich prototypisch realisiert wird, soll dies durch geeignete Interfaces und Schnittstellen umgesetzt werden. Eine direkte Kommunikation zwischen verschiedenen Personen muss durch den Umgang mit den Informationen und Daten, welche diese Personen erzeugen und im System verfügbar machen, substituiert werden.

8 Auswahl geeigneter Angebote

Für die Kompetenzentwicklung wählt ViCO auf Grundlage des individuellen Kompetenzmusters mögliche Lernangebote aus, mit denen eben diese Kompetenzlücke zwischen Ist- und Sollzustand geschlossen werden kann. Dazu werden Schnittstellen entwickelt, die auf bestehende Datenbanken mit Seminaren zurückgreifen und die dort abgelegten Beschreibungen in ein Format überführen, mit dem ein *Matching* zwischen Bedarf und Angebot durchgeführt werden kann.

In diesem Matchingprozess versucht ViCO in einem iterativen Verfahren die individuellen Beschreibungen von zu erwerbenden Fähigkeiten, Fertigkeiten und Haltungen mit den Beschreibungen von Inhalten der Lernangebote abzugleichen. Dieser Aushandlungsprozess ist auf Rückmeldung des Klienten angewiesen, der Vorschläge akzeptiert oder ablehnt. Dabei sind natürlich auch individuelle Präferenzen bezüglich Lernsetting und zeitlichem Ablauf zu berücksichtigen.

Die passendsten Angebote kann der Klient anschließend entlang einer ausgewählten Zeitleiste anordnen. Bezogen auf den Coachingprozess als Ablauf der Interaktion zwischen Klient und ViCO stellt dies die Interventionsphase dar. Die Verantwortung über die Wahrnehmung der Angebote liegt in der Hand des Klienten. ViCO kann natürlich regelmäßig in Kontakt mit den Klienten treten und ggf. neue aktuelle Lernangebote vorschlagen. Der Klient selber kann zu jeder Zeit in den Verlauf eingreifen und eine Anpassung seines Kompetenzmusters vornehmen.

9 Abschluss des Selbst-Coachings und der Interaktion mit ViCO

Nachdem der Klient ausgesuchte Lernangebote wahrgenommen hat, kann er dies dem System ViCO zurückmelden. Es wird eine Aktualisierung des Kompetenzmusters im Portfolio vorgenommen, da aus dem Soll- ein Ist-Profil geworden ist. Wenn kein weiterer Entwicklungsbedarf besteht, kann die Interaktion mit ViCO beendet werden. Dies entspräche der Evaluations- und Abschlussphase eines Coachings. Der Klient kann ViCO Rückmeldung bezüglich der besuchten Weiterbildungsseminare geben und könnte z. B. anmerken, ob die Passung zwischen Entwicklungsbedarf und Inhalten des Angebots stimmte. Auch eine qualitative Rückmeldung bzgl. des Angebots wäre denkbar und für andere Klienten von Nutzen.

Der Klient kann das System ViCO weiterhin für andere Zwecke als eine To-the-Point-Weiterbildung nutzen. So kann im Sinne einer längerfristigen persönlichen Entwicklungsperspektive eine Zeitleiste angelegt werden, die sich nicht an dem Modell des Geschäftsprozesses in einem virtuellen Unternehmen orientiert. Entlang dieser Zeitleiste kann der Klient dann ausgewählte Weiterbildungsangebote anordnen, die er für seine ganz persönliche Karriere- und Lebensplanung ausgewählt hat.

Das persönliche Portfolio könnte zudem für den Nachweis von Kompetenzen gegenüber potenziellen Netzwerkakteuren oder Arbeitgebern dienen. In der Diskussion um kompetenzorientiertes Lernen und die Zertifizierung von erworbenen Kompetenzen stellt ein persönliches Portfolio eine Form der Bilanzierung und des Nachweises gegenüber Dritten dar. Vielleicht ist eine solche Darstellung auch eher geeignet, da Kompetenzprofile und -muster in Aushandlungsprozessen entstanden und wenig formalisiert sind.

10 Zum softwaretechnischen Design von ViCO

ViCO soll eine dynamische Webanwendung werden, an die sich die Klienten mit ihren Weiterbildungsbedürfnissen wenden können. Es wird eine Serveranwendung entwickelt werden, deren Benutzerschnittstelle im Browser dargestellt wird und die im Hintergrund komplexe Aufgaben durchführt. Um diese Anwendung langfristig wartbar zu machen, legen wir Wert auf ein flexibles und erweiterbares Design der Systemarchitektur. Aus den in den vorherigen Abschnitten beschriebenen Anforderungen ergeben sich Anknüpfungspunkte für das Design einer solchen Softwarearchitektur.

Im Folgenden beschreiben wir diese Architektur als System von Komponenten und Schnittstellen. Der funktionale Kern des ViCO besteht aus einer Komponente, die das bestehende Kompetenzprofil des Klienten mit verschiedenen Bildungsangeboten vergleicht. Um diesen Vergleich vornehmen zu können, werden fest definierte Datenstrukturen benötigt: Zum einen muss – bei aller Vagheit der Selbstbeschreibung – das Kompetenzprofil in eine computerverarbeitbare Form gebracht werden und diese Form muss sich durch einfache Algorithmen mit den bestehenden Darstellungen von Bildungsangeboten vergleichen lassen. Aufgrund der oben skizzierten Überlegungen soll eine Datenstruktur modelliert werden, die es ermöglicht, sowohl die Ausprägung einzelner Teilkompetenzen und Kompetenzfacetten als auch die Stärke der Beziehungen der Kompetenzen untereinander zu beschreiben. Diese Datenstruktur wird die Form eines Graphen (Netzwerk) haben, in dem die Knoten Kompetenzen darstellen und die Kanten die Beziehungen der Knoten untereinander. Sowohl Knoten als auch Kanten können dabei gewichtet werden. Aus den zur Verfügung stehenden Bildungsangeboten wird dann eine ähnliche Struktur abgeleitet, so dass ein rechnerischer Vergleich von Kompetenzprofil mit Bildungsangebot möglich wird.

Wie man von der unter Umständen diffusen Selbstbeschreibung des Klienten zu einem solchen Graphen kommt, gibt ViCO nicht statisch vor, sondern hält viele Wege offen. Zum einen sollen verschiedene Interfaces und Schnittstellen den Klienten in der Ausdifferenzierung seines Kompetenzmusters unterstützen. Das im Hintergrund stehende Paradigma bezeichnet man in der Softwareentwicklung als Model-View-Controller (MVC). Das Datenmodell besteht aus dem oben beschriebenen Graphen, die verschiedenen Views sind unterschiedliche Darstellungsformen der gleichen Information, während die Controller steuern, wie die Daten verändert werden können. Beispielsweise sind verschiedene Controller für die direkte Eingabe von Daten, für Nutzung von Assistenten oder auch für die zeitabhängige Veränderung des Kompetenzprofils denkbar.

Auf der Seite der Bildungsangebote sind in einer ähnlichen Weise verschiedene Schnittstellen zu bestehenden Datenbanken nötig, die die gefundenen Informationen in einem einheitlichen Format darstellen. Hier sind insbesondere Importfilter für bestehende Standardformate wie IMS oder LOM wichtig, aber auch ein Anschluss an Suchmaschinen ist möglich.

Die letzte wichtige Komponente in dieser Softwarearchitektur ist die zeitliche Verfolgung der Kompetenzentwicklung. Jeder Klient wird in seinem Portfolio eine oder mehrere Zeitleisten führen. Auf diesen Zeitleisten können die angebotenen und wahrgenommenen Bildungsangebote verwaltet werden. Diese Komponente steuert alles Zeitabhängige, also z. B. regelmäßiges Erinnern an Weiterbildungsangebote, Überprüfung des Kompetenzprofils nach besonderen Ereignissen (etwa nach Projektabschluss, Beendigung einer Weiterbildungsmaßnahme etc.).

Die Entwicklung eines marktfähigen Prototyps stellt auch für die Modellierung des Softwareentwicklungsprozesses eine Herausforderung dar. Aus den in den ersten Projektphasen erhobenen Daten (vgl. *Kehl*, *Kunzendorf* und *Wolf*) wurden strukturierte Mindmaps erstellt. Diese Daten bilden die Basis für die Modellierung eines allgemeinen Kompetenzprofils. Anhand dieser Daten modellieren wir – unter Berücksichtigung der besonderen Einflüsse der in den ersten Abschnitten beschriebenen Aspekte – Datenstrukturen, die flexibel genug für neue Beschreibungen, aber auch konkret genug für die Passung auf bestehende Bildungsangebote sein müssen. So wird aus den empirisch erhobenen Daten schrittweise ein Modell entwickelt, das sich anhand der hinzukommenden Daten im Laufe des Einsatzes von ViCO verfeinern und nutzungsbezogen spezifizieren wird.

Es bleibt die Herausforderung, die Passung des aktuellen Kompetenzprofils eines Klienten auf ein Bildungsangebot zu modellieren und zu implementieren. Dies erfordert eine ausgefeilte Verwaltung von Nutzerprofilen in Abhängigkeit vom aktuellen Status des Klienten. Hier wird man auf bekannte informationstechnische Modelle zurückgreifen können.

11 Perspektiven für ViCO

Medial unterstütztes Selbstcoaching, didaktische Modellierung und kompetenzorientiertes Lernen sind nicht nur für Akteure in virtuellen Unternehmen interessant. Die Diskussion um selbstgesteuertes Lernen in der Erwachsenenbildung verdeutlicht, dass immer mehr Menschen für ihr Lernen selbst verantwortlich sein wollen oder müssen. Problematisch wird diese Selbstverantwortung besonders dann, wenn die didaktischen Entscheidungen über das Was und Wie, über Lerninhalte und Lernform von den Lernenden selbst getroffen werden sollen. Ein System wie ViCO kann Unterstützung für die Bilanzierung der eigenen Kompetenzen und bei Entscheidungen über weitere Lernwege anbieten. Ein universell einsetzbares System könnte z. B. Studierende unterstützen. Während die fachlichen Inhalte und die damit zu entwickelnde Fachkompetenz oft durch die Studienordnung vorgegeben sind, benötigen sie besonders im erweiterten Bologna-Bildungsmarkt Kompetenzen, um ein organisatorisch aufgefächertes Studium erfolgreich zu managen oder verteilte Kursangebote zu absolvieren. Problematische Situationen, wie z. B. die erfolgreiche Literaturrecherche, wissenschaftliches Schreiben oder die Entwicklung persönlicher Arbeits- und Lernstile, deren erfolgreiche Bewältigung für das Fortkommen im Studium wichtig ist, wären ein erweiterter Anwendungsfall. Ein hochschuldidaktisches Konzept zur Kompetenzentwicklung in diesem Bereich könnte auf ein System wie ViCO zurückgreifen und die Studierenden bei der Kompetenzermittlung und bei der Auswahl passender Lernangebote unterstützen. Ähnliche Szenarien sind auch für anderes Klientel denkbar.

Literatur

Arnold, P. u. a. (2003): Pädagogische Metadaten im E-Learning, in: Kerres, M.; Voß, B. (Hg.): Digitaler Campus. Vom Medienprojekt zum nachhaltigen Medieneinsatz in der Hochschule, Münster 2003

Baumgartner, P. (2005): Wiederverwendung von Lernobjekten aus didaktischer Sicht, April 2005, http://downloads.peter.baumgartner.name/gems/LOWiederver wendungGMW05.pdf

Brödel, R. (2004): Lebensbegleitendes Lernen als Kompetenzentwicklung – Einleitung, in: Brödel, R.; Kreimeyer, J. (Hg.): Lebensbegleitendes Lernen als Kompetenzentwicklung. Analysen – Konzeptionen – Handlungsfelder, Bielefeld 2004

Erpenbeck, J.; Heyse, V. (1999): Die Kompetenzbiographie, Münster 1999

Hof, C. (2002): (Wie) lassen sich soziale Kompetenzen bewerten?, in: Clement, U.; Arnold, R. (Hg.): Kompetenzentwicklung in der beruflichen Bildung, Opladen 2002, S. 153-166

Koper, R. (2001): Modelling units of study from a pedagogical perspective – the pedagogical meta-model behind EML, 2001, http://eml.ou.nl/introduction/articles.htm

Meder, N.; Ehlers, U.-D. (Hg.) (2003): Didaktische Anforderungen an Lernumgebungen: Die Web-Didaktik von L3, in: Ehlers, U.-D. u. a. (Hg.): E-Learning-Services im Spannungsfeld von Pädagogik, Ökonomie und Technologie, L 3 – lebenslanges Lernen im Bildungsnetzwerk der Zukunft/Bundesministerium für Bildung und Forschung, Bundesinstitut für Berufsbildung, BiBB, Bielefeld 2003

Naevecke, S. (2002): Berufliche Weiterbildung und Kompetenzentwicklung zur Bewältigung diskontinuierlicher Erwerbsverläufe, Duisburg 2002, http://www.ub.uni-duisburg.de/ETD-db/theses/available/duett-09012003-004929/unrestricted/naeve ckediss.pdf, Abruf am 21.3.2005

Rauen, C. (2002a): Varianten des Coachings im Personalentwicklungsbereich, in: Ders. (Hg.): Handbuch Coaching, 2. Aufl., Göttingen u. a. 2002, S. 67-94

Rauen, C. (2002b): Der Ablauf eines Coaching-Prozesses, in: Ders. (Hg.): Handbuch Coaching, 2. Aufl., Göttingen u. a. 2002, S. 234-249

Stone, M. C.; Fishkin, K.; Bier, E. A (1994): The Movable Filter as a User Interface Tool, 1994, http://www2.parc.com/istl/projects/MagicLenses/94CHIFilters.html, Abruf im April 2003

Weiche Faktoren als Orientierung zur Gestaltung von Telekooperationsplattformen für virtuelle Unternehmen

Peter Zoche

Zur Erhöhung der Wettbewerbsfähigkeit eines Unternehmens in globalen dynamischen Märkten gewinnen neue Formen der Zusammenarbeit eine immer größere Bedeutung (vgl. Picot u. a. 2001, 2 ff.). Unter strategischen Gesichtspunkten dienen unternehmensübergreifende Kooperationen der Erschließung neuer Marktpotenziale, indem sie einen Zugang zu dem Know-how und den Märkten der Partner ermöglichen und aufgrund der gemeinsamen Leistungserstellung eine Kosten- und Zeitersparnis zulassen (vgl. Arnold, Härtling 1995, 3). Darüber hinaus bewirken sie eine Förderung von Innovationen und Aufteilung von unternehmerischen Risiken.

Beim Aufbau und bei der Absicherung von Kooperationen kommt dem Einsatz neuer medialer Informations- und Kommunikationstechniken ein hoher Stellenwert zu. Diese sind geeignet, konventionelle Formen der Kommunikation und Kooperation in Unternehmen zu verändern und abzulösen. Auf dieser Grundlage entwickeln sich Strukturen der Virtualisierung, die wiederum Prozesse verstärken, die innerorganisatorischen wie auch intraorganisatorischen Wandel auslösen. In diesem komplexen Innovationsprozess konstituieren sich virtuelle Organisationseinheiten bzw. virtuelle Unternehmen (VU), die „weder Aufbau- noch Ablauforganisation realer Unternehmen umfassen, aber dennoch aus Sicht des Kunden wie reale Unternehmen am Markt agieren und oft sogar überlegene Leistungen anbieten können (BSI 2003, 54)." Virtuelle Strukturen eröffnen vor allem auch kleinen und mittelständischen Unternehmen neue Chancen der Teilnahme am internationalen Marktgeschehen (vgl. Scholz 2000, 202).

Für die Mitarbeiter eines Unternehmens, das die Kooperationsprozesse vor allem mit Hilfe von informations- und kommunikationstechnisch basierten Mediensystemen als virtuelle Abläufe organisiert, stellen sich aufgrund dieser weitgehend technisch vermittelten Kommunikationsbeziehungen besondere Anforderungen, die auch als „weiche Faktoren" des Unternehmenserfolgs bezeichnet werden. Für die (Weiter-) Entwicklung von innovativen Telekooperationsplattformen stellt es eine Herausforderung dar, solche weichen Faktoren als Gestaltungs- und Entwicklungskriterium innovativer Techniksysteme zu nutzen.

Die Ausführungen dieses Beitrages beruhen auf Arbeiten, die im Rahmen des Verbundvorhabens „VirtUSO – Virtuelle Unternehmen (im Spannungsfeld) zwischen Struktur und Offenheit" durchgeführt werden. Das Projekt wird vom DLR Projektträger des BMBF Arbeitsgestaltung und Dienstleistungen gefördert (Förderkennzeichen: 01HU0105).

1 Die Relevanz weicher Faktoren für virtuelle Unternehmen

1.1 Strukturbedingungen virtueller Unternehmen

Jede Form einer Organisation steht ständig in einem Spannungsfeld zwischen Flexibilität und Stabilität, Vertrauen und Kontrolle, Einheitlichkeit und Differenziertheit, Offenheit und fester Struktur (vgl. Zoche u. a. 2004). Dies trifft für virtuelle Unternehmen ganz besonders zu. Werden in der traditionellen Organisationstheorie die Innen-Außen-Differenzierung und die Bedeutung stabiler Organisationsbestandteile als Möglichkeit hervorgehoben, sich in einer unsicheren Umwelt zu bewähren, verkehrt sich dies bei virtuellen Unternehmen in das Gegenteil: Als wesentlicher Wettbewerbsvorteil der virtuellen Organisationsform wird ihre Dynamik und Offenheit betrachtet. Durch ihre wechselnde Besetzung und durch die häufig unterschiedlich gelagerten Projekte verändern sich die Anforderungen, die durch die Umwelt an das virtuelle Unternehmen gestellt werden und auf die es reagieren muss, ständig. Trotzdem erfordert auch ein flexibles Agieren eine gewisse Stabilität der in die virtuelle Organisation eingebundenen Unternehmen und Personen. So müssen z. B. Regeln der Zusammenarbeit und des Transfers von Know-how vereinbart und Entscheidungen zur Arbeitsteilung getroffen werden. Da die Mitglieder eines virtuellen Unternehmens, aufgrund der (komplementären) Unterschiedlichkeiten ihrer Kompetenzen, in verschiedene Umwelten eingebettet sind, stellt sich zudem die Aufgabe, die relevanten Umweltanforderungen unterschiedlich und flexibel in die organisationalen Prozesse des virtuellen Unternehmens einzubeziehen. Die Spezialisierung auf bestimmte Produkte oder Leistungsprozesse führt zu Ressourcen- und Informationsinterdependenzen, die wegen der damit einhergehenden Unsicherheiten bereits vor der eigentlichen Leistungserstellung Abstimmungsprozesse und intensiven Informationsaustausch notwendig machen und hohe Anforderungen an das Management des Netzwerks stellen. Je nach Größe und Spezialisierungsgrad steht die Netzwerkorganisation vor der Aufgabe, die Interessen einer Vielfalt von Akteuren mit unterschiedlichen Kompetenzen, Ressourcen, Wahrnehmungen und Zeithorizonten zu vereinbaren, und zwar in einer Weise, die die Lernfähigkeit und Innovationsfähigkeit der einzelnen Unternehmen wie auch des Gesamtverbundes fördert.

Die organisatorische Herausforderung eines virtuellen Unternehmens besteht folglich darin, die gegensätzlichen Anforderungen von Flexibilität und Stabilität, von Offenheit und Struktur immer wieder neu miteinander in Einklang zu bringen. Mit dem Hinweis auf die wechselnden Anforderungen durch die Umwelt und die oben genannten Spannungsverhältnisse wird das gleichzeitige Vorhandensein von rational planbaren und mehrdeutigen, nicht rational planbaren Aspekten der Gestaltung und Steuerung von virtuellen Unternehmen deutlich.

Virtuelle Unternehmen stehen damit vor der Aufgabe, ihre gemeinsame Organisation als gleichzeitig etwas Offenes und Geschlossenes völlig neu zu konstituieren und zu interpretieren. Es müssen Entscheidungen über Regeln zur Zusammenarbeit und zur Arbeitsteilung, über den Aufbau und den Ablauf der Kommunikation oder über rechtliche Grundlagen etc. gefällt werden, ohne auf eine gewachsene Unternehmenskultur oder eingespielte Muster und Normen zurückgreifen zu können. Unter den Teilnehmern muss u. a. ausgehandelt werden, welche Aspekte in der gemeinsamen Arbeit geregelt werden müssen (und welche unter dem Gesichtspunkt der Flexibilität offen bleiben), wie diese zu regeln sind, wie man gemeinsam zu einer Einigung kommt, wie zukünftige Entscheidungen getroffen werden, wer welche Rolle übernimmt und wer welche entsprechenden Kompetenzen erhält und wie z. B. bei Konfliktfällen verfahren wird.

Eine besondere Herausforderung für die Kommunikation und Koordination untereinander stellt die (meist) räumliche Verteilung der beteiligten Unternehmen dar. Die Kommunikation erfolgt nur in den seltensten Fällen über persönliche Treffen, sondern muss über den Einsatz verschiedener Medien – zumeist neuer Informations- und Kommunikationstechniken – geleistet werden.

Ebenfalls nicht einfach zu handhaben ist die Tatsache, dass es sich bei den beteiligten Akteuren in virtuellen Unternehmen im Grundsatz um eigenständige Unternehmen bzw. Unternehmer handelt, die in keinem festgelegten hierarchischen Verhältnis zueinander stehen: Hier arbeiten lauter „Chefs" zusammen. Die Kostenvorteile, die dadurch erreicht werden können, dass nur die Kernkompetenzen der jeweiligen Unternehmen in die virtuelle Organisation hereingenommen werden, müssen ausbalanciert werden mit der Herausforderung, ein ausreichendes Maß an Koordination und Kontrolle realisieren zu können.

Im Hinblick auf eine spezielle Beratung zum Umgang mit diesen Herausforderungen finden die virtuellen Unternehmen zum einen nicht das entsprechende Angebot vor, zum anderen sind sie häufig nicht für die möglichen Probleme, die mit dem Aufbau und der Pflege eines virtuellen Netzwerkes verbunden sein können, sensibilisiert.

Für die Problematik der besonderen Situation virtueller Unternehmen lassen sich keine fertigen Rezepte finden. Auch in der (organisations-)theoretischen Diskussion des Gegenstandes bleiben viele Fragen offen, vor allem die genaue Rolle „weicher" Faktoren für die Steuerung und den Erfolg virtueller Unternehmen. Die Praxis hat es da oft einfacher und so war es bspw. für einen Gesprächspartner, der im Rahmen der in VirtUSO durchgeführten Fallstudien interviewt wurde, pauschal „ganz klar", dass weiche Faktoren in jedem virtuellen Netzwerk schon deshalb wichtig sind, eine größere Bedeutung erlangen als in einem klassischen Unternehmen, weil im virtuellen Unternehmen der tägliche persönliche Kontakt unter den Mitarbeitern fehlt.

1.2 Weiche Faktoren – Schlüsselkonzept für Unternehmenserfolg im VU?

„Weiche Faktoren" werden in der einschlägigen Literatur zwar nicht einheitlich beschrieben, doch es kann durchaus ein generelles Grundverständnis wahrgenommen werden. Danach werden weiche Faktoren als Gegenpol von harten Faktoren als schwierig abgrenzbar bzw. fassbar verstanden, da sie in höherem Maße durch individuelle oder gruppenbezogene Sichtweisen bzw. Wahrnehmungen geprägt sind. Somit kennzeichnen auch subjektive Einschätzungen, Bewertungen und Maßstäbe die Ausprägungen bzw. die Wertigkeit oder die Relevanz von weichen Faktoren. Insofern kommt den weichen Faktoren vor allem bei gruppenbezogenen Aufgaben und Prozessen eine sehr hohe Bedeutung zu (vgl. Haug 1998, 23).

In der Managementlehre werden weiche Erfolgsfaktoren als diejenigen Größen verstanden, die den Unternehmens- bzw. Projekterfolg beeinflussen ohne objektiv quantifizierbar zu sein. Zur Popularität verhalf dem Begriff das 7-S-Modell von Peters und Waterman (1984), in dem „die vier Aspekte ‚Shared Values', ‚Staff', ‚Skills' und

,Style/Culture' als die weichen, nicht buchhalterisch erfassbaren Erfolgsfaktoren" (Projektmagazin 2004) herangezogen werden:

- *Skills*, die wesentlichen Fähigkeiten oder Kernkompetenzen eines Unternehmens sowie Maßnahmen zu deren Weiterentwicklung,
- *Staff*, die Mitarbeiter und ihre Fähigkeiten, Werte, Motivationen und ihre soziale Einbindung in das Unternehmen,
- *Style/Culture*, die Unternehmenskultur, die einerseits von im Laufe der Zeit gewachsenen Werten und Normen im Unternehmen geprägt und andererseits von dem herrschenden Führungsstil der leitenden Mitarbeiter beeinflusst wird, und
- *Shared Values*, die grundlegenden Ideen, die als Basis des Unternehmens dienen. Diese werden oft als abstrakt formulierte Vision zur Leitlinie des Unternehmens.

Darüber hinaus wird in zahlreichen Veröffentlichungen, Fachaufsätzen und theoretischen Abhandlungen für unterschiedliche Kontexte eine Vielfalt weiterer weicher Faktoren als erfolgbestimmend dargelegt. Dabei werden für die im Zusammenhang mit der virtuellen Organisation maßgebliche *Organisation von Teams* bzw. für die *Zusammenarbeit innerhalb eines Teams* „Faktoren wie Kommunikation, Kooperation, Partizipation, Engagement, Verantwortungsbereitschaft, Interesse, Vertrauen, Konkurrenz, Konfliktpotential [...] aufgeführt (Projektmagazin 2004)." Auf der Ebene des Individuums wird die Begriffskategorie des weichen Faktors oft gleichgesetzt mit „Soft Skills", d. h. mit individuellen Fähigkeiten von Führungs- und Sozialkompetenz. Einige Autoren kritisieren dies als „Vermischung" und plädieren für eine Unterscheidung „zwischen der Sozialkompetenz einer Person und den nicht quantitativ erfassbaren Einflussgrößen für Unternehmens- und Projekterfolge (Projektmagazin 2004)." Im Kontext des VirtUSO-Projekts wird diese Sichtweise im Grundsatz aufgenommen. Doch wird die individuelle Fähigkeit von Führungs- und Sozialkompetenz dann in die Betrachtung einbezogen, wenn sie durch organisatorische Maßnahmen oder technisch-organisatorische Vorkehrungen systematisch hervorgerufen bzw. in ihrer Ausbildung systematisch eingeschränkt wird. Da Soft Skills als Element der weichen Faktoren, wenn nicht unmittelbar, so zumindest über indirekte Wirkungsmechanismen, den Unternehmens- bzw. Projekterfolg beeinflussen, erscheint dieses Vorgehen vertretbar.

Für die theoretische Fundierung weicher Faktoren wurde im Rahmen von VirtUSO die wissenschaftliche Literatur aus unterschiedlichen Forschungsdisziplinen daraufhin untersucht, welche weichen Faktoren als maßgeblich für das Funktionieren virtueller Arbeitsbeziehungen angesehen werden. Ohne an dieser Stelle detailliert auf die Ergebnisse dieser Recherche einzugehen (vgl. Zoche u. a. 2004, 25 ff.), seien beispielhaft einige der angeführten weichen Faktoren genannt: Managementfähigkeit bzw. Art des betrieblichen Managements, Organisationsstruktur, personale Beziehungsebene, Transparenz von Prozessen, Fragen der Beteiligung und der Gewährleistung personaler Anerkennungen, Personalführung, Vertrauen, soziale Kompetenzen, Umgang mit Konflikten, Werte und Kultur etc. Häufig werden die in der Literatur angeführten weichen Faktoren nicht exakt definiert, meist ergibt sich ihr Bedeutungsgehalt nur im jeweils erläuterten bzw. untersuchten Kontext. Oft werden die in der Analyse identifizierten vergleichbaren Sachverhalte mit unterschiedlichen Begriffen belegt bzw. es werden synonyme Begriffe für unterschiedliche Beobachtungen angewandt.

Vor dem Hintergrund der Aufgabenstellung im Projekt VirtUSO wurden die recherchierten Begriffe so zu Faktoren gebündelt, dass sie einen praktischen Bezug zur technischen Gestaltung der Organisationsbezüge und Kommunikationsabläufe beinhalten und damit auch der Evaluation von Softwaretools zugänglich sind bzw. diese unterstützen. Methodisch wurde dieser Auswahlprozess durch ein pragmatisches Vorgehen geleitet, das zunächst die am häufigsten in der Forschungsliteratur angeführten und möglichst auch empirisch bereits validierten oder zumindest theoretisch plausibel begründeten Aspekte in den Vordergrund rückten. Diese wurden zu Faktoren gebündelt und in einem Projektworkshop auf ihre Plausibilität und Nützlichkeit für die Gestaltung technisch-organisatorischer Unterstützungstools für virtuelle Unternehmens- bzw. Teamstrukturen bewertet. Auch die Gespräche mit Mitarbeitern von virtuellen Unternehmen sowie die Ergebnisse aus Fallanalysen einzelner virtueller Unternehmen wurden für die Bestimmung der Faktoren herangezogen.

Mit diesem Verfahren wurden sieben weiche Faktoren unterschieden, die für die Initiierung und die organisatorische Funktionsfähigkeit von virtuellen Unternehmensformen in besonderer Weise praktische Bedeutung erlangen: Vertrauen, Transparenz und Offenheit, Konfliktmanagement, Lernfähigkeit und Wissensmanagement, mediale Kommunikations- und Inszenierungsfähigkeit, Motivationserhalt und -aufbau, kulturbildende Maßnahmen.

Über diese sieben Faktoren hinaus gibt es weitere weiche Faktoren und Einzelaspekte, die für die Funktionsweise von virtuellen Unternehmen von (übergeordneter) Bedeutung sind, jedoch bei der im Kontext von VirtUSO vorgesehenen Beurteilung der technischen Weiterentwicklung von Werkzeugen zur Unterstützung virtueller Arbeitsprozesse nicht sonderlich zum Tragen kommen. Zur Illustration kann beispielhaft die Funktion persönlicher Treffen angeführt werden, die über eine rein zweckbezogene Funktion hinausweist. Angebote des Blended Learning beziehen dies ein und erweitern Online-Angebote um persönliche, Face-to-Face dargebotene Lehre. Generell ist die persönliche Begegnung zur Festigung sozialer Kontakte kaum verzichtbar, selbst wenn diese eingangs im virtuellen Raum entstehen (vgl. Zoche 2004).

Die sieben für das VirtUSO-Projekt maßgeblichen weichen Faktoren werden nachfolgend in der gebotenen Kürze erläutert.

1.2.1 Vertrauen

In der Fachliteratur wird Vertrauen überwiegend als maßgeblicher Faktor für das Funktionieren von virtuellen Unternehmensbeziehungen angesehen (vgl. Handy 1995; Reichwald, Möslein 1996; Fuehrer, Ashkanay 1999; Ishaya, Macaulay 1999). Empirisch konnte belegt werden, dass mangelndes Vertrauen dazu führt, dass Unternehmen verstärkt auf Festangestellte setzen und neuere Organisations- und Beschäftigungsformen eher zurückweisen (vgl. Mayer-Ahuja, Wolf 2004, 86).

In einigen Untersuchungen wird der Aufbau oder die Pflege bzw. der Erhalt von Vertrauen als zentrales, oft auch als einziges Beispiel für die Wirksamkeit von weichen Faktoren angeführt. Der Begriff und die Relevanz von Vertrauen sind theoretisch wie empirisch in der sozialpsychologischen und soziologischen Forschung tief verwurzelt (vgl. Zimbardo 1983, 126). Danach sind Erwerb und Aufbau von Vertrauen an verlässliche, stabile, kontinuierliche Erfahrungen gebunden. Vertrauen stabilisiert soziale Beziehungen, es fördert wechselseitige Interaktionsprozesse und stärkt die Bereitschaft zum aktiven Sozialhandeln bzw. dem individuellen oder kollektiven

Eingreifen in soziale Prozesse. Jüngst ist es Neurologen des Baylor College of Medicine gelungen, Vertrauen im Gehirn zu lokalisieren. Mit ihren Arbeiten haben die Wissenschaftler die These begründet, dass Vertrauen in jedem menschlichen Gehirn verankert ist, der zunehmende Vertrauensaufbau jedoch durch „Erfahrungen und rationelle Abwägungen gebremst werden kann (SPIEGEL ONLINE vom 01.04.05)". Vertrauensbildung und Vertrauenserhalt sind in virtuellen Beziehungsnetzwerken fragil und nicht äquivalent den starken Bindungen, die in Gruppen entstehen, die durch physische Nähe gekennzeichnet sind (vgl. Jarvenpaa, Leidner 1999). Um so bedeutsamer ist das ebenfalls durch empirische Prüfung belegte Ergebnis, dass Vertrauensaufbau in virtuellen Kommunikationsbezügen insbesondere durch intensive Kommunikation erhalten und ausgebaut wird, sei diese auch auf elektronische Mail oder mit Hilfe von elektronischen Diskussionsforen organisiert (vgl. Ishaya, Macauly 1999).

Aus den genannten Gründen umfasst das in VirtUSO erarbeitete Begriffsverständnis auch technisch-organisatorische Maßnahmen, die der Pflege von Vertrauen im virtuellen Unternehmen dienen, z. B. im Hinblick auf die Aspekte Gewährleistung von Zugang zu Kernkompetenzen oder Aufbau und Erhalt von Kernkompetenzen (Fachkompetenz), wechselseitige Kultur der Zuverlässigkeit, Stabilität sozialer Beziehungen oder gemeinsame und kohärente Abwehr von Konkurrenz. Im Rahmen von VirtUSO wird demzufolge Vertrauen als zentrale Kategorie gefasst, die an mehreren Kriterien überprüft werden kann, die dem Aufbau oder dem Erhalt von Vertrauen vorgelagert sind.

1.2.2 Transparenz und Offenheit

Die Gewährleistung von Transparenz kann als eine zweite zentrale Voraussetzung für das Funktionieren virtueller Arbeitsbeziehungen verstanden werden. Mehrere Aspekte differenzieren diesen weichen Faktor. So die personale, psychologische Aufnahme und Pflege der Beziehungsebene sowie die informationstechnische Unterstützung dieser Interaktionen. Auch kann der Begriff im Hinblick auf die Gestaltung bzw. die Charakterisierung der Beziehungen des virtuellen Unternehmens zu Netzwerkpartnern und Kunden Verwendung finden.

Der weiche Faktor Transparenz und emotionale Offenheit ist an der Zielsetzung orientiert, die sachliche Bearbeitung von Aufgaben zu unterstützen. Dabei verhindert Offenheit in der Kommunikation und in der Pflege der Sozialbeziehungen des Teams das Entstehen von Machtspielen, um einseitig individuelle Interessen gegenüber anderen bzw. dem gesamten Team durchzusetzen. Die Integration neuer Mitglieder wird erleichtert durch organisatorische Vorkehrungen für die Einarbeitung von neuen Mitarbeitern respektive Mitgliedern des Netzwerks, hierzu sind vorgelagert oder parallel ablaufend Prozesse des gegenseitigen Kennenlernens. Solche Prozesse ermöglichen die Entwicklung von sozialer Kohäsion und fördern insofern die Herausbildung einer verbindenden Zielsetzung (Vision) für das virtuelle Unternehmen. Eine solche einheitliche Ausrichtung von Zielen wiederum kann als eine wichtige Vorbedingung für den (späteren) wirtschaftlichen Erfolg eines virtuellen Unternehmens angesehen werden, zudem stützt sie den Aufbau von Vertrauensstrukturen (s. o.). Das Verfolgen einer gemeinsamen Vision, d. h. einer orientierenden und zugleich das virtuelle Unternehmen festigenden Zielsetzung, bewirkt insofern eine Motivationsverstärkung der Teammitglieder und festigt den sozialen Zusammenhalt (vgl. teachSam

2004). Ohne Transparenz und Offenheit dürften sich solche Prozesse jedoch nur schwerlich in Gang setzen lassen.

1.2.3 Konfliktmanagement

Oft sind sich gerade junge Unternehmen beim Zusammenschluss zu einem virtuellen Netzwerk zunächst nicht der besonderen Herausforderungen dieser Organisationsform bewusst und stellen keine Überlegungen an, wie das virtuelle Unternehmen auf Dauer gestaltet werden soll und welche Spielregeln bei der gemeinsamen Arbeit zu beachten sind. Virtuelle Unternehmen laufen hierbei Gefahr, auf mögliche Konfliktfälle nicht vorbereitet zu sein, die dann zu Problemen bei der Auftragsabwicklung, gegenseitigen Schuldzuweisungen, einem Imageverlust aller Beteiligten und ausbleibenden Folgeaufträgen führen und die Auflösung des Unternehmensverbundes oder gar die Aufgabe einzelner beteiligter Unternehmen bedeuten können.

In VirtUSO wird unter Konfliktmanagement die Implementierung bzw. die Durchführung von Prozessen und Verfahren sowie die Anwendung von Tools zur Förderung von Konfliktvermeidungsstrategien und Konfliktlösungsstrategien in den Geschäftsprozessen von virtuellen Unternehmen verstanden. Es handelt sich um ein partizipatives und in iterativen Prozessen zum Ausdruck kommendes Verfahren des Konfliktmanagements. Es zielt darauf ab, transparent und konstruktiv mit Konflikten umzugehen. Hierzu gehört substantiell auch die (individuelle oder unternehmensseitige) Sensibilität, entstehende Konflikte wahrzunehmen bzw. rechtzeitig zu antizipieren, welche Entscheidungen zu Konflikten führen könnten.

1.2.4 Lernfähigkeit und Wissensmanagement

Wenn man einer Forschungsperspektive folgt, nach der der Aufbau von Wissen nicht nur an Personen, sondern auch an den spezifischen inner- und überbetrieblichen Kontext der Unternehmensorganisation gebunden ist und diese Bezugspunkte oft auch räumlich entfernt lokalisiert sind, so ergibt sich gerade für virtuelle Unternehmen die besondere Herausforderung, dieses Wissen so zu dokumentieren, dass es bei personellen Veränderungen und bei Wechseln in der Zusammensetzung der Partnerorganisationen eines virtuellen Unternehmens hinreichende Kompetenz im virtuellen Organisationsgebilde verbleibt, um Zukunftsperspektiven zu ermöglichen.

Instrumente zur Unterstützung der individuellen wie organisationsbezogenen Lernfähigkeit und des Wissensmanagements sichern zunächst den schnellen Zugriff auf Informationen für die in einem virtuellen Unternehmen beschäftigten Mitarbeiter. Die Partizipation aller Teammitglieder wird somit unmittelbar gefördert, Loyalität und Motivation können sich auf dieser Grundlage ausbilden. Dies ist auch eine förderliche Voraussetzung für die Entwicklung konstruktiver Konkurrenz im Unternehmen, die letztlich dazu beiträgt, den Unternehmenserfolg abzusichern. Darüber hinaus fördert die Bereitstellung und die etablierte Nutzung von Wissensmanagement-Tools die Entwicklung medialer Kompetenzen des virtuellen Unternehmens bzw. seiner (Netzwerk-)Mitarbeiter. Damit sich jedoch Transfer von Know-how entwickeln kann, müssen Regeln des Wissensmanagements vereinbart werden.

1.2.5 Mediale Kommunikation, Kommunikationsvielfalt und mediale Inszenierung

Die Mitglieder in einem virtuellen Unternehmen müssen Integrationsleistungen vollbringen im Hinblick auf Partnerselektion, Evaluierung, Kontrolle, Kooperation und Flexibilität, im Hinblick auf die Herausforderungen des Marktes, die Ansprüche der Organisationsmitglieder, die Innovationsfähigkeit etc. Eine geringe vertragliche Sicherheit, ein potenziell häufiger Partnerwechsel, die Koordination geographisch verteilter Einheiten müssen durch eine interpersonale Beziehungsorientierung gewährleistet und durch eine flexible, Vertrauen erzeugende Kommunikationsstruktur abgesichert werden (vgl. 1.2.1).

Kommunikation und Interaktion stellen demzufolge die Grundlage erfolgreicher und zuverlässig und stabil funktionierender Netzwerkstrukturen dar. Kommunikation ist eine zentrale Voraussetzung für Erneuerung, für Innovation. Dies gilt in besonderem Maße für virtuelle Unternehmen: „Eine möglichst schnelle und reibungslos verlaufende Kommunikation sorgt für den nötigen Informationsfluss im Team, sie verringert das Entstehen von Missverständnissen und erleichtert die Lösung von Beziehungsproblemen, deren Ursachen im sozialen Miteinander liegen." (teachSam 2004) Eine gute Organisation der Kommunikationsstrukturen unterstützt den Kommunikationsprozess im Virtuellen Unternehmen und zwischen allen Netzwerkbeteiligten unter Einsatz unterschiedlicher Kommunikationsmedien. Im Zentrum steht hierbei die Strategie, die Anwendungskompetenz des Nutzers zu stärken, das bedeutet die mediale Kommunikationskompetenz und mediale Inszenierungsfähigkeit der Teammitglieder so zu fördern (vgl. Hofmann 2003), damit diese aufgabenadäquate Kommunikationsmuster und Kommunikationsgepflogenheiten ausbilden. Hierzu gehört ebenso, dass den jeweiligen Kommunikationsanforderungen optimal entsprechende technische Kommunikationsmedien zur Verfügung stehen: „Je weniger man das Gefühl hat, technisch vermittelt zu kommunizieren, desto besser erfüllt es seine mediale Funktion." (Degele 2002, 149)

1.2.6 Motivationserhalt und -aufbau

Unter dem Begriff der Motivation kann man den inneren psychischen und physiologischen Prozess verstehen, der zielgerichtete Energie freisetzt und die Ausrichtung von Aktivitäten und die Bereitschaft zur Leistungserbringung stärkt. Im virtuellen Unternehmen dient Motivation der Herausbildung kohärenter Zielsetzungen und trägt zur Bereitschaft der Übernahme von Verantwortung bei, insbesondere auch von herausfordernden und risikobehafteten Aufgaben. Eine nachhaltige Realisierung der Unternehmensziele ist ohne motivierte Mitarbeiter/Netzwerkpartner kaum erfolgversprechend. Die systematische Ausbildung von Maßnahmen und das kohärente Bestimmen von Anreizen, die auf Motivationsaufbau und Motivationserhalt gerichtet sind, ist für virtuelle Unternehmen besonders wichtig und herausfordernd, da Mitarbeiter/Mitglieder des Netzwerks meist räumlich getrennt voneinander tätig sind und unterschiedlichen Unternehmenskulturen entstammen.

Das Aussprechen persönlicher Anerkennungen von Arbeitsleistungen, die Entwicklung aufgabenbezogener Belohnungs- und Anreizsysteme, die Gewährleistung von Partizipation und individuellen Spielräume können der Mitarbeitermotivation dienen und zudem helfen, die soziale Kompetenz der beteiligten Netzwerkpartner des virtuellen Unternehmens auszubilden.

1.2.7 Kulturbildende Maßnahmen

Die Bildung eines virtuellen Unternehmens erschöpft sich nicht durch die bloße rechtliche Formierung und den nach außen hin formal einheitlichen Auftritt. Eine Erfolg versprechende Unternehmenspolitik muss sich auf eine gemeinsame Binnenstruktur gründen, die durch kohärente und differenzierte Organisations- und Verhaltensmuster gekennzeichnet ist und so eine soziale Integration der Mitarbeiter gewährleistet und damit letztlich eine eigenständige Unternehmenskultur pflegt. Bei der Unternehmens- bzw. Organisationskultur sind Werte, Normen, Einstellungen, Überzeugungen und Ideale vorhanden, die von den Mitgliedern des Unternehmens bzw. der Organisation geteilt werden; „Spannungen und Unsicherheiten (können so) durch modellhafte Stilbildung" (Rammert 1988) geregelt werden.

Um kulturelle Orientierung zu leisten, sind virtuelle Unternehmen in erheblichem Maße gefordert, da sie diese jeweils projektbezogen etablieren und dabei für wechselnde, heterogene Partnernetze ausbilden müssen. Hierzu müssen unter Zeitdruck unterschiedliche Werte und Orientierungen der betroffenen Personen und verschiedene „Kulturen" der Netzwerkunternehmen im Hinblick auf ein neues, die eingebrachten „Einzel-Kulturen" verbindendes unternehmenskulturelles Konzept weiterentwickelt werden. Im Hinblick auf seine Gestaltung erhebt sich der Anspruch, dass darin die Unterschiedlichkeit der einbezogenen Individuen, Unternehmen, nationalen Besonderheiten berücksichtigt wird. Gerade in dieser „Einheit der Vielfalt" kann der Keim eines neuartigen Innovationsprozesses liegen, der Innovation auch als sozialen Prozess versteht. Auf dieses Ziel sind die organisatorischen Vorkehrungen des virtuellen Unternehmens auszurichten und die eingesetzten kommunikationstechnischen Arbeitsmittel sollten dem entsprechen. Die Vereinbarung von Regeln und Orientierungen und die Erarbeitung eines Leitbilds bzw. einer die Mitglieder verbindenden Vision unterstützen hierbei (vgl. 1.2.2).

1.2.8 Kohärenz-Modell weicher Faktoren für virtuelle Unternehmen

Die zuvor erläuterten sieben weichen Faktoren bedingen einander. Wechselseitig ergänzen sie sich zu einem Modell kohärenter Arbeitsbeziehungen und tragen auf diese Weise zur gemeinsamen Fokussierung und Stabilität eines virtuellen Unternehmens bei (vgl. Abb. 1).

Im Zentrum der Zusammenarbeit innerhalb eines virtuellen Unternehmens steht die Einrichtung einer virtuellen Arbeitsebene, einer Telekooperationsplattform, die von allen Mitarbeitern genutzt werden kann und als Projektionsfläche für das virtuelle Unternehmen dienen kann. Diese virtuelle Arbeitsebene soll gewährleisten, dass sich eine gewisse Nähe zwischen den dezentral arbeitenden Mitgliedern eines virtuellen Unternehmens einstellen kann. Ein solches Tool sollte das unterschiedliche Wissen der Mitarbeiter zur Verfügung stellen und „managen". Dabei muss gewährleistet sein, dass neue Formen des Ideenaustausches gefördert und wechselseitiges Feedback gegeben werden, um auch den sozialen Prozess der Teambildung im virtuellen Unternehmen zu stärken. Die verschiedenen Kompetenzen der Mitglieder werden mit Hilfe des zentralen Wissensmanagements quasi nah am Arbeitsprozess, immer dann, wenn sie gerade gebraucht werden, zur Verfügung gestellt. Dies hat den Vorteil, dass die weitere Entwicklung und differenzierte Ausformung gewährleistet sind und somit auch innovativer Wandel initiiert werden kann. Dementsprechend ist eine in die verschiedenen Arbeitsprozesse integrierte Organisation von Maßnahmen des gemeinsamen Wissensmanagements bedeutsam für die Entwicklung innovativer Angebote.

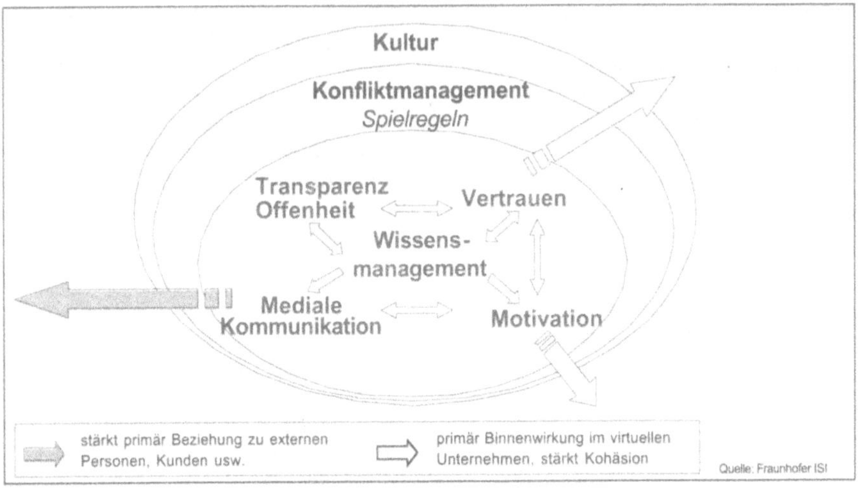

Abbildung 1: VU-Kohärenzmodell weicher Faktoren

Die Förderung von Wissensmanagement ist eine Koordinationsleistung, die das virtuelle Unternehmen leisten muss. Es sind Regeln für die Schaffung eines gemeinsamen Kompendiums von Wissensbestandteilen zu entwickeln: Fakten, Vorstellungen, Weltsichten, Regeln und Prozeduren, die im Prinzip allen Akteuren einer Organisation bzw. eines abgrenzbaren Teils einer Organisation präsent sein sollten. Die Sicherstellung einer durch die weichen Faktoren Vertrauen sowie Transparenz und Offenheit ausgezeichneten Organisationskultur ermöglicht, dass das Wissen so „gemanagt" wird, dass „Gedächtnisfunktionen" entstehen, die gegenwärtig und zukünftig (auch weitere) Personen dabei unterstützen, in unterschiedlichen Situationen bzw. für die verschiedenen Anlässe auf Wissensressourcen zurückgreifen zu können. Dies fördert zugleich die Bereitschaft der Teammitglieder, eigenes Wissen mit anderen zu teilen und motiviert, die Zielstellungen des virtuellen Unternehmens nicht nur „nach innen", sondern auch „nach außen" zu kommunizieren. In diesem Sinne überdauert mit Hilfe des Wissensmanagements ein virtuelles Unternehmen über die aktuelle personelle Zusammensetzung hinaus, gerade auch deshalb, weil in einem virtuellen Unternehmen beide Seiten (Mitarbeiter und Unternehmen) vom Wissenstransfer profitieren, insofern ein gemeinsames Interesse an der Verbesserung des Wissensflusses besteht (vgl. von Zedtwitz 2004, 283). Eine souveräne mediale Kommunikationskompetenz und Inszenierungsfähigkeit sind dabei unverzichtbar. Damit sich Wissen in der Anwendung erschließen bzw. entwickeln kann, sind bei den Mitgliedern des virtuellen Unternehmens souveräne mediale Kommunikationskompetenz und Inszenierungsfähigkeit Bedingung; diese verhindern, dass Wissen auf die bloße, formal dokumentierte Information reduziert in Datenbanken verkümmert.

Eine frühzeitige Vereinbarung von Spielregeln der Zusammenarbeit bzw. von Maßnahmen und Methoden des Konfliktfmanagements dient gleichfalls dem Ziel, die

Fragilität eines virtuellen Unternehmens abzuwenden zugunsten einer das konkrete Projekt (potenziell) überdauernden Organisationskultur spezifischen Gepräges.

2 Berücksichtigung von weichen Faktoren bei der Gestaltung von Telekooperationsplattformen

Die identifizierten weichen Faktoren sollen bei der künftigen Gestaltung von Telekooperationsplattformen für virtuelle Unternehmen Berücksichtigung finden. Mit diesem Ziel wurde in VirtUSO zunächst der Bedarf einzelner Groupware-Funktionen ermittelt und sodann die wechselseitige Beziehung zwischen diesen Funktionen und den weichen Faktoren bewertet. Auf diese Weise können charakteristische Funktionalitäten bestimmt werden, die dem virtuellen Kommunikations- und Arbeitsraum eines virtuellen Unternehmens Gestalt geben.

2.1 Bedarf an Groupware-Funktionen für eine Telekooperationsplattform virtueller Unternehmen

Anhand der auf dem Markt vorhandenen Groupware-Tools zur Kooperation und Kollaboration in virtuellen Teams wurde eine Sammlung von Funktionen für eine gemeinsame, zentrale Plattform für ein virtuelles Unternehmen durchgeführt. Das so entstandene Verzeichnis wurde durch Erkenntnisse aus der CSCW-Literatur (Computer Supported Cooperative Work), die in der Praxis noch wenig Verbreitung gefunden haben, und durch eigene Ideen der Projektmitglieder sowie durch Ergebnisse aus Fallstudien vervollständigt.

Die auf dieser Grundlage entstandene Liste von 55 Einzelfunktionen wurde neun verschiedenen Funktionsgruppen (z. B. Organisation von Gruppenarbeit, Kooperationsfunktionalitäten, Community-Unterstützung) zugeordnet. Die Relevanz der einzelnen Softwarefunktionen wurde sodann vom Projektteam durch ein Ratingverfahren im Hinblick auf die spezifischen Belange virtueller Unternehmen hinterfragt. Die Skalierung der Antworten ergab eine Rangliste von Software-Funktionen, die Bestandteil eines Unterstützungswerkzeugs für virtuelle Unternehmen sein sollten. Danach wurden 45 % aller identifizierten Funktionen als unentbehrlich für virtuelle Unternehmen. Unter diesen unentbehrlichen Funktionen wurden keine Funktionen synchroner Kommunikation angeführt. In der Spitzengruppe sind, sieht man einmal von E-Mail ab, generell keine Kommunikationsfunktionen enthalten (vgl. 2.2).

2.2 Beeinflussung weicher Faktoren durch Software-Funktionen

In einem weiteren Schritt wurde der Frage nachgegangen, in welcher Weise die ermittelten Software-Funktionen die weichen Faktoren beeinflussen. Hierfür wurde ein Wert errechnet, der den relativen Grad bzw. das Potenzial dieser Beeinflussung zum Ausdruck bringt. Dabei war es zunächst irrelevant, ob es sich um ein positives oder eine negatives Beeinflussungspotenzial handelt.

Bildet man nun den durchschnittlichen Wert über alle Funktionen für die weichen Faktoren, erhält man die folgende Rangliste, die den relativen Grad der Beeinflussung, d. h. die Sensibilität der weichen Faktoren durch die Software-Funktionen zum Ausdruck bringt:

Weicher Faktor	Stärke des Einflusses von SW-Funktionen (2 = starker Einfluss; 0 = kein Einfluss)
Vertrauen	1,11
Kulturbildende Maßnahmen	1,09
Mediale Kommunikation und Inszenierung	1,04
Lernfähigkeit und Wissensmanagement	0,85
Konfliktmanagement	0,84
Transparenz und Offenheit	0,71
Motivation	0,66

Die Stärke einer Software-Funktion wird am intensivsten durch Vertrauen beeinflusst. Vertrauen ist demnach am ehesten durch die Gestaltung einer Software-Funktion zu erschüttern bzw. zu festigen. Erwartungskonform ist auch der Faktor „Mediale Kommunikation und Inszenierung" sehr sensitiv. Dies überrascht insofern nicht, da der Erfolg der medialen Kommunikation natürlich – neben anderen Faktoren wie beispielsweise der Inszenierungs- und Medienkompetenz der Mitarbeiter – von der Qualität des verwendeten Mediums abhängt. Bei der Bewertung der Faktoren „Vertrauen" und „kulturbildende Maßnahmen" liegt die Annahme zu Grunde, dass Vertrauen und Kultur in der Regel durch persönliche Kontakte hergestellt werden, auch wenn es gegenteilige Meinungen in der Fachliteratur hierzu gibt (vgl. insbesondere Walther 1996). Lernen sich Menschen ausschließlich über elektronische Medien kennen, so kann eine andere Art des Vertrauenserwerbs beobachtet werden, die sich auf stärker formalisierte, auch standardisierte und insofern eher „objektivere" Kriterien bezieht, als dies im Prozess der Vertrauensbildung bei persönlichen Kontakten normalerweise üblich ist (vgl. Jarvenpaa, Leidner 1997). Der Beeinflussungsgrad ist demnach hoch einzuschätzen, wobei oftmals eine tendenziell negative Beeinflussung unterstellt wird. So wird insbesondere von den Interviewpartnern der Fallstudienuntersuchung darauf hingewiesen, dass ihrer Meinung nach Vertrauen nur durch persönliche Kontakte geschaffen werden kann. Die Aufgabe besteht demnach darin, bei der Entwicklung der Software für VirtUSO diejenigen Funktionen mit besonderer Aufmerksamkeit zu betrachten, die großen Einfluss auf Vertrauen und kulturbildende Maßnahmen haben, um negative Effekte zu vermeiden und, im Idealfall, Potenzial für eine bessere Förderung der weichen Faktoren durch die Nutzung der Software-Tools zu schaffen.

Betrachtet man nun umgekehrt, welche der Software-Funktionen durchschnittlich den größten Einfluss auf die weichen Faktoren ausüben, so wird deutlich, dass im oberen Drittel der Rangliste verstärkt Kommunikationsfunktionen zu finden sind, während das untere Drittel hauptsächlich Planungs- und Strukturierungswerkzeuge enthält. So sind in der ersten Gruppe beispielsweise folgende Software-Funktionen gelistet:

Platz Rangliste	Software-Funktion	Beeinflussung weicher Faktoren (2 = stark; 0 = keine)	Relevanz für Groupware-Plattform in virtuellen Unternehmen (4 = unentbehrlich; 0 = überflüssig)
1	Offene Fragen	1,71	2,3
1	Anonymes Arbeiten	1,71	*
3	Paralleles Arbeiten	1,57	*
3	Chatmöglichkeit	1,57	2,8
7	Video-Telefonie	1,43	1,7

* Wurde nachträglich in Folge der Gruppendiskussionen zur Relevanz der weichen Faktoren als technische Funktionalität gefordert.

Spitzenplätze haben hier u. a. innovative Formen der Kommunikation und Kooperation erreicht: Anonymes Arbeiten sowie Chatmöglichkeiten sind zwar schon lange bekannt, und letztere erfreuen sich großer Beliebtheit im privaten Bereich, aber eine systematische Nutzung dieser Funktionen in deutschen Unternehmen kann bisher noch kaum beobachtet werden. Möglicherweise werden solche Kommunikationsformen, die insbesondere informelle und nicht-hierarchische Kommunikation fördern, als zu wenig effizient und zu unstrukturiert für den professionellen Gebrauch in Unternehmen eingeschätzt. Auch die Ergebnisse der Bewertung zur allgemeinen Relevanz scheinen dies widerzuspiegeln: Die Wichtigkeit der genannten Software-Funktionen für ein Groupware-Tool wird nicht besonders hoch eingeschätzt (Chatmöglichkeit erreicht den höchsten Wert mit 2,8).

Der geringe Einfluss anderer Funktionen verläuft hingegen eher erwartungswidrig, zumal die Leistungsfähigkeit der betreffenden Funktionen bzw. Tools in Fachzeitschriften intensiv hervorgehoben wird und auch im VirtUSO-Team die Relevanz der betreffenden Softwarelösungen sehr hoch bewertet wurde:

Platz Rangliste	Software-Funktion	Beeinflussung weicher Faktoren (2 = stark; 0 = keine)	Relevanz für Groupware-Plattform in virtuellen Unternehmen (4 = unentbehrlich; 0 = überflüssig)
53	Erweiterungsmöglichkeiten durch Programmiertools	0,14	4
53	Zeitkarte	0,14	3
49	Content Management	0,43	4
42	Volltextsuche	0,57	4
42	Projektverwaltung	0,57	4

Andererseits sind Funktionen wie eine Projektverwaltung oder eine Volltextsuche für virtuelle Unternehmen von großer Wichtigkeit, wenn es um Planung und Kontrolle geht. Die Ergebnisse der allgemeinen Bewertung durch das Expertenteam spiegeln dies wieder. Es konnte aber festgestellt werden, dass die identifizierten weichen Faktoren vornehmlich durch die Kommunikation zwischen den beteiligten Personen beeinflusst werden. So kann eine Vernachlässigung der Projektverwaltung das Vertrauen in einem virtuellen Unternehmen vermutlich nicht so nachhaltig stören, wie es durch missverständliche Äußerungen in einem Chat möglich ist. Den genannten Funktionen, die nur einen schwachen Wirkungsgrad in Bezug auf die weichen Faktoren aufweisen, wird daher bei der Gestaltung des Groupware-Tools im VirtUSO-Projekt eine vergleichsweise geringe Aufmerksamkeit zuteil. Gleichwohl werden sie integriert, um möglichst viele Anforderungen virtueller Unternehmen an eine Groupware-Lösung zu berücksichtigen.

3 Resümee der Ergebnisse

Hält man sich die erzielten Ergebnisse vor Augen, so kann zunächst festgehalten werden, dass insbesondere die Kommunikationsfunktionen einer Telekooperationsplattform im Hinblick auf weiche Faktoren sensitiv wirken. Es kann die Schlussfolgerung abgeleitet werden, dass innovative Funktionen, mit denen die Partizipation der Mitarbeiter gestärkt oder zumindest informelle Kommunikationsflüsse im virtuellen Team ermöglicht werden, am ehesten geeignet sind, den Stellenwert weicher Faktoren für eine positive Unternehmensentwicklung zu nutzen.

Allerdings werden vordringlich konventionell in den gängigen Software-Tools enthaltene Strukturierungswerkzeuge und Planungsfunktionen als wichtige Bestandteile einer Telekooperationsplattform hervorgehoben. Wir deuten dieses zunächst widersprüchliche Ergebnis dahingehend, dass es in der gegenwärtig unzulänglichen Performance marktüblicher Kooperationsplattformen zu begründen ist. Kommunikationsmodule sind meist – als Stand-alone-Funktion – teuer und alles andere als plug-and-play. Nutzungserfahrungen der Partner des Verbundprojektes VirtUSO mit neueren Open-Source-Produkten, die auf Basis des Internet Protokolls (IP) Telefonate, Gruppenkonferenzen, Voice Mail, Instant Messaging, Chat und weitere Funktionen enthalten, sind sehr positiv und zeigen die Richtung der notwendigen Entwicklung auf: Auf Grundlage basaler Kommunikationstools, die asynchrone und synchrone Kommunikation ermöglichen, sind die klassischen Groupware-Funktionen um die genannten innovativen Kommunikationstools zu erweitern (vgl. Abb. 2).

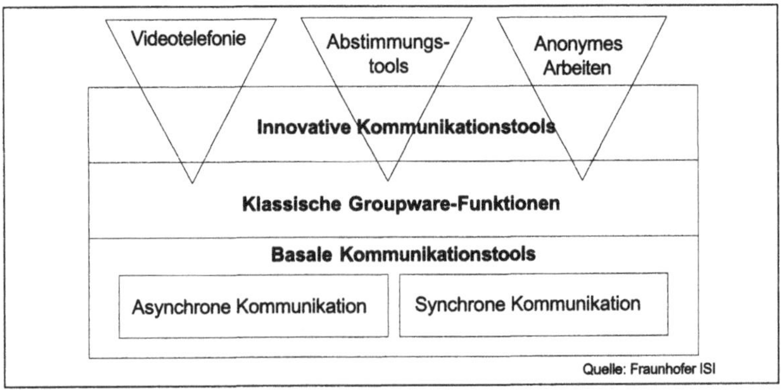

Abbildung 2: Systematisierung der SW-Funktionen

Literatur

Arnold, O.; Härtling, M. (1995): Virtuelle Unternehmen: Begriffsbildung und -diskussion, Arbeitspapier der Reihe „Informations- und Kommunikationssysteme als Gestaltungselement virtueller Organisationen“, Nr. 3/1995, Bern u. a. 1995

BSI Bundesamt für Sicherheit in der Informationstechnik (2003): Kommunikations- und Informationstechnik 2010 + 3: Neue Trends und Entwicklungen in Technologie, Anwendungen und Sicherheit, Ingelheim 2003

Degele, N. (2002): Einführung in die Techniksoziologie, München 2002

Fuehrer, E. C.; Ashkanasy, N. M. (1999): Communicating Trust in the Inter-Organizational Virtual Organization. Paper presented at the 1999 Annual Meeting of the Academy of Management, Chicago 1999

Handy, C. (1995): Trust and the virtual organization, in: Harvard Business Review, 73. Jg. (1995) 3, S. 40-48

Haug, C. (1998): Erfolgreich im Team. Praxisnahe Anregungen und Hilfestellungen für effiziente Zusammenarbeit, München 1998

Hofmann, J. (2003): Mediale Inszenierung virtueller Teamarbeit, Dissertation Universität Hohenheim, Wiesbaden 2003

Ishaya, T.; Macaulay, L. (1999): The Role of Trust in Virtual Teams, in: Sieber, P.; Griese, J. (Hg.): Organizational Virtualness and Electronic Commerce, in: Virtual Organization Net, 1. Jg. (1999) 1, S. 140-157

Jarvenpaa, S. L.; Leidner, D. E. (1997): Do You Read Me?: The Development and Maintenance of Trust in Global Virtual Teams, University of Texas Austin, Graduate School of Business, Austin, February 1997

Jarvenpaa, S. L.; Leidner, D. E. (1999): Communications and trust in global virtual teams, in: Organization Science, 10. Jg. (1999) 6, S. 791-815

Mayer-Ahuja, N.; Wolf, H. (2004): Jenseits des Hype: Arbeit bei Internetdienstleistern, in: SOFI-Mitteilungen Nr. 32, S. 79-96

Peters, T. J.; Waterman, R. H. (1994): Auf der Suche nach Spitzenleistungen: Was man von den bestgeführten US-Unternehmen lernen kann, 10. Aufl., Landsberg am Lech 1994

Picot, A.; Reichwald, R.; Wigand, R. T. (2001): Die grenzenlose Unternehmung. Information, Organisation und Management, 4. Aufl., Wiesbaden 2001

Projektmagazin (2004): Weiche Faktoren, http://www.projektmagazin.de/glossar/gl-0737.html

Rammert, W.: Techniksoziologie, in: Endruweit, G.; Trommsdorf, G. (Hg.): Wörterbuch der Soziologie, Stuttgart, S. 724-735

Reichwald, R. u. a. (2000): Telekooperation. Verteilte Arbeits- und Organisationsformen, 2. Aufl., Berlin u. a. 2000

Reichwald, R.; Möslein, K. (1996): Telearbeit und Telekooperation, in: Bullinger, H.-J.; Warnecke, H.-J. (Hg.): Neue Organisationsformen im Unternehmen: Ein Handbuch für das moderne Management, Berlin und Heidelberg 1996

Scholz, C. (2000): Virtualisierung als Wettbewerbsstrategie für den Mittelstand? Erste Erfahrungen und ergänzende Überlegungen, in: Albach, H.; Specht, D.; Wildemann, H. (Hg.): Virtuelle Unternehmen (= Zeitschrift für Betriebswirtschaft; 2000, Erg.-H. 2), S. 201-222

teachSam (2004): Lehren und Lernen Online, http://www.teachsam.de

Walther, J. B. (1996): Computer-Mediated Communication: Impersonal, Interpersonal, and Hyperpersonal Interaction, in: Communication Research, 23. Jg. (1996) 1, S. 3-43

Zedtwitz, M. von (2004): Managing knowledge in virtual organisations: an introduction, International Journal Networking and Virtual Organisations, 2. Jg. (2004) 4, S. 283-286

Zimbardo, P. G. (1983): Psychologie, bearb. u. herausg. v. Angermeier, W. F.; Brengelmann, J. C.; Thiekötter, T. J., Berlin u. a. 1983

Zoche, P. (2004): Zur Einführung. Virtuelle Mobilität – Ein Phänomen mit physischen Konsequenzen?, in: Institut für Mobilitätsforschung ifmo (Hg.): Auswirkungen der virtuellen Mobilität, Berlin u. a., S. 1-14

Zoche, P.; Joisten, M., unter Mitarbeit von Fuchs, G. u. Teutsch, B. (2004): Zur Relevanz weicher Faktoren für virtuelle Unternehmen. Endbericht Modul 1:2.1 VirtU-SO Virtuelle Unternehmen (im Spannungsfeld) zwischen Struktur und Offenheit, Karlsruhe 2004

Moderation von internetbasierter Projektarbeit – Unterstützung zur Realisierung wissensbasierter Wettbewerbsvorteile

Hilke Posor

1 Einleitung

Der mit internetbasierter Projektarbeit realisierbare Wettbewerbsvorteil ist häufig wissensbasiert. Einen Erklärungsansatz dafür liefert der Resource-Based-View der strategischen Unternehmensführung, nach dem Wissen auch eine strategische Ressource zur Realisierung von Wettbewerbsvorteilen darstellt. Dabei ist zu berücksichtigen, dass Wissen kontextabhängig ist und sich kollektives Wissen nur vor dem Hintergrund eines gemeinsamen Kontextes bilden kann. Dafür sind Kommunikationsprozesse zwischen den Projektpartnern erforderlich, in denen dieser gemeinsame Kontext entwickelt wird. Auf die Ethnomethodologie von Harold Garfinkel ist zurückzuführen, dass Gesellschaftsmitglieder während einer Interaktion kontinuierlich auf den relevanten Kontext verweisen. Daraus lässt sich ableiten, dass es zu Störungen in der Zusammenarbeit kommen kann, wenn der gemeinsame Kontext und das erforderliche Hintergrundwissen nicht ausreichend für alle Beteiligten geklärt wurden. In Projektmeetings, die Face-to-Face zusammentreffen, wird bei Bedarf eine Moderationsmethode angewendet, mit deren Hilfe der Kommunikationsprozess gesteuert und strukturiert sowie für alle Beteiligten visualisiert wird. Damit wird die Zusammenarbeit im Projekt auf der Grundlage gemeinsam erarbeiteter Zwischenergebnisse, und das bedeutet vor einem gemeinsamen Kontext, ermöglicht. Dieser Kontext bildet anschließend die Grundlage für Lern- und Wissensprozesse im Projektverlauf.

Der Einsatz einer Moderation in virtuellen Umgebungen[1] hat sich bislang jedoch nur im E-Learning durchgesetzt. Daher bietet es sich an, Kommunikationsprozesse, die während der Gruppenarbeit im E-Learning stattgefunden haben, mit der ethnomethodologischen Konversationsanalyse zu untersuchen. Aus dieser Analyse lassen sich dann Ansatzpunkte für die Moderation erarbeiten, die auch auf internetbasierte Projektarbeit übertragbar sind.

---

[1] In einer virtuellen Umgebung wird – in Anlehnung an das Verständnis eines virtuellen Unternehmens – Informations- und Kommunikationstechnologie zur Koordination und Abwicklung von Aufgaben eingesetzt (vgl. Gerpott, Böhm 2000, 16).

2 Internetbasierte Projektarbeit und virtuelle Teams

Den Ausgangspunkt für das vorliegende Thema liefert die Fragestellung aus der Wissensmanagementliteratur, in der nach Wegen gesucht wird, mit denen Wissen als Kompetenz zur Erzielung von strategischen Wettbewerbsvorteilen eingesetzt werden kann (vgl. von Krogh, Venzin 1995, 420; Probst, Raub 1998, 134). Diese Ressource Wissen wird speziell in der Projektarbeit relevant, bei der Experten interdisziplinär eine gemeinsame Aufgabenstellung bearbeiten. Aufgaben mit Projektcharakter sind „einmalig durchzuführende Vorhaben, die durch eine zeitliche Befristung, besondere Komplexität und eine interdisziplinäre Aufgabenstellung zu beschreiben sind (Madauss 1991, 7).“[2] Werden diese Aufgaben über das Internet oder Intranet abgewickelt, da es sich beispielsweise um ein unternehmens- oder standortübergreifendes Projekt handelt, bei dem die Projektteammitglieder nicht auf das gleiche Netzwerk zugreifen können, wird von internetbasierter Projektarbeit gesprochen.

Den Unterschied von virtuellen Teams zu konventionellen Teams beschreiben Lipnach, Stamps (nach Bartsch-Beuerlein, Klee 2001) wie folgt: „Im Gegensatz zum konventionellen Team arbeitet ein virtuelles Team über Raum-, Zeit- und Organisationsgrenzen hinweg und benutzt dazu Verbindungsnetze, die durch Kommunikationstechnologie ermöglicht werden.“ Bartsch-Beuerlein und Klee (2001) betonen ergänzend dazu den Projektbezug von virtuellen Teams: Ein virtuelles Team bezeichnet demnach ein Projekt, bei dem die Projektmitarbeiter räumlich und eventuell auch zeitlich verteilt arbeiten (beispielsweise zu unterschiedlichen Zeitpunkten). Zusammenfassend besteht dann eine Übereinstimmung von virtuellen Teams und internetbasierter Projektarbeit, wenn Projektteams für die Abwicklung der Projektarbeit das Internet nutzen.

Während der Zusammenarbeit durchlaufen Projektteams Lernprozesse und generieren miteinander kollektives Wissen,[3] wodurch mit der Projektarbeit ein wissensbasierter Wettbewerbsvorteil realisiert werden kann. Welche Eigenschaften Wissen als strategische Ressource besitzt, wird mit dem Resource-Based-View im Folgenden verdeutlicht.

3 Wissen als strategische Ressource

Der Resource-Based-View (RBV) der strategischen Unternehmensführung erklärt den unternehmerischen Erfolg aufgrund der Ausstattung eines Unternehmens mit Ressourcen (vgl. Barney 1991). Damit Ressourcen dazu beitragen können, einen nachhaltigen Wettbewerbsvorteil zu realisieren, müssen sie strategisch wertvoll, selten, nichttransferierbar, nichtimitierbar und nichtsubstituierbar sein (vgl. Barney 1991, 105 f.). Den strategischen Wert einer Ressource macht der Beitrag aus, den die Ressource zur Erzielung ökonomischer Renten liefert. Der Wert einer Ressource er-

[2] Luhmann bezeichnet als komplex „eine zusammenhängende Menge von Elementen [...], wenn auf Grund immanenter Beschränkungen der Verknüpfungskapazität der Elemente nicht mehr jedes Element jederzeit mit jedem anderen verknüpft sein kann.“ (Luhmann 1984, 46) Vereinfacht ausgedrückt lässt sich ein Vorhaben als komplex bezeichnen, bei dem das konkrete Ergebnis nicht im Vorwege bekannt ist oder der Aufgabenumfang nicht von einer Person alleine bewältigt werden kann.

[3] Die Generierung von Wissen in Projekten gewinnt zunehmend an Bedeutung, wie z. B. auch der Schwerpunkt des 11. Projektmanagement-Symposion zeigt: „Kommunikation und Weitergabe von Wissen im Projekt“, http://www.afinion.de/pm-symposium/agenda.php.

mittelt sich dann aus der Differenz der Aufwendungen, die für den Erhalt der Ressource entstehen, und den Erträgen, die durch die Ressource realisiert werden können (vgl. Rühli 1994, 42). Seltene Ressourcen zeichnen sich durch ihre Einzigartigkeit aus. Der Wert der Ressource wird dann durch ihre Ubiquität gemindert, d. h., es kann kein Wettbewerbsvorteil mit einer Ressource erklärt werden, die für jeden Mitbewerber gleichermaßen zugänglich ist. Des Weiteren sollen Ressourcen nicht einfach transferierbar sein, d. h. sich durch Immobilität auszeichnen. Die Forderung nach immobilen Ressourcen entspricht annährend der Forderung nach der Einzigartigkeit, da leicht zu transferierende Ressourcen schwerer vor Vervielfältigung zu schützen sind. Mobile Ressourcen machen Aufwendungen erforderlich, um Mobilitätsbarrieren aufzubauen, damit die alleinige Verwendung gewahrt bleibt. Dadurch wird der Wert der Ressource geschmälert, da sich, wie bereits erwähnt, der Wert aus der Differenz von Wertschöpfung für den Kunden und Kosten für den Erhalt und die Nutzung der Ressource ergibt. Die Forderung nach der Unimitierbarkeit von Ressourcen wird durch mehrere Faktoren erreicht (vgl. Rasche 1994, 70 f.). Ressourcen sind das Ergebnis einer zeitlichen, unternehmensinternen, idiosynchratischen (charakteristischen) Entwicklung. Sie zeichnen sich dann durch eine Pfadabhängigkeit[4] ihrer Entwicklung aus (vgl. Barney 1991, 107 f.). Die Historizität (vgl. Hinterhuber, Friedrich 1997, 996) beeinflusst die Imitierbarkeit von Ressourcen, da es sich bei den unternehmensspezifischen Ressourcen um über die Zeit kumulierte Erfahrungen handelt, die für einen Außenstehenden nicht offensichtlich nachvollziehbar sind. Speziell auf diese Eigenschaften einer Ressource, die selbige vor Imitierbarkeit schützen, wird später noch einmal zurückgekommen. Es soll nun als letzte Komponente, damit eine Ressource einen nachhaltigen Wettbewerbsvorteil sichert, die Frage nach der Substituierbarkeit behandelt werden. Sobald ein Substitut einem Kunden den gleichen Nutzen verspricht, wie mit der unternehmensspezifischen Ressource realisiert werden kann, ist der Wettbewerbsvorteil für das Unternehmen obsolet (vgl. Barney 1991, 111 f.).

Um einen angestrebten Wettbewerbsvorteil mit Hilfe von Ressourcen zu erreichen, haben Prahalad und Hamel bei japanischen Unternehmen Kernkompetenzen entdeckt, die es den Unternehmen ermöglichen, sich einen langfristigen, nachhaltigen Wettbewerbsvorteil zu sichern (vgl. Prahalad, Hamel 1990, 79 f.). Der Unterschied zwischen Ressourcen und Kompetenzen besteht darin, dass Ressourcen das beschreiben, was ein Unternehmen hat, und Kompetenzen das, was ein Unternehmen kann (vgl. Hinterhuber, Friedrich 1999, 994). Eine Kernkompetenz kann aber auch der spezielle Umgang mit einer Ressource sein oder es hat sich aus der Kontrolle über Ressourcen eine besondere Kompetenz entwickelt (vgl. Pfeffer, Salancik 1978, 56 ff.).[5] Damit Ressourcen als Kernkompetenzen identifiziert werden, müssen

---

[4] Als Beispiel für Pfadabhängigkeit als einem unumkehrbaren Entwicklungspfad lässt sich die Entwicklung, bei der sich die QWERTY-Schreibmaschinentastatur durchsetzen konnte, anführen. Dabei handelte es sich nicht um die Tastatur für schnelles und effizientes Tippen, die damals zur Verfügung stand, sondern es wirkte sich ein Rückkopplungsprozess auf die Verbreitung aus. In den Büros wurden zur dieser Zeit verstärkt die Schreibmaschinen eingesetzt, mit denen der Großteil der Schreibkräfte vertraut war (vgl. Puffer 2000, 2). Dadurch wirkt ein sich verstärkender Übernahmedruck, mit dem eine Innovation sich zu einem Standard entwickelt. Dieser diffusionsendogene Einflussfaktor auf den Diffusionsprozess wirkt auf die Ausbreitung von Innovationen in sozialen Systemen (vgl. Kuhlmann 1997, 144), ohne dass es sich bei der Innovation um die effizienteste und effektivste Lösung handeln muss.

[5] Nach Zimmer kann bei Pfeffer, Salancik nahezu alles eine Ressource sein (vgl. Zimmer 2001, 359).

sie besondere Eigenschaften aufweisen. Sie müssen als erstes Zugang zu einer Vielzahl von Märkten ermöglichen. Sie müssen zweitens dem Kunden einen wahrnehmbaren Nutzen stiften und als drittes müssen sie schwer imitierbar sein. Kernkompetenzen sind Ressourcen, Fähigkeiten, Kompetenzen etc., die „[...] die Überlebensfähigkeit einer Unternehmung im Wettbewerb langfristig sicherstellen (Rasche 1994, 149)."

Damit sichern sie dem Unternehmen die Fähigkeit, sich an wechselnde Rahmenbedingungen anzupassen (vgl. Prahalad, Hamel 1990, 81). Es handelt sich somit bei Kernkompetenzen um die organisationale Lernfähigkeit, d. h. um eine Metakompetenz, die es ermöglichen soll, in sich verändernden Umwelten weiterhin einen nachhaltigen Wettbewerbsvorteil zu realisieren (vgl. Rasche 1994, 159).[6] Kernkompetenzen sind zusammenfassend strategische Ressourcen, die zusätzlich Zugang zu einer Vielzahl von Märkten liefern und dem Kunden einen Zusatznutzen stiften. Das organisationale Wissen entspricht den genannten Eigenschaften und wird daher häufig auch als Kernkompetenz bezeichnet (vgl. Wirtz 2000, 7; Willke 1998, 19). Mit Hilfe des Kernkompetenzenansatzes lässt sich Wissen somit als eine Kernkompetenz darstellen, die es einem Unternehmen erlaubt, einen strategischen, nachhaltigen Wettbewerbsvorteil zu realisieren.

Der RBV fordert, dass strategische Ressourcen nicht imitierbar sein dürfen. Diese Eigenschaften erlangen die Ressourcen durch eine individuelle und spezifische Entwicklung hin zu einer strategisch bedeutsamen Ressource. Handelt es sich dabei um Wissen als strategischer Ressource – wie es beispielsweise in Projekten generiert wird – erhält der Kontext für die Zusammenarbeit, der im Folgenden vor dem Hintergrund der Ethnomethodologie betrachtet wird, eine besondere Bedeutung.

4 Bedeutung des Kontextes für die Ressource Wissen

Entsprechend des RBV handelt es sich bei strategischen Ressourcen um das Ergebnis einer zeitlichen, unternehmensinternen und pfadabhängigen Entwicklung (vgl. Barney 1991, 107 f.). Diese Historizität beeinflusst die Imitierbarkeit von Ressourcen, da sich die unternehmensspezifischen Ressourcen durch kumulierte Erfahrungen im Zeitverlauf entwickeln. Bezogen auf Wissen als Ressource für die Projektarbeit münden diese Erfahrungen in einem gemeinsamen Hintergrundwissen, das für die weitere Zusammenarbeit den relevanten Kontext bildet. Welche Entwicklungslinien dieses Hintergrundwissen durchlaufen hat, ist von außen nicht erkennbar und damit von Mitbewerbern nicht imitierbar. In der Projektarbeit ist Wissen daher immer kontextabhängig.[7] Die Entwicklung des relevanten Kontextes kann mit Hilfe der ethnomethodologischen Konversationsanalyse einer Untersuchung zugänglich gemacht werden.

„Die Ethnomethodologie ist ein Ansatz zur Untersuchung der Konstruktion sozialer Wirklichkeit" (Patzelt 1987, 11), bei der sich die Gesellschaftsmitglieder wiederkehrender Methoden bedienen, um ihre Alltagshandlungen durchzuführen und damit eine soziale Ordnung herstellen (vgl. Bergmann 1994, 5 f.). Harold Garfinkel, als Begründer der Ethnomethodologie, interessierte dabei das „Wie?" der Herstellung sozi-

[6] Diese Metakompetenz entspricht dem „double loop learning" von Argyris, Schön (1999, 35 ff.).

[7] Howaldt, Klatt, Kopp (2003, 180 ff.) weisen auf die grundsätzliche Kontextabhängigkeit von Wissen hin.

aler Ordnung in den alltäglichen Handlungen der Mitglieder.[8] In der Interaktion verweisen die Mitglieder auf ein Alltagswissen, von dem sie annehmen, dass alle an der Interaktion Beteiligten ebenfalls darüber verfügen (vgl. Weingarten, Sack 1976, 18; Patzelt 1987, 45 ff.).[9]

Auf die Ethnomethodologie ist zurückzuführen, dass Gesellschaftsmitglieder während einer Interaktion kontinuierlich auf diesen relevanten Kontext verweisen. Die Teilnehmer gehen davon aus, dass alle an der Interaktion Beteiligten über das gleiche Hintergrundwissen verfügen. Gegebenenfalls wird das für den weiteren Interaktionsverlauf relevante Hintergrundwissen aber auch erst durch die Interaktionsteilnehmer Zug-um-Zug entwickelt. Verletzt ein Teilnehmer in den Augen der anderen das als bekannt vorausgesetzte Hintergrundwissen, kommen so genannte Reparaturverfahren zum Einsatz (vgl. Hutchby, Wooffitt 1998, 57 ff.; Bergmann 1991, 217), bei denen die Teilnehmer selbst deutlich machen, dass sie einen Beitrag als Verstoß gegen ein normal zu erwartendes Orientierungsmuster wahrnehmen und bemüht sind, Abweichungen wieder „in Ordnung zur bringen" (vgl. Deppermann 2001, 100). Diese Reparaturverfahren können jedoch auch erfolglos bleiben und dann zu Konflikten führen.

Der Kontext einer Interaktion hat sich in einer pfadabhängigen Entwicklung herausgebildet. Aufgrund dieser speziellen Geschichte und Entwicklung ist der aktuell relevante Kontext, auf den sich die Interaktionsteilnehmer beziehen, nicht imitierbar. Somit stellt bereits die Leistung der Teilnehmer, in der Interaktion diesen relevanten Kontext herzustellen und fortlaufend darauf zu verweisen, eine spezielle Ressource im Sinne des RBV dar.

Diese interaktive Herausbildung des relevanten Kontextes findet auch bei der Aufgabenbearbeitung in virtuellen Umgebungen statt. Dieses wird nachfolgend anhand einiger Beiträge dargestellt, die aus einem Diskussionsforum in einem E-Learning-Modul an der Arbeitsstelle für wissenschaftliche Weiterbildung der Universität Hamburg stammen. Dafür wird zunächst die Methode der Konversationsanalyse vorgestellt, mit der sich der relevante Kontext einer Interaktion analysieren lässt.

5 Analyse des relevanten Kontextes mit Hilfe der Konversationsanalyse

Das Ziel der Konversationsanalyse ist es, die wiederkehrenden Methoden zur Herstellung der sozialen Ordnung, die von den Interaktionspartnern eingesetzt werden, aus dem sozialen Interaktionsgeschehen herauszufiltern und als allgemeine Praktiken zu formulieren (vgl. Bergmann 1994, 11). Bei diesen Praktiken, Mustern und Methoden handelt es sich um das gemeinsame Hintergrundwissen der Interaktionsteilnehmer, dass auch einen relevanten Kontext für die Interaktion bildet.[10] Damit sind nicht einfach gleichförmige Kommunikationsverläufe gemeint, sondern vielmehr Methoden in der Kommunikation, an denen sich auch die Interagierenden orientieren

[8] Die Frage nach dem „Warum?" der Handlungen wird von der Ethnomethodologie nicht weiterverfolgt (vgl. Weingarten, Sack 1976, 13).

[9] Daraus leitet sich auch der Begriff der Ethnomethodologie ab. Bspw. wird in der Ethnobotanik das botanische Wissen von Menschen untersucht. Dieses Wissens bedient sich eine bestimmte Ethnie (als Ethnie wird eine Gruppe von Personen bezeichnet, die eine gemeinsame soziale Wirklichkeit hervorbringen) im methodischen Umgang mit Pflanzen (vgl. Patzelt 1987, 13).

[10] Die Bezeichnungen „Praktiken", „Methoden", „Verfahren", „formale Prinzipien" und „Muster" werden von den Konversationsanalytikern synonym verwendet und bezeichnen die wiederkehrenden Methoden, die in der Interaktion sichtbar werden.

und sich gegenseitig aufzeigen, dass sie sich an diesen orientieren. „Damit besteht eine wesentliche Aufgabe der Analyse darin, am Datenmaterial aufzuzeigen, auf welche Weise die Interagierenden sich in ihren Äußerungen und Handlungen an diesen formalen Prinzipien orientieren." (Bergmann 1994, 11) Das Herstellen der sozialen Wirklichkeit entsteht in der Interaktion „Zug-um-Zug" (Bergmann 1981, 25), d. h., bei der Analyse darf nicht vorgegriffen werden „um Früheres durch Späteres zu erklären, da dieses den Gesprächsbeteiligten im Moment ihres Handelns auch nicht als Interpretationshilfe zur Verfügung steht (Deppermann 2001, 54)."

Dabei gibt es keinen fixierten Ablaufplan für die Analyse, sondern „ein Phänomen zu analysieren bedeutet für die Ethnomethodologie immer auch, im Fortgang der Analyse die Methoden erst zu bestimmen, die für dieses Phänomen adäquat sind (Bergmann 1991, 216)." Eine Orientierung für die Analyse bietet Deppermann (2001), der dabei zunächst eine Handlungsbeschreibung vornimmt, sich die Äußerungsgestalt und Formulierungsdynamik anschaut, das Timing betrachtet, eine Kontextanalyse durchführt, die Folgeerwartungen und daraus resultierende interaktive Konsequenzen in Verbindung zueinander setzt und nach Sequenzmustern und Makroprozessen in der betrachteten Interaktion sucht.

Wie Knauth und Wolff am Beispiel psychiatrischer Obergutachten zeigen, lässt sich die Konversationsanalyse – ebenso wie für die sprachliche Kommunikation – auch für die Analyse schriftlicher Texte verwenden, da es sich „in beiden Fällen um methodische und interaktive Herstellungsprozesse sozialer Realität handelt" (Knauth, Wolff 1991, 40 ff.)[11] mit Kommunikation als gemeinsamem Nenner. Das kann auch auf computervermittelte Kommunikation übertragen werden. Goll (2002) hat mit ihrer Untersuchung der Arbeitspraxis in einem vernetzten Unternehmen die Anwendung der Konversationsanalyse auf elektronisch vermittelte Kommunikation gezeigt. Die Konversationsanalyse lässt sich somit auch als Instrument der qualitativen Sozialforschung für die Analyse von internetbasierter Kommunikation anwenden, wie diese auf E-Learning-Plattformen (z. B. WebCT) oder auf internetbasierten Projektplattformen (z. B. projectplace) stattfindet. Die Beteiligten interagieren und kommunizieren über die Plattformen und bedienen sich dabei wiederkehrender Methoden, wodurch eine soziale Ordnung und ein Muster im Kommunikationsprozess entstehen. Beispielsweise folgen Sequenzen, in denen auf Fragen geantwortet[12] oder auf Vorschläge mit Zustimmung oder Ablehnung[13] reagiert wird, einem erkennbaren Muster.

Bei den E-Learning-Modulen im Projekt OLIM[14] an der Arbeitsstelle für wissenschaftliche Weiterbildung der Universität Hamburg fand der größte Teil der Zusam-

---

[11] Knauth, Wolff (1991) beschreiben, wie ein psychiatrischer Gutachter mit einem Obergutachten auf das vorab von einem Kollegen erstellte Gutachten reagiert. Folgt beispielsweise eine präferierte Reaktion, d. h. zustimmende Reaktion auf das Ergebnis eines Gutachtens, wird das Obergutachten eher kurz formuliert. Folgt eine dispräferierte Reaktion, d. h., dem ersten Gutachten wird nicht zugestimmt, erfolgt die Reaktion zeitlich verzögert und zusammen mit einer ausführlichen Begründung für die dispräferierte Reaktion.

[12] Dieses sind so genannte Adjacency Pairs, wie z. B. Gruß – Gegengruß, Frage – Antwort. Dabei lässt der erste Teil den zweiten Teil in einem nachfolgenden Beitrag erwartbar werden (vgl. Deppermann 2001, 68).

[13] Bei der Präferenzorganisation für Zustimmung erfolgt die zustimmende Kommunikation meist sofort und verbal explizit auf eine Mitteilung, während die ablehnende Kommunikation typischerweise zeitlich verzögert und inhaltlich abgeschwächt erfolgt (vgl. Deppermann 2001, 68).

[14] OLIM steht für Online-Lehre im Management und bezeichnet ein Projekt, bei dem ein modularisiertes E-Learning-Angebot „Management für Führungskräfte – Einführung in praxisrelevante Themen-

menarbeit über Diskussionsforen statt und wurde kombiniert mit Chat- oder E-Mail-Kontakten. Die dabei durchlaufenen Kommunikationsprozesse können für bestimmte Fragestellungen genauso „Zug-um-Zug" nachvollzogen werden, wie sie die Teilnehmer auch in ihrer Interaktion erlebt haben. Damit wird es möglich, den Kontext, auf den sich die Teilnehmer in der Kommunikation beziehen, zu erkennen sowie die Methoden herauszufiltern, die bei der Herstellung der sozialen Ordnung angewendet werden, und als wiederkehrende Muster zu beschreiben. Dabei gilt es zu vermeiden, im Chat oder Diskussionsforum auftauchende Phänomene durch später auftretende Ereignisse erklären zu wollen, da diese Erklärungen auch den Teilnehmern nicht vorab zur Verfügung standen. Vereinzelt hat zwischen den Teilnehmern auch Telefonkontakt stattgefunden, der sich ebenfalls, wie die Präsenzveranstaltungen, nicht rückwirkend rekonstruieren lässt. Sie werden somit auch nicht in die Analyse einbezogen, dieses wird nur in der Form erfolgen, wie sich auch die Teilnehmer in den analysierten Interaktionssequenzen darauf beziehen und verweisen.

Im Folgenden werden einzelne Beiträge aus Diskussionsforen betrachtet und analysiert. Bei der Analyse der Gruppenarbeit in den E-Learning-Modulen zeigt sich, dass die Teilnehmer die Zusammenarbeit arbeitsteilig organisieren und mit Hilfe der Konversationsanalyse lässt sich dabei ein Muster identifizieren, das als „wer macht was bis wann" bezeichnet werden kann. Das sich auch die Teilnehmer im weiteren Verlauf der Zusammenarbeit an diesem Muster orientieren, zeigen die nachfolgenden Beiträge. Mit dem folgenden Beitrag beginnt die Phase, in der die Zusammenarbeit für eine Lerneinheit organisiert wird.

Betreff: Organisation
Nachricht Nr. 359
Autor: Janice[15]
Datum: Dienstag, Januar 6, 2004 21:47

Hallo Ihr alle,

habt Ihr vielleicht auch schon den Text und die Aufgaben für die LE2[16] gelesen und Euch über eine mögliche Aufgabenverteilung Gedanken gemacht? Ich denke, dass dieses Mal bei mehr Aufgaben Diskussionsbedarf besteht, da es mehr Aufgaben sind, die keine einzige richtige Lösung haben werden. Deshalb wäre mein Vorschlag, die Aufgaben jetzt in den nächsten Tage zwar wieder einzeln zu verteilen und dann entweder die Lösungen vielleicht bereits bis spätestens nächsten Sonntag ins Netz zu stellen, so dass nächste Woche Zeit für Diskussionen bleibt. Hierbei denke ich vor allem an die Aufgaben 1, 2 und 5. Oder wir gehen so vor, dass bereits jetzt jeder zumindest zu diesen drei Aufgaben seine Ideen in jeweils ein Diskussionsforum stellt und der jeweilige Pate, die Diskussionsbeiträge auswertet, sammelt und zu einer Gruppenlösung zusammenstellt?!? Was meint Ihr, wie wir diesmal vorgehen sollen? Und wer möchte für welche Aufgabe die Patenschaft übernehmen? Wenn Ihr nichts dagegen habt, übernehm ich die Aufgabe 3!?!

Viele Grüße

Janice

---

komplexe" entwickelt wurde. Weitere Informationen zum Projekt sind unter http://www.aww.uni-hamburg.de zu finden.

15 Aus Datenschutzgründen wurden alle Teilnehmernamen geändert.

16 LE2 = Lerneinheit 2 zum Prozessmanagement im Modul Projekt-, Prozess- und Qualitätsmanagement.

An dieses initiale Posting[17] schließt sich die Organisation der Zusammenarbeit für eine spezielle Lerneinheit an. Durch die Initiierung der Zusammenarbeit an dieser Stelle wurde von den Gruppenteilnehmern im Folgenden das Vorgehen für die weitere Zusammenarbeit zunächst abgestimmt. Es wurden Verantwortlichkeiten festgelegt (wer und was), Termine gesetzt (bis wann) und das Vorgehen beim Zusammenstellen einer Gruppenlösung besprochen (wie). Damit war im Sinne eines „wer macht was bis wann" der relevante Kontext für die weitere Zusammenarbeit im Rahmen dieser Lerneinheit geklärt. Wird daran anschließend die Bearbeitung einer Aufgabe in dieser Lerneinheit näher betrachtet, ist erkennbar, dass der Ablauf der Zusammenarbeit nun sinnvoll geordnet ist, da die Gruppenmitglieder über ein geteiltes Verständnis des relevanten Kontextes – die zuvor abgeschlossene Abstimmung über die Zusammenarbeit – verfügen.

Nachricht Nr. 397
Von Thorsten am Samstag, Januar 10, 2004 15:30 gepostet
Betreff: Aufgabe 5
Hallo,

anbei mein Ergebnis. Ehrlich gesagt bin ich mit der Auswahl des Fallbeispiels nicht ganz
gluecklich, weil z. B. die Frage, welche Auswirkungen die Dauer der Vertragsverhandlungen
auf das Ergebnis haben, angesichts der geuebten Praxis eher theoretisch und abstrakt ist.
Aber nun gut.

Gruss

t
Siehe angehängte

Nachricht Nr. 411[Zweig von Nr. 397]
Von Janice am Sonntag, Januar 11, 2004 12:53 gepostet
Betreff: Bezug: Aufgabe 5
Hallo Thorsten,

ich hab meine Anmerkungen ins angehängte Dokument reingeschrieben!

Viele Grüsse

Janice

Die Konversationsanalyse lässt jetzt erkennen, wie Teilnehmer in einer bestimmten Art und Weise reagieren. Da zuvor – an anderer Stelle – „wer macht was bis wann" festgelegt wurde, ergeben die Beiträge von Thorsten und Janice eine sinnvolle Abfolge. Die Teilnehmer müssen somit an dieser Stelle nicht mehr explizit dazu aufgefordert werden, Lösungsvorschläge und Kommentare abzugeben, sondern die Abstimmung über die Zusammenarbeit – als relevanter Kontext – besitzt weiterhin seine Gültigkeit. Mit ihren Beiträgen zeigen die Teilnehmer, dass sie sich selber an diesem relevanten Kontext orientieren.

Mit der Konversationsanalyse wird somit erkennbar, wie die Bearbeitung der Aufgabe geordnet wird, indem ein Beitrag gepostet wird (z. B. von Thorsten der Hinweis „anbei mein Ergebnis", Zeile 6) und nachfolgende Teilnehmer mit Beiträgen reagieren (z. B. Janice „ich habe meine Anmerkungen ins angehängte Dokument reingeschrieben", Zeile 21). Die beiden Postings ergeben nur eine sinnvolle Kommunikati-

[17] Nach Schügraff, Meier (2004) ist das initiale Posting besonders bei der Analyse zu berücksichtigen.

onsabfolge, da an anderer Stelle dieses Vorgehen vereinbart wurde, das hier den relevanten Kontext bildet und die Teilnehmer nicht mehr explizit dazu aufgefordert werden mussten.

Anschließend gilt es aufzuzeigen, dass es sich im Sinne der Konversationsanalyse um ein allgemeingültiges Kommunikationsmuster handelt, an dem sich auch die Interaktionsteilnehmer orientieren. Dafür wird entweder nach vergleichbaren Sequenzen gesucht oder aber nach Sequenzen, in denen die Teilnehmer die Gültigkeit des identifizierten Kommunikationsmusters aufzeigen, indem sie Reparaturstrategien einsetzen, sobald das Muster verletzt wird.

Nachricht Nr. 455[Zweig von Nr. 445]
Von Martin am Montag, Januar 12, 2004 00:28 gepostet
Betreff: Bezug: Aufgabe 5
Habe mir Eure Lösungsvorschläge noch nicht durchgelesen. Werde ich aber
heute abend machen und mich dann melden.
Viele Grüße,
Martin

Nachricht Nr. 504[Zweig von Nr. 397]
Von Martin am Dienstag, Januar 13, 2004 22:47 gepostet
Betreff: Bezug: Aufgabe 5
Hallo Thorsten,
anbei nun auch meine Anmerkungen zu Aufgabe 5. Teilaufgabe c ist ganz
schön "tricky" gestellt, hast Du schön gelöst.
Viele Grüße,
Martin
Siehe angehängte

Martin weist in der Zeile 4 darauf hin, dass er die Erwartung an sich gerichtet sieht, den Lösungsvorschlag zu lesen und einen Kommentar dazu abzugeben. Damit bestätigt er die Gültigkeit des an anderer Stelle vereinbarten Vorgehens und orientiert sich somit weiterhin an dem Muster „wer macht was bis wann". Da er die damit verbundenen Erwartungen noch nicht erfüllt hat, verweist er darauf, dass er dieses heute Abend nachholen wird. Diese Folgeerwartung erfüllt Martin dann auch mit seinem Hinweis in Zeile 13, mit dem er auf seine angehängten Anmerkungen verweist. Somit ist das gültige Orientierungsmuster des „wer macht was bis wann" der Interaktionsteilnehmer von Martin wieder „in Ordnung" gebracht worden.

Das relevante Hintergrundwissen und die sich herausbildenden, wechselseitigen Erwartungen, die sich die Teilnehmer kontinuierlich aufzeigen (z. B. Lösungsvorschläge zu machen und Kommentare abzugeben), stellen das kollektive Wissen dieser Arbeitsgruppe dar. Nach Romhardt (2002) wird Wissen als verfestigte Erwartung bezeichnet und bildet damit eine Struktur, die in den täglichen Handlungen vorausgesetzt wird. Daher eignet sich die Konversationsanalyse für die Untersuchung kollektiver Lernprozesse und der Generierung von kollektivem Wissen, da mit der Analyse die sich wechselseitig stabilisierenden Erwartungen in der Interaktion näher betrachtet werden. Willke definiert Wissen als „eine auf Erfahrung gegründete kommunikativ konstituierte und konfirmierte Praxis", und weiter „Praxis meint ein Ensemble sozialer Praktiken, die der Bewältigung irgendeiner konkreten Aufgabe dienen (Willke 2002, 14, 22)." In den untersuchten E-Learning-Modulen haben die Teilnehmer weniger ein gemeinsames inhaltliches Verständnis entwickelt, sondern vielmehr ein kollektives Wissen über die Zusammenarbeit. Daraus lässt sich im Folgenden ein erster Ansatzpunkt für die Moderation in virtuellen Umgebungen ableiten.

6 Ansatzpunkte für die Moderation von internetbasierter Projektarbeit

Die Literatur zu Moderationsmethoden führt verschiedene Aufgaben und Kompetenzen für eine Moderation von Gruppen, Teams oder Meetings auf (vgl. Derschka, Gottschall 1984; Seipel 1999; Zieh 1999; Mayrshofer, Kröger 2001; Klebert u. a. 2002). Als gemeinsamer Nenner lässt sich anführen, dass es sich bei Moderation um einen Ansatz handelt, der in den 60er/70er Jahren zur Strukturierung, Steuerung und Visualisierung von Kommunikationsprozessen entwickelt wurde.

Dabei hat eine Präsenzmoderation speziell die Aufgabe, die Kommunikationsprozesse der Teilnehmer zu visualisieren und zu strukturieren. An dieser Stelle liegt ein Unterschied zur Moderation in virtuellen Umgebungen. Die Netzkommunikation muss in der Regel nicht mehr visualisiert werden. Findet sie in Foren oder Chatrooms statt, dann ist sie für alle Beteiligten erkennbar und nachvollziehbar. Auch die Strukturierungsaufgabe ist nicht mit der Strukturierungsaufgabe bei Präsenzmoderation vergleichbar, da sich beispielsweise im Diskussionsforum die Themen durch die entstehende Baumstruktur selbst strukturieren. Dabei ist es möglich, sich einem vorangegangenen Beitrag direkt anzuschließen. Für die Aufgaben der E-Moderation gibt es bislang nur Praxisempfehlungen aus dem E-Learning. Für Salmon (2004, 19) formuliert die E-Moderation den „Zündfunken" für die Online-Interaktivität und begleitet deren weitere Entwicklung. Bei Graf ist „[d]ie Moderation [...] gleichzeitig sowohl Mittler zwischen Veranstalter und Lernenden, ist für die inhaltliche Betreuung und die Strukturierung des Kurses verantwortlich, baut die Kommunikation und Kooperation in der Gruppe auf und vermittelt das Gefühl sozialer Präsenz (Graf 2004, 36 f.)."

Dabei bleibt die Frage danach, wo die Moderation ansetzen kann und welche Kommunikationsprozesse unterstützt werden können, unbeantwortet. Das ursprüngliche Handwerkszeug der Präsenz-Moderation (Pappkarten, Papier und Filzschreiber) auf eine virtuelle Umgebung zu übertragen, gibt wenig Ansatzpunkte. Zurückgeführt aber auf die ursprüngliche Aufgabe einer Moderation, die Kommunikationsprozesse zu steuern, zu strukturieren und dafür zu sorgen, dass alle Anwesenden sich an der Kommunikation beteiligen können, gilt es zunächst für virtuelle Umgebungen die Kommunikationsprozesse zu analysieren, um daraus Ansatzpunkte für die Moderation abzuleiten. Dieses ist im vorangegangenen Abschnitt mit Hilfe der Konversationsanalyse an einem Beispiel gezeigt worden. Bei diesem Beispiel wurde deutlich, dass bei der internetbasierten Zusammenarbeit zunächst Verantwortlichkeiten, Zuständigkeiten und Termine festgelegt werden. In einer Präsenzmoderation würde eine Moderation diese Abstimmung in einem so genannten Aktivitätenplan zusammenfassen. Für die internetbasierte Projektarbeit lässt sich daraus ein Ansatzpunkt für die Moderation ableiten: Diese Abstimmung noch einmal explizit zusammenzufassen und dafür zu sorgen, dass sie von allen als verbindlich akzeptiert wird, da sie für die weitere Zusammenarbeit den relevanten Kontext bildet. Wie beispielhaft gezeigt werden konnte, findet im Weiteren keine Konkretisierung mehr statt, welche Absprachen an anderer Stelle getroffen wurden, sondern dieser vorangegangene Abstimmungsprozess bildet den relevanten Kontext für die weitere Bearbeitung der Aufgabe. Wurde die Abstimmung vorab nicht sorgfältig abgeschlossen oder nicht für alle deutlich, dann folgen daraus in der weiteren Zusammenarbeit Verständigungsprobleme, die nur durch den Einsatz von so genannten Reparaturverfahren aufgelöst werden können oder zu Konflikten führen.

Im weiteren Verlauf der Zusammenarbeit ergibt sich somit ein Ansatzpunkt für die Moderation, kontinuierlich darauf zu achten, ob der relevante Kontext für die Zusammenarbeit von allen akzeptiert, eingehalten und fortlaufend bestätigt wird oder ob es Reparaturverfahren gibt, die darauf hinweisen, dass der relevante Kontext verletzt wird und Teilnehmer die an sie gestellten Erwartungen nicht erfüllen.

7 Fazit

Kollektive Lernprozesse, die im Rahmen der Zusammenarbeit durchlaufen werden, haben, wie exemplarisch gezeigt werden konnte, viel mehr die Zusammenarbeit zum Gegenstand als die konkrete inhaltliche Auseinandersetzung mit speziellen Themen. D. h., es hat ein kollektives Lernen über die Organisation der Zusammenarbeit stattgefunden. Wird bei einer der nächsten Aufgaben, die miteinander gelöst werden, festgestellt, dass diese Erwartungen an eine funktionierende Zusammenarbeit nicht aufrecht zu erhalten sind, schließen sich weitere kollektive Lernprozesse an, die den relevanten Kontext, das Hintergrundwissen über die Zusammenarbeit modifizieren und zwar in einer Form, dass es wieder zu einem erwartbaren Ablauf der Zusammenarbeit kommt.

Dieser Zusammenhang lässt sich auf die arbeitsteilige, standort- oder unternehmensübergreifende Zusammenarbeit im Projektverlauf übertragen. Die Analyseergebnisse aus den gezeigten E-Learning-Sequenzen eignen sich für eine Übertragbarkeit auf die internetbasierte Projektarbeit, da es sich sowohl in diesen Sequenzen als auch in der Projektarbeit um die arbeitsteilige Bearbeitung einer komplexen Aufgabe handelt. Durch die arbeitsteilige Organisation tritt die inhaltliche Auseinandersetzung mit den Aufgaben zugunsten der Organisation der Zusammenarbeit in den Hintergrund. Gelingt es somit der Moderation, dazu beizutragen, die Abstimmung über die Zusammenarbeit im Rahmen der internetbasierten Projektarbeit zu unterstützen, werden damit auch das für die weitere Zusammenarbeit erforderliche Hintergrundwissen und damit der relevante Kontext geklärt. Im weiteren Verlauf ist es dann die Aufgabe der Moderation, durch Analyse der Kommunikationsverläufe darauf zu achten, ob der relevante Kontext modifiziert werden muss, falls es verstärkt zu Erwartungsenttäuschungen in der Zusammenarbeit kommt.

Wie gezeigt werden konnte, entsprechen dieser relevante Kontext und die Kontextabhängigkeit von Wissen den Eigenschaften einer strategischen Ressource. Der Abstimmungsprozess der Teilnehmer über die Organisation der Zusammenarbeit durchläuft eine individuelle, idiosynchratische und pfadabhängige Entwicklung und bildet die Voraussetzung für die weitere Zusammenarbeit. Damit erfüllt der für die weitere Zusammenarbeit relevante Kontext die Eigenschaften einer strategischen Ressource. Unterstützt die Moderation die Teilnehmer dabei, den Kontext zu entwickeln, fortlaufend zu bestätigen und gegebenenfalls bei einsetzenden Reparaturverfahren zu modifizieren, dann wird auf diesem Wege die Moderation die internetbasierte Projektarbeit dabei unterstützt, einen wissensbasierten Wettbewerbsvorteil zu realisieren.

Literatur

Argyris, C.; Schön, D. (1999): Die Lernende Organisation: Grundlagen, Methode, Praxis, Stuttgart 1999

Barney, J. B. (1991): Firm Resources and Sustained Competitive Advantage, in: Journal of Management, 17. Jg. (1991) 1, S. 99-120

Bartsch-Beuerlein, S.; Klee, O. (2001): Projektmanagement mit dem Internet. Konzepte und Lösungen für virtuelle Teams, München 2001

Bergmann, J. R. (1981): Ethnomethodologische Konversationsanalyse, in: Schröder, P.; Steger, H. (Hg.): Dialogforschung, Jahrbuch des Instituts für Deutsche Sprache, 1980, Sprache der Gegenwart, Bd. 54, Düsseldorf 1981

Bergmann, J. R. (1991): Konversationsanalyse, in: Flick, U. u. a. (Hg.): Handbuch Qualitative Sozialforschung, München 1991

Bergmann, J. R. (1994): Ethnomethodologische Konversationsanalyse, in: Fritz, G.; Hundsnurscher, F. (Hg.): Handbuch der Dialoganalyse, Tübingen 1994, S. 3-16

Deppermann, A. (2001): Gespräche analysieren, Opladen 2001

Derschka, P.; Gottschall, D. (1984): Metaplan, das Geheimnis der Wolke, in: Management Wissen (1984) 12, S. 16-33

Gerpott, T.; Böhm, S. (2000): Strategisches Management in virtuellen Unternehmen, in: Zeitschrift für Betriebswirtschaft, Ergänzungsheft (2000) 2, S. 13-35

Goll, M. (2002): Arbeiten im Netz. Kommunikationsstrukturen, Arbeitsabläufe, Wissensmanagement, Wiesbaden 2002

Graf. M. (2004): eModeration. Lernende im Netz begleiten, Bern 2004

Hinterhuber, H.; Friedrich, S. (1997): Markt- und ressourcenorientierte Sichtweise zur Steigerung des Unternehmungswertes, in: Hahn, D.; Taylor, B. (Hg): Strategische Unternehmungsplanung – strategische Unternehmungsführung: Stand und Entwicklungstendenzen, 7. Aufl., Heidelberg 1997, S. 988-1016

Howaldt, J.; Klatt, R.; Kopp, R. (2003): Interorganisationales Wissensmanagement im Kontext wissensintensiver Dienstleistungen, in: Katenkamp, O.; Peter, G. (Hg.): Die Praxis des Wissensmanagements, Bd. 8, Münster 2003

Hutchby, I.; Wooffitt, R. (1998): Conversation Analysis. Principles, Practices and Applications, Cambridge 1998

Klebert, K.; Schrader, E.; Straub, W. (2002): Moderations Methode, Hamburg 2002

Knauth, B.; Wolff, S. (1991): Zur Fruchtbarkeit der Konversationsanalyse für die Untersuchung von Texten, in: Zeitschrift für Soziologie, 20 Jg. (1991) 1, S. 36-49

Krogh, G. von; Venzin, M. (1995): Anhaltende Wettbewerbsvorteile durch Wissensmanagement, in: Die Unternehmung (1995) 6, S. 417-436

Kuhlmann, C. (1997): Diffusion von Informationstechnik, Wiesbaden 1997

Luhmann, N. (1984): Soziale Systeme, Grundriß einer allgemeinen Theorie, Frankfurt/Main 1984

Madauss, B. J. (1991): Handbuch Projektmanagement, 4. Aufl., Stuttgart 1991

Mayrshofer, D.; Kröger, H. (2001): Prozesskompetenz in der Projektarbeit, 2. Aufl., Hamburg 2001

Patzelt, W. (1987): Grundlagen der Ethnomethodologie. Theorie, Empirie und politikwissenschaftlicher Nutzen einer Soziologie des Alltags, München 1987

Pfeffer, J.; Salancik, G. (1978): The External Control of Organizations, A Resource Dependence Perspective, New York 1978

Prahalad, C.; Hamel, G. (1990): The Core Competence of the Corporation, in: Harvard Business Review (1990) May/June, S. 79-91

Probst, G.; Raub, S. (1998): Kompetenzorientiertes Wissensmanagement, in: zfo (1998) 3, S. 132-138

Puffer, D. (2000): Pfadabhängigkeit in der Wirtschaftsgeschichte, in: Hermann-Pillath, C.; Lehmann-Waffenschmidt, M. (Hg): Handbuch zur evolutorischen Ökonomik, Berlin 2000, http://www.vwl.uni-muenchen.de/ls_komlos/pathd.pdf, Abruf vom 28.02.2005

Rasche, C. (1994): Wettbewerbsvorteile durch Kernkompetenzen: Ein ressourcenorientierter Ansatz, Wiesbaden 1994

Romhardt, K. (2002): Interventionen in die organisatorische Wissensbasis zwischen Theorie und Praxis. Welchen Beitrag kann die Systemtheorie leisten?, http://www.cck.uni-kl.de/wmk/papers, Abruf vom 04.10.2002

Rühli, E. (1994): Die Resource-based View of Strategy, in: Gomez, P. u. a. (Hg.): Unternehmerischer Wandel: Konzepte zur organisatorischen Erneuerung, Knut Bleicher zum 65. Geburtstag, Wiesbaden 1994, S. 31-58

Salmon, G. (2004): E-tivities. Der Schlüssel zu aktivem Online-Lernen, Zürich 2004

Schmitt, R. (1993): Kontextualisierung und Konversationsanalyse, in: Grosse, S. u. a. (Hg.): Deutsche Sprache, Zeitschrift für Theorie, Praxis, Dokumentation, Berlin 1993

Schuegraf, M.; Meier, S. (2004): Chat- und Forenanalyse, in: Mikos, L.; Wegener, C. (Hg.): Handbuch „Qualitative Medienforschung", Berlin 2004, http://www.tu-chemnitz.de/phil/medkom/mk/mk-forschung/downloads/schuegraf.meier_chat.forenanalyse. pdf, Abruf vom 17.09.2004.

Seipel, M. (1999): Kommunikation per Karte, in: Manager Seminare (1999) 34, S. 88-94

Weingarten, E.; Sack, F. (1976): Ethnomethodologie. Die methodische Konstruktion der Realität, in: Weingarten, E.; Sack, F.; Schenkein, J. (Hg.): Ethnomethodologie. Beiträge zu einer Soziologie des Alltagshandelns, Frankfurt/Main 1976, S. 7-26

Willke, H. (1998): Systemisches Wissensmanagement, Stuttgart 1998

Willke, H. (2002): Dystopia, Studien zur Krisis des Wissens in der modernen Gesellschaft, Frankfurt/Main 2002

Wirtz, B. (2000): Wissensmanagement und kooperativer Transfer immaterieller Ressourcen in virtuellen Organisationsnetzwerken, in: Virtuelle Unternehmen, ZfB Ergänzungsheft, Wiesbaden 2000, S. 97-116

Ziehr, S. (1999): Moderation ist kein Kartenspiel, in: Wissensmanagement (1999) 1, S. 44-46

Zimmer, M. (2001): Virtuelle Organisationen und „Experten"-Netzwerke, Paper für den Herbstworkshop der Kommission Personal, Wien 2001

Unterstützung virtueller Zusammenarbeit in cross-medialen Dienstleistungsstrukturen und CMP (Cross-media Publishing)

Neue Geschäftsmodelle und Anforderungen an die Kompetenzentwicklung in verteilten innovativen Produkt-Service-Systemen – Eine Momentaufnahme aus einem betrieblichen Anwendungsprojekt

Joachim Hafkesbrink, Veronika Sauer, Wilfried Biallas

1 Ausgangssituation

Das Forschungsprojekt NErVUM widmet sich der Entwicklung praxisgerechter Modelle für überbetriebliche Personalentwicklung in virtuellen Unternehmensstrukturen der Medienindustrie, die die Chancen neuer, nicht-linearer Erwerbsbiografien nutzen. Nicht-lineare Karrieren werden dabei nicht als krisenhafte Erscheinungen angesehen, sondern als gestaltbare Optionen für persönliche wie auch Unternehmensentwicklungen. Neben der Erarbeitung von grundlagennahen Erkenntnissen über die Bedeutung nicht-linearer Erwerbsverläufe in einem begleitenden wissenschaftlichen Leitprojekt (vgl. hierzu den Beitrag von Klatt u. a. in diesem Band) werden in zwei Betriebsprojekten konkrete Umsetzungsmodelle entwickelt und erprobt, und zwar in Hinblick auf die Ansteuerung von Organisations- und Personalentwicklungsmaßnahmen (vgl. hierzu den Beitrag von Ciesinger, Urdze in diesem Band) sowie in Bezug auf die Verzahnung mit der Geschäftsfeldplanung.

Mit nachfolgendem Bericht werden Ergebnisse zur Bedeutung der Kompetenzentwicklung im Rahmen der Geschäftsfeldentwicklung neuer cross-medialer Dienstleistungen vor dem Hintergrund virtueller Unternehmens- und Arbeitsstrukturen vorgestellt. Anforderungen in den neuen Märkten der Medienindustrie werden skizziert, der Trend hin zur Entwicklung komplexer cross-medialer Produkt-Service-Systeme sowie die Konsequenzen für die Organisations- und Personalentwicklung dargestellt. Anhand von empirischen Ergebnissen aus dem betrieblichen Umsetzungsprojekt „Geschäftsfeldplanung neuer Cross-media Dienstleistungen“ bei der Laupenmühlen Druck werden Möglichkeiten der Bewältigung der komplexen Veränderungen von Markt-, Akteurs- und Organisationsstrukturen durch Verzahnung mit der Personal- und Kompetenzentwicklung erläutert.

2 Hintergrund

Die Produktion der Druckindustrie war bis zur Mitte der siebziger Jahre in den KMU weitgehend handwerklich und durch viele manuelle Tätigkeiten geprägt. Durch den Einzug mikro- und optoelektronischer Technologien wurden seither die Produktionsweisen wesentlich verändert:

- In der Druckvorstufe wurden fotografische Verfahren und manuelle Tätigkeiten im Wesentlichen durch digitale Aufzeichnungs- und Bearbeitungsverfahren ersetzt, in denen die Produktionsschritte weitgehend immateriell an Datenbeständen vorgenommen werden.

- Im Druckbereich wurden verfeinerte Steuerungs- und Regelungstechniken eingeführt, die durch den Einsatz von Sensor-/Aktoreinheiten die Druckvorgänge weitgehend automatisiert haben (Leitstandtechniken).
- Die Weiterverarbeitung wurde durch Inline-Verfahren an die vorgelagerten Produktionsschritte angekoppelt, wodurch auch hier manuelle Eingriffe und handwerkliche Tätigkeiten stark zurückgingen.

Dieser Strukturwandel in den Produktionsprozessen ging einher mit eklatanten Veränderungen auf den Märkten: Durch das Auftreten neuer Anbieter aus anderen Branchen (zum Beispiel der Computerindustrie), durch Verlagerungen von Aufgaben zu den früheren Kunden (zum Beispiel Werbeagenturen) und vor allem durch die Substitutionswirkungen neuer Office-Technologien (Farbkopierer und Laserdrucker, E-Mail) ergaben sich vollkommen neue Marktbeziehungen der Druckindustrie. Das Printvolumen ging dabei zwar bis Mitte der neunziger Jahre nicht zurück, das Leistungsspektrum der Betriebe veränderte sich jedoch in Abhängigkeit von den neuen Nachfragestrukturen.

Seit der Jahrhundertwende 2000 verändern sich die Märkte der Druckindustrie nochmals einschneidend. Durch die so genannten Multimedia- und insbesondere durch neue cross-mediale Technologien werden völlig neue Formen der Informationsdarstellung und -übermittlung möglich, denen erhebliche Substitutionswirkungen gegenüber dem bedruckten Papier (dies ist Zielpunkt aller Produktionsschritte der Druckindustrie) prognostiziert werden. Durch die Verbreitung des multimedialen Home-PC, die Möglichkeiten der Aufrüstung des Fernsehers zu einem digitalen Empfänger und Sender und nicht zuletzt durch das Internet bieten sich vollkommen neue Darstellungs- und Distributionsformen nicht nur im B2B- (Business-to-Business), sondern auch im B2C- (Business-to-Consumer) Bereich.

Die Neustrukturierung der Marktbeziehungen und Rollen der durch die Cross- bzw. Multimediatechnologie betroffenen Betriebe führt zu der Bildung neuer Unternehmenstypen. Hier lassen sich vor allem drei Formen betrieblicher Umsetzung und Nutzung der Multimedia-Technologie unterscheiden: Produzenten, Distributoren und Anwender.

- *Typ1: Cross-media Produzenten/Dienstleister*
  Dies sind Unternehmen, die die neuen elektronischen Dienstleistungen entwickeln: Netzwerkdienstleister, Informationsbroker, Hersteller von Multimedia-Anwendungen für die Wissensvermittlung, zur Bereitstellung interaktiver Dienste, Unterhaltung und kommerzieller Anwendungen für Handel und so weiter.
- *Typ 2: Cross-media Distributoren*
  Hier sind Unternehmen subsumiert, die elektronische Information und ihre Strukturierung als Ware begreifen: zum Beispiel Verlage, die neben oder statt Printmedien die elektronische Zeitung vertreiben. In der „Breite" sind hier beispielsweise auch die Anbieter interaktiven Fernsehens zu verorten, in der „Tiefe" Anbieter spezifischer Wissensdatenbanken, die zum Beispiel durch Hypertextstrukturen unterstützt werden.
- *Typ 3: Cross-media Anwender*
  Hierunter werden die Unternehmen verstanden, die im Rahmen ihrer Geschäftstätigkeit die Möglichkeiten der multimedialen Informations- und Kommunikationstechnologien nutzen und einbeziehen: zum Beispiel Finanz-

dienstleister, die Telebanking anbieten, Versandhäuser, die versuchen, die traditionelle interaktive Verkaufssituation zwischen Kunde und Verkäufer durch interaktive Kataloge zu simulieren, Maschinenhersteller, die multimediale Ferndiagnosesysteme anbieten, produzierende Unternehmen, die Maschinen mit Multimedia-Hilfesystemen einsetzen.

Aktuelles Merkmal der Veränderung von Markt- und Akteursbeziehungen in den Cross-/Multimediamärkten ist die Tatsache, dass innovative Druck- und Verlagsunternehmen, je nach individueller Unternehmensstrategie, mittlerweile alle Innovationspfade in der Kreuzung der genannten drei Typen nutzen, um neue Produkte und Dienstleistungen aufzubauen. Sie decken damit entlang der klassischen Wertschöpfungskette nunmehr andere, meist weitergehende Wertschöpfungsstufen ab (etwa durch Integration von Software- oder Sicherheitstechnik) und/oder agieren etwa als Service-Dienstleister für ganz neue interaktive Online-Dienste und initiieren damit durch jeweilige Vorwärts- und Rückwärtsintegration neue Marktnischen verbunden mit zunehmender Wettbewerbsdynamik durch Verdrängung von Alt-Produkten.

Dabei spielen folgende Innovationstreiber eine wichtige Rolle:

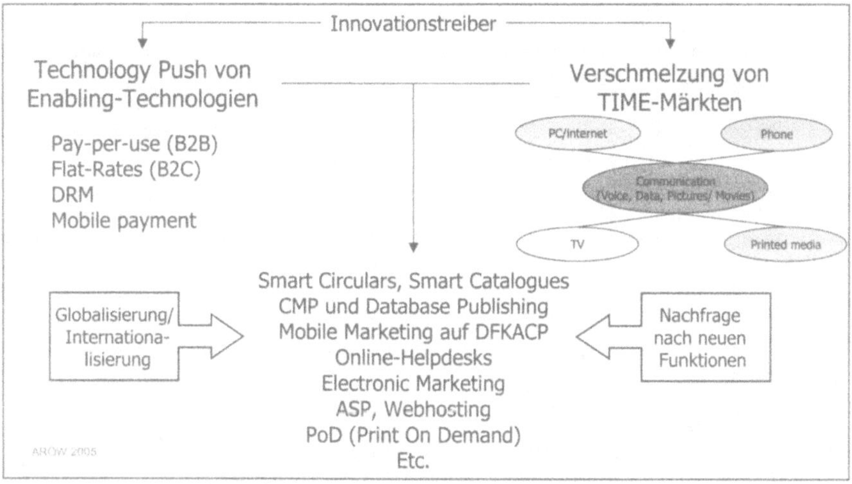

Abbildung 1: Innovationstreiber in der Druck- und Medienindustrie

Auf der einen Seite stehen neue Enabling-Technologien, die zur Anwendung drängen und völlig neue Geschäftsprozesse ermöglichen, wie etwa Pay-per-use im Bereich des E-Commerce, Digital Rights Management (DRM), das neue selektive Geschäftsmodelle in der direkten Interaktion mit Kunden ermöglicht (z. B. 1 x Download eines Musikstückes mit dem Recht zur Nutzung an einem bestimmten Tag) oder Mobile Payment, das flexible Geschäftsmodelle im B2C-Bereich ermöglicht (z. B. Zahlung über Mobiltelefone). Auf der anderen Seite ist das Verschmelzen weiter Teile der TIME-Märkte zu beobachten, das völlig neue Märkte an der Schnittstelle zwischen Fernsehen, Printmedien, PC/Internet und Telekommunikation entstehen lässt.

Innovative Druck- und Mediendienstleister suchen beständig nach der Möglichkeit zur Entwicklung neuer CMP in diesen neuen Märkten, wie etwa „intelligente elektronische Kataloge", Database-Publishing, Webhosting/Application Service Providing etc.

Die daraus erwachsenden Anforderungen an moderne cross-mediale Produkte und Dienstleistungen lassen sich wie folgt bündeln:

- Mehrsprachigkeit, Globalität: Die neuen Angebote müssen meist mehrsprachig sein.
- Schneller Informationsfluss: Zwischen Kunden und Service-Provider müssen Informationen und Daten schnell ausgetauscht werden können.
- Flexibilität und Dynamik bis kurz vor Druck/Ausgabe in andere Medien: Aufgrund individueller Kundenwünsche in Design und Marketing ist eine hohe Flexibilität für kurzfristige Änderungen des Produktes bis kurz vor der Fertigstellung zu gewährleisten.
- Weitgehende Automatisierbarkeit der Dokumentenerstellung: Routinisierbare Teilprozesse sind möglichst weitgehend zu automatisieren.
- Verkürzung der Produktionszyklen im Bereich der Druckvorstufe: Einhergehend mit zunehmenden Anforderungen an die Flexibilität verkürzen sich die Produktionszyklen im Bereich der Vorlagenherstellung nach wie vor.
- Personalisierung und Individualisierung/1:1 Marketing/Mass-Customization: Produkte und Dienstleistungen werden immer häufiger auf ganz individuelle Kundenwünsche zugeschnitten.
- Medienneutralität der Datenhaltung: Um im Ausgabebereich eine hohe Flexibilität zu halten, müssen die Ausgangsdaten für jedes beliebige Format (Print, CD, Internet etc.) vorgehalten werden.
- Datenimport und -export in jedem beliebigen Format: Der Mediendienstleister muss in jedem beliebigen Format mit seinen Kunden kommunizieren können.
- Reduzierung von Prozesskosten, Just-in-Time: die Reduzierung von Kosten steht nach wie vor auf der Tagesordnung.
- Traceability: Die Erstellung der Mediendienstleistung muss insbesondere auch für Kunden nachvollziehbar und der Status der Fertigstellung jederzeit abrufbar sein.
- ERP-Integration: Neue Mediendienstleistungen müssen im Hinblick auf die Daten mit den Kundensystemen kompatibel sein, d. h. sich an vorhandene ERP-Systeme ankoppeln lassen.

3 Produkt-Service-Systeme

Auch in der Druck- und Medienindustrie ist ein Trend zu Produkt-Service-Systemen zu beobachten. Unter Produkt-Service-Systemen werden neue Geschäftsmodelle in der Kombination von Produkten und Dienstleistungen verstanden, die einen „added value" für kundenorientierte Lösungen und insofern Wettbewerbsvorteile für die Innovationsakteure erbringen. Das Spektrum von Produkt-Service-Systemen ist vielfältig. Eine übliche Unterscheidung differenziert nach:

- produktorientierten Services (Service-Integration wie Upgrading, Maintenance etc.),
- nutzungsorientierten Services (‚functional sales', d. h. Verkauf des Produkt-Nutzens statt des Produktes, über z. B. Leasing),
- ergebnisorientierten Services (z. B. Produktsubstitutionen über Dematerialisierung wie virtuelle Anrufbeantworter),

wobei die Übergänge fließend sind:

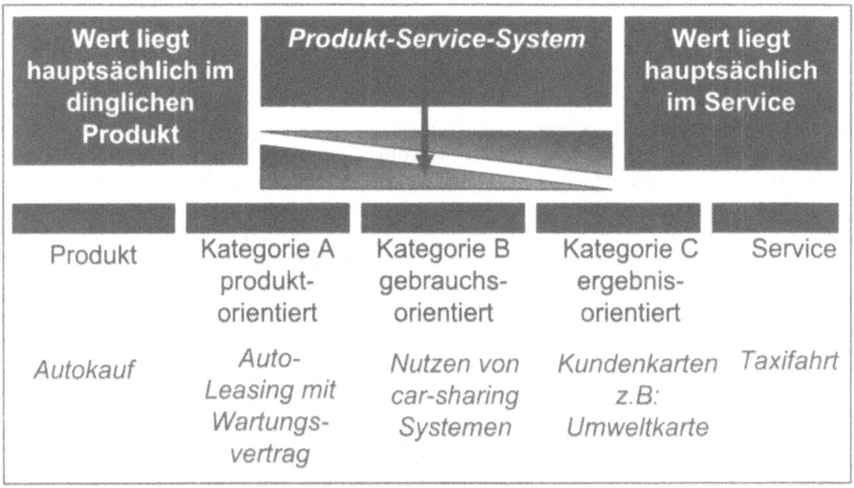

Abbildung 2: Produkt-Service Systeme (vgl. Tukker 2004)

PSS-Lösungen sind im Allgemeinen weitaus komplexer als produktbasierte Lösungen. Der Hersteller muss Service-Elemente selber aufbauen oder outsourcen. Insofern ist der Hersteller angewiesen auf die kooperative Entwicklung und Umsetzung von PSS im Zusammenwirken mit neuen Playern (z. B. Service-Providern), d. h. gegebenenfalls Akteuren, die im bisherigen Innovationssystem noch keine Rolle gespielt haben. PSS-Lösungen verstärken den Kundenkontakt in einem großen Ausmaß. Die Art dieser Kontakte ist vorwiegend personaler Art. Darauf ist zumindest ein Großteil der (massen)produktorientierten Industrie nicht vorbereitet.

PSS bergen jedoch erhebliche Wettbewerbsvorteile für den Hersteller und können als Mittel der Wettbewerbsdifferenzierung in saturierten Märkten wie der Druckbranche dienen:

- Bessere Kundenbindung, Individualisierung der Leistung: PSS vermögen eine hohe Kundenbindung durch Personalisierung der Dienstleistung zu erbringen; sie sind deshalb für den Wettbewerb nicht ohne weiteres zu kopieren.
- Bessere Befriedigung variierender Bedürfnisse, Kreation neuer Funktionen: Im engen Kundenkontakt können neue Bedürfnisse besser erkannt werden, neue Funktionen kreiert werden etc.
- Keine oder geringe Einstiegsinvestitionen für den Kunden: PSS-Lösungen können so ausgestaltet werden, dass sie für den Kunden die Einstiegsschwelle hoher Erstinvestitionen nehmen.
- Ausweg aus dem Preiswettbewerb: PSS-Lösungen bieten einen Ausweg aus dem extremen Preiswettbewerb in der Druckbranche, dem in den letzten Jahren viele, insbesondere kleine Druckunternehmen zum Opfer gefallen sind.

4 Auswirkungen auf Personalentwicklung

Vor diesem Hintergrund und aufgrund der immensen Markt- und Technologiedynamik sind die Anforderungen an die Mitarbeiter in diesen Medienbranchen extrem hoch und verändern sich stetig.

Auf der Ebene der Planung solcher Produkt-Service-Systeme bedeutet dies den Übergang von einzelwirtschaftlicher auf eine kooperative strategische Planung zusammen mit komplementären Partnern der Wertschöpfungskette. Produktfeatures müssen mit neuen Dienstleistungselementen gekoppelt und aufeinander abgestimmt werden, es müssen quasi zeitabhängige Nutzungssysteme geplant werden, weitere Akteure müssen in den Planungsprozess einbezogen werden (Einbringen von völlig neuen Kernkompetenzen in das Innovationssystem, wie z. B. Telekommunikationsproviding, virtuelle Zahlungssysteme, GPS-Know-how, GIS-Software etc.), kurz: Die Akteure müssen ihre gemeinsamen Innovationsbemühungen zur Umsetzung der Innovation intensiv koordinieren.

Die Umsetzung derartiger PSS beginnt häufig mit einer Testanwendung in enger Zusammenarbeit mit einem Pilotkunden. In dieser Phase wird in der Regel noch kein Geld verdient, sondern Erfahrungen gesammelt. Der Workflow in solchen PSS ist häufig asynchron, zeitlich, aber auch räumlich und funktional entkoppelt, er überwindet damit in der Regel Zeit-, Raum- und Organisationsgrenzen und erfüllt damit wesentliche Merkmale virtueller Arbeitsstrukturen.

Die Kompetenzanforderungen auf der Ebene der Mitarbeiter wandeln sich in solchen Strukturen erheblich und sind zunächst generell zu kennzeichnen mit dem Übergang von fachlichen auf Systemkompetenzen, erhöhten Anforderungen an die Selbstlern- und Organisationsfähigkeit, Teamfähigkeit sowie in steigenden Anforderungen an die Aneignung von berufs- und betriebsübergreifenden Kompetenzen. Auf der Ebene „organisationaler Kompetenzen“ stehen im Mittelpunkt das Workflow-Management, Netzwerk-Kompetenzen, Kooperationskompetenz und interkulturelles Management. *Zugleich sind Konsequenzen für die Personal- und Organisationsentwicklung* unvermeidlich: Herkömmliche Modelle der Karriereplanung, die von einer stetigen und geradlinigen Entwicklung ausgehen, müssen hier aufgrund der extremen Anforderungswechsel und auch veränderter Leistungsfähigkeit und -bereitschaft in unterschiedlichen Lebensabschnitten scheitern. Die Folge sind Nachwuchsprobleme, hohe Fluktuationsraten und die Entwicklung einer neuen Arbeitnehmerklasse hochqualifizierter, aber austauschbarer Spezialisten (sog. Netslaves) in der Branche. Hinzu kommen aus heutiger Sicht kaum absehbare Problematiken einer älter werdenden Erwerbsbevölkerung, die den Leistungsanforderungen aktueller IT- und Medienarbeit nicht mehr folgen können wird.

Auf der anderen Seite bieten gerade virtuelle Unternehmen aufgrund ihrer Komplexität neue Möglichkeiten der Qualifizierungs- und Karriereplanung, in denen veränderte Leistungscharakteristika in unterschiedlichen Lebensabschnitten durch nichtlineare Karriereplanung nicht nur aufgefangen, sondern sinnvoll umgesetzt werden können. Durchbricht man das Bildungs-Paradigma, nach dem ein Mitarbeiter sein Erwerbsleben lang im Wesentlichen immer im selben Berufs- und Arbeitsfeld eingesetzt sein muss, so können gerade in heterogenen Organisationseinheiten wie virtuellen Unternehmen sinnvolle Karrieren geplant und umgesetzt werden, die weder an Berufsbildgrenzen, noch an die Grenzen der Unternehmen gebunden sind. Ein Charakteristikum virtueller Unternehmen ist die flexible auftragsspezifische Zusammenstellung von Projektteams, bestehend aus jeweils bedarfsbezogen kooperierenden Unternehmen. Diese hohe Flexibilität und Variabilität schließt mit ein, dass Mitarbeiter mit unterschiedlichsten Erfahrungshintergründen ebenso wie auch Freelancer oder etwa Leiharbeitskräfte eingesetzt werden. Neben der Integrationsproblematik werden diese Tendenzen die – gerade in der Medienindustrie – hohen Anforderungen an die Mitarbeiter in den Unternehmen ergänzen und verschärfen, da ein hohes Maß an Anpassungsfähigkeit gefordert und durch den direkten Vergleich mit Externen ein hoher Leistungsdruck erzeugt wird.

5 Neue Cross-Media Dienstleistung „Online-Agentur“

Neue Produkt-Service-Systeme in der Cross-Media Landschaft der Druckindustrie entstehen derzeit vorwiegend im Zusammenhang mit der Nutzung des Internet. Die Laupenmühlen Druck als betrieblicher Anwendungspartner des Forschungsprojektes NErVUM ist Vorreiter in diesem Bereich neuer PSS.

Kern der Entwicklung ist eine so genannte „Online-Agentur“, die von Laupenmühlen als Produkt-Service-System zur Verfügung gestellt wird und mit der die direkten Kunden wie auch Mittler von Aufträgen wesentliche Teile der Design- und Druckvorlagenherstellung quasi selbst übernehmen können, dabei aber durch ein Bündel von Dienstleistungen und neuen Produktfeatures unterstützt werden. Abbildung 3 zeigt das Produkt-Service-System „Online-Agentur“ im Überblick:

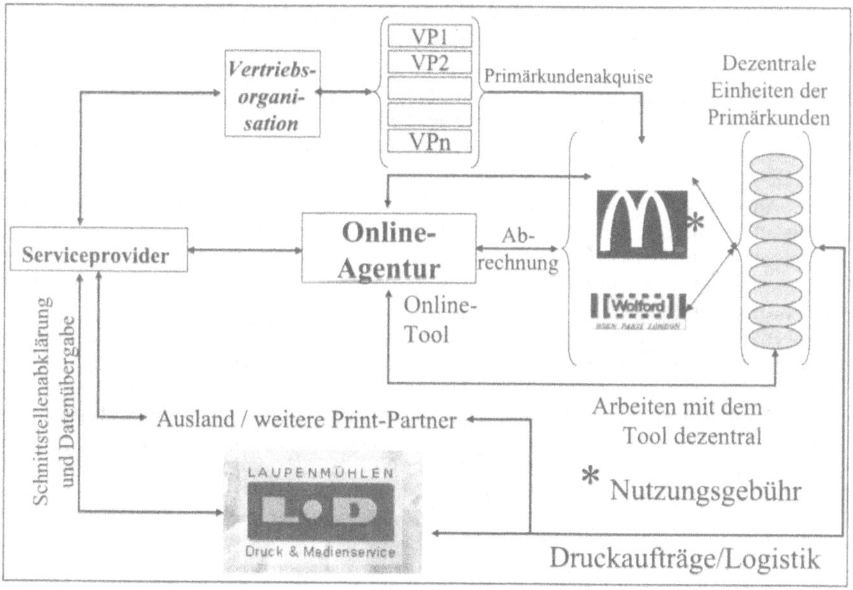

Abbildung 3: „Online Agentur“ als neues Produkt-Service-System in der Medienindustrie

Ganz kurz beschrieben ist das PSS mit folgenden Merkmalen:

- Die Laupenmühlen Druck als zentraler Akteur des „Innovationssystems“ stellt über einen Service-Provider eine „Online-Agentur“ in das Internet, die wesentliche Funktionen der Druckvorlagenherstellung auf den Kunden überträgt.

- Der Vertrieb des PSS erfolgt über eine neue Vertriebsorganisation, die die Primärkundenakquisition übernimmt. Hier müssen neue Kunden gewonnen werden mit dem Anspruch, diese selbst sowie auch mögliche dezentrale Einheiten dieser Kunden mit dem neuen Produkt-Service-System vertraut zu machen bzw. auszustatten.
- Die Kunden arbeiten dezentral mit dem neuen Tool und erstellen Druckvorlagen nach vorgefertigten Templates oder Mustern, die kundenindividuell im System implementiert werden. Diese Templates sind für ausgewählte Nutzer auch editierbar und damit in Grenzen veränderbar.
- Der Kunde zahlt für das PSS eine Nutzungsgebühr, die zeit- oder volumenabhängig, im Hinblick auf die Nutzung unterschiedlicher Funktionen des Systems, in jedem Fall aber höchst kundenindividuell aufgebaut werden kann.
- Sobald die Druckvorlagen im Internet erstellt sind, können Druckaufträge an die in das System eingebundenen Druckhäuser, in der Regel Laupenmühlen selbst oder Kooperationspartner, gegeben werden.

Nun wird man sich fragen: Warum verlagert ein mehrstufiges Druckhaus Teile seiner Wertschöpfung auf seine Kunden und läuft Gefahr, Arbeitsplätze in diesen Bereichen abzubauen?

Die Antwort auf diese Frage ist jedoch naheliegend und eindeutig: Laupenmühlen steht wie die gesamte Branche derzeit unter einem absolut verschärften Wettbewerbsdruck, gerade auch durch die zunehmende Internationalisierung im Kundenbereich. International aufgestellte Kunden, auch im mittelständischen Bereich, verlangen in verstärktem Ausmaß auch die Bereitschaft von Mediendienstleistern, ihre globalen Wertschöpfungsketten zu bedienen, insbesondere mehrsprachige Angebote zu liefern, quasi auf der ganzen Welt mit exakt derselben Qualität die Endprodukte liefern zu können etc. In diesem internationalen Wettbewerb auf der Kundenseite tauchen seit einiger Zeit zunehmend Anbieter von Mediendienstleistungen aus Fernost oder Osteuropa auf, die insbesondere mit einer neuen Dimension von Niedrigpreisen die europäischen und amerikanischen Märkte sprengen. Die Strategie eines eher kleinen mehrstufigen Druckhauses in diesen Marktturbulenzen kann nur sein, mit innovativen Produkten und Dienstleistungen eine möglichst hohe Kundenbindung zu erzeugen sowie den Druck und die Abwicklung der Aufträge international qualitätsgesichert auszuführen.

Mit dieser Strategie will Laupenmühlen damit vorhandene Arbeitsplätze absichern, um keine Auftragsverluste an die Konkurrenz in Kauf nehmen zu müssen.

6 Auswirkungen auf Arbeitsorganisation und Kompetenzentwicklung

In dem „Innovationssystem“ der „Online-Agentur“ werden vor dem geschilderten Hintergrund unterschiedliche Anforderungen wirksam:

- Laupenmühlen muss sich vom CMP-Dienstleister zum Service-Provider der „Online-Agentur“ entwickeln,
- es müssen virtuelle Arbeitsstrukturen mit weltweit verteilten komplementären Partnern aufgebaut werden,
- es muss eine hohe Kunden-Anbieter-Partner-Interaktion gemanagt werden, verbunden mit dem Aufbau einer neuen internationalen Kommunikationskultur,
- die Arbeitsstrukturen werden polyzentrisch und asynchron sein, u. a. auch aufgrund von Zeitunterschieden im weltweiten Maßstab,

- die Kompetenzstruktur des fokalen Akteurs muss folgenden Anforderungen genügen: Netzwerkmanagement, Informationsmanagement, Projektmanagement, Kulturmanagement, eigenverantwortliches Lernen der Kooperationspartner müssen gefördert werden,
- die Kompetenzstruktur der Partner muss folgenden Anforderungen genügen: Datenmanagement & Workflow-Management, Schlüsselqualifikationen und Erfahrungswissen, Handlungskompetenz, Selbstorganisation.

Eine Bestimmung der individuellen Kompetenzanforderungen für das neue Produkt-Service-System führt zu folgenden Soll-Ausprägungen der Kompetenzen (zur Systematik der Kompetenzfelder und Definitionen des Kompetenzbegriffs vgl. Staudt, Hafkesbrink 1997):

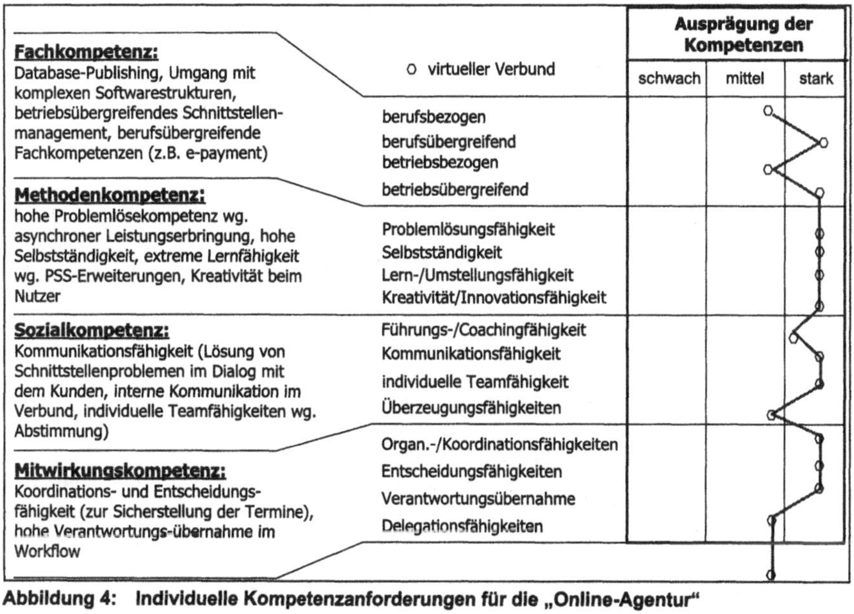

Abbildung 4: Individuelle Kompetenzanforderungen für die „Online-Agentur"

Auf dieser Grundlage ergeben sich für die einzelnen Partner des Systems die in Abbildung 5 dargestellten Anforderungen.

Aus Abbildung 5 wird deutlich, dass die neuen Kompetenzen der über den Workflow miteinander verbundenen Akteure im Wesentlichen in der Erweiterung auf zahlreiche betriebs- und berufsübergreifende Kompetenzen sowie neuen Schlüsselkompetenzen wie Netzwerkmanagement, neuen Kommunikationsfähigkeiten und der Teamfähigkeit liegen.

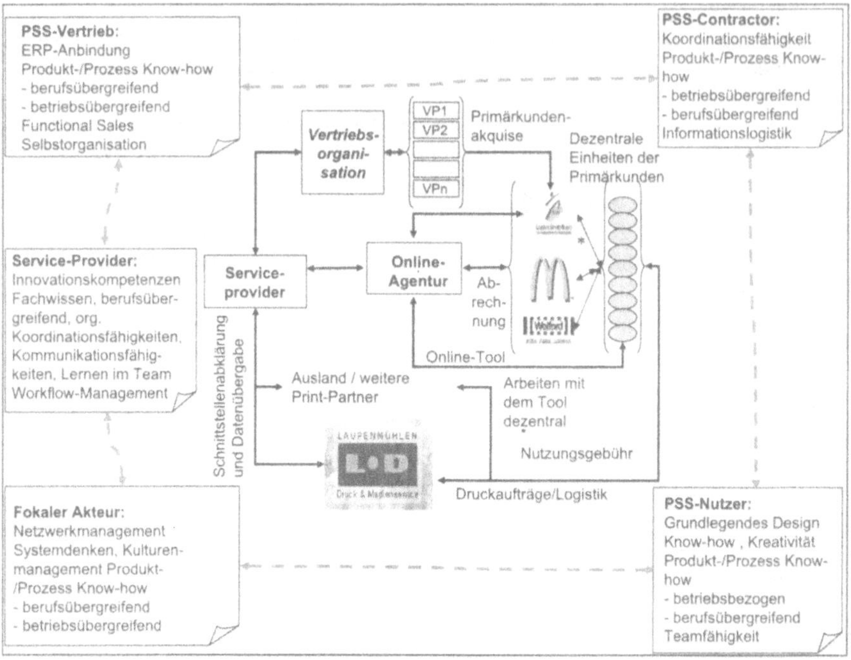

Abbildung 5: Verteilte Kompetenzen im Produkt-Service-System „Online-Agentur"

Das Produkt-Service-System unterstützt die Akteure durch unterschiedliche Tools bzw. Hilfestellungen, wie aus Abbildung 6 deutlich wird:

Die Unterstützungsfunktionen liegen dabei in folgenden Funktionen:

- Projektmanagement/Netzwerkmanagement: Das System erlaubt ein sehr engmaschiges Workflow- und Projektmanagement. Einzelne Druckaufträge können in ihrem Stadium genau „getrackt" werden, d. h. deren Stadium exakt nachverfolgt werden, der fokale Akteur (d. h. derjenige, der das System im Wesentlichen betreibt) kann den Status unterschiedlicher Projekte sowie die dort zugeteilten Ressourcen genauestens verfolgen.
- Der Serviceprovider stellt als Enabling-Technologie das ASP – Application Service Providing und schafft damit die wesentlichen Voraussetzungen für den Betrieb des Systems.
- Der Vertrieb wird in seinen Aktivitäten wirksam durch unterschiedliche Templates, Implementierungs- und Schulungsunterlagen unterstützt, die auf dem System liegen.
- Der Kunde bzw. seine dezentralen Einheiten werden durch ein umfangreiches Helpdesk unterstützt.

Vergleicht man die neuen Anforderungen mit den konventionellen Kompetenzprofilen der Druckindustrie, so ergibt sich folgendes Bild:

Bezogen auf die unterschiedlichen Kompetenzkategorien Fachwissen, Methodenkompetenzen, Sozial- und Mitwirkungskompetenzen ist beim Übergang auf die virtuellen Arbeitsstrukturen im Rahmen des Produkt-Service-Systems „Online-Agentur" eine deutliche Anhebung insbesondere der betriebs- und berufsübergreifenden Fachkompetenzen sowie der extra-funktionalen Schlüsselkompetenzen erforderlich.

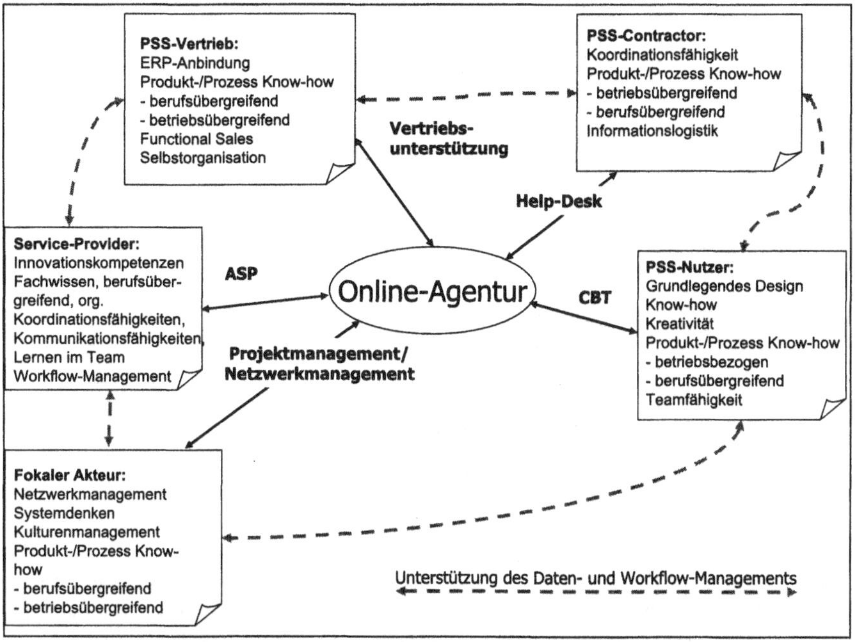

Abbildung 6: Unterstützung der Akteure im Produkt-Service-System „Online-Agentur"

Im Hinblick auf die Erfolgsfaktoren des Unternehmens, die man auch als „organisationale Kompetenzen" bezeichnen kann, ergeben sich folgende Wirkungen:

- Fach- und Methodenkompetenzen entfalten insbesondere eine positive Hebelwirkung für die Verbesserung des Produkt- und Prozess-Know-hows sowie der Qualität, Flexibilität und informationslogistischen Kompetenz.
- Gute Methodenkompetenzen der Akteure sind darüber hinaus wichtig für eigentlich alle Erfolgsgrößen, insbesondere für Termintreue, Workflow-Management.
- Die Sozial- und Kommunikationskompetenzen entfalten ihre Wirkung insbesondere im Hinblick auf die Erfolgsfaktoren Flexibilität und interkulturelles Management sowie im Bereich der Kooperationskompetenz.
- Gut ausgebildete Mitwirkungskompetenzen sind insbesondere für die Qualitätssicherung, die Servicekompetenz, Termintreue, Flexibilität, interkulturelles Know-how sowie Kooperationsmanagement wichtig.

Die „Fieberkurve" im unteren Abschnitt der Abbildung 7 zeigt die Bewertung der Erfolgsfaktoren im Übergang von der konventionellen Druckherstellung zum Mediendienstleister im Rahmen des Produkt-Service-Systems „Online-Agentur".

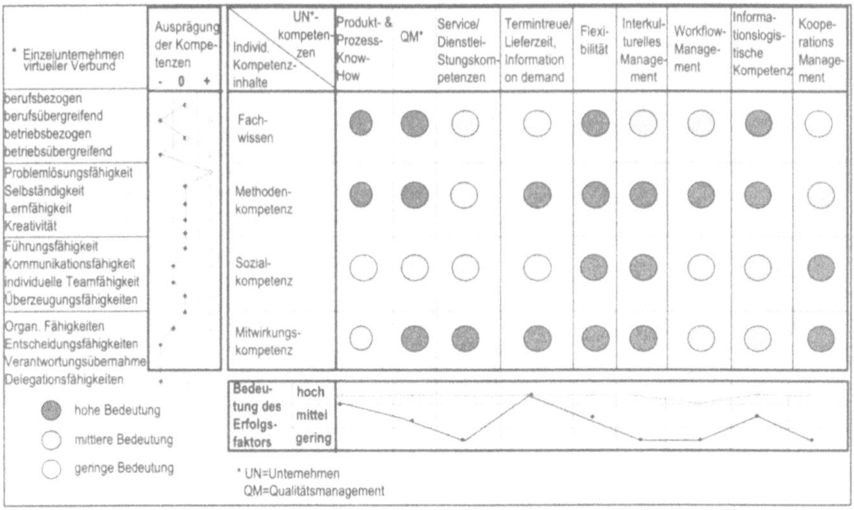

Abbildung 7: Zusammenhang zwischen individuellen und organisationalen Kompetenzen bzw. Erfolgsfaktoren[1]

Für die einzelnen Akteure in dem Produkt-Service-System sind über den job.profiler (vgl. dazu den Beitrag von Ciesinger, Urdze in diesem Band) die individuellen Soll- und Ist-Kompetenzen erhoben worden, die für jeden einzelnen Mitarbeiter entsprechend seiner Einbindung in den Workflow der virtuellen Arbeitsstruktur die notwendigen fachlichen und überfachlichen Kompetenzen auffächern (vgl. Abb. 8).

Auf dieser Basis sind im Hinblick auf die Planung überbetrieblicher Karriereverläufe unterschiedliche Pfade für einzelne Akteure des Systems denkbar, die im weiteren Projektverlauf eruiert werden (vgl. Abb. 9).

Für die dahinterstehenden Planungsaufgaben sind dabei folgende Erhebungen erforderlich:

- weitere Vertiefung des Top-down Soll-Profiling für Stellen im virtuellen Verbund,
- weitere Vertiefung des Bottum-up Profiling (vorhandene Kompetenzen),
- Matching und Abweichungsanalyse,
- Definition von Karrierepfaden und Entwicklungsprogrammen,
- Einführung von Job-Rotation-Programmen,
- Entwicklung neuer kompetenzgebundener Vergütungssysteme.

[1] Bewertung der Kompetenzprofile, der Hebelwirkungen und Ausprägungen der Erfolgsfaktoren durch das Planungsteam im Rahmen der Betriebsfallstudie bei Laupenmühlen Druck, Bochum.

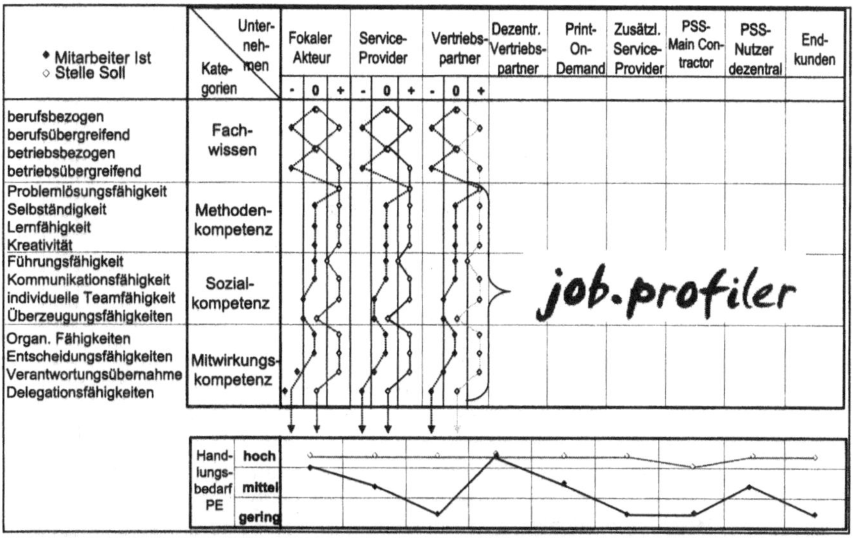

Abbildung 8: Individuelle Kompetenzen sowie Ableitung von Handlungsbedarf für die Personalentwicklung für die Einzelakteure des Produkt-Service-Systems

Unternehmen / Kategorien	Fokaler Akteur	Service-Provider	IT-Partner	Vertriebspartner	Dezentr. Vertriebspartner	Print-On-Demand	Zusätzl. Service-Provider	Main Contractor	PSS-Nutzer dezentral
Stellen-Profil 1	Netzwerk-Manager	PSS-Business-entwickler	Entwick-Lungs-leiter	Marketing-/Vertriebs-Manager	Vertriebs-leitung	PSS-Projekt-manager	PSS-Business-entwickler	PR-Manage-ment	PR-Manager
Stellen-Profil 2	PSS-Business-entwickler	Key-Account-Manager	Trainer/Support	Key-Account-Manager	Vertrieb Franchise	Print	Data-Security	CI-Koordi-nation	Design
Stellen-Profil 3	CMP/Database-Publisher	PSS-Entwick-lung	Qualitäts-sicherung	Vertrieb Internation.	Vertrieb Verbände	Logistik	IT-Program-mierer	PR-Regional 1	Anwendung
Stellen-Profil 4	Medien-gestalter	Medien-gestalter	Anwen-dungs-entwickler	Vertrieb Franchise	Vertrieb Internation.	Database-Manage-ment	ePayment		
Stellen-Profil 5	Print-/Vorstufe	Program-mierer	Template-Entwickler	Vertrieb Verbände					

Mögliche Karrierepfade

Abbildung 9: Mögliche Karrierepfade im neuen Produkt-Service-System „Online-Agentur"

Für die eingebundenen Akteure eröffnet diese gesamtheitliche Sicht auf die Personalentwicklung des überbetrieblichen Verbundes neue Karrieremöglichkeiten, aber auch neue Anforderungen, z. B. an die Mobilität und individuelle Veränderungsbereitschaft:

- Karrierepfade können sich von fachbezogenen Aufgaben über eine Anreicherung von Tätigkeiten in derselben oder einer anderen Organisation linear oder cross-lateral zu Führungsfunktionen erstrecken, z. B. auch bei anderen Systempartnern.

- Eine Rotation von Mitarbeitern bei unterschiedlichen Systempartnern trägt zu einem verbesserten Know-how-Transfer im Gesamtsystem bei.
- Zur Vorbeugung von Phänomenen wie „Burn-outs“ etc. können gezielte Entwicklungspfade geplant werden (z. B. Übergang von operativen auf Führungsfunktionen in einem bestimmten Zeitfenster).
- Die Linearität der Karrierepfade wird bewusst durchbrochen zugunsten einer individuellen Kompetenzanreicherung im Bereich der Schlüsselqualifikationen, verbunden mit weitreichenden individuellen Qualifizierungschancen.

7 Zusammenfassung und Schlussfolgerungen

Das Beispiel der Entwicklung des Produkt-Service-Systems „Online-Agentur“ bei der Laupenmühlen Druck zeigt in besonderer Weise die unterschiedliche Bedeutung von individuellen Kompetenzbausteinen für die organisationale Kompetenz und Leistungsfähigkeit der virtuellen Arbeitsstruktur auf:

- Tendenziell bedeutet der Übergang auf diese neuen Geschäftsmodelle in der Druck- und Medienindustrie einen starken Bedeutungszuwachs von überfachlichen und überbetrieblichen Fachkompetenzen sowie von ausgewählten Schlüsselkompetenzen.
- Innovationsfähigkeit in virtuellen PSS: Die hohe Anbieter-Kunden-Interaktion ist wesentlicher Treiber für neue Produkte und Services, verbunden mit extremen Anforderungen an die Lernfähigkeit und dezentrale Selbstorganisationsfähigkeit des Systems.
- Es besteht darüber hinaus konstanter Entwicklungsbedarf für neue Fachkompetenzen: In diesem Zusammenhang kann die Technologiekonversion als stärkster Treiber cross-medialer „Hybrid-Kompetenzen“ angesehen werden.
- Entwicklungsbedarf für Schlüsselkompetenzen: Die ständige Änderung der Markt- und Akteurskonfigurationen als stärkstem Treiber verschärft die Anforderungen an die ständige Entwicklung und Pflege von „Kommunikations- und interkulturellen Kompetenzen“.
- Akteurskonfigurationen und institutionelle Regelungen: PSS im Bereich CMP benötigen aufgrund der Dematerialisierung von Produkt- und Serviceflüssen verbindliche Mitwirkungsregelungen und kein „provisoire définitif“.

Literatur

Staudt, E.; Hafkesbrink, J. (1997): Umordnung von Kompetenzprofilen im strukturellen Wandel, Berichte aus der angewandten Innovationsforschung (IAI), No. 162, Bochum 1997

Tukker, A. (2004): Myths and realities about Product-Service Systems, Vortrag auf der Tagung: 2nd SusProNet Conference, 03.06.2004, Internet: http://www.suspro net.org/download.asp?File=documents\presentationOC2\Day_1_session_A\Introd uction_Tukker.pdf&Name=Introduction_Tukker.pdf, Abruf am 29.04.2005

Verzeichnis der Autoren

Birgit **Apitzsch**, Fachbereich Soziologie, Fachgebiet Arbeit, Beruf und Organisation, Universität Duisburg-Essen, Projekt *VIP-NET*

Heike **Arnold**, twg consulting, Berlin, Projekt *EVU*

Jannicke **Baalsrud Hauge**, Bremer Institut für Betriebstechnik und angewandte Arbeitswissenschaft an der Universität Bremen (BIBA), Projekt *SPIKO*

Jochen **Bernhard**, Lehrstuhl und Institut für Arbeitswirtschaft, Fraunhofer Institut für Materialfluss und Logistik (IML), Dortmund, Projekt *AerViCo*

Wilfried **Biallas**, Laupenmühlen Druck, Bochum, Projekt *NErVUM*

Kurt-Georg **Ciesinger**, gaus gmbh – medien bildung politikberatung, Dortmund, Projekt *NErVUM*

Dr. Stefan **Dissmann**, Lehrstuhl für Softwaretechnologie, Universität Dortmund, Projekt *VICO*

Dr. Karin **Drda-Kühn**, media k GmbH, Mainz, Projekt *vertikult*

Wolfgang **Echelmeyer**, Bremer Institut für Betriebstechnik und angewandte Arbeitswissenschaft an der Universität Bremen (BIBA), Projekt *SPIKO*

Prof. Dr. John **Erpenbeck**, Arbeitsgemeinschaft Betriebliche Weiterbildungsforschung e. V./ABWF

Björn **Fisseler**, Hochschuldidaktisches Zentrum/HDZ, Universität Dortmund, Projekt *VICO*

Dr. Joachim **Hafkesbrink**, ARÖW GmbH, Duisburg, Projekt *NErVUM*

Matthias **Heiner**, Hochschuldidaktisches Zentrum/HDZ, Universität Dortmund, Projekt *VICO*

Nicole ***Hochfeld***, Ruhr-Universität Bochum, Europäisches Forschungszentrum für Business-to-Business Management/eurom, Projekt *InVirtO*

Dr. Bernd ***Hofmann***, Fachbereich Soziale Arbeit, Otto-Friedrich-Universität Bamberg, Projekt *KOVIUS*

Prof. Dr. Heinz Ulrich ***Hoppe***, Lehrstuhl für kooperative und lernunterstützende Systeme, Universität Duisburg-Essen, Projekt *VIP-NET*

Verena ***Kehl***, Fachgebiet für Berufs- und Wirtschaftspädagogik, Universität Oldenburg, Projekt *VICO*

Dr. Rüdiger ***Klatt***, Universität Dortmund, Lehrstuhl Soziologie insbesondere Arbeitssoziologie, Projekt *NErVUM*

Jürgen ***Kuhn***, CAS Software AG, Karlsruhe, Projekt *Arbeit@VU*

Martina ***Kunzendorf***, Lehrstuhl für Technik und ihre Didaktik, Universität Dortmund, Projekt *VICO*

Stefanie ***Lamping***, Institut für angewandte Innovationsforschung/IAI, Bochum, Projekt *ViLMa*

Nils ***Malzahn***, Lehrstuhl für kooperative und lernunterstützende Systeme, Universität Duisburg-Essen, Projekt *VIP-NET*

Sebastian ***Menge***, Lehrstuhl für Softwaretechnologie, Universität Dortmund, Projekt *VICO*

Ernesto ***Morales Kluge***, Bremer Institut für Betriebstechnik und angewandte Arbeitswissenschaft an der Universität Bremen (BIBA), Projekt *SPIKO*

Prof. Dr. Hartmut ***Neuendorff***, Lehrstuhl für Soziologie insbesondere Arbeitssoziologie, Universität Dortmund, Projekt *NErVUM*

Kerstin ***Nölle***, gaus gmbh – medien bildung politikberatung, Dortmund, Projekt *NErVUM*

Prof. Dr. Bernd ***Ott***, Lehrstuhl für Technik und ihre Didaktik, Universität Dortmund, Projekt *VICO*

Meikel ***Peters***, Lehrstuhl und Institut für Arbeitswirtschaft, RWTH Aachen, Projekt *AerViCo*

Hilke ***Posor***, Arbeitsstelle für wissenschaftliche Weiterbildung, Universität Hamburg

Prof. Dr. Uta ***Quasthoff***, Prorektorin der Universität Dortmund

Prof. Dr. Michael ***Reiß***, Lehrstuhl für Allgemeine Betriebswirtschaftslehre und Organisation, Universität Stuttgart

Matthias **Rott**, Institut für Industriebetriebslehre und industrielle Produktion, Universität Karlsruhe, Projekt *Arbeit@VU*

Veronika **Sauer**, ARÖW GmbH, Duisburg, Projekt *NErVUM*

Prof. Dr. Christopher **Schlick**, Lehrstuhl und Institut für Arbeitswirtschaft, RWTH Aachen, Projekt *AerViCo*

Dr. Volker **Schütte**, DLR Projektträger, „Arbeitsgestaltung und Dienstleistungen"

Prof. Dr. Klaus-Dieter **Thoben**, Bremer Institut für Betriebstechnik und angewandte Arbeitswissenschaft an der Universität Bremen (BIBA), Projekt *SPIKO*

Markus **Tünte**, Fachbereich Soziologie, Fachgebiet Arbeit, Beruf und Organisation, Universität Duisburg-Essen, Projekt *VIP-NET*

Sigita **Urdze**, Lehrstuhl Soziologie insbesondere Arbeitssoziologie, Universität Dortmund, Projekt *NErVUM*

Thekla **Urspruch**, Lehrstuhl für Personal und Unternehmensführung, Universität Duisburg-Essen, Projekt *VIP-NET*

Dr.-Ing. Patrick **Wegehaupt**, Lehrstuhl für Produktionssystematik, Laboratorium für Werkzeugmaschinen und Betriebslehre, RWTH Aachen

Klaus **Wegner**, DLR Projektträger, „Arbeitsgestaltung und Dienstleistungen"

Dr. Jürgen **Weisheit**, Unternehmensberatung Weisheit, Ludwigshafen, Projekt *Arbeit@VU*

Mia **Wolf**, Lehrstuhl für Grundlagen und Theorien der Organisationspsychologie, Universität Dortmund, Projekt *VICO*

Martin **Wolff**, Capgemini, Berlin, Projekt *ViLMa*

Sam **Zeini**, Lehrstuhl für kooperative und lernunterstützende Systeme, Universität Duisburg-Essen, Projekt *VIP-NET*

Prof. Dr. Gerhard **Zimmer**, Institut für Berufsbildung, Weiterbildung und Telematik, Helmut Schmidt Universität Hamburg

Peter **Zoche**, Fraunhofer-Institut für Systemtechnik und Innovationsforschung/ISI, Karlsruhe, Projekt *VirtUSO*

Dr. Joachim **Zülch**, Ruhr-Universität Bochum, Europäisches Forschungszentrum für Business-to-Business Management/eurom, Projekt *InVirtO*

Frank Mußmann / Harald Büsing (Hrsg.)

Arbeitsgestaltung als Zukunftsaufgabe

Jahrestagung des niedersächsischen Kooperationsstellennetzwerkes Hochschulen und Gewerkschaften

Frankfurt am Main, Berlin, Bern, Bruxelles, New York, Oxford, Wien, 2003.
140 S., 4 Abb.
ISBN 3-631-52389-0 · br. € 16.80*

Ansprüche zur Gestaltung von Arbeit zu formulieren in Zeiten anhaltend hoher Arbeitslosigkeit und angesichts des allgegenwärtigen Ringens um den Erhalt der internationalen Wettbewerbsfähigkeit – ist das nicht Luxus oder gar ein illusionärer Anspruch? Mitnichten! Fragen nach der Zukunft der Arbeit, nach ihren Formen, ihren Orten und nach ihrer Gestaltung bestimmen die arbeitspolitische Debatte vielleicht mehr denn je. *Arbeitsgestaltung* wird heute umfassender definiert als noch zu Zeiten des Programms zur *Humanisierung der Arbeitswelt* (HdA). Vor dem Hintergrund tief greifender Umbrüche in der Arbeitsgesellschaft treffen langfristige Trends zur Höherqualifikation und zu komplexen Produktionsanforderungen auf kurzfristige Renditeerwartungen mit eher traditionellen Rationalisierungsmustern. *Neue Chancen* und *neue Polarisierungen* stehen einander gegenüber.

Aus dem Inhalt: *H. Putzhammer:* Menschengerechte Arbeitsgestaltung – Voraussetzung für Innovation · *W. Fricke:* Dreißig Jahre staatlich geförderte Arbeitsgestaltung – eine Bilanz · *M. Schumann:* Rekonventionalisierung der Industriearbeit versus Innovationspolitik · *H. Schwitzer:* Gestaltung von Industriearbeit – Das VW-Projekt 5000 x 5000 · *R. Bouillon:* Perspektiven qualifizierter Arbeit in der chemischen Industrie – das Chemietarifpaket 2002 · *H. Oberbeck:* Neue Qualifikations- und Beschäftigungsprofile in Dienstleistungsbranchen · *S. Greif:* Selbstorganisiertes Lernen in Organisationen · *G. Bosch:* Neue Lernkulturen und Interessen der Beschäftigten · *V. Pahl:* Innovative Arbeitsgestaltung

Frankfurt am Main · Berlin · Bern · Bruxelles · New York · Oxford · Wien
Auslieferung: Verlag Peter Lang AG
Moosstr. 1, CH-2542 Pieterlen
Telefax 00 41 (0) 32 / 376 17 27